MANUAL DE ESTILO
Y
ETICA PERIODÍSTICA

LA NACION

MANUAL DE ESTILO Y ÉTICA PERIODÍSTICA

ESPASA

Diagramación de cubierta: Mario Blanco
Diseño de interior: Alejandro Ulloa
Cuidado de la edición: Florencia Verlatsky

Segunda edición: mayo de 1997
© 1997, Sociedad Anónima LA NACION

Derechos exclusivos de edición en castellano
reservados para todo el mundo:
© 1997, Compañia Editora Espasa Calpe Argentina S.A.
© 1997, Grupo Editorial Planeta
Independencia 1668
1100 Buenos Aires

Hecho el depósito que prevé la ley 11.723
ISBN 950-852-121-X
Impreso en la Argentina

SUMARIO

Actual edificio del diario, en Bouchard 557, Buenos Aires

MISIÓN DE LA SOCIEDAD ANÓNIMA LA NACIÓN

La Sociedad Anónima La Nación es una empresa privada e independiente, cuya finalidad es operar en el campo de la información y en el de las comunicaciones, en el país y en el exterior, a través de todos los medios de cualquier naturaleza que la tecnología y sus posibilidades económico-financieras permitan, por su cuenta o en asociación con terceros. Difunde noticias con veracidad, objetividad y pluralismo, y formula opiniones.

De acuerdo con las ideas de Mitre, fundador del diario LA NACION, basa su acción en principios éticos, defiende la libertad y promueve la cultura.

Son objetivos de su gestión la satisfacción de las necesidades del mercado, el respeto de la dignidad de su personal y alcanzar los más altos niveles internacionales en todo emprendimiento, en un proceso de mejoramiento continuo.

Sustenta su autonomía económica y financiera en los recursos provenientes de la venta de sus productos y servicios, en la rentabilidad de sus inversiones, las utilidades de las empresas vinculadas y cualquier otra fuente legítima de ingresos.

PRÓLOGO

*"Rehacélo. Esto es lo más importante, y debe ir en el copete."
"Con esta frase escribí un recuadro aparte." "Achicále 20 líneas. Es demasiado largo. Y no digas 'a fin de mes', está mal dicho: se dice «a fines»."*

Quien niegue haber recibido indicaciones como éstas en la redacción de un diario falta a la verdad.

Todos los días un ejército de editores, redactores, reporteros gráficos, correctores, infografistas y diagramadores combate contra la urgencia y tropieza con el apuro en la construcción de un diario. Se comienza bosquejando un precario borrador de ideas cerca de las ocho para —luego de un vertiginoso proceso de investigación, búsqueda de información, comprobación de datos y análisis— concluir hacia la medianoche en un ejemplar con holgado centenar de páginas. Es una experiencia apasionante —casi milagrosa, pontifican algunos— hacer un diario de cero a cien.

Una avalancha de noticias inunda las redacciones, pero sólo se alcanza a procesar una mínima porción de ellas. La manera de abordarlas varía según la originalidad de ese verdadero creativo que es cada uno de los editores. La presentación de las páginas puede transformarse con una imagen de último momento, el principal titular de la tapa es susceptible de desaparecer con un simple llamado telefónico: todo parece estar en suspenso durante las 24 horas en un diario.

A su vez, la calle no les da tregua a las redacciones. Inventa y consagra palabras nuevas a diario, impone vocablos y expresiones por el solo hecho de que su pronunciación haya seducido a la masa que los adoptó.

Sin embargo, hay "algo" que caracteriza cada producto editorial, simboliza su más íntima personalidad y lo identifica con sus lectores de manera indiscutible. Ni el fárrago noticioso ni el ingenio popular alcanzan a alterarlo: es el ESTILO.

En LA NACION *siempre nos hemos sentido orgullosos de cuidar al máximo la escritura, por más prontitud que exijan el cierre de cada edición y los acontecimientos. Creemos que a la hora de escribir un diario, no es suficiente tener hechos que contar. Es imprescindible, también, respetar normas gramaticales y de estilo, e imponerse los interrogantes éticos que plantea su publicación.*

¿Qué es una noticia? ¿Cuándo estamos en condiciones de publicarla? ¿Qué normas ortográficas, semánticas y sintácticas debemos seguir cuando nos sentamos frente a la computadora? ¿Qué otras nomenclaturas, como la informática, se tornan cada vez más comunes y, por lo tanto, necesarias? ¿Qué principios se verían vulnerados por la divulgación de tal o cual noticia? A estas inquietudes, entre otras, intenta dar respuesta este MANUAL *que hoy entra en circulación.*

En LA NACION *siempre hemos sabido que las normas éticas se respetan y asumen sin pensarlo, sin decirlo, sin necesidad de escribirlo. Aun así, en estas páginas tratamos de expresar el sentir cotidiano de nuestro trabajo y, para reforzar el sentido profundamente principista que pretendemos darle a nuestra tarea, publicamos aquí dos escritos producidos por grandes referentes del comportamiento profesional: el "Código de conducta de The Washington Post" y el "Código de Prácticas de la prensa británica". También hemos recogido lo dicho en la Constitución nacional sobre el ejercicio de la prensa.*

"Cada redactor es un mundo diferente, con su estilo propio y su manera personal de ver las cosas. Encuentra que hay varias formas de combinar las palabras y describir periodísticamente los hechos", acierta Rafael Santos Calderón, subdirector de El Tiempo, de Bogotá.

Y continúa: "Eso está bien, salvo cuando los lectores destinatarios de nuestro diario advierten imprecisiones, incoherencias o contradicciones en el uso del lenguaje y de algunos de sus signos y símbolos por parte de los redactores".

En todo diario existen guardianes del lenguaje. En general, son periodistas de gran experiencia, con años en el oficio, cultores del idioma y seguidores de las ediciones de la Real Academia Española.

En LA NACION *hay dos grandes especialistas. Octavio Hornos Paz, ex secretario general de Redacción, autor, desde hace décadas, de las periódicas y tenaces papeletas de las "Normas de Estilo", reproducidas en estas páginas, y Nevio Nacinovich, ex integrante de la Mesa de Lectura, docente en los tres ciclos de la enseñanza y pro-*

fesor de latín. Ellos son los autores principales de este libro. Son la historia y el presente al mismo tiempo.

Uno de ellos, Nevio —sucesor de un pionero en esta tarea, Fidel Horacio Heugas—, asiste todos los viernes a la reunión de pauta diaria sólo con una hoja. Allí, delante de todos los editores, incluido el subdirector, pasa revista a los errores y a las desviaciones en el estilo en las que incurrimos durante esa semana.

Es un trabajo sin estridencias, pero que rinde sus frutos, y hoy se corona con este libro. Para seguir aprendiendo.

FERNÁN SAGUIER
*Secretario General
de Redacción*

La reunión de pauta matutina

ESTE MANUAL

Como LA NACION *lo viene sosteniendo desde la aparición de la primera edición de las precursoras "Normas de Estilo", en 1962, este* MANUAL *es una ayuda rápida e inmediata cuando el apremio del cierre de un periódico no da margen a dispersar la atención para superar una duda.*

Por ser un manual, "un libro en que se compendia lo más sustancial de una materia", no intenta ser una gramática ni un diccionario ni un curso de redacción o ética periodística, metas, por obvias razones de espacio, de imposible concreción.

En la PARTE PRIMERA, *el lector recorrerá el periodismo pasado y presente, en una breve historia de la comunicación humana. De la mano de Octavio Hornos Paz, se analiza la era de la información que estamos viviendo: se enuncian los estilos y géneros en que se desarrolló el mensaje informativo en la primera mitad del siglo XX y, con la lente de los modernos adelantos tecnológicos, se pasa revista a los modos de la segunda mitad de la centuria. En estas páginas se encuentra, además, un imprescindible compendio de los principios éticos y de conducta profesional de la labor periodística, y de los aspectos legales vinculados con el ejercicio de la prensa. Los antecedentes de los diarios, la imprenta, las gacetas, el periodismo profesional y su función cultural y cívica introducen, por fin, la historia de* LA NACION, *desde su creación hasta la actualidad.*

En la PARTE SEGUNDA, *un recetario o recordatorio, el lector encontrará una* GUÍA DE VOCABLOS Y EXPRESIONES *y las* NOCIONES GENERALES, *valioso resumen de la experiencia de generaciones de periodistas, entre ellos verdaderos maestros, que cimentaron el prestigio lingüístico del que hoy goza* LA NACION. *Con individualidad estilística de creadores –muchos de ellos descollaron en las letras argentinas e hispanoamericanas–, fueron conscientes de que disciplina idiomática y creatividad no se excluyen, para provecho del lector, que desea leer, entender y deleitarse.*

Precisamente, el consenso con aquellas normas ortográficas, morfológicas y sintácticas básicas es el que se adopta en estas páginas, en un equilibrio crítico entre lengua y habla, que evita neologismos, barbarismos y vulgarismos innecesarios, y en la convicción de que "el trueque de palabras castellanas en pleno uso por palabras exóticas no se puede admitir".

Tal acatamiento a los dictámenes de la Real Academia Española (RAE) contribuye a la unidad idiomática, responsabilidad primordial del periodismo, en su inexcusable vocación cultural y docente, impuesta a LA NACION *por su fundador, Bartolomé Mitre.*

En cuanto al léxico, el alud de creaciones científicas y semánticas constriñe a optar por formas no siempre concordantes con aquel acatamiento, lo mismo que en las opciones sintácticas. Por lo que alguna vez, por razones estilísticas propias del diario, se atreve a disentir, con mucho respeto a la opinión ajena. Sin olvidar, con Fernando Lázaro Carreter, director de la RAE, que "la Academia no propugna el 'estilo académico', que, como tópico descalificante, se le atribuye".

Finalmente, APÉNDICES *prácticos tratan de concentrar datos de uso frecuente, para no correr el riesgo de dispersar la atención en consultas dilatadoras.*

Conviene aclarar que la BIBLIOGRAFÍA *no sólo tiene la normal finalidad de reconocer los aportes de las obras consultadas para la redacción de este* MANUAL, *sino que se la propone como otro apéndice útil para el lector que desea ampliar los conocimientos incluidos en él.*

PARTE PRIMERA

CONTENIDO

LA ERA DE LA INFORMACIÓN

La era de la información en la que ya estamos sumidos tuvo antecedentes remotos cuya antigüedad podría fijarse alrededor del quinto milenio antes de Cristo. A las formas naturales de comunicación —la palabra y el gesto— se agregó por aquellos tiempos una variedad artificial: la escritura, madre de la historia y de las letras.

En esos lejanos días pueden situarse, aproximadamente, las dos formas primitivas de escritura: la cuneiforme, que los sumerios trazaban con punzón sobre tabletas de arcilla, y los jeroglíficos egipcios de las dinastías faraónicas.

Durante milenios predominó la escritura manuscrita, con expresiones tan disímiles como la de los caracteres chinos y la de los sistemas alfabéticos, que con algunas pocas letras pueden cubrir todas las necesidades de comunicación. El predominio de la escritura manuscrita perdurará hasta algo más de cinco milenios, cuando la invención de la imprenta de tipos movibles introduce un viraje radical en la vida y la cultura.

Hasta el siglo XIX no se acelerará la introducción de nuevas formas de comunicación, que en la centuria actual adquirirán un ritmo vertiginoso.

Las innovaciones novecentistas tienden, al principio, a superar las distancias, que a fines del siglo XVIII se había pretendido salvar con el telégrafo óptico.

En 1838, Samuel Morse, de los Estados Unidos de América, desarrolla el telégrafo eléctrico y el código que lleva su nombre. En 1876, su compatriota Alexander Graham Bell inventa el teléfono. En 1896, el ingeniero italiano Guillermo Marconi produce la primera transmisión de telegrafía sin hilos.

Sin duda, los nuevos medios de transporte —el ferrocarril y los vapores— demandan comunicaciones concordantes con sus velocidades. No dejan tampoco de influir en esta evolución los medios de comunicación.

Otra senda de investigaciones lleva a la reproducción de imágenes de la realidad. En 1835, Daguerre obtiene positivos fotográficos —impresionados por la luz— y, en 1841, el inglés Fox Talbot patenta sus procedimientos para lograr negativos y, por lo tanto, copias.

En 1885, los hermanos Lumière presentan el primer espectáculo cinematográfico, en la planta baja del Grand Café, de París.

La primera mitad del siglo

En la primera mitad de esta centuria aparecen dos sistemas que revolucionarán las comunicaciones, la vida y la cultura: la radio y la televisión. En 1915 se inicia aquélla con la transmisión de la voz humana a través del océano Atlántico, entre Arlington, Virginia, Estados Unidos, y la Torre Eiffel de París.

En 1926, el escocés John Baird presenta la televisión ante el Royal Institute de Londres.

Hasta la consolidación de la radio y la TV como medios masivos de comunicación, la prensa gráfica, una criatura de la imprenta, ejercía un predominio absoluto. Con esas notables innovaciones se inicia en la sociedad una marcha hacia lo que Marshall McLuhan denominó "la aldea universal".

Se achica el mundo y se acortan los tiempos que median entre los hechos y las noticias que se refieren a ellos. El hombre se encamina hacia una nueva dimensión de su ser: la de testigo ocular de su contemporaneidad, aunque los acontecimientos ocurran en los puntos más alejados de su casa.

Comienza, por otro lado, la controversia entre la imagen y la palabra impresa, entre la galaxia Gutenberg, al decir del profesor canadiense, y la galaxia electrónica que según él predominaría. McLuhan y su discípulo, el orientador del Media Lab del Instituto Tecnológico de Massachusetts, Nicolás Negroponte, sustentaban la idea de que la galaxia Gutenberg no tendría un futuro prolongado.

Hasta ahora, hay que señalarlo, ni la radio eliminó a la prensa gráfica, ni la televisión exterminó a la

En la redacción

radio. Son medios diferentes que coexisten, entre otros motivos porque requieren del receptor actitudes intelectuales diferentes.

A esta altura, acaso sea oportuno acudir a un ensayo publicado por el filósofo francés Alain Renaut, en la revista L'Express, de París. Se refiere a la imagen y el texto, los términos de la controversia que no cesa entre los especialistas.

Dice Renaut textualmente: "La comunicación por escrito supone entre el que escribe y su texto, entre el lector y lo que lee, y entre el autor y el lector distancias necesarias para la reflexión y la crítica. La imagen y el sonido disimulan su función de intermediarios y juegan con el registro —fascinante e inquietante a la vez— de la inmediatez, del intercambio sin apreciación, sin 'el efecto de retardo', por el cual se introduce la conciencia.

"La diabolización de la imagen no se justifica más que su sacralización. Simplemente debería incitar a pensar que es necesario prestar atención a las condiciones en las cuales la imagen pueda ponerse al servicio del texto, no para matar la reflexión, sino para suscitarla."

Otros desarrollos

La conservación de datos da sus pasos iniciales en la primera mitad del siglo XX. En 1935, la empresa alemana AEG desarrolla el principio del magnetismo permanente y graba sonidos en un alambre y luego en una cinta plástica. Se trata del antecesor de los magnetófonos y de las videograbadoras actuales.

Un paso revolucionario se da en 1946, cuando Muachly y Ecker inventan una computadora rudimentaria para el Ejército de los Estados Unidos de América. Se llamó Integrador Numérico y Computador Electrónico (Eniac). Pesaba 30 toneladas y medía 24 metros.

Habrá que esperar hasta 1958 para que se incorpore a las computadoras el chip, una oblea de silicio que contiene millones de circuitos integrados, programados para procesar datos digitales.

La computadora, el satélite artificial, el rayo láser, los sistemas digitales y la fibra óptica, que va reemplazando a los cables coaxiles de cobre, son los principales elementos que completarán la revolución informativa, en distintos momentos de la segunda mitad de la centuria.

En otro sendero de la creación de medios de información ha de señalarse que, en 1927, comienza el cine sonoro con el estreno de *The Jazz Singer*, protagonizada por Al Jolson.

En 1947, los Laboratorios Bell presentan un dispositivo electrónico semiconductor, el transistor. Con los transistores entra la radio en una nueva dimensión: gana tamaños diminutos y puede ser trasladada a cualquier parte.

La segunda mitad del siglo

Durante la segunda mitad del siglo actual la velocidad de los cambios es vertiginosa, como se ha dicho. Los senderos por los cuales se avanza con desarrollo e innovaciones son múltiples, pero todos confluyen hacia un resultado dominante: el conocimiento adquiere un valor máximo y la información es un poder máximo que modifica las condiciones de la vida común.

Durante la segunda posguerra la televisión gana una difusión universal que supera todas las barreras sociales. Las antenas se levantan tanto en las zonas residenciales como en los suburbios miserables.

Un periódico japonés, el Asahi Shimbun, utiliza el fax para transmisión a distancia, en 1956; pero la amplia difusión del facsímil deberá esperar hasta el decenio de los años ochenta.

Por razones de subsistencia nacional en caso de guerra nuclear, en 1969, el Pentágono crea la ARPA-net, una red de computadoras que integran un sistema descentralizado, lo cual lo hace menos vulnerable a su destrucción total. Asegura que los Estados Unidos de América, en una emergencia atómica, no queden totalmente incomunicados. Es la precursora de Internet, malla de computadoras que permite llegar a destino con señales que siguen itinerarios aleatorios como los de una navegación.

El de 1995 fue llamado "el Año de la Internet", por la enorme ampliación que adquirió esa red de computadoras, que para entonces contaba con cerca de 40 millones de usuarios.

Se considera que Internet es la antecesora de lo que el vicepresidente norteamericano Al Gore denominó "la superautopista de la información".

En 1965, Constat pone en órbita el primer satélite artificial geoestacionario de uso comercial, que había sido precedido dos años antes por el Telstar, que transmite mensajes entre América y Europa. La satelización es un gran avance hacia la comunicación total en todo el planeta. El hombre, cualquiera que sea el punto de la Tierra en que se encuentre, será testigo presencial de la historia contemporánea.

Por otro camino se avanza también. Un microchip que data de 1970 puede almacenar en 5 mm de ancho la información que antes ocupaba dos metros cuadrados de superficie.

Durante la Guerra del Golfo, Cable News Network (CNN) obtiene una suerte de consagración universal. Su cronista en Bagdad, el único que quedó en la ciudad, transmite los bombardeos con tal fidelidad que un filósofo francés pudo decir: "Esa guerra no se hizo, sólo se televisó".

En 1981, IBM lanza la Personal Computer —la PC— que se introduce en la vida común como un utensilio familiar.

Son casi simultáneos tres inventos que compartirán desde entonces los días de la gente: el disco compacto, que reemplazará a los de larga duración y a las cintas; el teléfono celular y el CD-ROM, disco compacto de memoria sólo para leer, cuyo contenido equivale a 250.000 páginas de texto y que es un recurso para la edición de enciclopedias con imágenes detenidas y móviles, sonidos y textos.

Con piedra blanca —como señalaban los antiguos romanos los días fastos— hay que celebrar el advenimiento, en 1984, de la Macintosh, computadora de notable versatilidad. Desde su introducción en las redacciones se difunde en diarios y revistas el uso de las infografías.

La Macintosh incorpora el ratón, las ventanas y una pantalla de alta definición.

En 1985, Microsoft empieza a desarrollar el nuevo sistema Windows, cuya variante 1995 dará muestras de gran sencillez y potencia.

También en 1995 se conoce la pantalla táctil, que presenta Zenith. Por medio de un ligero contacto digital se activan las funciones de una computadora.

Por otro camino, IBM, Dragon Systems y Philips ensayan, en 1994, un procesador de habla continuada que puede traducir el dictado oral en texto.

Se está dando la predicha tendencia a la compra de computadoras equipadas para la lectura de multimedia. A éstas se puede agregarles un lector de CD-ROM y una tarjeta de sonido para CD.

Es posible que Internet produzca fenómenos sociales de alcance internacional, debido a su capacidad de superar fronteras naturales y políticas.

En el Media Lab, del MIT, un simple diagrama muestra el sentido en el que se está moviendo la tecnología vinculada con la comunicación. Se trata de tres círculos que se intersecan. Llevan las denominaciones de Medios de Comunicación, Publicaciones y Computadoras. Para el 2000 se supone que los tres círculos serán casi concéntricos.

Hace poco un vecino de Nueva Jersey decía en una entrevista que, gracias a Internet, no tenía que conocer al que vivía en la casa de al lado de la suya. "Mi vecino —afirmaba— vive en Pekín y estoy en contacto con él porque tenemos intereses comunes."

Ese norteamericano ilustraba un caso en el que se salta por encima de distancias enormes, se superan las fronteras de todo tipo y se vive en un mundo achicado. Los círculos están casi concéntricos.

El futuro depara algunos desarrollos que ya están a punto de funcionar. Un ejemplo es el de los teléfonos satelitales. Sin cables y sin la proximidad necesaria a un sistema celular.

La innovación consistiría en que mediante satélites en órbita a baja altura se pueda hablar por teléfono desde cualquier lugar de la Tierra a cualquier otro lugar.

Primera plana de LA NACION: carácter y fuerza con rápido acceso a la información esencial

Estilos y géneros periodísticos

Primeras planas

Se dice comúnmente que la primera plana de un diario es su vidriera, con lo cual se quiere señalar que el primer contacto con el lector es esencial para su captación, ya sea por la oportunidad de los titulares, ya por una diagramación atractiva.

Los lectores tradicionales están habituados a seguir en las páginas interiores los textos que se inician en la primera página. Algunos están resignados a dar ese salto y otros preferirían que las noticias terminasen donde comenzaron.

Ese problema —el de los "saltos", como suele decirse en la jerga profesional— se acentúa en los diarios de mayor formato. En los tabloides, la primera plana tiene sólo títulos y los textos correspondientes van dentro. El lector no tiene la sensación de tener que saltar, aunque lo haga sin más remedio.

En algunos diarios norteamericanos se han hecho estudios que han concluido en que para algunos lectores es satisfactorio que la primera plana sea una suerte de índice en el que se indique el tema y la página en que se lo trata.

LA NACION emplea un procedimiento intermedio. Da un avance coherente de la noticia en la primera y envía al lector a la página interior, en la que continúa el desarrollo.

Al emplear ese procedimiento, se obtienen varios objetivos favorables. El primero, la plana inicial tiene carácter y fuerza. Segundo, el lector que no dispone de mucho tiempo queda enterado de la información esencial. Tercero, la remisión al interior lo valoriza, lo cual significa que en las columnas interiores, donde hay avisos, hay también textos interesantes. En ocasiones, para aprovechar grandes crónicas, se las destaca en la tapa y se recurre al salto.

Un contraejemplo histórico será útil para destacar el valor de la primera plana. En enero de 1919 se produjo en Buenos Aires una grave agitación social que recibió la denominación de "Semana Trágica", tomada de la que se dio en Barcelona unos años antes por una turbulencia social similar. En ese tiempo LA NACION no tenía noticias en la primera página, que llevaba avisos clasificados. El tema central de la semana fue tratado en páginas interiores con el título único y reiterado de "Los sucesos de ayer". Los hechos sangrientos que se produjeron, la angustia de la población de la Capital Federal —hubo tiroteos, enfrentamientos entre obreros y policías; se organizó una milicia civil para combatir contra los huelguistas, fue asaltada una iglesia, etc.—, no tuvieron en el diario el eco que demandaba.

La ubicación de avisos clasificados en la primera página fue una costumbre internacional. Algunos teóricos piensan que se debió a la idea de que ese tipo de publicidad *builds circulation*, produce circulación, según lo expresan los norteamericanos.

LA NACION abandonó ese hábito en julio de 1919: quizá sus autoridades sacaron las conclusiones correctas debido a la débil cobertura de la "Semana Trágica". El diario metropolitano La Prensa lo hizo cuando reapareció con dirección y redacción impuestas por el gobierno, luego de la confiscación de 1951. The Times, de Londres, sacó los avisos clasificados de la primera plana a principios de la década del sesenta.

Titulares

En 1898, el 13 de enero, el periódico parisiense L'Aurore, del que era director Ernest Vaughan, publicó en su primera plana un texto de Emile Zola acerca del proceso Dreyfus, al que con diversos argumentos se presentaba como víctima de la Justicia y del Estado Mayor francés. El capitán Dreyfus, acusado de haber hecho espionaje en favor de Alemania, había sido condenado a reclusión en Cayena. Zola, gran escritor pero no experto periodista, había

propuesto que su nota llevara el título de "Carta al señor Félix Faure, presidente de la República". Clemenceau, editorialista del periódico y hábil hombre de prensa, encabezó el artículo con un título en rojo a toda página: "J'Acusse" ("Yo acuso").

La nota sería una de las más importantes del siglo XX y su título, el de Georges Clemenceau, pasaría a ser uno de los más recordados de todos los tiempos.

Este ejemplo ilustra la diferencia que existe entre un titular explicativo, realista y chato, y uno vibrante, capaz de atraer la atención del sujeto menos interesado en el tema. Esa diferencia es la que hace que alguien haya comparado el arte de hacer títulos con el de versificar. Se trata, claro está, de una exageración, pero tiene algo de verdad: no todos los periodistas go-

Títulos con precisión y gancho

zan del don de titular con precisión y "con gancho", como se dice en la jerga de los diarios.

En un tiempo, esa especialidad era practicada en las redacciones por algunos especialistas: los tituleros.

Durante la Segunda Guerra Mundial, en LA NACION las noticias de la contienda fueron tituladas por un especialista que, entre títulos, subtítulos, bajadas, bigotes y corbatas —vale decir, toda la variedad de formas tipográficas ordenadas jerárquicamente—, ponía la información completa, con la gradación dramática que los hechos requerían.

Para titular correctamente conviene recordar cuál es el fin de ese elemento tipográfico. Un buen titular debe expresar el contenido del texto a que corresponde y atraer la atención del lector hacia su tema informando sintéticamente sobre el material que encabeza, sin exagerar el énfasis con que la parte noticiosa está concebida. Es preferible que los titulares lleven verbo y que éstos estén en tiempo presente y en forma afirmativa.

El buen estilo narrativo o descriptivo demanda una buena articulación, que puede lograrse con títulos intercalados entre secciones bien definidas del texto. Suele usarse para estos títulos tipos en negrita.

En un tiempo, los titulares tenían una arquitectura compleja. Al que encabezaba las noticias se iban agregando subtítulos, que destacaban circunstancias secundarias.

En la actualidad se prefieren los titulares más "ventilados", vale decir, sin tantos aditamentos. Tanto en la primera plana como en las páginas interiores la gradación de las noticias, en cuanto a su importancia, debe señalarse con el tamaño de los títulos, de modo que sea muy clara y neta la impresión de la noticia dominante. Ese procedimiento ayuda a la selección del lector en el caso de que disponga de poco tiempo, como es habitual en nuestros días.

Al armar las páginas, cualquiera que sea el método que se use, hay que tener cuidado de que no se produzcan choques de títulos. Estos, para ser mejor percibidos, necesitan un blanco contiguo que los haga sobresalir.

Editorial

Las columnas editoriales de un diario son el espacio reservado para que el director o el editor de la publicación exprese su opinión sobre temas de interés para la comunidad.

En la Argentina suele también llamarse "artículo de fondo" al que se dedica a expresar la opinión institucional del diario.

Los artículos menos importantes que tratan temas editoriales, vale decir, de opinión, son denominados "sueltos" en algunos medios. Mientras en las secciones informativas del diario o periódico el estilo usual es el de la prosa narrativa o descriptiva, en el sector dedicado a

Diversas secciones de LA NACION

los juicios de valor la prosa más apta es la argumentativa.

No todos los diarios tienen columnas editoriales: algunos no asumen la función de opinar y de orientar a sus lectores y se limitan a informarlos.

Los diarios que incluyen editoriales poseen, por lo común, una mayor influencia sobre la opinión pública y los poderes oficiales y privados. Una regla de oro está universalmente vigente: la opinión y la información no deben prestarse a confusión. Esa norma justifica la existencia de la página editorial.

Si en todas las páginas se opinase y no hubiese un espacio definido para que el director o editor lo haga, el lector podría resultar confundido ante la multiplicación de juicios de valor subjetivos.

En su editorial inicial del 4 de enero de 1870 Mitre expresó que el nuevo diario sería "una tribuna de doctrina". No quiso decir que se dedicaría a exponer la ideología liberal que él y su partido sostenían, sino que los temas que se tratasen serían examinados a fondo y se basarían en argumentos doctrinales.

En situaciones particularmente serias, que requieren un tratamiento reiterado para quedar dilucidadas en lo posible, los diarios suelen hacer campañas editoriales.

Un ejemplo de esas campañas lo dieron los diarios que estaban en contra del "unicato" de Juárez Celman y que seguían la inspiración de esa unión de voluntades que fue la Unión Cívica. Sus artículos de fondo contribuyeron a la caída del gobierno y al triunfo de la Revolución del 90, que en verdad había sido derrotada en el combate.

En Francia, una de las campañas más sostenidas fue la que se llevó a cabo para lograr la rehabilitación del capitán Dreyfus, que tuvo en Emile Zola a uno de sus más nobles defensores. Una campaña similar, pero de signo contrario, realizaron los enemigos de esa causa.

Las investigaciones de The New York Times sobre los papeles del Pentágono y de The Washington Post en torno del escandaloso espionaje de Watergate fueron seguidas por cadenas de editoriales inspirados en la información obtenida por los cronistas.

Una tradición norteamericana vinculada con la inserción de editoriales es la de que cuando llega el período preelectoral el diario se considera obligado a dar a conocer a sus lectores sus preferencias en materia de candidatos. Les parece que no pueden abstenerse de hacerlo para las elecciones, días esenciales para la vigencia de la democracia, después de haber opinado sobre todos los temas durante el resto del año.

En algunos órganos de la prensa norteamericana, la caricatura política es considerada como una forma gráfica de editorial. Por eso suele ir en la página de opinión.

La crónica

La crónica es el género periodístico por excelencia. Crónica y noticia son casi sinónimos. Pero no totalmente.

La noticia es la información sobre un asunto importante que ocurre en un tiempo que podemos considerar actual. En la realidad pasan cotidianamente infinidad de cosas; sólo algunas de ellas son noticias, porque interesan a un grupo amplio de personas.

La noticia es un dato de la realidad, está allí, en el mundo circundante, que le da existencia y relieve sobre otros datos que a su lado son neutros.

La crónica es un género periodístico que transforma la noticia en señal gráfica, vocal o visible.

La noticia puede pasar inadvertida aun para alguien capaz de traducirla en señal. Se dice de un periodista que no "vio" la noticia o, por lo contrario, se manifiesta de otro que su "olfato" le indicó dónde estaba la noticia.

La crónica se puede leer, oír, ver o no; es una estructura del intelecto, un hecho periodístico elaborado.

Las noticias y sus crónicas respectivas pueden interesar a un grupo menor o mayor de gente. Según reclamen mayor o menor interés serán duras —las que atraen de una manera imperiosa— o blandas, las que suscitan un interés casual.

Las noticias en LA NACION

En una ciudad en la que acaba de haber un terremoto, todo lo vinculado con el sismo es vital para todos los habitantes de la zona afectada. Un incendio en un barrio apartado del propio, salvo que tenga características espectaculares, no tiene fuerza como para suscitar semejante atención.

En la actualidad, la crónica debe construirse a partir de unas líneas muy atrayentes y fuertes que contengan la esencia de lo que pasó, de lo que se quiere transmitir.

Durante buena parte de este siglo, las crónicas debían ser encabezadas por un párrafo o párrafos que contuvieran circunstancias muy precisas.

Ese párrafo o párrafos se denominaban "copetes".

El copete clásico debía ser sintético y contener las respuestas a las interrogaciones: ¿qué pasó?, ¿a quién?, ¿cuándo?, ¿dónde?, ¿por qué? y ¿cómo?

Ese artificio fue denominado en un tiempo "copete Associated Press", pues fue esta agencia de noticias la que lo exigía a sus redactores.

Tenía la ventaja de que lo esencial quedaba dicho al principio y de que en una distribución de pirámide invertida, si era necesario, seguían las circunstancias o detalles secundarios.

En los Estados Unidos de América esa forma de introducción fue llamada "la de las cinco W" (por *What?*, *Who?*, *When?*, *Where?* y *Why?*).

Es interesante recordar ahora que ya en el siglo I después de Cristo, el retórico romano de origen español Marcus Fabius Quintilianus, en su tratado "Institutionis Oratoriae", prescribía para la narrativa que se ciñese a contestar siete preguntas: *Quid?*, *Quis?*, *Quando?*, *Ubi?*, *Quibus auxiliis?*, *Quomodo?* y *Cur?* (¿Qué?, ¿Quién?, ¿Cuándo?, ¿Dónde?, ¿Con qué?, ¿Cómo?, ¿Por qué?).

Si bien en la actualidad el uso del copete perdió fuerza, es bueno que el cronista recuerde esas preguntas que lo ayudarán a articular su original.

La crónica por lo común es un género caliente, lo que requiere del periodista que esté en el lugar y que sea testigo del hecho acerca del cual va a informar a sus lectores.

Un ejemplo muestra claramente la dependencia de la crónica con respecto al tiempo. El 4 de noviembre de 1979 la embajada de los Estados Unidos de América fue ocupada en Teherán por iraníes partidarios de la revolución islámica. Ese acontecimiento determinó que no menos de quinientos enviados especiales llegaran a la capital para cubrir el suceso. Como la ocupación duró nada menos que 444 días, el número de periodistas extranjeros fue mermando hasta que quedaron algunos pocos cronistas de diarios y agencias norteamericanos. La duración de los sucesos que merecen crónicas es muy variable. Constantino del Esla, de LA NACION, cubrió los de la Guerra Civil Española, desde su iniciación, en

1936, hasta la caída de Madrid, años después.

El hecho que da origen a la crónica puede ser espontáneo o creado por el medio.

La entrevista

La entrevista es un género que se incorpora al arsenal de la prensa en una fecha precisa: el 20 de agosto de 1859, cuando Horace Greeley produce el primer original de esta variedad profesional al entrevistar al líder mormón Brigham Young para The New York Times.

Horace Greeley fue uno de los principales periodistas norteamericanos del siglo pasado y de acuerdo con "The Penguin Book of Interviews", editado por Christopher Silvester, es el inventor del género, tan común en la actualidad. Se inició Greeley como impresor, pasó luego al periodismo y fue, entre otras cosas importantes, el fundador del New York Tribune.

La finalidad de la entrevista puede ser la de enterarse por boca autorizada de noticias referentes a un tema específico, la de revelar el carácter o las ideas de alguna persona distinguida sobre asuntos de su especialidad, o bien la de requerir impresiones personales, a un individuo o a varios, acerca de sucesos de actualidad.

Debe decirse que la entrevista es un género de origen y prestigio norteamericanos, pero es muy resistido en otros países, particularmente en Gran Bretaña.

En el libro citado antes se recuerda una feliz expresión de V. S. Naipaul: "Alguna gente se siente herida por el hecho de ser entrevistada y tiene la sensación de que se le está arrebatando una parte de su personalidad". Lewis Carroll —el

Las entrevistas en LA NACION

creador de "Alicia en el país de las maravillas"— tenía horror a los entrevistadores y nunca se prestó a enfrentarlos.

Rudyard Kipling declaró a un periodista del Sunday Herald que intentaba conversar con él: "Me niego a ser entrevistado. Es un crimen. Nunca me presté. Nunca me prestaré. Usted no tiene derecho a pedirme esto, como no lo tiene un asaltante de caminos a atracarme". Curiosamente, Kipling había entrevistado con anterioridad a Mark Twain.

Típica de la entrevista enderezada a obtener información es cualquiera de las muchas que se le han hecho al ministro Domigo Cavallo mientras estuvo en el cargo.

Característica de la entrevista que busca reacciones personales es la que el redactor de LA NACION Julio Heller hizo al comandante del *Graf Spee*, en el lugar donde estaba internado en Buenos Aires, poco tiempo antes de que se suicidara. Como se recordará, el *Graf Spee* fue una nave de guerra alemana atacada por cruceros ingleses en la batalla del Río de la Plata, en diciembre de 1939. El capitán, como no podía reparar las averías, ordenó que la tripulación hundiera el barco.

La norma clave para una buena entrevista es conocer al entrevistado y estar compenetrado del tema acerca del que se va a hablar. Se aconseja al cronista que consulte el archivo de su periódico en busca de los datos necesarios para pre-

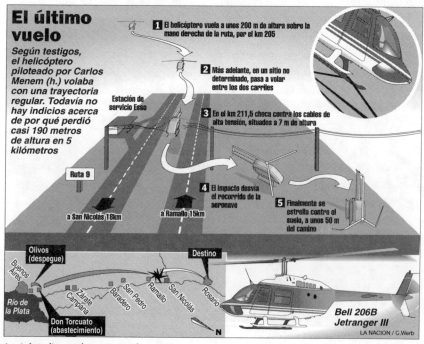

El último vuelo

Según testigos, el helicóptero piloteado por Carlos Menem (h.) volaba con una trayectoria regular. Todavía no hay indicios acerca de por qué perdió casi 190 metros de altura en 5 kilómetros

1 El helicóptero vuela a unos 200 m de altura sobre la mano derecha de la ruta, por el km 205

2 Más adelante, en un sitio no determinado, pasa a volar entre los dos carriles

3 En el km 211,5 choca contra los cables de alta tensión, situados a 7 m de altura

4 El impacto desvía el recorrido de la aeronave

5 Finalmente se estrella contra el suelo, a unos 50 m del camino

Estación de servicio Esso

Ruta 9

a San Nicolás 18km   a Ramallo 15km

Olivos (despegue)   Destino

Buenos Aires   Zárate   Campana   Baradero   San Pedro   Ramallo   San Nicolás   Rosario

Río de la Plata

Don Torcuato (abastecimiento)

Bell 206B Jetranger III
LA NACION / C.Werb

Las infografías ayudan a mostrar las noticias

guntar lo que interesa y extraer de la conversación los matices informativos o caracterológicos que se buscan.

Algunas entrevistas se hacen siguiendo el sistema de un interrogatorio de tipo, podría decirse, judicial. Las mejores son las que se presentan como un diálogo espontáneo, durante el cual el entrevistador va incitando con sus consideraciones a producir respuestas ricas en contenido o en color personal.

A veces las entrevistas son infructuosas, pero aun en ese caso pueden convertirse en una buena nota. Tal efecto consiguió Richard Stengel durante un diálogo con Paul Johnson. A cada pregunta, el autor de "Tiempos modernos" respondía que no tenía nada que decir sobre ese punto ni sobre el siguiente ni... Stengel logró así una muy buena nota humorística.

Primicias

La primicia, una noticia exclusiva que se da antes que los medios competidores, fue uno de los grandes ideales de las redacciones de diarios de todo el mundo. El gran novelista británico Evelyn Waugh, con fino sentido del humor, narró en su obra "Scoop" las peripecias de un redactor enviado por un periódico londinense a averiguar todo acerca de una posible conmoción política en un país del Africa negra. El hombre —especialista en hidroponía— fue enviado a cubrir un tipo de información ajena a su especialidad, debido a que su apellido era igual al del especia-lista en temas africanos. Como no entendía nada de nada, se asombraba de todo, motivo por el cual daba, de un modo inconsciente, primicias. La capacidad de asombro es la madre de la primicia, según Waugh, que fue también un gran periodista. Convendrá aclarar ahora que en inglés *scoop* significa, justamente, "primicia".

La primicia es, a veces, producida por el azar. Otras, por la organización.

Un ejemplo de este último tipo fue logrado por LA NACION con respecto a las fotos de la firma del Tratado de Versalles.

Las cosas ocurrieron así. El representante general de LA NACION en Europa hizo que se tomaran las fotos del solemne acto. Con las placas sin revelar viajó a París en auto. En la capital francesa se revelaron y se sacaron copias. El material fotográfico fue enviado por ferrocarril a Madrid. De Madrid en motocicleta las mandaron al puerto de Cádiz, donde se embarcaron en el transatlántico *Reina Victoria Eugenia* que, como por su calado no podía entrar en Buenos Aires, atracó en Montevideo. Allí esperaba el material gráfico el aviador Antonio Locatelli, que lo entregó en la sede de LA NACION, en San Martín al 300.

El tratado de Versalles se firmó el 20 de junio de 1919. LA NACION publicó su primicia apenas 21 días más tarde.

Hoy ese intervalo parecería disparatado para dar una primicia, pero en su época fue una hazaña. Este ejemplo contiene una enseñanza para redactores y editores: para ambos es imprescindible conocer los medios de transporte y comunicación con que cuentan y saber usarlos con propiedad.

La información anticipada es un arma política de primera magnitud, como lo muestra un episodio del que fue protagonista el primer ministro británico Disraeli.

Como se sabe, ese estadista desarrolló su actividad en dos campos simultáneamente: en asuntos internos del reinado de Victoria fue el propulsor de una suerte de conservadurismo popular, y en asuntos de política exterior se destacó como un ferviente imperialista que se ocupó con preferencia de Turquía, de Egipto y de la India. En 1876 hizo proclamar emperatriz a su reina.

En el decenio de los años setenta del siglo pasado el jedive de Egipto, Ismail Pachá, deseaba desprenderse de las acciones del Canal de Suez que poseía como parte de su fortuna personal. El jedive era un sujeto extravagante y manirroto, que siempre necesitaba disponer de inmensas sumas en efectivo. Tenía algo menos de la mitad de todo el paquete accionario.

Un periodista bien situado con gente de su corte se enteró de la necesidad que urgía al mandatario. Comunicó la novedad al Foreign Office que, con esa suerte de ceguera diplomática común en las cancillerías, no mostró el menor interés en liberar al jedive de su pesada carga.

La noticia llegó a Disraeli en tiempo útil. Actuó con celeridad y sin grandes inhibiciones. El primer ministro convenció a la banca Rothschild de que adelantara la suma necesaria a la corona hasta que él consiguiera la aprobación parlamentaria. Cuando logró esa aprobación de las Cámaras, obtuvo un rotundo triunfo diplomático.

Esa primicia cuya utilización fue demorada tendría consecuencias notables en el siglo XX. En 1956, Gran Bretaña, Francia e Israel se coaligaron para castigar al Egipto de Nasser por la nacionalización del canal.

La aventura bélica terminó mal debido al veto conjunto de los Estados Unidos de América y de la Unión Soviética, pero en los pueblos británico y francés tuvo repercusiones diferentes. Aquél condenó la intentona guerrera porque las acciones del canal eran de la corona; éste apoyó con entusiasmo la expedición conjunta. Las acciones las tenían particulares franceses debajo del colchón.

Corresponsales de guerra

El primer corresponsal de guerra de la historia del periodismo fue William Howard Russell, de The Times, de Londres. Sus primeras notas desde el teatro de operaciones las envió durante la campaña de Crimea. Datan de 1854 y 1855, y tuvieron notable repercusión pública debido a sus denuncias acerca de la miserable condición en que se encontraban los soldados británicos en el frente y en los acantonamientos.

En una entrevista que le hizo para el Strand Magazine, en 1892, Harry How expresó: "Puede decirse con verdad que el doctor Russell es el padre reconocido de una familia periodística que, si bien limitada en el número de sus miembros, tiene al mundo entero como su deudor. El andar esquivando disparos de fusiles y cañones, el tratar de hallar algún refugio contra las cargas de caballos y hombres enloquecidos no es cosa que pueda hacer cualquiera".

El doctor Russell —que con el tiempo fue secretario privado del príncipe de Gales, que sería luego el rey Eduardo VII— cubrió el motín de los cipayos de la India, en 1857; la Guerra de Secesión de los Estados Unidos de América, y la Guerra Franco-Prusiana.

En una de sus crónicas enviadas al Times desde Crimea describió la acción de la caballería en el "Valle de la Muerte", en Balaklava. Según Harry How, ese texto periodístico inspiró a lord Tennyson para escribir el poema "La carga de la caballería ligera".

Desde los tiempos de la Guerra de Crimea —que tuvo un cronista genial del lado ruso en Tolstoi— se multiplicaron las guerras y la profesión pasó a ser algo común.

Algunas guerras, la de Vietnam y la del Golfo, no fueron sólo hechos bélicos, sino también fenómenos de comunicación. La del sudeste asiático nutrió durante años las columnas de los diarios y las pantallas de la TV con escenas desgarradoras, como la que el fotógrafo Nick Ut plasmó para AP, en la que se ven niños huyendo del bombardeo de Trang Bang. Esa toma dio vuelta al mundo.

En cuanto a la Guerra del Golfo, introdujo la novedad de que el lector o el espectador de TV tenía la impresión de estar viviendo los bombardeos de Bagdad, hechos con proyectiles inteligentes.

La Guerra del Golfo dividió la opinión de los profesionales, en cuanto a si estuvo bien cubierta o no. El 60 por ciento de los cronistas de la prensa gráfica halló que no lo fue. Entre otros motivos porque el ejército norteamericano no permitió el trabajo individual de los corresponsales en la primera línea de combate.

El 60 por ciento de los profesionales de los medios audiovisuales, por lo contrario, encontraron que la cobertura había sido satisfactoria.

Uno de los puntos polémicos es el que se planteó con respecto a que un solo canal de la televisión norteamericana quedó en Bagdad. Eso hizo conjeturar que su información no iba a ser desfavorable a Saddam Hussein, que permitió la permanencia de ese medio.

Arnet, el periodista de la CNN que quedó en la capital iraquí, transmitió desde lo alto de un hotel céntrico los bombardeos a los que fue sometida la ciudad. Para él esas imágenes, que eran objetivas y reales, justificaban su actitud. Nunca se llegó a un acuerdo sobre este punto.

Notas necrológicas

Este es un género que, a pesar de su apariencia inocente, ha traído grandes dolores de cabeza a los editores y redactores.

Casi ningún diario del mundo puede quedar a salvo de un error catastrófico, el de dar por muerto a algún personaje que no lo estaba. De nada ha valido la consigna universal: "No escriban una línea si no han tocado el cadáver".

Ese tipo de error es tan reiterado que hay en torno de él un nutrido anecdotario. Cuando Mark Twain dirigía un periódico en el oeste norteamericano, le ocurrió la "desgracia fatal". El supuesto difunto se presentó furioso en la redacción y no había manera de calmarlo. Mark Twain, como buen humorista que era, le propuso una salida. Puesto que lo habían sacado arbitrariamente del mundo de los vivos, el periódico lo único que podría hacer era reintegrarlo por el procedimiento elemental de incluirlo en la columna de recién nacidos.

El mismo Mark Twain fue víctima de esa fatalidad periodística: AP lo dio por fallecido cuando aún gozaba de buena salud. Con ánimo jovial, no desmintió la noticia. Sólo la consideró un tanto anticipada. Una primicia inevitable, pero prematura. En la excelente obra de Jacques Wolgensinger titulada "L'Histoire à la Une" —La historia en primera plana— se cuenta cómo sacaba provecho de las notas necrológicas Moïse Polydore Millaud, editor de Le Petit Journal. Todas las notas sobre fallecimientos de personas notables llevaban un último párrafo, en el que se decía que el difunto había sido atendido por el doctor Tal o Cual. Tal o Cual compraban al otro día la edición completa del periódico.

Cartas de lectores e interactividad

Con la difusión de los medios electrónicos una nueva dimensión se ha consolidado en el periodismo, la de la interactividad, que da al receptor la posibilidad de hacer conocer al emisor—diario, radio o TV— sus necesidades, sus reacciones, sus iniciativas.

En los diarios esa función la solventan las cartas de lectores.

Esa correspondencia, que por lo general plantea temas "que le inte-

El avance tecnológico: las direcciones de LA NACION

resan a la gente", porque es obra de la gente misma, ha de ser considerada por los editores como verdaderos catálogos acerca del estado de ánimo de la comunidad.

Por otra parte, hay que señalar que el lector que ve su carta impresa queda afectivamente ligado con su diario. Más que nunca, lo siente como algo propio.

Otra ventaja que ofrecen las cartas de lectores es la de suministrar direcciones que pueden ser incorporadas a los bancos de *mailing,* tan útiles para las empresas periodísticas.

Debe decirse que algunos periódicos mantienen secciones de correspondencia en las que responden las consultas de los lectores. En LA NACION las hay referentes a temas previsionales, impositivos e inmobiliarios. Son herramientas de interactividad de primer nivel.

El Media Lab, del Instituto Tecnológico de Massachusetts (MIT), estudia desde hace algún tiempo un sistema de diario personalizado, el llamado NewsPick. Se trata de que en lo futuro el diario pueda ser hecho "a la medida del cliente".

Un esquema del sistema es el siguiente:

El diario recibe de sus abonados la información sobre el tipo de noticias que quieren y sobre las que no quieren. Esos datos se incorporan en una computadora que hace la selección del material en el momento de armar el periódico del día. El abonado sólo recibe lo que le interesa. Por supuesto esta comunicación no se interrumpe. Si el suscriptor cambia de opinión, el diario que recibirá tendrá en cuenta sus nuevas necesidades informativas.

Desde luego, ese periódico puede hacerse dentro de ciertos paradigmas y trasmitirse al domicilio del cliente en sus formas impresa o digital.

Es una manera de perfeccionar la interactividad, de la que la carta de lector y el correo son formas ya tradicionales.

Pasquín

El vocablo castellano "pasquín", con el que se denomina a un periódico de muy bajo nivel moral e intelectual, proviene del nombre de una estatua romana mutilada que se hallaba cerca del palacio Barberini. En italiano, el nombre era "Pasquino".

Revistas opcionales para los más chicos

En ese monumento público se colgaban o pegaban papeles con insultos y diatribas contra el poder papal, pues en esos tiempos Roma era la capital de los Estados Pontificios.

Se trataba de una suerte de válvula de escape para la maledicencia tradicional de los romanos. La Iglesia admitía que un solo día por año, el 25 de abril, se practicara esa especie de periodismo callejero y contestatario. Los cardenales, los obispos, los funcionarios de la corte papal eran vapuleados literariamente durante esas veinticuatro horas. Los panfletos eran obra de los sectores más cultos de la ciudad, muchos de ellos integrados por individuos de estado eclesiástico, que se vengaban de injusticias reales o imaginarias con la saña típica de los romanos. Algunos de esos textos insultantes estaban escritos en verso y otros, en prosa. Todos, en latín. Esas manifestaciones de malhumor se llamaban en italiano *pasquinate*. "Pasquinadas" sería la traducción al castellano.

Los cónclaves eran materia prima de alta calidad para las furias de los romanos, que solían dividirse en bandos que apoyaban a uno u otro candidato a Sumo Pontífice.

Mientras estaba reunido el cónclave que debía elegir al sucesor de León X, muerto del 1º de diciembre de 1521, uno de los grandes panfletarios de la historia, Pietro Aretino, hizo progresar la fuerza agresiva de las pasquinadas. Las suyas estaban dirigidas a injuriar al candidato opositor al cardenal Giulio de Medici, que era su favorito. Las innovaciones: sus diatribas estaban escritas en lengua vulgar, hecho que ampliaba democráticamente el número de lectores, y además no se limitó al día tolerado: cubrió, en el sentido moderno del término, todo el cónclave. Fueron crónicas.

FOTOPERIODISMO E INFOGRAFÍA

Fotoperiodismo

Son necesarias distintas herramientas para buscar, cubrir y presentar las noticias: en LA NACION se usan la palabra escrita, la imagen fotográfica y la imagen "infográfica".

Debido al uso conceptual que debe dársele a la fotografía, en LA NACION se prefiere denominar "fotoperiodismo" a esa actividad. El estilo de fotoperiodismo debe ser simple y profundo al mismo tiempo:

1) Se deben buscar y anticipar las noticias, ya sean de actualidad o que estén marcando tendencias de la sociedad.

2) Cada fotoperiodista debe estar muy bien informado sobre la materia de la noticia.

3) El fotoperiodista debe elegir las herramientas fotográficas (iluminación, equipo, etc.) para realizar cada nota; su objetivo es lograr las imágenes que muestren visualmente la noticia periodística.

4) Todo fotoperiodista de LA

Las mejores fotos de LA NACION: Un menor inhalando pegamento a las espaldas de Graciela Fernández Meijide mientras es entrevistada por la televisión

NACION debe actuar como "observador" de las noticias, realizar su trabajo en forma absolutamente neutra y adoptar siempre una posición objetiva durante la cobertura.

La *fotoilustración* es una fotografía en la cual se han utilizado recursos expresivos como el montaje, o el cambio de fondo, por ejemplo. Suele acompañar a la llamada *noticia de conceptos* y su

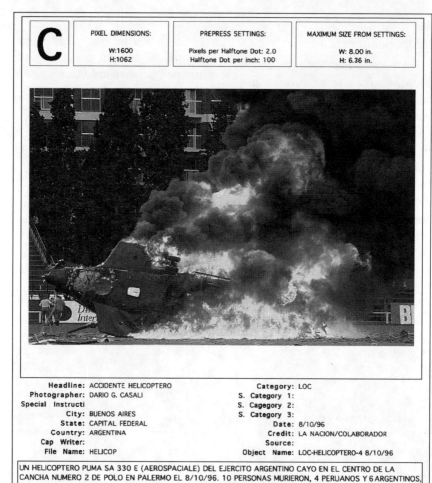

C	PIXEL DIMENSIONS: W:1600 H:1062	PREPRESS SETTINGS: Pixels per Halftone Dot: 2.0 Halftone Dot per inch: 100	MAXIMUM SIZE FROM SETTINGS: W: 8.00 in. H: 6.36 in.

Headline: ACCIDENTE HELICOPTERO	**Category:** LOC
Photographer: DARIO G. CASALI	**S. Category 1:**
Special Instructi	**S. Cagegory 2:**
City: BUENOS AIRES	**S. Category 3:**
State: CAPITAL FEDERAL	**Date:** 8/10/96
Country: ARGENTINA	**Credit:** LA NACION/COLABORADOR
Cap Writer:	**Source:**
File Name: HELICOP	**Object Name:** LOC-HELICOPTERO-4 8/10/96

UN HELICOPTERO PUMA SA 330 E (AEROSPACIALE) DEL EJERCITO ARGENTINO CAYO EN EL CENTRO DE LA CANCHA NUMERO 2 DE POLO EN PALERMO EL 8/10/96. 10 PERSONAS MURIERON, 4 PERUANOS Y 6 ARGENTINOS, INCLUYENDO LA CUNADA DE GENERAL MARTIN BALZA, ANDREA MASPERRO DE SERRANO.

Proofed on: 03/31/97 16:13:11   LA NACION

Archivo digitalizado de imágenes

Ilustración de noticias de conceptos mediante la fotoilustración

carácter de ilustración debe ser explicitado. Se la utilizará con poca frecuencia y nunca en la primera página del diario.

La fotografía nunca debe ser presentada como "vestidor de página": se la incluye por su valor y contenido periodístico. Debe informar, sorprender, agregar valor a la noticia escrita.

Los epígrafes de las fotografías del diario deben ser escritos casi como una noticia en sí misma, con los mismos valores informativos que busca el redactor. Deben responder, igual que el texto, a las preguntas *qué*, *quién* (en este caso con nombre completo), *cuándo*, *dónde* y *por qué*.

Cada fotografía que aparece publicada tiene un autor y debe tener su propio crédito, sea del diario, de agencia o de archivo, para informar con absoluta transpa-

rencia sobre su origen al público lector.

La existencia cierta de infinitos recursos electrónicos de manipulación en cualquier imagen fotográfica abre la posibilidad de cambiar el aspecto visible de la realidad de una forma que no es periodística. LA NACION nunca debe utilizar este recurso salvo en los casos de "fotoilustración", que debe ser identificada, como dijimos, pues existe en nuestra sociedad la firme creencia en la fotografía como único documento "real", y esta credibilidad periodística debe ser sostenida por LA NACION con absoluta honestidad en el procesamiento digital de imágenes.

Infografía

La práctica de presentar datos en forma gráfica se hizo habitual en el periodismo escrito hacia mediados del siglo XX. Hasta el advenimiento de las computadoras, los gráficos se hacían a mano, con lapicero y tinta china; en la actualidad, la informática es la herramienta más adecuada y ha quedado indisolublemente ligada a la infografía. No obstante, para realizar un buen gráfico no basta un ordenador; son imprescindibles periodistas con mentalidad gráfica que piensen las noticias en términos de imágenes y puedan plasmarlas sobre el papel de una manera sintética y organizada.

Construir gráficos con profesionalidad es tan importante como escribir un artículo con propiedad. Así como LA NACION dispone de un estilo para el texto, hay un estilo gráfico del diario que los infografistas deben respetar. Editores, cronistas, dibujantes, ilustradores y periodistas trabajan para generar las imágenes infográficas, que se deben corresponder con el texto que presenta el tema de manera que ambos formen una unidad.

El gráfico no debe ser un mero adorno de la página, pues hay una lógica que preside su inclusión: un excelente artículo puede no admitir ilustración o hasta puede verse notoriamente perjudicado por la presencia de imágenes. Si el gráfico distrae excesivamente la atención del lector, puede significar la ruina de un artículo o atentar contra su credibilidad.

La infografía combina texto e imagen

Todos los elementos que conforman el gráfico deben tener un propósito y contribuir al entendimiento del conjunto.

El mismo concepto de mesura y credibilidad que rige para la fotografía debe aplicarse en este caso; nunca se debe alterar la realidad en función de la estética o la imaginación, pues se traicionaría así el espíritu informativo de LA NACION. Una de las claves del periodismo moderno es *mostrar* las noticias y no solamente contarlas, y la infografía es uno de sus instrumentos principales, al combinar texto e imagen para transmitir los mensajes de manera rápida y clara.

Existen varios tipos de gráficos y cada uno de ellos tiene un uso preciso. El infografista debe conocer en detalle las distintas posibilidades y seleccionar la más adecuada al mensaje que debe presentar.

Gráficos estadísticos

Los datos estadísticos pueden disponerse en gráficos de diversos tipos: de fiebre, de barras o columnas, de torta, de pictogramas y de tablas.

Los gráficos de fiebre sirven para mostrar la evolución de cantidades numéricas a lo largo de determinado período.

Los gráficos de barras o columnas representan cantidades o datos, muestran el aumento o disminución de una cantidad con la variación del tamaño de las columnas, anchura o longitud. Las barras o columnas pueden ser representadas de forma vertical u horizontal. Estos gráficos también se utilizan para comparar cifras o elementos que cambian dentro de un determinado espacio de tiempo.

Los gráficos de torta, también llamados gráficos de pastel o círculo, son el método más sencillo de mostrar los porcentajes de un todo. La torta total representa el 100 por ciento. No siempre tienen que representarse de forma circular, pero siempre deben tener el 100 por ciento como valor del total.

Los gráficos de pictogramas se utilizan como símbolos de medida. Cada pictograma tiene un valor específico y su número se rela-

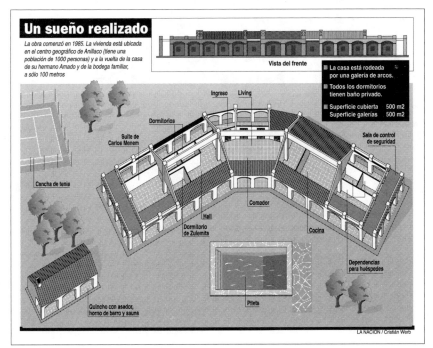

Las infografías pueden "mostrar" acontecimientos o informaciones complejas

ciona con la cifra que se desea representar.

Las tablas son una disposición de números o palabras ordenadas dentro de columnas. Pueden estar ilustradas por un dibujo que acompañe a los números o por un pictograma que nos dé una referencia. Se recurre a las *tablas* cuando es imposible volcar los datos numéricos en gráficos de fiebre, barras, torta o pictogramas.

Mapas

Los mapas son los primeros gráficos que aparecieron en la prensa escrita hace más de medio siglo. Existen muchos tipos de mapas, pero los más comunes son los geo-

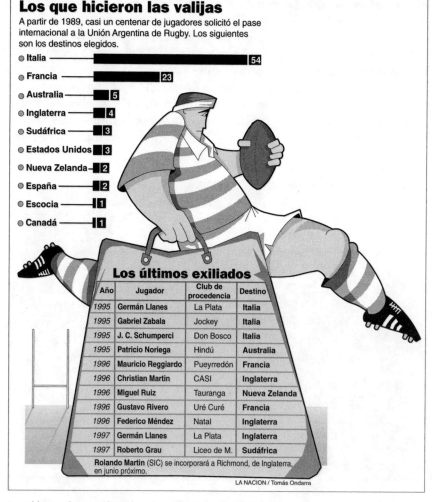

Los que hicieron las valijas

A partir de 1989, casi un centenar de jugadores solicitó el pase internacional a la Unión Argentina de Rugby. Los siguientes son los destinos elegidos.

- Italia — 54
- Francia — 23
- Australia — 5
- Inglaterra — 4
- Sudáfrica — 3
- Estados Unidos — 3
- Nueva Zelanda — 2
- España — 2
- Escocia — 1
- Canadá — 1

Los últimos exiliados

Año	Jugador	Club de procedencia	Destino
1995	Germán Llanes	La Plata	Italia
1995	Gabriel Zabala	Jockey	Italia
1995	J. C. Schumperci	Don Bosco	Italia
1995	Patricio Noriega	Hindú	Australia
1996	Mauricio Reggiardo	Pueyrredón	Francia
1996	Christian Martin	CASI	Inglaterra
1996	Miguel Ruiz	Tauranga	Nueva Zelanda
1996	Gustavo Rivero	Uré Curé	Francia
1996	Federico Méndez	Natal	Inglaterra
1997	Germán Llanes	La Plata	Inglaterra
1997	Roberto Grau	Liceo de M.	Sudáfrica

Rolando Martin (SIC) se incorporará a Richmond, de Inglaterra, en junio próximo.

LA NACION / Tomás Ondarra

Las tablas pueden estar ilustradas por un dibujo de referencia

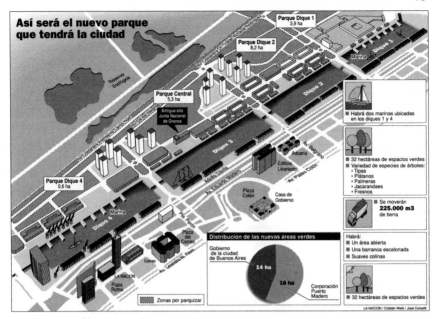

Las infografías totales suelen incluir varios gráficos

lógicos, topográficos, residenciales, de carreteras, de ciudades y de sitios de interés general. También se realizan mapas de localizaciones, sucesos, recorridos, hechos de un país con información sobre su tamaño y población.

Diagramas

También llamados *esquemas,* explican de manera lineal la trayectoria o desarrollo de un acontecimiento.

Manchetas o íconos

Son símbolos pequeños y sencillos que identifican con facilidad una cosa o un hecho.

Infografía total

Son los gráficos que muestran acontecimientos o informaciones complejas. Se refieren a los acontecimientos respondiendo a las preguntas *qué, quién, cuándo, cómo* y *por qué.* Ofrecen una visión general y sintética de un tema, mostrando rápidamente las claves de la información.

Uno de los secretos de estos gráficos reside en la exactitud de los datos consignados. El reportero gráfico suele trasladarse al mismo lugar de los hechos para conseguir la información, que después es comentada con el reportero a cargo de la información escrita.

Las infografías totales suelen incluir varios gráficos. Así, podemos tener un mapa de localización, un mapa estadístico y una escena central, u otras combinaciones que ayuden a la mejor presentación y comprensión del tema.

Gráfica de agencias

La sección de infografía de LA NACION trabaja como una sección más del diario. Busca información distinta que ayude al lector a comprender los gráficos, y tiene un contacto muy cercano con los reporteros del diario. Además, trabaja con las agencias KRT, Reuters, AP y AFP, cuyos gráficos son reelaborados antes de su publicación en el diario. Se les suele añadir información propia y se los adapta al estilo de LA NACION.

PRINCIPIOS ÉTICOS
Y DE CONDUCTA PROFESIONAL

LA NACION sostiene que el recibir información es uno de los derechos fundamentales del ser humano y que el ciudadano puede exigir que las noticias publicadas por los medios sean veraces y las opiniones, honestas y libres de presiones provenientes del sector público o del privado.

Información y publicidad

Uno de los primeros recaudos para servir al lector es que en el diario pueda diferenciarse con claridad qué es información y qué es publicidad. En consecuencia, se usan tipografías y diagramaciones diferentes para cada uno de esos materiales.

Uno de los mayores errores que suele cometerse en este punto es el de publicar como texto original de un periódico lo que es un aviso disimulado. LA NACION no admite semejante violación de la confianza de sus lectores.

Noticias y opiniones

Para que el lector no pueda ser inducido al error de confundir noticias con opinión, y viceversa, los textos que expresan pensamientos, comentarios, juicios de valor, creencias o interpretaciones de los redactores deben ser presentados gráficamente de un modo diferente de las crónicas, gacetillas y referencias a hechos y datos registrados por el periodista.

En este principio se basa la existencia de las columnas editoriales de LA NACION.

Un estilo al alcance de todos

LA NACION no admite discriminación alguna por razones de raza, religión, nacionalidad, nivel cultural o posición social. Esa valoración igualitaria de la dignidad personal se refleja "en primer lugar" en el uso del castellano, que en sus textos es llano, directo y correcto, inteligible por todos.

Credibilidad

La credibilidad es uno de los valores máximos de LA NACION. Ha sido consolidada a lo largo de las décadas por una conducta basada en la verificación de los datos, la consulta de más de una fuente en cada caso, la vinculación constante con los protagonistas y los agentes de los hechos y procesos acerca de los que debe dar noticia.

Tanto las informaciones como las opiniones de LA NACION son sometidas, antes de su publicación, a un análisis severo por parte de editores y redactores.

El resultado de esa conducta tradicional es que en la sociedad argentina puede confiarse en que "si lo dijo LA NACION", así ocurrió.

"No calumniar, no injuriar"

Tanto la calumnia como la injuria son delitos penados por la ley.

Los periodistas de LA NACION deben evitar las expresiones que puedan ser calumniosas o injuriosas, y pondrán un cuidado permanente y especial en el respeto de la vida privada de las personas públicas, salvo que sus procederes las expongan a perder esa intimidad sagrada y se conviertan en materia obligatoria de noticia o comentario.

Naturalmente, el respeto por la intimidad de las personas privadas debe garantizarse con el mayor rigor en los textos publicados. El lema que encabeza este apartado es representativo del espíritu del fundador, que sentía esa obligación como un mandato moral.

Presunción de inocencia

Algunas reparticiones públicas vinculadas con las policías y la Justicia suelen emitir comunicados en los que por el hecho de que una persona haya sido detenida se da la impresión, explícita o implícita, de que es culpable.

La culpabilidad de una persona sólo puede dictaminarla la Justicia, al cabo del debido proceso.

El secreto profesional

Las fuentes informativas deberán ser conocidas por las autoridades de la Redacción, pero éstas —tanto como los periodistas que las hayan consultado— guardarán el secreto profesional ante cualquier requerimiento externo.

Acceso a las noticias

Los profesionales de LA NACION utilizarán sólo procedimientos honorables para obtener informaciones, fotografías, entrevistas, y cualquier otro material necesario para su trabajo.

Gratificaciones, dádivas y retribuciones

Está absolutamente prohibido a los profesionales de LA NACION aceptar ningún tipo de retribución ajena por haber participado de cualquier forma en la publicación de una noticia, un aviso, una colaboración, etcétera.

El trabajo de los integrantes del personal del diario es retribuido con exclusividad por la empresa.

Invitaciones diversas

Los redactores suelen ser invitados a viajar al extranjero, ya para cubrir informaciones que se producirán durante el viaje o en su destino, ya para exposiciones, festivales, etcétera.

En todos los casos las invitaciones serán dirigidas a las autoridades, que —según las conveniencias y necesidades— designarán al periodista que viajará.

Becas y ciclos de estudios

Organizaciones nacionales e internacionales suelen invitar a periodistas para que sean beneficiarios de becas en el extranjero o sigan cursos de perfeccionamiento.

En estos casos la decisión acerca de la aceptación o no de la invitación estará reservada a las autoridades de la casa.

Debe recordarse que becas o cursos prolongados pueden demandar que se tome un remplazante del ausente.

Pluralidad de enfoques

En los temas en los que haya posiciones contrapuestas, LA NACION recogerá en sus páginas todas las disidencias, a fin de ofrecer al lector una cobertura completa del asunto. La opinión propia del diario sobre el tema será tratada en la columna de editoriales.

Este principio se aplicará también en las crónicas, a fin de que el lector pueda tener un conocimiento completo de lo que arguyen las partes enfrentadas con relación a un suceso.

Versiones y rumores

Las versiones y rumores sobre los hechos —particularmente los de índole política— no deberían ser calificados como noticias, que son informaciones verdaderas.

Desde hace un tiempo ya largo en nuestro país —acaso porque las fuentes no suelen ser frontales y también porque, a veces, son el origen de esas versiones y rumores— se admite que los diarios mencionen la existencia de tales especies, de modo que una crónica podría quedar trunca si no lo hiciese.

Ante la imposibilidad de evitar esas menciones, los redactores de LA NACION deberán precisar que no se trata de noticias, sino de subproductos de valor dudoso o conjetural.

Rectificación de errores

Debe ser el propio diario el que rectifique los errores en que pudo haber incurrido, aunque no lo pida el interesado.

En LA NACION, como se sabe, se publica una fe de erratas en la que se registran errores anteriores. Pero hay casos en que, por su importancia, las rectificaciones demandan mayor espacio, que el diario brindará espontáneamente.

La libertad de prensa

Suele pensarse que la libertad de prensa es algo que beneficia a los editores de diarios y que, por lo tanto, a ellos corresponde su defensa.

La verdad es que esa garantía de todas las otras garantías es un derecho del ciudadano, que le asegura la posibilidad de estar bien informado, a fin de poder tomar decisiones fundadas sobre la realidad.

La libertad de prensa no es una gracia que el Estado dispensa a la ciudadanía, es una norma constitucional argentina. La ley fundamental veda al Congreso legislar en materia de prensa.

Estos conceptos conviene divulgarlos a fin de que la ciudadanía participe de la defensa de este bien fundamental en los reiterados casos en que es puesto en peligro.

Anonimato de menores

De acuerdo con lo preceptuado por la ley, los nombres de menores imputados no deben ser publicados.

Violaciones

Los nombres de las víctimas de hechos de violación no se publicarán, salvo casos especiales en los que las informaciones carezcan de sentido si no se revelan.

No ofender a naciones y comunidades

Se evitarán los calificativos que puedan resultar ofensivos para algunos grupos nacionales que integran nuestra sociedad.

Entre esos calificativos hay algunos tradicionales. Por ejemplo, cierto delito entre gente del hampa se denomina "mejicaneada"; a los judíos suele llamárselos despectivamente "rusos", y a los árabes, también peyorativamente, "turcos".

Encuestas de opinión

La encuesta es un instrumento que se usa cotidianamente en la prensa actual.

En el caso de publicar encuestas siempre constarán: el encuestador, el universo consultado, la técnica empleada para el relevamiento y la interpretación.

Información sobre terrorismo

El tratamiento de las noticias sobre actos de terrorismo debe ser encarado con el máximo de atención. Será conveniente distinguir con toda precisión qué es noticia y qué es propaganda.

Esa precaución se basa en la certeza de que el terrorismo es en primer lugar un fenómeno de comunicación. Lo que pretenden los grupos que cultivan esa forma de la violencia es lograr no la toma del poder, sino un miedo paralizante en vastos sectores de la sociedad.

Una de las reglas de esas organizaciones es la de que sus atentados produzcan víctimas indiscriminadas, pues lo irracional del método es lo que causa el terror indiscriminado.

Noticias sobre suicidios

Es un hecho comprobado que el suicidio es contagioso. Si se necesitase alguna demostración, bastará recordar la epidemia que no hace mucho se produjo en una localidad de la provincia de Santa Fe.

No se han de ocultar las noticias sobre suicidios, pero se evitará la difusión de detalles macabros, en la medida en que no sean necesarios para que la información tenga sentido, esté bien calibrada y quede completa.

Los secuestros como tema

Muchas veces se pide a los medios que supriman algunos detalles acerca de estos delitos. Y, en algunos casos, hasta se les pide que se suprima totalmente la información.

La autoridad de la Redacción decidirá cuándo pueda accederse a ese requerimiento de la familia damnificada o de las autoridades.

Una excepción podría encararse si la publicación pusiera en peligro la vida de la víctima o si se corriera el riesgo de entorpecer la liberación del secuestrado o del rehén.

Pretensión protagónica

El cronista que cubre un hecho no debe pretender convertirse en protagonista del suceso ni del texto que redacta. Las dificultades que pueda encontrar en su tarea no le interesan al lector, salvo que sean tan dramáticas como para constituir una noticia en sí mismas.

La función del periodista ha de ser tan neutra como para que el hecho que es materia de la noticia ocupe con exclusividad el primer plano.

Solicitadas

Las personas que publican solicitadas suelen creer que "puesto que firman el texto" son los únicos responsables de su contenido. Es un error: el diario es, en todos los casos, corresponsable de lo que inserta en sus ejemplares.

Las solicitadas no deben tener expresiones injuriosas ni calumniosas. En el caso de que se refieran a juicios que no tengan sentencia firme, no se aceptarán las solicitadas cuya publicación significaría tomar partido a favor de alguno de los litigantes.

Tampoco se aceptarán solicitadas que puedan interpretarse como el aprovechamiento de una incapacidad del interesado en publicarla.

Cuarto poder

Desde mucho tiempo atrás suele calificarse a la prensa de "cuarto poder". Se trata sólo de una expresión tradicional, pero sobre todo en el país y en los últimos tiempos en los medios electrónicos algunos programas transmiten la ilusión de que actúan como tribunales.

La prensa formula juicios de valor, pero no produce veredictos ni debe ocupar el lugar de un poder del Estado.

Entrevistas

Cuando se realicen entrevistas, se respetarán totalmente los conceptos emitidos por el entrevistado. Un buen método para hacerlo es la grabación magnetofónica, que se conservará durante un tiempo prudencial para enfrentar posibles rectificaciones.

Lo que importa de las entrevistas es el contenido, de modo que el texto será transcripto en español correcto, aun cuando el entrevistado no se haya expresado así.

Se evitará a toda costa una deformación bastante común de la entrevista periodística, que es intentar transformarla en un ejercicio de interpretación psicoanalítica.

Mesas redondas

La mesa redonda es una forma de conversación colectiva acerca de un tema prefijado. El moderador es el responsable de promover que los participantes de los paneles dialoguen y que no lean o caigan en largos monólogos, para no desvirtuar el sentido de esas reuniones.

Fotografías

La función de la fotografía periodística es identificar al protagonista de un suceso y, de ser posible, captarlo de modo que la imagen revele su estado de ánimo, el momento dramático de la acción en que está comprometido o denote con el gesto lo que está diciendo.

Es, desde luego, imposible caracterizar con palabras lo que puede revelar una fotografía.

Como norma esencial, el ambiente de la toma debe respetarse tal como es. Modificar una foto por motivos estéticos, entre otros, sugiere que el periódico acostumbra a cambiar la realidad.

Las infografías

Las infografías no son sólo adornos gráficos; tienen una función didáctica eminente y equivalen a copetes figurativos. Deben abreviar, ser expresivas y precisas.

Conviene que el infografista y el cronista trabajen en colaboración de modo de lograr el mayor éxito en la exactitud del material.

Palabras y expresiones malsonantes

El lenguaje que se use en el diario debe ser correcto no sólo en cuanto a la forma, sino también con respecto al contenido. Es necesario desterrar las palabras y expresiones malsonantes, salvo en el caso de que no se entienda la noticia sin su mención o hayan sido pronunciadas en circunstancias muy especiales que justifiquen su inserción en el texto.

Primicias de otros medios

El hecho de que otro medio se haya adelantado en la obtención de una información no debe provocar que el diario no la trate como es debido.

El compromiso del periódico con el lector consiste en que éste debe ser informado de todo lo que pasa, sin atender a circunstancias de competencia.

Reconocimiento de las fuentes

En todos los casos en que el diario haya conseguido una noticia a través de una fuente en particular —agencia, funcionario, medio, etc.—, se hará constar el origen de la información.

La excepción es la situación en que se pida que no se mencione la fuente. Una vez comprometido el diario a respetar el "off the record", lo respetará, salvo en el caso en que se consiga la misma información por otra vía y que ésta pueda ser registrada.

Derecho al silencio

Las personas tienen el derecho de no responder a las requisitorias periodísticas. El periodista debe tener esto en claro de modo de no insistir, como sí suele hacerse en medios electrónicos, pretendiendo forzar alguna declaración.

Si bien el régimen republicano de gobierno demanda la publicidad de los actos de los funcionarios, debe saberse que esta obligación no vale en toda ocasión.

No sacar provecho de informaciones

Una obligación moral elemental veda al periodista aprovecharse, en cualquier sentido que no sea el informativo normal, de noticias confidenciales o privilegiadas. Por ejemplo, si se sabe de antemano que habrá una devaluación monetaria, no aprovechar este conocimiento en beneficio personal.

Temas vedados

El periodista que tenga interés personal ajeno al exclusivamente periodístico en alguno de los temas que debe tratar, se excluirá de ese tratamiento y explicará las razones a la autoridad de la Redacción. Estos casos se dan sobre todo en las secciones que tratan temas económicos y financieros.

Derechos de autor

El periodista respetará y hará respetar los derechos legítimos de los autores y creadores.

OTROS GRANDES REFERENTES DE LA ÉTICA PROFESIONAL

EL CÓDIGO DE CONDUCTA DE THE WASHINGTON POST

POR BENJAMIN C. BRADLEE [1]

El diario The Washington Post está comprometido con la búsqueda intensa, responsable e imparcial de la verdad sin aprensión alguna respecto de cualquier interés particular y sin favoritismos ni privilegios para nadie.

Los redactores y editores del diario The Washington Post se comprometen a enfocar cualquier tarea periodística con la imparcialidad propia de una mentalidad abierta y sin preconceptos. La investigación respecto de opiniones contrapuestas debe ser habitual. Los comentarios de las personas acusadas o puestas en tela de juicio en las noticias deben estar incluidos. Los motivos de aquellos que presionan tratando de imponernos su parecer deben ser siempre examinados, y se debe reconocer que tales motivos pueden ser nobles o deshonestos, obvios o velados.

Tenemos plena conciencia de que el poder que hemos heredado como el diario matutino predominante en la capital del mundo libre trae consigo responsabilidades específicas:

* escuchar a quienes no tienen voz,
* evitar toda actitud de arrogancia,
* dirigirse al público cortésmente y de manera directa.

Conflicto de intereses

Este diario se compromete a evitar un conflicto de intereses o la apariencia de un conflicto de intereses en cualquier parte y en cualquier momento que sea posible. Hemos adoptado medidas rigurosas sobre esas cuestiones, conscientes de que acaso puedan ser más estrictas que lo acostumbrado en el mundo de las empresas privadas. Específicamente:

* Costeamos nuestros propios gastos.
* No aceptamos regalos ni dádivas de parte de las fuentes

---

[1] *Benjamin C. Bradlee es editor ejecutivo del diario norteamericano The Washington Post, fue el secretario general de redacción bajo cuya supervisión se produjo la publicación del Watergate, por el cual debió renunciar el presidente Richard Nixon.*

de información. No aceptamos viajes gratis. No aceptamos ni aspiramos a tener un tratamiento preferencial que se nos podría conceder debido a la posición que ocupamos. Las excepciones a la norma de no aceptar regalos ni dádivas son pocas y obvias —las invitaciones a comer, por ejemplo, pueden ser aceptadas cuando son infrecuentes y candorosas, pero no cuando se repiten y su propósito es deliberadamente especulador. Tenemos prohibido aceptar entradas gratis a cualquier acontecimiento que no es gratuito para el público. Las únicas excepciones son las ubicaciones que no se venden al público, como los palcos de prensa. Cada vez que esto sea posible, se tomarán las medidas del caso para pagar las entradas.

∗ Salvo para el diario The Washington Post, no trabajamos para nadie sin autorización de los superiores. Muchas tareas y actividades externas son incompatibles con el adecuado rendimiento laboral en un diario independiente. Mantener contactos con el gobierno figura entre las actividades más reprochables. Con el propósito de evitar conflictos de intereses reales o aparentes en la cobertura de los mercados comerciales y financieros, requerimos que todos los

integrantes de la sección Economía y Finanzas den cuenta de sus inversiones y activos financieros al editor encargado de la sección. Sin embargo, la probabilidad de que surja un conflicto de intereses no está circunscripta sólo a los miembros de la sección Economía y Finanzas. Requerimos que todos los redactores y editores de todas las secciones revelen al jefe responsable del departamento cualquier interés financiero que pudiera estar en conflicto o diera la aparente impresión de estarlo en sus tareas relacionadas tanto con el hecho de informar como de editar. Los jefes responsables de tal o cual departamento harán sus propias revelaciones de tipo financiero al secretario general de redacción.

∗ No trabajamos de manera independiente para nadie y no aceptamos compromisos de palabra sin autorización de los jefes responsables de departamentos. La autorización para trabajar de manera independiente podrá ser otorgada sólo si el diario The Washington Post no tiene interés en determinada noticia y sólo si va a ser publicada en un medio que no compite con The Washington Post. Es importante que no se acepte ninguna tarea periodística independiente ni honorario alguno cuando eso de alguna manera pudiera ser interpretado como una dádiva encubierta.

* Hacemos todos los esfuerzos razonables para estar exentos de obligaciones con las fuentes de información y los intereses especiales. Debemos actuar precavidamente y no enredarnos con aquellos cuya posición probablemente les permite ser objeto de investigación e interés periodísticos. Tanto nuestra conducta profesional como nuestro comportamiento en privado no deben desacreditar nuestra profesión ni al diario The Washington Post.

* Nos abstenemos de participar activamente en cualquier causa partidaria —política, asuntos de la comunidad, acción social, manifestaciones— que pudiera comprometer o diera la impresión de comprometer nuestra capacidad para informar y editar imparcialmente. Es justo decir que los familiares no pueden estar sujetos a las normas del diario The Washington Post, pero debería reconocerse que su ocupación o su participación en causas pueden por lo menos dar la impresión de comprometer nuestra integridad. Las vinculaciones profesionales y comerciales de los miembros de la familia deben ser comunicadas a los jefes responsables de los departamentos.

La función del redactor

Aunque hacerlo se ha vuelto cada vez más difícil para este diario y para la prensa en general desde el caso Watergate, los redactores deben poner todo su empeño en mantenerse en el llano, estar entre bambalinas en lugar de ser la estrella, dar cuenta de la noticia y no querer convertirse en la noticia.

Al ir tras la noticia, los redactores no deben fingir una identidad falsa. No deben tratar de hacerse pasar por policías, médicos o cualquier otra cosa que no sea un periodista.

Errores

The Washington Post está empeñado en reducir al mínimo el margen de errores que comete y en corregir los que se producen. Nuestro objetivo es la precisión; nuestra defensa, la imparcialidad. Debemos escuchar respetuosamente a las personas que nos hacen notar los errores.

Identificación de las fuentes de información

The Washington Post se compromete a revelar la fuente de todas las informaciones cuando sea claramente posible. Si aceptamos resguardar la identidad de una fuente, esa identidad no debe ser revelada a nadie fuera del diario The Washington Post.

Antes de aceptar cualquier información sin una completa atribución, los redactores deben hacer todo el esfuerzo razonable para que conste. En caso de que no sea posible, los redactores deben considerar la posibilidad de buscar la información en otra parte. Si eso eventualmente tampoco es posible, los redactores deben pedir que conste una razón para mantener secreta la identidad de la fuente, y deberían incluir esa razón en su crónica.

En todo caso, alguna forma de identificación casi siempre es posible —por ejemplo, por departamento o por posición— y debería ser informada.

No deberán utilizarse seudónimos.

Sin embargo, el diario The Washington Post no revelará a sabiendas la identidad de los funcionarios de los servicios de inteligencia norteamericanos, salvo en circunstancias extremadamente inusitadas que deberán ser analizadas por los secretarios de redacción.

Plagio y reconocimiento

El reconocimiento hacia el material de otros diarios u otros medios periodísticos debe ser absoluto. El plagio es uno de los pecados imperdonables del periodismo. Es la norma de este diario dar crédito a otros medios que publican noticias exclusivas dignas de cobertura por parte de The Washington Post.

Imparcialidad

Tanto los redactores como los editores del diario The Washington Post están comprometidos con la imparcialidad. Aunque los argumentos acerca de la objetividad son interminables, el concepto de imparcialidad es algo que tanto los editores como los redactores pueden fácilmente comprender y buscar con afán. La imparcialidad es el resultado de unas pocas prácticas simples:

∗ Ninguna crónica es imparcial si omite hechos de gran importancia o significación. La imparcialidad implica el carácter integral de la noticia.

∗ Ninguna crónica es imparcial si incluye básicamente información improcedente a expensas de hechos significativos. La imparcialidad implica que la información sea pertinente.

∗ Ninguna crónica es imparcial si, consciente o inconscientemente, mueve a error o incluso engaña al lector. La imparcialidad implica honestidad, lo que no significa situarse en el mismo nivel del lector sino "jugar limpio" con él.

* Ninguna crónica es imparcial si los redactores ocultan sus prejuicios o emociones detrás de ciertos términos sutilmente despectivos como "rehusó", "a pesar de", "silenciosamente", "admitir" y "masivo". La imparcialidad requiere que el estilo franco y directo se anteponga a toda ostentación.

Opinión

En este diario, la separación de las columnas informativas de la página editorial y de la que está frente a ella es algo muy serio y definitivo. Esta separación tiene la intención de atender al lector, que tiene derecho a enterarse no sólo de los hechos en las columnas de noticias sino de las opiniones vertidas en la página editorial y la que está "frente a ella". Pero no hay nada en esta separación de funciones que tenga la intención de eliminar de las columnas de noticias una información honesta y profunda, o un análisis o comentario cuando está claramente indicado.

El interés nacional y el de la comunidad

De una manera vital, al diario The Washington Post le incumbe tanto el interés nacional como el interés de la comunidad. Creemos que estos intereses son más atendidos por la mayor difusión posible de información. Que un funcionario federal reclame algo en aras del interés nacional no significa automáticamente que eso deba compararse con el interés nacional. Que un funcionario local reclame algo en aras del interés de la comunidad no significa automáticamente que eso deba compararse con el interés de la comunidad.

Buen gusto

The Washington Post, como diario, respeta el buen gusto y la decencia, al tiempo que comprende que los conceptos de la sociedad respecto del buen gusto y la decencia cambian permanentemente. Una palabra que resulta injuriosa para una generación puede formar parte del lenguaje habitual de la próxima. Pero debemos evitar la procacidad. Evitaremos publicar palabras soeces y obscenidades a menos que su utilización sea tan esencial para una crónica significativa que su sentido se pierda sin ellas. De ninguna manera las obscenidades se utilizarán sin la aprobación del editor ejecutivo o del secretario general de redacción o su adscripto.

Los principios del diario The Washington Post

Después de que Eugene Meyer compró The Washington Post en 1933 e inició la dinastía familiar que continúa hoy, publicó estos "Principios":

* La primera misión de un diario consiste en decir la verdad tan aproximadamente como esa verdad pueda ser averiguada.

* El diario deberá decir toda la verdad en la medida que pueda enterarse de ella, respecto de los asuntos importantes de los Estados Unidos y el mundo.

* Como divulgador de noticias, el diario deberá observar el decoro que obliga a todo caballero.

* Lo que publique debe ser apto para la lectura tanto de los jóvenes como de las personas mayores.

* El deber del diario es para con sus lectores y el público en general, y no para con los intereses privados de sus dueños.

* En pos de la verdad, el diario deberá estar dispuesto a sacrificar sus bienes materiales, en caso de que ese curso de acción sea necesario para satisfacer el bien público. El diario no deberá ser aliado de ningún interés específico, y deberá ser imparcial, libre y puro en sus puntos de vista respecto de los asuntos públicos y los hombres públicos.

Estos "Principios" son aprobados y confirmados por la presente.

EL CÓDIGO DE PRÁCTICAS DE LA PRENSA BRITÁNICA

PRESS COMPLAINTS COMISSION [2]

Se ha encomendado a la Press Complaints Comission la aplicación del siguiente Código de Prácticas, que fue elaborado por la industria de diarios y periódicos y ratificado por la Comisión de Quejas de la Prensa.

Todos los miembros de la prensa tienen la obligación de mantener el mayor nivel profesional y ético. Al hacerlo, deben tener en cuenta las provisiones de este Código de Prácticas y salvaguardar el derecho de la opinión pública a estar informada.

Los editores son responsables de los actos de los periodistas empleados por sus publicaciones. También deberán estar convenci-

---

[2] *La* PRESS COMPLAINTS COMMISSION, *un organismo no oficial, fue creado por la industria de diarios y revistas en 1991 para reemplazar al Consejo de Prensa (*PRESS COUNCIL*) por recomendación del Comité de Privacidad y Asuntos Relacionados (*COMMITTEE ON PRIVACY AND RELATED MATTERS*). Posee un presidente independiente y dieciséis miembros, siete de los cuales son editores nombrados por la prensa. Se ocupa de las quejas presentadas por los ciudadanos acerca de la conducta y el contenido de los diarios y revistas. Esta Comisión refuerza el punto 18 del Código de Práctica acordado por un comité de editores que representa a la industria de diarios y revistas. Su objetivo es asegurar que la prensa británica mantenga el más alto nivel de profesionalidad, y respete la libertad de expresión y el derecho del público a informarse.*

dos en lo posible de que el material aceptado de parte de miembros que no pertenezcan a su personal fue obtenido de acuerdo con este Código.

En tanto se reconoce que incluye un sustancial elemento de moderación por parte de los editores y periodistas, este Código fue elaborado para ser aceptado en el contexto de un sistema de autorregulación. El Código se aplica tanto en la letra como en el espíritu.

Es responsabilidad de los editores colaborar lo más rápido posible en las averiguaciones que realice la Press Complaints Comission.

Cualquier publicación a la cual la Press Complaints Comission encuentre en falta según una de las siguientes cláusulas estará obligada a imprimir el consecuente fallo en su totalidad y debidamente destacado.

1. Exactitud

a) Los diarios y periódicos deberán tener el cuidado de no publicar material inexacto, engañoso o tergiversado.

b) Cada vez que se reconozca que una inexactitud significativa, una declaración engañosa o una información tergiversada hayan sido publicadas, deberán ser inmediatamente corregidas y debidamente destacadas.

c) Se publicará una disculpa cada vez que corresponda.

d) Los diarios o periódicos deberán siempre informar con imparcialidad y exactitud acerca del resultado de una acción por difamación de la cual fueron parte.

2. Oportunidad de réplica

Una justa oportunidad para rebatir inexactitudes deberá ser concedida a las personas u organizaciones cuando ese pedido sea razonable.

3. Comentario, conjetura y hecho

Los diarios, aun cuando tienen libertad para tomar partido, deben distinguir claramente entre el comentario, la conjetura y el hecho.

4. Intimidad

a) Sólo se podrá irrumpir y averiguar en la vida privada de una persona sin su consentimiento, incluyendo el uso de teleobjetivos para sacar fotos de personas en propiedades privadas sin su consentimiento, cuando pueda demostrarse que esos actos son realizados —o se cree razonablemente que se realizan— en aras del interés público.

b) La publicación de material obtenido según a) arriba mencionado sólo se justifica cuando los hechos demuestran que se satisface el interés público.

Nota: La propiedad privada es definida como a) cualquier residencia privada, junto con su jardín y edificios exteriores, pero excluyendo terrenos o parques adyacentes y las partes que rodean a la propiedad dentro del campo visual —sin ayuda— de los transeúntes; b) los cuartos de hotel (pero no otras dependencias del hotel), y c) las zonas de un hospital o centro de asistencia donde los pacientes son tratados o alojados.

5. Dispositivos para escuchar

A menos que lo justifique el interés de la opinión pública, los periodistas no deben obtener ni publicar material obtenido por medio del uso de aparatos para escuchar clandestinamente o interceptando conversaciones telefónicas privadas.

6. Hospitales

a) Los periodistas o reporteros gráficos que busquen información en hospitales o instituciones similares deben identificarse ante una autoridad responsable y conseguir un permiso antes de ingresar en áreas que no son públicas.

b) Las restricciones respecto de irrumpir en la vida privada vienen al caso particularmente en lo que respecta a las averiguaciones sobre individuos en hospitales o instituciones similares.

7. Simulación

a) Los periodistas no deberían obtener o tratar de obtener información o fotografías por medio de simulaciones o subterfugios.

b) A menos que se haga en aras del interés público, todo documento o fotografía debe ser conseguido sólo con el consentimiento expreso del propietario.

c) Un subterfugio podrá ser justificado sólo en aras del interés público y solamente cuando el material no puede ser obtenido de otro modo.

8. Hostigamiento

a) Los periodistas no deben obtener ni tratar de obtener información o de sacar fotografías por medio de la intimidación u hostigamiento.

b) A menos que sus averiguaciones se realicen en aras del interés público, los periodistas no deben fotografiar a individuos en su propiedad privada (según establece la Nota de la cláusula 4) sin su consentimiento; no deben persistir en comunicarse telefónicamente o interrogar a individuos después de que se les haya pedido que desistan de su propósito; no deben permanecer en la propiedad ajena después de que se les haya pedido que se retiren, y tampoco deben ir tras esos individuos.

c) Es responsabilidad de los editores asegurar que estos requisitos se cumplan.

9. Pago de artículos

a) El pago u ofrecimiento de pago por artículos o información no debe realizarse directamente ni a través de intermediarios a testigos o a testigos potenciales durante los procesos criminales en curso, salvo en el caso que el material implicado deba ser publicado en aras del interés público y exista una urgente necesidad de efectuar o de prometer efectuar un pago para que eso se haga. Los periodistas deben tomar todas las medidas posibles para asegurar que ningún acuerdo financiero influya sobre las pruebas que pueden aportar esos testigos.

(Un editor que autorice un pago de esa naturaleza debe estar preparado para demostrar que existe un legítimo interés público en juego respecto de cuestiones acerca de las cuales la opinión pública tiene derecho a estar informada. El pago o, cuando sea aceptado, el ofrecimiento de pago a cualquier testigo que esté citado para dar testimonio debe ser revelado a la fiscalía y a la defensa, y el testigo debe ser advertido al respecto.)

b) El pago u ofrecimiento de pago por noticias, fotografías o informaciones no debe ser realizado directamente o a través de intermediarios a criminales condenados o confesos ni a personas relacionadas con ellos —familiares, amigos y colegas— salvo en el caso de que el material implicado deba ser publicado en aras del interés público, y sea necesario pagar para ello.

10. Aproximación a personas que sufren

En los casos que incluyan un pesar o un estado de conmoción personal, las averiguaciones y las aproximaciones deben realizarse solidariamente y con discreción.

11. Familiares y amigos inocentes

A menos que se contraponga con el derecho de la opinión pública a estar informada, la prensa debería evitar toda identificación de parientes o amigos de personas condenadas o acusadas de haber cometido un delito.

12. Entrevistar o fotografiar a niños

a) Los periodistas no deberían comúnmente entrevistar o fotografiar a menores de 16 años sobre temas que incluyan el bienestar personal de tal o cual niño en ausencia de o sin el consentimiento de uno de los padres u otro adulto que esté a cargo de ellos.

b) No se debe abordar a un niño ni fotografiarlo cuando esté en la escuela sin el permiso de las autoridades escolares.

13. Niños en casos sexuales

1) La prensa no debe, aunque la ley no lo prohíba, identificar a menores de 16 años que están involucrados en casos de violación sexual, ya fuere como víctimas, como testigos o como acusados.

2) En cualquier información periodística acerca de un caso de violación sexual contra un niño:

a) El adulto debe ser identificado.

b) Debe evitarse el uso de la palabra "incesto" cuando la víctima infantil pudiera ser reconocida.

c) El delito debe ser descripto como "grave abuso contra niños" u otra frase apropiada semejante.

d) El niño no debe ser identificado.

e) Se debe tomar el recaudo de que nada en el desarrollo de la información dé a entender la relación que existe entre el acusado y el niño.

14. Víctimas de abuso sexual

La prensa no debe identificar a las víctimas de violación sexual ni publicar material que pueda contribuir con esa identificación a menos que exista una adecuada justificación y, según la ley, tenga el derecho de hacerlo.

15. Discriminación

a) La prensa debe evitar toda referencia peyorativa o prejuiciosa respecto de la raza, el color de la piel, la religión, el sexo, la tendencia sexual o cualquier deficiencia física o mental o discapacidad de una persona.

b) Debe evitar publicar detalles acerca de la raza, el color de la piel, la religión, el sexo o la tendencia sexual de una persona a menos que esos datos sean directamente pertinentes a la noticia.

16. Periodismo financiero

a) Incluso cuando la ley no lo prohíba, los periodistas no deben utilizar en beneficio propio información financiera que reciban de antemano para su publicación general, ni tampoco deben entregar esa información a otros.

b) No deben escribir sobre las acciones o los títulos, a sabiendas de su rendimiento, en los que tanto ellos o sus familiares directos tengan un considerable interés financiero sin revelarlo al editor general o al editor de temas financieros.

c) No deben comprar ni vender, ya fuere directamente o a través de intermediarios, acciones ni títulos acerca de los que hayan escrito últimamente o acerca de los que pretenden escribir en el futuro inmediato.

17. Fuentes confidenciales

Los periodistas tienen la obligación moral de resguardar las fuentes de información confidenciales.

18. El interés público

Las cláusulas 4, 5, 7, 8 y 9 introducen situaciones excepcionales que pueden ser cubiertas invocando el interés de la opinión pública. Para los fines de este Código, eso puede ser mejor definido como:

a) Descubrir o exponer un delito o una falta grave.

b) Proteger la salud pública y la seguridad.

c) Prevenir que la opinión pública sea engañada por alguna declaración o acción de un individuo o una organización.

En todos los casos que se planteen más allá de estas tres definiciones, la Press Complaints Comission exigirá una explicación cabal, por parte del editor de la publicación implicada, para demostrar cómo se trató de cumplir con el interés público.

Todo comentario o sugerencia respecto del contenido de este Código puede ser remitido a:

The Secretary,
Code of Practice Committee,
Merchants House Buildings,
30 George Square,
Glasgow G2 1EG.

(Traducción de Luis Hugo Pressenda.)

ASPECTOS LEGALES VINCULADOS CON EL EJERCICIO DE LA PRENSA

El pensamiento, que se desarrolla en la intimidad de la conciencia, es incoercible, no puede ser limitado.

Cuando se habla de la libertad de expresión se invoca el derecho civil de hacer públicas esas ideas e informaciones por cualquier medio, sea éste escrito, oral, visual o gestual. En cuanto es sinónimo de comunicación, indispensable para la inserción del hombre en la sociedad, aquélla debe ser admitida en su mayor amplitud. Pero, por ello mismo, debe respetar ciertos límites, que son los que surgen de las necesidades de la convivencia, de la obligación constitucional de respetar los derechos de los terceros.

Si, además, se tiene en cuenta que los hombres viven en regímenes democráticos, en los que, por definición, el pueblo, para gobernarse a través de sus representantes, debe estar plenamente informado de todos los asuntos del Estado, se comprende que la libertad de expresión adquiere importancia política institucional de primerísimo orden y se convierte en pilar del Estado de Derecho.

Estas son las ideas esenciales que inspiran todo el régimen constitucional, legal y jurisprudencial de la libertad de prensa. Por eso,

se revisan sucintamente las normas que regulan la materia, los límites a ese derecho, y las responsabilidades por la transgresión de esos límites, tema en el que no es indiferente que el sujeto alcanzado por la crítica periodística sea un particular o un funcionario público.

Las normas

La Constitución nacional, cuyas normas no pueden ser desconocidas por las Constituciones provinciales, establece pocas cláusulas referidas a la libertad de expresión y de prensa: son las contenidas en sus artículos 14, 32 y 43. Otras pautas surgen de los tratados internacionales, algunos de los cuales, como el Pacto de San José de Costa Rica, se incorporaron en nuestra Constitución, desde su reforma de 1994, a través de la norma contenida en el artículo 75 inciso 22. También el Código Penal tipifica algunos delitos y hay varias pautas dispersas en otros ordenamientos, como el Código Civil.

En la Constitución nacional

El artículo 14 de la Constitución nacional es la norma básica de todo el régimen: *"Todos los habitantes de la Nación gozan de los siguientes derechos conforme a las leyes que reglamenten su ejercicio: ...de publicar sus ideas por la prensa sin censura previa; ...".*

El artículo 32 dispone: *"El Congreso federal no dictará leyes que restrinjan la libertad de imprenta o establezcan sobre ella la jurisdicción federal".*

El artículo 43, luego de regular las acciones de amparo y de hábeas data, establece: *"No podrá afectarse el secreto de las fuentes de información periodística".*

En el Pacto de San José de Costa Rica

En tanto, el Pacto de San José de Costa Rica, suscrito por la Argentina en 1984 y que incorpora el concepto más moderno de derecho a la información, trae varias normas:

Su artículo 13 establece: *"1. Toda persona tiene derecho a la libertad de pensamiento y de expresión. Este derecho comprende la libertad de buscar, recibir y difundir informaciones e ideas de toda índole, sin consideración de fronteras, ya sea oralmente, por escrito o en forma impresa o artística, o por cualquier procedimiento de su elección.*

"2. El ejercicio del derecho previsto en el inciso precedente no puede estar sujeto a previa censura, sino a responsabilidades ulteriores, las que deben estar expresamente fijadas por la ley y ser necesarias para asegurar:

a) el respeto a los derechos o a la reputación de los demás, o

b) la protección de la seguridad nacional, el orden público o la salud o la moral públicas.

"3. No se puede restringir el derecho de expresión por vías o medios indirectos, tales como el abuso de controles oficiales o particulares de papel para periódicos, de frecuencias radioeléctricas, o de enseres y aparatos usados en la difusión de información o por cualesquiera otros medios encaminados a impedir la comunicación y la circulación de ideas y opiniones.

"4. Los espectáculos públicos pueden ser sometidos por la ley a censura previa con el exclusivo objeto de regular el acceso a ellos para la protección moral de la infancia y la adolescencia, sin perjuicio de lo establecido en el inciso 2º.

"5. Está prohibida por la ley toda propaganda en favor de la guerra y toda apología del odio nacional, racial o religioso que constituyan incitaciones a la violencia o cualquier otra acción ilegal similar contra cualquier otra persona o grupo de personas, por ningún motivo, inclusive los de raza, color, religión, idioma u origen nacional".

El artículo 14, referido al derecho de rectificación o respuesta, dice: *"1. Toda persona afectada por informaciones inexactas o agraviantes emitidas en su perjuicio a través de medios de difusión legalmente reglamentados y que se dirijan al público en general tiene derecho a efectuar por el mismo órgano de difusión su rectificación o respuesta en las condiciones que establezca la ley.*

"2. En ningún caso la rectificación o la respuesta eximirán de las

otras responsabilidades legales en que se hubiese incurrido.

"3. Para la efectiva protección de la honra y la reputación, toda publicación o empresa periodística, cinematográfica, de radio o televisión tendrá una persona responsable que no esté protegida por inmunidades ni disponga de fuero especial".

En el Código Penal

En el Título II, dedicado a los delitos contra el honor, el artículo 109 reprime las calumnias, que consisten en la imputación de un delito: "*La calumnia o falsa imputación de un delito que dé lugar a la acción pública, será reprimida con prisión de uno a tres años*".

El artículo 110 castiga las injurias, las referencias agraviantes que no constituyen imputación de delito alguno: "*El que deshonrare o desacreditare a otro, será reprimido con multa de pesos argentinos mil a pesos argentinos cien mil o prisión de un mes a un año*".

"Art. 111: El acusado de injurias sólo podrá probar la verdad de la imputación en los casos siguientes:

"1º Si la imputación hubiere tenido por objeto defender o garantizar un interés público actual;

"2º Si el hecho atribuido a la persona ofendida hubiere dado lugar a un proceso penal.

"3º Si el querellante pidiere la prueba de la imputación dirigida contra él.

"En estos casos, si se probare la verdad de las imputaciones, el acusado quedará exento de pena.

"Art. 112. El reo de calumnia o injuria equívoca o encubierta, que rehusare dar en juicio explicaciones satisfactorias sobre ella, sufrirá del mínimum a la mitad de la pena correspondiente a la calumnia o injuria manifiesta.

"Art. 113. El que publicare o reprodujere, por cualquier medio, injurias o calumnias inferidas por otro, será reprimido como autor de las injurias o calumnias de que se trate.

"Art. 114. Cuando la injuria o calumnia se hubiere propagado por medio de la prensa, en la capital y territorios nacionales, sus autores quedarán sometidos a las sanciones del presente código y el juez o tribunal ordenará, si lo pidiere el ofendido, que los editores inserten en los respectivos impresos o periódicos, a costa del culpable, la sentencia o satisfacción".

Las normas transcriptas contienen respuestas a todas las cuestiones que involucra la libertad de prensa y que se plantean en los párrafos siguientes.

Censura

La prohibición de censura previa contenida en el artículo 14 de la Constitución nacional fue originariamente prevista para proteger a la expresión de ideas por medio de la prensa gráfica.

Si bien la doctrina discute cómo juega esa norma frente a algunos problemas que plantean los medios audiovisuales de comunicación, fundamentalmente para atender razones de orden público o de moralidad, la Corte Suprema de Justicia de la Nación, en la sentencia que dictó *in re* (en el caso) Daniel Mallo (1972), dispuso que el artículo comentado también beneficia a las expresiones vertidas por el cine. Más recientemente, *in re* Servini (1992), el alto tribunal extendió el amparo a los programas de radio y televisión y, si bien dejó abierta la posibilidad de brindarles una protección más atenuada que a los primeros, fijó claramente el criterio de que toda censura previa sobre esos medios de comunicación padece de una fuerte presunción de inconstitucionalidad.

De lo establecido en los artículos 14 de la Constitución y 13 del Pacto de San José de Costa Rica surge que:

—La prohibición de censura previa tiene carácter absoluto y ampara no sólo la expresión de ideas, como dice la cláusula constitucional, sino también la trasmisión de informaciones.

—La prohibición de censura previa implica que el derecho de expresarse por la prensa nunca puede ser restringido a priori de la manifestación pública, es decir, antes de la aparición de la publicación.

—Esa prohibición no impide que el medio o los periodistas queden sujetos a las responsabilidades penales o civiles ulteriores a la publicación.

—Las responsabilidades ulteriores a la publicación que se quieran imponer a esas personas no pueden ser arbitrarias o persecutorias ni dispuestas por normas posteriores al hecho controvertido, sino que deben nacer expresamente de leyes anteriores al episodio que motiva la controversia, como por ejemplo, en el Código Penal (delitos de calumnias e injurias).

—Esas responsabilidades sólo pueden ser dirimidas por un juez, previo debido proceso legal.

—No está permitida forma alguna de censura encubierta, como las restricciones irrazonables a la instalación de talleres tipográficos, fijación de cuotas de papel de diario o celulosa, manipulación de avisos oficiales para volcarlos sólo a los diarios complacientes, listas negras de periodistas o la imposición a las empresas de un precio máximo de venta del periódico. Respecto de esto último, la Corte Suprema de Justicia, *in re* La Prensa (1987) consideró que someter a los medios gráficos a la ley de abastecimiento y obligarlos a solicitar autorización a la Secretaría de Comercio para aumentar el precio de tapa implica una alteración de los artículos 14 y, especialmente, del 32 de la Constitución nacional.

Delitos por medio de la prensa. Jurisdicción federal

El artículo 32 de la Constitución nacional se ocupa de dos temas: qué autoridad puede legislar en materia de prensa y qué juez es competente para juzgar los delitos que se cometen a través de ella.

En cuanto a lo primero, se establece que el Congreso federal no dictará normas sobre libertad de imprenta. Este artículo debe ser interpretado en el sentido de que impide al Poder Legislativo nacional crear *delitos de prensa*, como una categoría particular, pero no impide que se castigue cualquier delito común, como las calumnias o las injurias, cuando sean *delitos cometidos por medio de la prensa*. El artículo 75, inciso 19 de la Constitución, luego de la reforma de 1994, establece que el Congreso dictará leyes que protejan los espacios audiovisuales, en alusión a las empresas multimedia. De todas formas, debe quedar claro que, como el artículo 32 introduce la prohibición en beneficio de la prensa escrita —la norma habla de "imprenta"—, esas leyes nunca pueden apuntar a restringir los medios gráficos.

En la segunda parte, el artículo 32 dice que el Congreso no dictará leyes que establezcan sobre la libertad de imprenta la jurisdicción federal. No obstante, en 1932, *in re* Ministerio Fiscal de Santa Fe c/ diario La Provincia, y en 1970, *in re* Batalla, la Corte Suprema de Justicia de la Nación dejó en claro que los delitos comunes previstos en el Código Penal —cualquiera que sea el medio empleado para su comisión— deben ser juzgados por los tribunales federales o provinciales según que las cosas o las personas caigan bajo sus respectivas jurisdicciones.

Responsabilidades de la prensa

La prensa, que está exenta de censura previa, es responsable civil y penalmente por sus actos.

Responsabilidad civil

La experiencia indica que las demandas que suelen presentarse ante la Justicia contra un medio de comunicación invocan la supuesta violación de los derechos a la intimidad y al honor.

Las personas tienen derecho a preservar su intimidad, a disponer de una esfera inviolable de libertad individual, la cual no puede ser invadida por otras personas ni por el Estado y debe quedar libre de intromisiones de cualquier signo. En la causa Ponzetti de Balbín (1985), la Corte Suprema de Justicia de la Nación resolvió que incluso los hombres públicos tienen una esfera de intimidad, aunque más reducida que los particulares y cuya extensión, por cierto, depende de su propia conducta.

En tanto, el honor de las personas puede verse afectado a través de los delitos de calumnias e injurias cometidos por medio de la prensa donde ésta es, para el autor del hecho, un instrumento. En ocasiones, ese derecho es lesionado como consecuencia de un acto culpable o aun abusivo del derecho a informar y, entonces, el afectado puede aspirar a obtener una indemnización del daño, además de la condena penal de quienes lo agraviaron. Esto es lo que interpretó la Corte Suprema de Justicia de la Nación *in re* Campillay (1986), cuando estableció la regla de que los medios, cuando difunden noticias que puedan rozar la reputación de las personas, no incurren en responsabilidad si atribuyen directamente su contenido a la fuente pertinente, utilizan el verbo en potencial o dejan en reserva la identidad de los implicados.

Responsabilidad penal

Si una publicación es de carácter calumnioso o injurioso, son responsables penales tanto el autor de la ofensa, que puede ser el periodista, con relación a los artículos 109 y 110 del Código Penal, así como también el director o editor responsable, en virtud de lo que establece el artículo 113 de ese cuerpo legal, que reprime a quien publica o reproduce por cualquier medio —inclusive, un medio periodístico— injurias o calumnias inferidas por otro.

Respecto de la responsabilidad del director hay que tener en cuenta que debe hacerse una interpretación restrictiva de la norma, porque el principio de la culpabilidad exige, para aplicar una pena, que la acción ilícita pueda ser atribuida tanto objetiva como subjetivamente.

Por eso, la Cámara del Crimen, en la causa Massera (1985), entendió que el artículo 113 CP debe ser interpretado a la luz del artículo 14 de la Constitución nacional, teniendo en cuenta la excepción de participación del artículo 49 del CP —según la cual no se consideran partícipes de esos delitos a las personas que solamente prestan al autor del escrito o grabado la cooperación material para su publicación, difusión o venta—. En consecuencia, quedan prohibidas únicamente aquellas conductas que llevan un *plus,* que consistirá en que los editores o directores de la publicación donde se reproducen aquéllas to-

men partido o les agreguen la fuerza de convicción que pudiera emanar de la propia opinión y responsabilidad.

Por aplicación de esos criterios, en varias ocasiones la Corte Suprema de Justicia revocó las condenas impuestas a los respectivos directores de varios periódicos, cuando quedó en claro que no habían sido los autores de esas publicaciones ni las conocieron hasta después de la aparición (casos Lectoure, 1982; Abad, 1992; Costaguta, 1993, y Julio Ramos, del mismo año).

En este punto hay que recordar que la Corte Suprema de Justicia de la Nación, en la causa Morales Solá (1996), acogió la doctrina de la real malicia, con cita del caso Sullivan (1964) de la Corte Suprema de los Estados Unidos, que limita la responsabilidad de los medios frente a los funcionarios públicos u otras personas que están en una situación asimilable. En virtud de esta decisión y de otras posteriores del alto tribunal norteamericano, se elaboró una jurisprudencia que protege a los periodistas o a los medios contra las demandas civiles o las querellas de los funcionarios públicos, aun cuando la información trasmitida haya sido errónea, si aquéllos obraron de buena fe.

Así, si un funcionario público o un particular están involucrados en la información de hechos de interés para la vida institucional de la República, para que puedan tener éxito en su demanda o querella deben probar que el periodista transmitió la información errónea con pleno conocimiento de este último carácter o con culpa grave, que sólo se configura cuando el periodista podía sospechar de la falsedad de la especie y tuvo un notorio desinterés por averiguar la verdad. Lejos de ser un privilegio, este fallo garantiza la libertad del periodismo responsable.

Secreto de las fuentes periodísticas

El secreto de las fuentes de información tiene una doble dimensión objetiva, que reside en el interés colectivo, pues se facilita un ejercicio más pleno del derecho a la información, cuya importancia institucional amerita que la difusión de la noticia prevalezca sobre la identidad del informante, y subjetiva, pues se busca tutelar el interés del periodista en proteger a su fuente, para preservarla y para evitarle a ésta y a aquél eventuales represalias.

Incorporado en el artículo 43 de la Constitución nacional, se interpreta que protege al periodista y al medio. Exime al periodista de revelar la identidad de la fuente al empleador, y al segundo, frente a un acto u omisión de la autoridad, aun indirecto, que tienda a individualizarla, como podría ser un allanamiento en los archivos de la redacción o el secuestro de los apuntes de un periodista.

Bartolomé Mitre en su biblioteca

Antecedentes de los diarios

En el siglo I antes de Cristo, existía en Roma un periódico cotidiano cuya serie se llamaba *acta diurna* —vale decir, hechos del día—; quienes lo redactan son denominados *diurnarii,* palabra que podría ser traducida por "periodista", o más precisamente, por "diarista".

El periodismo siempre ha estado ligado a los medios de transporte y a las facilidades para diseñar itinerarios por donde las noticias circulen.

Los *diurnarii* fueron posibles debido a que la República y el Imperio contaban con una red vial que se extendía por Europa hasta Medio Oriente y, a través del Mediterráneo, hasta el norte de Africa.

En Roma se cultivaba también otra frecuencia de aparición, la semanal. El hebdomadario se llamaba *Commentarius Rerum Novarum.* Lo escribían a mano 300 esclavos y cada entrega alcanzaba una tirada de 10.000 ejemplares.

Esas hojas se distribuían en los foros, en las plazas públicas, en los comercios, en los coliseos de las *urbes* y de fuera de ellas.

Su contenido era bastante parecido al de los periódicos actuales. Se daban noticias de interés general, informaciones sobre los espectáculos teatrales o de mimos, los juegos de gladiadores y las carreras de carros.

Otra vinculación constante es la de la prensa con el mundo de las finanzas, la economía y el comercio. A ello se debe, sin duda, que existan en el mundo tantos periódicos denominados *Mercurio,* pues así se llamaba el dios pagano del comercio.

Los banqueros, prestamistas, exportadores e importadores necesitaban en la Edad Media —como en cualquier otro tiempo— conocer el estado de las plazas con las que tenían intercambios y las cotizaciones de los bienes en los diferentes puertos o mercados mediterráneos. Antes de la invención de la imprenta de tipos movibles, la única manera de establecer esa comunicación era por medio de hojas manuscritas, llamadas *avvisi* entre los florentinos y lombardos, grandes financistas y comerciantes, y *Zeitungen* en los países de lenguas germánicas. Son, claro está, hojas volantes que se distribuyen por intermedio de los incipientes servicios postales que unen las plazas mercantiles o navieras.

Aun después de la invención de la imprenta, durante mucho tiempo el intercambio de noticias será realizado en los puertos o en las plazas del mercado.

Se cuenta que en el puerto norteamericano de Boston, en la época colonial, los taberneros tenían sobre sus mostradores grandes libros parecidos a los que se usaban para llevar la contabilidad. Los capitanes de los navíos recién llegados del extranjero escribían en aquellos grandes folios las novedades que podían interesar al resto de los parroquianos. En compensación, podían beber *on the house,* es decir, gratis.

También se cuenta que uno de esos taberneros, con mayor espíritu periodístico, quiso superar a sus competidores en materia de ofrecer novedades lo antes posible. Para lograr este objetivo, enviaba a la rada de Boston a un muchacho con un bote que recogía de boca de los marinos las novedades y las transmitía a la clientela de su patrón apenas desembarcado. Ese hombre tenía la idea de la primicia, de la *scoop.*

La circulación de informaciones ultramarinas se hacía sobre todo en la zona de la Liga Hanseática, corporación mercantil que actuaba en los puertos del Norte y del Báltico. Las noticias por vía terrestre tocaban Florencia, Venecia, Lucca, Ausburgo, Francfort, los días de mercado, si se trataba de informaciones puramente comerciales, y en cualquier momento si se trataba de novedades financieras que debían comunicarse con urgencia.

La imprenta

Hoy se entiende difícilmente que alguien pueda haber sido enemigo de la imprenta —lo cual muestra hasta qué punto somos sus deudores—, pero, apenas comenzó a difundirse, el invento de Gutenberg alarmó a personas de varia condición. A los analfabetos, porque subrayaba su inferioridad; y a los doctos y alfabetos, porque ponía en peligro su exclusividad. En el capítulo *Les pratiques de l'écrit,* Roger Chartier, en el libro "Histoire de la vie privée", pone algunos ejemplos demostrativos.

En Venecia, el dominico Filippo di Strata emprende una campaña desde el púlpito contra la invención de Maguncia. Y tiene el apoyo incondicional del patriciado de la ciudad.

Le reprocha a la imprenta varias cosas: corrompe los textos puestos en circulación por ediciones rápidas y que han sido escritos sólo para satisfacer el ego personal; corrompe los espíritus al poner en circulación libros inmorales y heterodoxos, fuera del control de las autoridades eclesiásticas. Por último, corrompe el saber en sí mismo al entregarlo a mentes ignaras. En resumen, su consigna es: "Est virgo haec penna, meretrix est stampificata". Lo que en lengua corriente significa: "La pluma es virgen; la imprenta, una prostituta".

Cien años después de las diatribas del dominico, que datan del siglo XV, aparece en Madrid en 1619 la comedia de Lope de Vega titulada "Fuenteovejuna". En un pasaje hay un diálogo entre un paisano, Barildo, y un letrado graduado por Salamanca, Leonelo. El tema de la discusión gira en torno de la imprenta. Es cierto que difunde obras de valor y las conserva, pero también hace circular nociones erróneas y absurdas, además permite que con el nombre de uno se pueda editar un libro que le sea perjudicial y, por otro lado, la abundancia de textos puede llevar a la confusión.

Barildo piensa que cualquiera puede considerarse un sabio. Y Leonelo, doctoral, concluye: "Antes, que ignoran más".

El periodismo pasado y presente

De la vida de Gutenberg —Johannes Gensfleische zum Gutenberg— se sabe que nació en Maguncia a fines del siglo XIV, en el seno de una familia cuyo jefe pertenecía a la guilda de los acuñadores de moneda. Salvo algunos otros datos sometidos a controversia, lo que se conoce es que fue hábil en el arte de buscarse pleitos y entuertos.

Era movedizo el orfebre y, al parecer, en uno de sus viajes a Haarlem, en Holanda, se hizo amigo de un sacristán que habría llegado mucho más allá de la xilografía en sus intentos de impresor. El holandés, llamado Lauren Janszoom, al que apodaban Coster, habría tenido un secreto tecnológico, el de la imprenta de tipos movibles. Gutenberg habría seducido a la hija del sacristán y le habría extraído hábilmente una confidencia referida al secreto. Luego, lo habría usado en Maguncia, apareciendo así como el inventor de la imprenta de tipos movibles ante los historiadores. Esta historia, de cuya veracidad no hay prueba cierta, la cuenta Nicoletta Castagni en el capítulo que escribió para el libro "Del pedernal al silicio", de Giovanni Giovannini.

Sea lo que fuere, Gutenberg pasa por el inventor de un procedimiento de impresión que los chinos usaban —con el papel y la tinta adecuados—, en el 800, durante el reinado de la extraordinaria dinastía T'ang.

La Biblia de 42 líneas fue el primer libro que salió, en 1456, de una imprenta de Maguncia. No se duda de que la preparación de esa hermosa obra gráfica fue realizada por Gutenberg, tanto que se la llama la Biblia de Gutenberg o la Mazarina.

Marshall McLuhan conviene con William Ivins en que "no es arriesgado afirmar que desde la invención de la escritura no hubo invención más importante que la de la

Portada de un catálogo tipográfico

imprenta de enunciados pictóricos, exactamente repetibles".

Las gacetas

Quizá la imposibilidad de ejercer su profesión de médico en París haya inclinado a Théophraste Renaudot hacia el periodismo.

La "Salutissima Facultas" —la Sorbona— impedía a los graduados en la universidad enemiga de Montpellier practicar el arte galénico. Los académicos sorbonenses acusaban a los de aquella casa de altos estudios de que su enseñanza estaba inficionada por algunas teorías arabizantes.

Sin inmutarse, Renaudot se puso bajo la protección del todopoderoso cardenal Richelieu y se dedicó a cultivar la prensa oficialista. En el siglo XVII, todavía en pleno *Ancien Régime* no se conocían cosas tales como la libertad de expresión.

Por intercesión del cardenal recibe, en mayo de 1631, la patente real que le concede en exclusividad y a perpetuidad el privilegio de publicar "gacetas, narraciones de todo lo que ha pasado y pasa tanto en el interior como fuera del reino".

El nombre de su periódico, La Gazette, proviene de Venecia, donde el siglo anterior durante una guerra que la señoría combate con los turcos se toma la costumbre de dar información a la población en lugares públicos. A veces se trata de hojas volantes para lectura del comprador; a veces, dado el alto grado de analfabetismo, se pregonan las noticias a voz en cuello en centros concurridos o en las plazas. En uno y otro caso se cobra al beneficiario "una gazzetta", una moneda de ínfimo valor.

La palabra hizo fortuna en la prensa, de modo que hay y hubo

Planta impresora de LA NACION

gacetas en todo el mundo. En Buenos Aires, La Gaceta de Moreno y el gobierno patrio fue precedida durante el virreinato por hojas manuscritas con ese nombre.

Renaudot, que llegó a ser médico del rey, fuera del alcance de la Sorbona, fue un periodista imaginativo. Inventó casi todos los géneros que aún subsisten y se cultivan en la profesión.

En primer lugar se hace famoso porque prefiere la crónica a los comentarios, los hechos a las elucubraciones ulteriores.

Hace el periódico, cuatro páginas diarias, y lo corrige de arriba abajo.

Se sabe que por consejo del cardenal reunió en torno de sí a un grupo distinguido de gentes de letras, pero también se dice que su celo profesional no imprimía sino lo que él mismo redactaba. Sus ideas acerca del periodismo —hay que reconocerlo— no son muy brillantes. "La historia —dice— es la narración de las cosas que han pasado. La Gazette se hace eco del ruido que producen. Aquélla está obligada a decir la verdad; ésta, a no mentir."

En esos tiempos no existía todavía la opinión pública —esa personalidad colectiva que juzga—, la única opinión a la que se otorgaba algún valor era la que provenía de personalidades bien situadas cerca del trono o del favorito del trono.

El periodista profesional

En los primeros siglos posteriores a la difusión de la imprenta, el periodismo fue ejercido por personas anónimas casi sin excepción. Aquellos cuyos nombres trascendieron fueron políticos o escritores. El periodista profesional, en el sentido contemporáneo de la expresión, no existía. Se supo de la existencia de Renaudot, La Gazette; de Addison y Steele, The Spectator; de Marat, L'Ami du Peuple; de Mirabeau, Le Courier de Provence, etcétera.

Sólo a partir de fines del siglo XVIII y principios del XIX nacerá una profesión en la cual se escribirá sobre la actualidad pero sin intención literaria.

La vocación literaria de un candidato a ingresar en un diario más de una vez ha sido adversa a su intención. Los editores, en nuestros días, prefieren las vocaciones puramente periodísticas.

La confusión entre las letras en su sentido estético y la letra usada como vehículo de información ha sido clásica en los periódicos durante largo tiempo. La formación universitaria de los redactores sirvió para terminar con tal estado de cosas.

A principios del siglo XVIII se va delineando en Gran Bretaña el oficio de escribir para diarios. En las primeras tres décadas de esa centuria aparecen los *dailies* ingleses, en los cuales no puede pasar inadvertida la intención de una escritura enderezada a informar. Serán, sin embargo, escritores, como Swift y Defoe, los que introducirán en sus páginas el artículo de fondo.

De la coexistencia de bellas letras y prosa informativa no hay mejor ejemplo que The Spectator, esa hoja londinense de principios del siglo XVIII en la que los artículos de Addison y Steele van precedidos por una frase adaptada al tema en griego y en latín.

Debe reconocerse que una gran contribución al establecimiento de la profesión periodística la hicieron las agencias de noticias, aparecidas en el cuarto decenio del siglo XIX.

La razón habrá de buscarse en el hecho de que su función era transmitir noticias crudas, escritas —por razones de economía— en un lenguaje ultrasintético, que podría llamarse telegráfico.

En 1832, Charles Louis Havas, natural de Rouen, abre en París una oficina de traducciones que ofrece a los periódicos. De ese centro de trabajo lingüístico saldrá la agencia que lleva su nombre, a partir de 1835. Tal es el punto de partida de una institución vital para el desarrollo de la prensa: la agencia de noticias, que pondrá a disposición de sus clientes, diarios y revistas en aquel tiempo, tandas de informaciones todas iguales en fondo y forma, que llegan a las redacciones en tiempo útil para las exigencias del cierre.

Para la difusión de sus servicios Havas usó todos los medios de transporte de la época, los correos a caballo, las diligencias, los ferrocarriles, las palomas mensajeras. Y naturalmente el telégrafo, en cuanto fue operativo. Una noticia enviada de París a Londres era llevada por las palomas en seis o siete horas de vuelo a lo largo de 380 kilómetros de distancia.

A partir de la pionera Havas, proliferaron luego agencias similares. Bernard Wolf funda la oficina que lleva su nombre en Berlín en 1849. Julius Reuter crea su propia agencia en Londres, en 1852.

En sus tiempos iniciales los diarios vivían exclusivamente de la venta de sus ejemplares, ya fuera por abono, ya a través de voceadores callejeros. El publicista francés Emile de Girardin introduce un cambio en la comercialización de modo tal que los periódicos pasen a sostenerse en primer lugar por las entradas que dejan los avisos. Ya en el siglo XVIII, el periódico londinense The Daily Advertiser publicaba anuncios regularmente. Pero el gran envión lo da Girardin, que baja el precio del ejemplar y se obliga a sí mismo a subsistir gracias a la publicidad.

Debe señalarse que la publicidad, si es de múltiple origen, es uno de los recursos que tienen los diarios y revistas para obtener y conservar su independencia. Ningún anunciante puede exigir que se lo trate con benevolencia, pues lo impedirían los otros.

La imaginación de Girardin no se detendrá en provocar ese giro copernicano en las finanzas de los medios. Era hombre fértil en iniciativas. Es el gran maestro de la sectorización. Le Voleur —El ladrón—, de cuya honestidad hace desconfiar el título, toma lo mejor de lo publicado por sus colegas y lo reimprime. Normas fluidas en materia de derechos de autor y la satisfacción de ser citado permiten ese aprovechamiento sistemático del trabajo ajeno. Se dirige así al sector del público que tiene gustos literarios. Con La Mode, inicia la tradición del periodismo femenino. A los chicos les dedica Le Journal des Enfants y a la gente práctica se dirige con Le Journal des Connaissances Utiles.

Por otro lado, Girardin llamó a colaborar en su emporio gráfico a las mejores plumas del momento: Balzac, Victor Hugo, Gautier, Dumas... Había descubierto que un género literario, el cuento, es el más apto para ser insertado en un cotidiano o un hebdomadario. Abrió una larga senda.

En los Estados Unidos de América, el profesionalismo es casi la norma. Un pionero será allí el escocés James Gordon Bennet, cuyo New York Herald, fundado en 1835, inaugura un estilo realmente saludable: el de ceñirse exclusivamente a los hechos.

Gordon Bennet es además un creativo en otros sentidos. No le bastan las crónicas, inventa los acontecimientos que serán la materia de la crónica.

En 1899, organiza las carreras de automóviles que llevarán el nombre de su grupo periodístico. Es la publicidad puesta al servicio del diario de otra manera.

El New York Herald cultiva el copete de las cinco W y se adhiere a la fórmula según la cual lo principal se dice al principio y el texto se ordena en una pirámide invertida. Estas son precauciones que permiten que en el taller de armado se corte lo de abajo, si la nota no entra por estar mal medida o porque han llegado otros textos que la comprimen.

Gordon Bennet junior superará a sus antecesores en cuanto se trate de crear acontecimientos. Manda a Stanley a buscar al explorador Livingstone, a quien se supone perdido en Africa. Después de ocho meses de penurias y esfuerzos Stanley localiza a Livingstone. Se ha hecho famosa la pregunta del periodista al explorador: "Doctor Livingstone, I presume?" ("¿El doctor Livingstone, supongo?").

Suscitar series de notas con acontecimientos deportivos —carreras de autos, raids aéreos, certámenes literarios, etc.— ha sido después un recurso legítimo de los periódicos en todo el mundo. Así, LA NACION organiza desde años atrás concursos literarios —en busca de nuevos talentos— y sus ya tradicionales certámenes deportivos intercolegiales.

Función cultural del periodismo

En el siglo XV, en las décadas inmediatamente posteriores a la invención de Gutenberg, se imprimieron entre treinta mil y cuarenta mil ediciones en Europa. En ese lapso, el número de ejemplares habría alcanzado la cifra de unos quince millones. En el siglo siguiente, las ediciones habrían superado las ciento cincuenta mil, y los ejemplares, los doscientos millones.

Esos números dan cuenta fiel de la difusión explosiva de la imprenta, que tuvo en Alemania su centro inicial.

En aquellos tiempos primitivos de la impresión lo que se estampaba eran libros. Todavía en ese estadio de la cultura occidental el fundamental instrumento de educación, instrucción y adoctrinamiento era el libro, que prolongaba una tradición iniciada en la Antigüedad.

El libro para su lectura reclama la atmósfera recoleta del estudio, de la biblioteca, del gabinete, del claustro académico o conventual.

La necesidad de saber acerca de los hechos contemporáneos estaba limitada a banqueros, comerciantes, políticos, gobernantes.

La historia era la clásica; la filosofía, la proveniente de la herencia helénica; el derecho, el que arrancaba de la creatividad romana en esa especialidad; la religión predominante era, sobre todo en la parte occidental de Europa, la ortodoxia católica, que sería perturbada poco más tarde por los estudios bíblicos que la imprenta acercaría al pueblo. La Reforma —hay que señalarlo— fue un fenómeno desencadenado, entre otras fuerzas, por la imprenta.

El periodismo que vive de la actualidad narrada no era todavía posible, sino en puntos de contacto: los nudos viales que llevaban a los mercados, las rutas marítimas que vinculaban lugares remotos, los caminos de peregrinos, etcétera.

Sin contacto, sin vinculación, el periodismo no es posible. Por eso la prensa avanzará paralelamente con los medios de transporte y de comunicación.

No hay en aquel momento un universo abarcable por el hombre común, que será el lector de diarios y revistas del futuro.

Sólo cuando aparece en la historia una cierta globalidad es posible la difusión de la prensa.

Esa interdependencia entre el contacto y la necesidad de información señala cuál es la función del periodismo. No es otra que hacer que la gente sea contemporánea de su tiempo.

Y esa contemporaneidad la dan los diarios, las revistas, los semanarios.

Es bastante común que el logotipo de un diario o de una publicación noticiosa haga referencia al tiempo: The Times, Time, Indian Times, etcétera. El medio está brindando noticias que permiten saber qué pasa, para saber qué hacer, qué comprar, qué votar, qué aceptar y qué rechazar, etcétera. Es decir, brinda simultaneidad, información sobre la actualidad para operar sobre ella.

Hasta la invención de la imprenta, y en los primeros años de su difusión, la cultura cuenta con un solo elemento de circulación: el libro. A partir del siglo XVI, de una manera incipiente, y del XVII, con mayor frecuencia, la cultura comienza a tener otro medio de expresión: el periódico.

En estos días en los que se dice

Sector de la nueva planta de LA NACION

que se lee bastante poco, y en los anteriores, hay que anotar un hecho que suele pasar inadvertido: los textos que consume la gente diariamente son en su mayoría textos periodísticos. Aun en el caso de personas particularmente ilustradas.

El papel

Un material parecido al papel actual fue fabricado en el Egipto faraónico con fibras obtenidas manualmente de una planta llamada *papirus,* que dio el nombre a la materia prima actual.

Se supone que el papel fue inventado en China en el siglo I de nuestra era por Ts'sai Lun. La invención no se extendió rápidamente, por lo contrario, fue muy lenta su difusión.

De China, al parecer, saltó a Sa-marcanda, ciudad asiática dominada por los persas. En el siglo VIII, los árabes conquistaron la ciudad. Fue el primer paso del papel hacia Occidente, adonde llegó por la vía del norte africano.

El primer país europeo que contó con papel, durante la mejor época de Al Andalús —nombre que se aplica a la península ibérica islamizada— fue España, de donde irradió hacia el resto del continente.

El papel primitivo se hacía con trapos de cáñamo, lino y algodón. Esos restos de géneros diversos se hervían, se purificaban y, reducidos a pulpa, se dejaban secar.

A principios del siglo XVIII, Reamur observó que una especie de avispas trituraba trozos de madera y obtenía a partir de esa pasta un producto parecido al papel, con el que hacían sus nidos.

La observación de Reamur no pudo aplicarse industrialmente hasta que no se construyeron máquinas capaces de moler la madera.

En la actualidad, el papel se fabrica a partir de la madera de árboles de las especies coníferas y salicáceas, vale decir, pinos, abetos, araucarias y sauces.

Hay una pasta de fibras cortas llamada "mecánica", pues se obtiene por la molienda, y otra llamada "química", que se hace sometiendo la celulosa a agentes como los sulfatos y sulfitos.

El papel para diarios lleva un 80 por ciento de pasta mecánica y el resto de pasta química. Esta contiene las fibras largas de coníferas que sirven para soportar las tensiones del giro de las rotativas.

La mayor parte de los diarios del siglo pasado están impresos sobre papel de trapo. Esto supone que sus colecciones tienen la posibilidad de durar más. Algunos dicen que el papel de esa constitución podría durar hasta 300 años. Los periódicos editados a partir de los años setenta de la centuria pasada son de celulosa de fibra larga y corta. Su duración no llegaría a los cien años.

Esa dispar durabilidad ha determinado que la mayor parte de los diarios del mundo hayan recurrido a la microfilmación de sus colecciones y en progresión cronológica inversa: primero lo más moderno.

Debe anotarse que el papel con fibra larga fue decisorio para el empleo de impresoras rotativas. Las máquinas planas recibían los pliegos uno por uno, con lo cual el proceso de impresión era lento. Las rotativas, con las bobinas de papel, han permitido la impresión continua y, por lo tanto, la mayor velocidad de producción por hora. De esto dependen las grandes tiradas.

Periodismo cívico

Con ese nombre se conoce una forma de periodismo que se propagó en los Estados Unidos en las últimas décadas del siglo XX.

Con el nombre de public journalism, lo prohijó Jay Rosen, profesor de la Universidad de Nueva York. El meollo de esta nueva escuela consiste en incitar a los ciudadanos a participar en la vida de su comunidad y actuar en pro de la solución de sus problemas.

Una de las circunstancias determinantes de la afirmación del periodismo cívico se halla en la manera deficiente en que fue cubierta por la prensa la elección de 1988, que hizo presidente a Bush. Los diarios se dedicaron más a analizar la personalidad de los candidatos enfrentados —Bush y Dukakis— que a explicitar cómo se proponían resolver los problemas de la gente.

El resultado de esa actitud fue que en la elección presidencial de 1992 sólo votó el 40 por ciento de los inscriptos. En 1960, sufragaba el 65 por ciento. Pero, además, la credibilidad de los periodistas cayó. En 1995 podía decirse que los periodistas figuraban en la estimación pública casi tan abajo como los políticos. La mitad de los encuestados consideraban que los periodistas anteponen sus intereses a los del bien público.

Que la gente resuelva o contribuya a resolver los asuntos que los gobiernos se muestran incapaces o desinteresados en solucionar es una de las propuestas del periodismo cívico.

Buz Merritt, del Whichita Eagle, uno de los pioneros del periodismo cívico, sostiene que la importancia de la información proviene de las posibilidades de acción que crea.

Cerca de 200 periódicos norteamericanos de segunda línea se habían adherido a esa escuela de pensamiento.

El Dayton Daily News, de Ohio (180.000 ejemplares), lanzó una campaña para terminar con la violencia juvenil; el Brementon Sun, del Estado de Washington, formó un grupo de voluntarios para impedir que un bosque público fuera privatizado; el Norfolk Virginian Pilot (211.000 ejemplares) determinó que los cronistas que cubrían la política fueran reunidos en un equipo único cuya misión es la de vigilar cómo funciona la comunidad y proponer cómo debería funcionar.

Bartolomé Mitre

DE LA HISTORIA DE LA NACION

El fundador, la fundación

En enero de 1870, a los cuarenta y ocho años de edad, Mitre posee la serenidad templada en la lucha ardua que ha sido hasta allí el signo de sus días, desde la adolescencia, y la energía propia de quien no sólo nació para crear, sino para suscitar en torno de sí, hasta la ancianidad, el entusiasmo de la creación.

Unificador de la Nación, primer presidente de la República definitivamente organizada por la vigencia de la Constitución de 1853-1860, defensor del honor nacional y de la integridad territorial de la Argentina al frente de las fuerzas de la Triple Alianza, no considera terminada su misión el varón que sabe, porque es alternancia natural de su vida, cuál es la hora de la espada y cuál la de la palabra.

En 1868, después de la entrega del poder a su sucesor, Domingo Faustino Sarmiento, elegido según las normas estrictas de prescindencia comicial expresadas por Mitre en su carta de Tuyu Cué, no ocupará cargo ejecutivo alguno. Será legislador y diplomático; le tocará todavía, en 1874, defender la pureza del sufragio popular con las armas en la mano, sufrirá prisión y verá amenazada su vida por haber sostenido en el teatro del combate los ideales proclamados con la palabra y apoyados por los hechos de su conducta cívica, pero no volverá al gobierno, al que aspiró después de 1870 sólo cuando creyó que su persona y su prestigio podrían enfrentar los peligros que acecharon a la República hasta el fin del siglo.

Otro es el mandato que, tácitamente, le confiere el pueblo al ex gobernador de Buenos Aires, al ex presidente de la Nación, al ex comandante en jefe de tres ejércitos. Ha entrado Mitre en otra dimensión de su grandeza, una dimensión en la que basta su presencia en la ciudad de Buenos Aires, en la que basta saber que en la casa porteña de la calle San Martín vive —bajo techo que es presente agradecido de sus compatriotas— un ciudadano austero que dejó el poder tan pobre como ascendió a él, un ciudadano que no se ha retirado del cuidado de la cosa pública, sino que atiende a ella con el rigor de aquellos años ya pasados en los que, finalizadas las décadas de los exilios múltiples —en la Banda Oriental del Uruguay, en Bolivia y en Chile—, condujo con pulso firme y certero al país desde la incertidumbre que lo tenía al borde del

El escritorio de Bartolomé Mitre, 1910

caos y la disolución hacia la plenitud inaugural de la organización definitiva.

A fines de la década de los años 60 de la centuria pasada, Mitre retorna al ejercicio de su perdurable vocación periodística, no sólo a causa de una responsabilidad cívica que lo obliga, sino también por una de las razones más honorables y elementales del ser humano: debe trabajar para vivir y sostener a los suyos.

Larga trayectoria periodística

A esa altura de su vida ya ha cumplido una larga trayectoria en la prensa. Colaborador de El Defensor de las Leyes, de El Iniciador, de El Talismán, El Tirteo, El Corsario, El Nacional, La Nueva Era y redactor de El Comercio del Plata, en los años románticos del exilio en la Banda Oriental, donde la guerra contra la tiranía bonaerense y el cultivo de las letras se dividían el tiempo de los argentinos ilustrados y libres, Mitre hallará en naciones hermanas que, aparte del Uruguay, le abren las puertas, los periódicos fraternales que lo acogen en momentos en que la palabra impresa es la única arma que le resta. En Bolivia, escribirá en La Epoca, de Wenceslao Paunero, y en Chile será copropietario de El Comercio, de Valparaíso, y director de El Progreso.

Ya en la patria, después de Caseros, orientará Los Debates, desde cuyas columnas se opondrá a la política de Urquiza, y después se alternará con Sarmiento en la dirección de El Nacional, órgano que sostiene la unidad de la República contra las tendencias disolventes.

En su correspondencia de 1869 con algunos amigos se percibe el entusiasmo que le causa el retorno al oficio que ejerció por tan largo lapso. Ha decidido hacerse impresor, como llama a esa actividad a la que se entrega con la pasión renovada del novicio. Fundar LA NACION es para él una aventura razonada y austera, "después de tantos años de trabajos, victorias y gobiernos", como señalará pocos meses antes de la fundación del diario, a su amigo el general Wenceslao Paunero, a quien da cuenta de su nada brillante situación pecuniaria con el sobrio lenguaje de los números, que le permitirá concluir, sin dejo alguno de resentimiento o ironía: "No dirán que he sido una carga pública para mi país". Lejos de ser el fruto de la abundancia, LA NACIÓN nace del esfuerzo modesto y obstinado de quien no posee otros bienes que los del espíritu y los de la voluntad. "Entre diez amigos —escribe Mitre a su amigo Paunero— he levantado el capital necesario, que son ochocientos mil pesos", y añade, haciendo un escrutinio somero de sus recursos anímicos: "En fin, tengo energías para trabajar, no siento ninguna amargura para volver a empezar mi carrera, volviendo a ser en mi país lo que era en la emigración".

La sociedad inicial

Varones distinguidos, en una época en que la República contaba con tantas personalidades eminentes, le brindaron su apoyo. A su lado, como en tantas ocasiones favorables y adversas, unidos por el mismo ideal y la misma esperanza, José María Gutiérrez, Rufino y Francisco de Elizalde, Juan Agustín García, Delfín B. Huergo, Cándido Galván, Anacarsis Lanús, Adriano E. Rossi y Ambrosio P. Lezica.

Para reunir los fondos que le correspondía aportar a la sociedad, Mitre tuvo que sacar a remate muebles, piezas de arte, objetos ornamentales en los que la adhesión de sus conciudadanos había querido manifestarse duradera en el recuerdo, libros valiosos.

Cuando firma Mitre de puño y letra la circular en que anuncia a posibles suscriptores y avisadores la inminente aparición de LA NACION, fija como fecha de salida a la calle con la nueva hoja el 1º de enero de 1870. Una circunstancia bien criolla impedirá que se cumpla esa previsión. Ese día llegan a Buenos Aires contingentes de las fuerzas argentinas que vuelven de la guerra del Paraguay. La ciudad entera se lanza a las calles para darles calurosa bienvenida. Entre esos grupos entusiastas figuraban los operarios encargados de imprimir el periódico. LA NACION aparece el 4 de enero.

En la circular que mencionamos el fundador caracteriza el papel que desempeñará en la nueva hoja como el de "director-gerente". En la realidad será más que eso. Llevará la contabilidad, se encargará de las compras, redactará los editoriales, procesará las noticias y, algunos días, los lunes con mayor frecuencia, compondrá sus textos, porque durante su exilio chileno había aprendido el oficio de tipógrafo.

El autor de la "Historia de Belgrano y de la Independencia Argentina", ya escrita cuando aparece LA NACION, y de la "Historia de San Martín y la emancipación sudamericana", todavía no plasmada, pondrá en su diario el mismo rigor intelectual para juzgar la actualidad que puso en el estudio del pasado. El ex primer presidente de la República organizada definitivamente, el ex gobernador bonaerense de los tiempos difíciles del apartamiento, mostrará al frente de su hoja igual mesura en el ejercicio del poder de la prensa que la que se impuso en el desempeño del mandato popular. El defensor de la libertad impregnará sus columnas de doctrina democrática, de principios liberales. Su empuje se enderezará siempre hacia los nuevos horizontes de que habla en el editorial del primer número, esos horizontes que a medida que se avanza van retrocediendo para que el espíritu libre se despliegue sin cesar en su expansión creadora, atraído por ideales cada vez más valiosos y más exigentes.

La primera entrega

La primera entrega del diario se imprimió en la planta baja de la casa del doctor José María Gutiérrez, que había sido director de Nación Argentina y secretario del general. Nación Argentina, como se recordará, dejó de aparecer el 31 de diciembre de 1869 para dar lugar a LA NACION.

Los talleres, la administración y la redacción del diario tuvieron como primera sede la planta baja de San Martín 124, de la numeración antigua. El periódico antecesor había funcionado allí durante casi todo el gobierno de Mitre, cuya posición política —el nacionalismo liberal— apoyó la hoja de Gutiérrez. El general escribió en sus columnas algunos artículos sobre temas castrenses, pero no colaboró con textos de índole política.

LA NACION funcionó en su sede primera hasta el 25 de abril de 1870, fecha en que se trasladó a la casa del fundador, que quedaba en la misma calle San Martín, a la altura del 208. Durante quince años quedaría allí, de modo que por un lapso tan dilatado —como un símbolo material de una vida consagrada a la familia, el trabajo y el estudio— coexistirían bajo el mismo techo la imprenta, la sala de redacción, la biblioteca y la morada privada.

El primer número tuvo una tirada de 1000 ejemplares.

"Tribuna de doctrina"

Con releer el editorial del 4 de enero de 1870 —titulado "Nuevos horizontes"— se tendrá una idea clara de lo que ha sido la trayectoria del diario desde su fundación. Se comprobará la absoluta identificación de la obra realizada con el programa trazado por Mitre.

"Tribuna de doctrina" quiso el fundador que fuera LA NACION. La expresión tenía antecedentes remotos y próximos. Se evocaban las tribunas de las arengas de la antigua Roma y se recordaba la tribuna parlamentaria de los regímenes democráticos. Benjamín Constant, el gran orador y congresista de la Restauración, señalaba que la prensa era una extensión del parlamento.

Por otra parte, Mitre, al presentar el número inicial de Los Debates, de 1852, recurría a esa comparación, cuando decía: "Alsina, en Montevideo, y Sarmiento, en Chile, capacidades viriles templadas en el infortunio, subieron valientemente a la tribuna ensangrentada del periodismo", sin que los arredrara el asesinato de Florencio Varela. Al definir al nuevo diario, Los Debates, lo llama "tribuna de intereses generales". Es que la prensa liberada, al iniciarse el período de la organización nacional, se considera, ya, una auténtica voz de la opinión, como la tribuna desde la que se expresan los representantes del pueblo.

Pero en el caso de LA NACION esa tribuna "será de doctrina". Y aquí interviene otro concepto vinculado con la realidad periodística precedente a la aparición de esta hoja. Sucedía ésta, según se sabe, a Nación Argentina, fundado por José María Gutiérrez poco antes de iniciarse la presidencia de Mitre y que en los años siguientes expresaba el pensamiento de su gobierno, sin ser —como diría su propio director al despedirse de sus lectores— "un diario con la triste misión de defender los actos de un gobierno", sino el defensor de "un dogma y una doctrina en el gobierno y fuera de él, batiéndose en la prensa como en los comicios, como en el tumulto, como en el campo de batalla, para conseguir el triunfo definitivo". Porque eran, efectivamente, tiempos de lucha aquellos en que apenas lograda la unidad nacional quedaban problemas tan candentes como el de la capitalización de Buenos Aires, que enfrentaban al nacionalismo caro a Mitre con el autonomismo del gobierno local.

Por eso, Nación Argentina se consideró "un puesto de combate" an-

tes que "la tribuna tranquila de la doctrina".

En 1870 esa lucha estaba terminada en lo esencial, aun cuando quedaban tantos motivos de controversia. "La nacionalidad está afirmada" y —como agrega el editorial de despedida del 31 de diciembre de 1869— Nación Argentina se retira con la satisfacción de decir que "la bandera que levantamos en nuestras manos no ha sido arriada mientras se mantuvo en ellas". Ahora no hacen "sino pasarla a manos más experimentadas y, en pos de la Nación Argentina, completada la obra del afianzamiento de nuestras instituciones, viene LA NACION a defenderlas y a velar por ellas".

Los conceptos de la "Despedida" de José María Gutiérrez en Nación Argentina serán recogidos y ampliados en el editorial "Nuevos ho-

Interior del catálogo tipográfico de 1907

rizontes" del número inicial de LA NACION.

Es allí donde se leen estas frases coincidentes: "La Nación Argentina era un puesto de combate, LA NACION será una tribuna de doctrina. El combate ha terminado y estamos triunfantes y los principios en torno de los cuales se trabó son ya comunes a todos los hombres, de suerte que la discusión por la prensa cambia de teatro y de medios".

Pero esa doctrina no será una abstracta metafísica, sino que estará arraigada en la realidad nacional que se ha construido en 1853 y 1860, a través de memorables congresos constituyentes.

En 1870, la unidad nacional es un hecho que nadie discute, el federalismo ha sido convertido en realidad, los principios entrañables que sirven de base al plan de reformas concretas esbozado en 1852 se han incorporado a la Constitución de 1853, que a través de la reforma de 1860 tiene la marca de Buenos Aires, gobernada por Mitre. Todavía en los días de la presidencia de éste surgían aquí y allá voces discordantes que imponían la lucha. Para enfrentar las que pudieran surgir se imponía "la propaganda", la difusión de las ideas fundamentales.

Por eso, a una doctrina abstracta se prefiere la formulación de premisas concretas encarnadas en un documento aceptado por todos y que es preciso defender y propagar: la Constitución.

Ella brindaba por naturaleza un amplio panorama de acción. Su

Redactores de LA NACION *a principios de siglo*

desconocimiento era una amenaza constante; las desviaciones que la lesionaran herirían en lo íntimo al ser nacional. Contra toda posibilidad de agresión, se proponía estar presente el diario que tomaba el 4 de enero de 1870 su primer contacto con la opinión. "Si el atentado contra la Constitución —decía— viniera de las regiones populares, estaríamos con los gobiernos que la defendiesen. Si la violación o el abuso viniese de las regiones del poder, estaríamos contra los autores de los abusos."

Pero, además o por lo mismo, quedaba rechazado todo "programa negativo", por lo cual no podía "hacer su misión principal de la oposición". Sin embargo, la definía, para establecer lo que en la oposición es rechazar ideas contrarias a las propias en obediencia a un credo anterior, sin acepción de personas, sin "sistemas" que la hagan "estéril e infecunda".

En defensa de la Constitución, debió LA NACION librar ásperas batallas. Concebida la Carta Magna como "barrera" de un "campo cerrado" en el cual se debatirían "los intereses sociales y políticos", ella fue, cabe reconocerlo, derribada no pocas veces. Entonces LA NACION concurrió en su defensa, que ha abierto camino a todas las posibilidades de futuro, pero fijándoles límites en las garantías que se deben al hombre y al ciudadano, conciliadas con el bien común.

Durante las décadas de su existencia LA NACION dedujo de la Constitución todas las consecuen-

cias que de ella cabía extraer en beneficio espiritual y material del pueblo argentino. Severo fiscal de sus transgresiones, propugnó fórmulas que hicieran efectiva la democracia proclamada en la Carta y por ellas afrontó, llegado el caso, la persecución y la hostilidad de los gobernantes. Cuando fue necesario se hizo pregonero de políticas de conciliación que borraran apasionamientos y cicatrizaran heridas. Postuló una permanente actitud que favoreciera el surgimiento de la industria nacional y su afirmación, al mismo tiempo que sostenía los derechos del agro, primera fuente de la prosperidad de la República. Condenó el fraude tantas veces como se ejerció, tanto en la esfera pública como en la privada, así en los casos individuales como en los de corrupción colectiva y sistemática. En las grandes crisis universales de esas décadas que median entre hoy y la fundación, estuvo del lado de las naciones que defendieron los ideales contenidos en la Constitución, contra toda forma de avasallamiento de la dignidad humana. En el ámbito del continente creyó y sigue creyendo en una política de entendimiento mutuo y de fértil colaboración entre los pueblos.

Todo ello ha conformado una "doctrina" que, si está basada en los principios de 1853-1860, dista de ser una expresión abstracta para convertirse en una actitud concreta práctica, nacida del contacto con la realidad, que se enfoca en cada momento con la mentalidad de cada instante en particular.

En el editorial "Un mes de vida", de febrero de 1870, explicita Mitre su concepción del término "doctrina". Se trata para él, en lo formal, de que la opinión del diario se manifieste en prosa argumental con fundamentos ajenos al calor polémico de las posturas combativas de otros tiempos.

El país y la ciudad en que nació el diario

Quizá sea oportuno mencionar aquí algunos datos sobre el país y la ciudad en el momento en que nace LA NACION.

Buenos Aires, en 1870, era capital de la provincia del mismo nombre y asiento del gobierno nacional. El censo de 1869 —el primero nacional— adjudicaba al ejido urbano 187.346 habitantes, y daba a la provincia homónima un total de 307.761, lo que significaba que el conglomerado bonaerense no llegaba a los 500.000 habitantes, pero, con todo, ascendía a cerca del 30 por ciento de la población de la República.

La ciudad misma terminaba prácticamente a la altura de lo que es hoy la avenida Callao, al Oeste comenzaba "el campo". En la Recoleta había valiosas quintas y en la plaza de Miserere, con su nueva estación ferroviaria del Once, existía una activa terminal de carretas que traían del interior los productos que abastecían a la ciudad, al par que aseguraban el movimiento de viajeros.

Fuera del ejido urbano la gente principal tenía sus residencias veraniegas en Flores o en Belgrano, que eran por entonces municipios autónomos de la capital. La población urbana se dividía en sectores casi iguales de argentinos y de extranjeros. Buenos Aires contaba con 19.309 casas, de las cuales 16.668 eran de "azotea", 232 de tejas, 1514 de madera y 875 de paja.

De la obra "El Río de la Plata", de Roberto Cunninghame Graham, editada en Londres en 1914, suelen citarse algunos párrafos referidos a la ciudad. "La mayor parte de las casas tenían techos planos, aunque aquí y allá se erguía alguna horrenda manzana de edificios modernos sobrecargada de detalles, que empequeñecían a las vecinas y parecían un inmenso alud de estuco sobre un mar de ladrillos... La carne costaba diez centavos el kilo... se importaba la harina de Chile y de los Estados Unidos... después de las lluvias las calles laterales se convertían en arroyos furiosos encerrados entre los grandes andenes... en la gran plaza enfrente de la Bolsa de Comercio, estaban centenares de caballos maneados, quietos, con las riendas atadas en las cabezas de las sillas." La Bolsa de Comercio estaba por entonces en la esquina de 25 de Mayo y Rivadavia, por lo tanto frente a la Plaza de la Victoria, como se denominaba entonces a la Plaza de Mayo.

La plaza estaba rodeada por edificios oficiales. La residencia del gobierno nacional había seguido emplazada en el solar del antiguo fuerte, el gobierno de la provincia tenía la suya en la intersección de Bolívar y Moreno. El Cabildo ocupaba su actual posición, pero tenía la amplitud que requerían sus funciones de Municipalidad, central policial, sede del Superior Tribunal provincial y de cárcel.

Sucesivos adelantos edilicios, primero la apertura de la Avenida de Mayo, que le arrebató al Cabildo tres arcos de la izquierda, y luego la diagonal Julio A. Roca, que lo achicó por la derecha, lo dejaron reducido a sus dimensiones actuales.

Frente a la Casa de Gobierno, hacia el Sur, estaba la Aduana vieja, que fue demolida para erigir el Ministerio de Economía de nuestros días. En la acera opuesta estaba, calle Balcarce de por medio, el Congreso de la Nación.

Una recova cortaba la plaza y era objeto de críticas por parte de la población y de la prensa. La intendencia progresista de don Torcuato de Alvear, en 1884, decidió su demolición. El antiguo Teatro Colón estaba ubicado en el predio que ocupa hoy la casa central del Banco de la Nación Argentina. La Catedral se levantaba en el mismo lugar que ocupa en la actualidad.

El alumbrado público

Ya en 1869 se habían instalado dos compañías de gas, la Argentina y la Nueva, y los llamados popularmente "picos" habían comenzado a reemplazar a las velas de grasa de quirquincho que fuera del centro, un tanto inclinado hacia los actuales barrios del Sur, seguían suministrando el alumbrado urbano.

Incipientes redes de cañerías proveen a la ciudad de agua potable corriente, con lo cual van desapareciendo los aguateros y sus "canecas".

El río estaba más lejos del ejido, del que lo separaba el sector denominado comúnmente "el bajo", donde trabajaban las lavanderas y vivían personajes de mala fama.

Tres líneas de tranvías recorrían el damero urbano —que conservaba la estructura del tiempo de Garay, que en 1580 fundó por segunda vez, si se puede decir esto, la ciudad. Sus puntos terminales eran Constitución, Plaza Once y la Recoleta.

Los ferrocarriles llegaban sólo hasta Chivilcoy y Chascomús. Desde la estación Norte se viajaba a Tigre y desde la Central se iba hasta Ensenada, por Casa Amarilla.

Los tranvías, conocidos como "trenes urbanos", se movían por tracción animal. Su incorporación a la vida ciudadana causó alarma en la población. Se suponía que serían causa de múltiples accidentes. Medidas de esa inquietud fueron la presentación ante las autoridades de los propietarios de las casas frente a las cuales circulaban, donde sostenían que por eso el valor de sus propiedades se iba a derrumbar, y una curiosa propuesta, de la que el diario dio cuenta: que esas máquinas infernales fueran seguidas de ambulancias para recoger a los heridos y lesionados que se producirían a lo largo de sus recorridos.

Las autoridades se preocuparon por la seguridad de los pobladores y así nació la profesión de "postillón", jinetes que precedían a los trenes urbanos vestidos de verde y con banderas rojas que advertían sobre el peligro que se acercaba.

Las líneas tranviarias, cuyos coches seguían tirados por caballos, suscitaron dos nuevas inquietudes. Una se fundaba en la creencia de que su paso podía ser peligroso para la estabilidad de los edificios. Y la otra, que un efecto similar podían provocar las cornetas de los mayorales que éstos sonaban en cada esquina con tal ímpetu que también se temía por la estabilidad arquitectónica.

Cuando aparece el diario, hace quince meses que se ha iniciado la presidencia de Sarmiento, Mitre es senador nacional por Buenos Aires desde 1869, y la Guerra del Paraguay continúa. Terminará sólo cuando, en marzo de 1870, sea muerto Francisco Solano López.

El país, que todavía no era el gran proveedor de alimentos del mundo, tenía 1.737.076 habitantes, que con los no censados en La Pampa y la Patagonia y los residentes extranjeros no computados se elevarían a 1.877.490.

Se calculaba que los indios que no entraron en la operación censal llegaban a poco menos de 100.000. El total de los soldados que aún luchaban en el Paraguay era de 6200.

El director de aquel censo nacional, Diego de la Fuente, señalaba que el país era el menos poblado de América y que la distribución de habitantes por provincia era muy irregular.

La población del interior

Córdoba tenía 210.508 habitantes y la ciudad principal del mismo nombre, que era la segunda del país, 28.523; Entre Ríos, 134.271; Santiago del Estero, 132.898; Corrientes, 129.023; Tucumán, 108.953; Santa Fe, 89.117 (la ciudad, 10.670; y Rosario, 23.169); Salta, con 88.923; Catamarca, 79.962; Mendoza, 65.413; San Juan, 60.319; San Luis, 53.294; La Rioja, 48.746, y Jujuy, 40.379.

Además se censaron 93.291 en el Chaco, Misiones, La Pampa y la Patagonia, así como 153 galeses, los famosos colonizadores del Chubut.

La clasificación por profesiones de los pobladores brinda aspectos pintorescos, como el de que junto a 458 médicos se declaren 1.047 curanderos. Se computan además actividades tan curiosas como las de tigrero y leonero.

La profesión más numerosa era la de jornaleros, peones y gañanes, sobre todo en el interior. Totalizaban 104.108 personas.

Existían 98.398 costureras, 92.562 hiladores e hiladoras, y tejedores y tejedoras; 58.703 sirvientes y sirvientas; 29.176 lavanderas; 19.716 cocineros y cocineras, y 14.557 zapateros y remendones.

Los estancieros eran 46.542, pero sólo había 439 abogados, 194 inge-

Sección cables del exterior, circa 1930

nieros y 28 dentistas. Los maestros llegaban a totalizar 2307.

La prensa porteña de la época

La cantidad de órganos de la prensa ciudadana no está en proporción con el número de habitantes del país.

Debe mencionarse en primer término al diario El Nacional, orientado desde su fundación por Vélez Sarsfield y en cuya primera época, que se inicia en 1852, ha colaborado Mitre. A esa altura es el vocero de la política de Sarmiento, publica por contrato los documentos oficiales y estampará en sus columnas polémicas que no excluyen la violencia verbal inseparable del temperamento del gran sanjuanino. El presidente de la República colabora y firma sus notas con las transparentes iniciales D. F. S. El Nacional desaparecerá en 1893.

Un poco más joven es La Tribuna, que aparece en 1853 y subsiste hasta 1884. Es el órgano del pensamiento de los hombres del gobierno de Buenos Aires adversos a Mitre. Cuando aparece LA NACION, comenta el hecho, glosa su primer editorial y le ofrece "cultura y templanza toda vez que tengamos que discutir con él". Pertenece a los hijos de Florencio Varela y en sus páginas tienen éxito las notas de Héctor Varela, que populariza el seudónimo de Orión.

El Río de la Plata, que vio la luz el 5 de agosto de 1869, aparece bajo la responsabilidad de José Hernández, en una posición adversa a Mitre, que el autor de "Martín Fierro" rectificará con el correr de los años a juzgar por la dedicatoria con que le envía un ejemplar de su poema. El Río de la Plata se propone "hacerse el órgano caracterizado de las opiniones y de los intereses de las dos repúblicas del Plata". Proclama su independencia y en la presentación desconfía "de los políticos y los charlatanes" que "han desacreditado los programas". No se salvaban los periodistas, de los cuales afirma "muchos hay, con respeto de las excepciones honrosas, que podrían compararse a esos individuos que pasan toda su vida ofreciéndose de novios y que acaban de morirse de viejos impenitentes y solteros...". Da su propio programa rioplatense. Los antecedentes de Hernández lo hacen mirar con simpatía a los caudillos supérstites, y la revolución de López Jordán, de abril de 1870, señala el fin del periódico que en su último número publica un comentario sobre el asesinato de Urquiza.

La República, que circula entre 1867 y 1881, tiene como redactor en jefe y director a don Manuel Bilbao, de origen federal y también adverso a la política de Mitre, si bien en la campaña para la elección de los convencionales que han de reformar la Constitución bonaerense propicia una lista mixta, que incluye a Mitre y sus amigos.

La República se vincula con un adelanto: la venta callejera de los diarios mediante pregoneros, a los que Florencio Sánchez llamará muchos años después "canillitas".

Podrían citarse otros diarios: Los Intereses Argentinos, representante del pensamiento católico, si bien no alcanza la gravitación que en horas de ásperas "luchas teológicas" tendría La Unión, de José Manuel Estrada; La Discusión, que por los días de nuestra aparición destaca la acción del Club 25 de Mayo, en el que figuran Leandro N. Alem, Victorino de la Plaza y Norberto Quirno Costa.

Hay algunos periódicos que se editan en lenguas extranjeras. Entre ellos: The Standard (1861), Le Courrier de la Plata (1865) y Die Deutsche La Plata Zeitung.

Junto a la prensa diaria, pueden anotarse multitud de efímeras hojas satíricas: El Brujo, El Latigazo, El Gringo, La Jeringa, La Viuda, etc., entre los cuales se destaca y subsistirá El Mosquito, cuyas caricaturas enfurecían a Sarmiento.

A su vez dos revistas que son venero de valiosos ensayos para la indagación de los estudiosos, revelaban las inquietudes y el valor intelectual de los hombres dirigentes de aquellos días: son La Revista de Buenos Aires, de Miguel Navarro Viola y Vicente G. Quesada, y La Revista Argentina, de José Manuel Estrada y Pedro Goyena, los dos grandes adalides del catolicismo de la época.

Por lo demás, cabe recordar que pocos meses antes de aparecer LA NACION, lo hace nuestro colega *La Prensa*, que sale el 18 de octubre de 1869.

Clausuras y persecuciones

LA NACION sufrió cinco clausuras. La primera, desde el 27 de septiembre de 1874 hasta el 1º de marzo de 1875, impuesta por Sarmiento y mantenida por Avellaneda, a raíz de la revolución que encabezó Mitre en defensa del sufragio popular.

La segunda, que duró del 20 al 27 de diciembre de 1876, decretada por Avellaneda, se originó en una serie de sueltos con que el diario se opuso a la persecución de los dirigentes del nacionalismo liberal, el partido de Mitre.

Otras dos ocurrieron durante las últimas etapas del agonizante gobierno de Miguel Juárez Celman, en el año 90. Esas sanciones las recibió el diario por su campaña editorial contra la corrupción económica y financiera, pública y privada, que durante el período del juarismo terminaría con la deposición del gobierno luego de la Revolución del Parque.

La última, de sólo un día, fue decidida durante el segundo mandato de Roca y data de 1901. Se debió a la enérgica oposición del diario contra el proyecto de unificación de la deuda con la garantía de la Aduana. La reacción popular acompañó a LA NACION y hubo disturbios callejeros con muertos y heridos.

El proyecto fue retirado y significó la separación definitiva de Roca y Pellegrini.

Nunca la existencia de la hoja estuvo en mayor peligro que en el lapso que media entre 1943 y 1955, a causa de presiones y vejámenes de toda índole.

A un decreto del gobierno militar de facto instalado en junio de 1943 que pretendía que los editoriales fueran firmados por los redactores —con lo que se buscaba lesionar la autoridad de los directores— se respondió con un suelto titulado "En la misma línea". En ese texto el director, Luis Mitre, afirmaba que seguiría ejerciendo su función y que para poner ese hecho de relieve estamparía su rúbrica al pie de cada suelto redactado según las instrucciones que hubiera impartido a los autores.

El mismo director sufrió los embates del régimen peronista, que recurrió a todas las maniobras de presión para cercar a la prensa independiente y favorecer a la "cadena" de medios oficiales y oficialistas.

Reiteradas incautaciones de papel para diarios, aun del que ya tenían los periódicos almacenados en sus depósitos; importación directa de ese mismo insumo por el Estado, manejo arbitrario de los permisos de cambio, retenciones de embarques ya pagados por las empresas, reducción de páginas —en 1948 se limitaron a 16; en 1949, a 12, y luego, hasta 1955, a 6—, más la reducción obligada de las tiradas fueron parte de un plan contra la prensa independiente cumplido con rigor por el régimen.

Paralelamente a las presiones a que fue sometida LA NACION, el diario ganó en la calle la autoridad del medio que decía la verdad como podía. Se dio el caso repetido de que su precio de tapa subiera espontáneamente en los quioscos y de que sus ejemplares fueran alquilados, en las casas de departamentos, por hora y piso por piso.

Cuando don Luis Mitre murió en 1950 el destino de LA NACION y de los pocos órganos de prensa independientes que subsistían en el país era sombrío.

Al doctor Bartolomé Mitre, director que sucedió a su padre y que orientó la hoja desde 1950 hasta 1982, año en que falleció, y al administrador, doctor Enrique Luis Drago Mitre, después de restablecida la libertad de prensa por el gobierno de la Revolución Libertadora, les tocaría la ardua tarea de la reconstrucción del periódico.

Tiempos particularmente difíciles tendría que sufrir el doctor Mitre durante su período de director, el más largo de todos los de la historia del periódico. Fueron los días del terrorismo y de la represión, las amenazas de guerra y la realidad trágica de la Guerra de las Malvinas.

La censura más rigurosa caracterizó ese período oscuro de la historia contemporánea argentina.

El prestigio internacional

En 1951, la Unesco publicó un trabajo de Jacques Kayser en el cual se juzgaban los principales diarios del mundo.

Kayser, un experto en materia periodística de fama internacional, situó a LA NACION entre los 17 más importantes.

Poco tiempo más tarde, John C. Merrill, de la Universidad de Missouri, en su libro "The Elite Press", opinó que algunos de los medios de esa selección no merecían figurar en ella, pero destacó que sí lo merecía LA NACION.

Como se sabe, la Universidad de Columbia, de Nueva York, entrega el premio María Moors Cabot, una

de las recompensas más valiosas de la prensa mundial. En 1942, lo recibieron el director doctor Luis Mitre y el subdirector, don Angel Bohigas. El premio de 1963 correspondió al doctor Bartolomé Mitre y al subdirector, doctor Juan S. Valmaggia.

Una participación notable en la historia del periodismo contemporáneo fue la del director Jorge A. Mitre, que logró quebrar el sistema de zonas de influencia establecido por las agencias internacionales para reservarse monopolios regionales.

América latina había correspondido a la agencia francesa Havas, cuyos servicios usaba LA NACION desde 1877. Durante el transcurso de la Primera Guerra Mundial, por razones patrióticas, Havas no distribuía a sus clientes sudamericanos los comunicados y los documentos dados a publicidad por el

Suplemento dominical de LA NACION. Portada de la primera edición en huecograbado, en 1931

gobierno de Alemania o por el comando en jefe de sus ejércitos.

El director de LA NACION protestó sin éxito ante la agencia por esa política que lo obligaba a dar una información parcial de los sucesos bélicos.

Con respecto a la actuación de don Jorge, que logró poner fin a esa situación negociando con medios norteamericanos, hay una crónica completa en el libro "Barreras derribadas", de Kent Cooper, director de AP.

Gracias a la dirección de LA NACION entraron en América latina la agencia Associated Press y el diario The New York Times.

La sucesión de directores

Cuando reaparece LA NACION en 1875 —como antes dejamos indicado—, el fundador cede la dirección de la hoja a José Antonio Ojeda, que la orienta hasta 1882.

En ese año se hace cargo de la dirección Bartolomé Mitre y Vedia —"Bartolito" para todo Buenos Aires—, el hijo mayor del general. Su gestión se extenderá hasta 1893. Con los seudónimos de Claudio Caballero y Argos, suministra durante esos años a los porteños materia para la reflexión y la conversación en sus columnas "A la pesca de noticias".

Durante ese período LA NACION defiende editorialmente las leyes laicas del decenio del roquismo y de juarismo, si bien fustiga los fraudes electorales de ambos gobiernos y les advierte acerca de la especulación desenfrenada que

amenazaba a las finanzas y a la economía de la República.

El diario se convierte en el vocero de esa conjunción de ideas y voluntades que será la Unión Cívica y cuya acción terminal será la revolución de julio de 1890.

Sufre el diario, como dejamos dicho, dos clausuras por su prédica revolucionaria.

En 1893 Bartolito cede la dirección a su hermano, el ingeniero Emilio Mitre, que conducirá el periódico entre 1893 y 1909, año de su muerte.

Se trata de otro temperamento y de otro estilo, pero semejante a su predecesor en el poder de la argumentación bien fundada. Le corresponde al ingeniero juzgar la difícil situación institucional por la que pasa el país durante la presidencia de Luis Sáenz Peña, las peligrosas circunstancias que bordean los conflictos con el país trasandino, el plan armamentista del presidente Uriburu y el sesgo que el presidente Roca imprime a esas relaciones bilaterales.

Alta manifestación de su actuación editorial es el suelto "El día siguiente del fallo", referido al dictamen del mediador en la cuestión andina. Ese artículo de fondo —se dice— contribuye a evitar una guerra con Chile.

Una serie de editoriales contrarios a la unificación de la deuda con la garantía de la Aduana provocan en 1901 una nueva clausura del diario, pero impiden que se materialice una medida cuya gestión marcará —como se dijo— la separación definitiva entre Roca y Pellegrini.

Fino político y parlamentario fértil en iniciativas —sobre el puerto de Buenos Aires, los ferrocarriles, el canal que lleva su nombre—, Emilio Mitre rechaza los ministerios que reiteradamente se le ofrecen, pues piensa que aceptarlos sería renunciar a la misión magistral que desempeña desde las columnas de LA NACION. Líder del Partido Republicano, cuando muere en 1909, su destino político parecía enderezado a la presidencia de la Nación.

El primer directorio de la segunda Sociedad Anónima La Nación fue presidido por Emilio Mitre, que murió poco después de su formación.

Dos de los nietos del general Mitre aseguraron la sucesión: el doctor Luis Mitre, hijo de Bartolomé, y el doctor Jorge A. Mitre, hijo de Adolfo. Si Emilio Mitre introduce a LA NACION en el siglo XX, esos miembros de la tercera generación colocan al periódico entre los mejores del mundo contemporáneo.

Entre 1909 y 1912, don Luis y don Jorge son codirectores. A partir de 1912, don Luis se hace cargo de la presidencia de la administración y don Jorge, de la dirección.

Entre 1912 y 1932, Jorge A. Mitre prosiguió la orientación doctrinaria del diario con rigor. Apoyó fervorosamente la sanción de la ley Sáenz Peña y su aplicación en las primeras elecciones presidenciales de 1916. Cuando Hipólito Yrigoyen, que había obtenido la mayoría del voto popular, corrió el riesgo de que el colegio electoral le negara el acceso a la presidencia, LA NACION sostuvo editorialmente que debía respetarse el veredicto de las urnas. El gobierno que resultó de ese acto comicial fue criticado amplia-

Oficina del viejo edificio de la calle Florida

mente por el diario dirigido por don Jorge, que objetó su carácter comiteril y el abuso de las intervenciones provinciales políticamente inspiradas.

Con la misma energía combatiría las tendencias totalitarias que se manifestaron durante la dictadura del general José Félix Uriburu, en 1930.

Inquieto, interesado por la actualidad más diversa, fecundo en iniciativas audaces, don Jorge introdujo la sección económica y la financiera, incorporó las historietas —la de Trifón y Sisebuta data de 1921—, extrajo del huecograbado el mayor rendimiento periodístico, multiplicó las agencias y corresponsalías en el exterior, dio gran impulso a la crónica deportiva. Uno de sus grandes éxitos sería el relato de la pelea Firpo-Dempsey, en 1923, que tuvo al país en vilo y dio a LA NACION un gran impulso en materia de circulación.

Entre los hechos sobresalientes de la dirección de don Luis Mitre se destaca la importancia que dio el diario a las celebraciones del centenario de Mayo. Uno de sus mejores logros fue el número especial, que se ha convertido en fuente ineludible de documentación histórica, gracias en buena medida al estudio de Joaquín V. González titulado "El juicio del siglo" y al trabajo de José Antonio Terry sobre la economía y las finanzas, así como a poemas antológicos de Rubén Darío y de Leopoldo Lugones.

En el segundo período de la dirección de don Luis, ocupa lugar preponderante la defensa de la limpieza del sufragio, en tiempos en que el fraude era endémico.

El diario participó con sueltos y comentarios acerca de la intención restauradora de las instituciones republicanas del presidente Ortiz, que la muerte del primer mandatario frustró.

Don Luis murió en 1950 y fue sucedido en la dirección por su hijo, el doctor Bartolomé Mitre, que conduciría el diario hasta su fallecimiento en 1982.

Al director que sucedió a don Luis le estaban reservados tiempos de inestabilidad política y económica, de terrorismo y de represión indiscriminada, de amenazas de guerra y de guerra franca.

El doctor Bartolomé Mitre orientó la línea editorial del diario hacia la tradicional defensa de las instituciones de la Constitución de 1853-1860, en los momentos en que su vigencia estuvo más amenazada y más violada que nunca en el siglo.

Y en los momentos en los que la violencia no reconocía límites luchó por que el empleo de la fuerza para erradicar a la subversión se limitara a su ejercicio legal.

No variaron su natural estilo, sereno y reflexivo, las vicisitudes que amenazaron su vida y la existencia de su periódico durante esos días en los que se imponía la censura desde el poder público y la extorsión desde su oponente, la guerrilla.

La libertad de expresión —la primera que ha de existir para

que existan las otras— fue naturalmente su preocupación dominante.

Numerosas innovaciones técnicas y periodísticas se introdujeron durante el prolongado lapso en el que el doctor Bartolomé Mitre —hijo del anterior— fue subdirector y luego director de LA NACION.

La primera computadora se incorpora en 1978, los equipos de fotocomposición datan de 1979, la introducción del sistema offset de impresión se inicia en 1985.

El doctor Mitre —siendo presidente del directorio su padre y administrador el doctor Drago Mitre— impulsa la participación de LA NACION en Papel Prensa, planta dedicada a la fabricación de papel para diarios, según una tecnología totalmente desarrollada en el país.

Una de las iniciativas más notables es la de la participación de LA NACION en el consorcio que pone en órbita los primeros satélites artificiales argentinos de informaciones, el Nahuel 1 y el Nahuel 2.

El director es asiduo participante de congresos, seminarios y asambleas de profesionales, así como miembro de comités de la Sociedad Americana de Prensa y del Grupo de Diarios América, que integran los principales periódicos del continente.

En su labor teórica, el doctor Mitre —que ha expuesto sus ideas en foros nacionales e internacionales— tiene como principal contribución un libro titulado "Sin libertad de prensa no hay libertad", que editó en Buenos Aires la Fundación del Banco de Boston.

En esa obra se incluye el trabajo sobre el mal llamado "derecho de réplica", tema de una propuesta que presentó en la asamblea del Instituto Internacional de Prensa, en Viena.

UN NUEVO IMPULSO

LA NACION tuvo siempre el arte de unir armoniosamente el pasado con la actualidad apuntada al futuro. Eso determinó que nunca dejara de ser contemporáneo de sí mismo y heredero de una poderosa tradición periodística y cultural.

Las generaciones de sus dirigentes han ido agregando a esa tradición las innovaciones que el mercado y el interés de los lectores demandaban a cada momento.

Pero 1996 representó un salto cuantitativo y cualitativo innegable en la historia del diario. Fue, tal vez, un hito para LA NACION, pues acentuó la renovación de su apuesta informativa con una serie de medidas que respondieron a un plan de modernización.

A fines de 1995, LA NACION se constituyó en el primer diario de circulación nacional en ingresar en la red de redes, Internet: nació así LA NACION Line.

Entre otros importantes cambios editoriales, se produjo la renovación total de la revista dominical; la incorporación de la sección Enfoques, espacio dedicado a la reflexión y el análisis que también explota con extensión el tan atractivo género de la entrevista; la aparición de LA NACION de los Chicos

y Pimpa, dos revistas opcionales para los más bajitos, y la puesta en marcha de LA NACION Deportiva.

A su vez nació el primer CD-ROM con el sello propio titulado "La biblioteca total", referido a la vida y obra de Jorge Luis Borges.

Siguiendo la tendencia predominante a la segmentación, el diario cuenta con suplementos de Informática, Modas, Cocina, Turismo, Salud, etcétera.

Esa segmentación no se ha limitado al contenido periodístico del diario, abarca también un reorde-

Tapa de la revista dominical

LA NACION

Túnez: un reformador a lo Menem

El presidente Ben Alí, que mañana llega al país, parece seguir los pasos de su colega argentino: privatizaciones, mano firme y reelección

Pág. 6

LA ENTREVISTA

Miguel Bonasso

"El de Rucci fue un crimen monstruoso. En cambio, se vaciló con López Rega"

Pág. 3

Columnista: Carlos A. Montaner

"Las cartas de amor de Fidel Castro no están escritas para despertar una pasión, sino para el lector al que le ha dedicado toda su vida: la historia"

Pág. 6

SECCION 7

Enfoques

Buenos Aires, domingo 23 de marzo de 1997

MEMORIA Y BALANCE DE UNOS AÑOS CLAVE

La locura de los 70

La aparición de una serie de libros –algunos de ellos ya *best-sellers*– que analizan la traumática década de 1970/1980 ha vuelto a instalar el debate sobre esa etapa de la historia argentina reciente. ¿Fue el idealismo o la locura lo que inspiró a los hombres de aquella generación? ¿Quién desató la violencia? ¿Se trata de un capítulo definitivamente cerrado? Hay al menos una coincidencia: el país quedó marcado a sangre y fuego

Por Roberto García Lerena

Escribe

FELIX LUNA

El tiempo en el que se perdió la cabeza

ALGUNA vez se evocará la década de 1970 como ese tiempo en que los argentinos perdimos la chaveta. Nada sensato pudo prevalecer y, por el contrario, las acciones políticas más locas, las consignas más desprovistas de sentido, los actos más crueles e inhumanos fueron aplaudidos de un lado y de otro del espectro político y social.

Una especie de insania general campeaba sobre el país. Los unos apostaban a la violencia para transformarlo, pero en poco tiempo fueron rechazados por quien los había alentado, y más tarde fueron masacrados con excesos que nunca podrán olvidarse. Otros ansiaban el regreso de Perón como si fuera la panacea de todos los males del país; cuando volvió, se encontraron con un anciano manejado por el personaje más malo y estrafalario que registren nuestras crónicas políticas, que conducía a su antojo a quien fuera otrora el líder del justicialismo, con la complicidad de su mujer.

La sustitución de Cámpora por Perón en la presidencia fue un paso de tragicomedia que nos debió de haber avergonzado ante el mundo, como también fue una vergüenza nacional ese apresto de guerra con Chile que, de haberse concretado, habría marcado con una terrible cicatriz de rencores y sueños de desquite tanto a nuestro pueblo como al chileno.

¿Qué nos pasó en la década del setenta? Básicamente, los argentinos no creíamos en la democracia. Había sido demasiado manoseada en los últimos años con una mezquina sucesión de gobiernos civiles débiles derrocados por golpes militares que fracasaron a la larga. Y como no creíamos en la democracia, nos enamorábamos de consignas como "la revolución nacional", "la patria socialista" o "la patria peronista". Y, por qué no, también nos atrajeron circunstancialmente las plúmbeas directivas del Proceso ("somos derechos y humanos"), que ocultaban las tragedias que se cometían a su amparo. La democracia parecía gris y aburrida frente a las hazañas de los guerrilleros y muchos creían más aleccionadores los asesinatos y desmanes del Proceso.

Se necesitó de una guerra en serio para que los hombres y las mujeres de nuestro país volvieran a entender que, aun con sus fallas y corruptelas, la democracia es el único marco institucional que garantiza la continuidad de los emprendimientos comunes, la marcha solidaria y pacífica que puede ir conduciendo a un pueblo hacia su razonable realización.

Sucede que hay circunstancias que hacen enloquecer a los pueblos.

Es entonces cuando hay que cuidar las reservas morales, buscar en la historia las grandes líneas fundacionales y confiar en que las experiencias –también las malas– vayan devolviendo la salud a la colectividad.

Esto fue lo que pasó, felizmente, cuando concluyó la década demencial del setenta.

20 de junio de 1973. Un hecho clave de la década: la extrema derecha copa el palco de Ezeiza desde donde iba a hablar Perón en su regreso al país y desata una matanza

EN estos años de fin de siglo, donde los popes del consumismo buscan nuevos mitos para instalar al lado de las Evitas y los Ches que rápidamente se agotan, el tema de la generación de los setenta en la Argentina empieza a posicionarse firmemente.

El presidente que no fue, de Miguel Bonasso; *La voluntad*, de Martín Caparrós y Eduardo Anguita; *La otra historia*, de Roberto Cirilo Perdía, y *De Isabel a Videla*, de Carlos Turolo, libros recientemente aparecidos en las librerías (entre otros sobre la misma cuestión), más testimoniales que analíticos, certifican que el debate apenas comienza en un país con demasiadas discusiones inconclusas.

¿Qué fueron los setentistas? ¿La generación que protagonizó el epílogo de un ciclo histórico colmado de rupturas institucionales y cambios políticos y económicos, en la línea interpretativa definida por Ortega y Gasset para los pueblos?

¿O fue, acaso, el movimiento juvenil que marcó el punto máximo de crecimiento, antes del comienzo de "la larga agonía del peronismo", planteada lúcidamente por Tulio Halperín Donghi?

Medida en términos históricos, esa "juventud maravillosa", como la denominaba Perón antes de la ruptura en la Plaza de Mayo, en mayo del 74, no alcanzó siquiera a cumplir una década de existencia como tal.

Nacieron a la fama pública seguramente con el denominado *Cordobazo* y jornadas similares posteriores, en 1969, y murieron, mucho más que literalmente, con el telón de acero iniciado con el golpe militar de 1976.

Es cierto que hubo un antes y un después con los mismos protagonistas de esos días calientes. Peronistas y radicales, fuerzas armadas y elites, económicas, sociales e ideológicas. Y la gente. Una historia, en suma, de mayorías y minorías rodeadas de ambigüedades, de contradicciones, de equivocaciones y de irracionalidades. Con endiosamientos y caídas. Y con cambios que no cesaban, terribles y sofocantes.

La lucha por el poder

¿Cuáles fueron los móviles que los hicieron ser como fueron?

Quizás uno de los signos de esta generación fue el de la lucha por el poder y su incapacidad para lograrlo.

En un contexto histórico nacional de poderes excluyentes y continuas peleas facciosas o sectoriales, donde la titularidad de la nación era asumida casi siempre autoritariamente por peronistas o antiperonistas, por civiles o militares, ¿podía entenderse otra forma natural de relación entre grupos diferentes que la de tener el poder y mantenerlo como fuere?

¿Lo entendieron así sus protagonistas? Para Juan Carlos Portantiero, decano de Facultad de Ciencias Sociales de la Universidad de Buenos Aires, "más allá de las discusiones ideológicas, visto desde la perspectiva actual, el móvil para la militancia en aquella época era la lucha contra las injusticias. En el mundo y en la Argentina había un profundo sentimiento de que las cosas podían cambiar. Había procesos reales, como el Mayo Francés, o las revueltas en los Estados Unidos, donde la realidad cambiaba".

El senador radical Hipólito Solari Yrigoyen, entonces abogado de presos políticos, afirma que "el enorme deterioro de las instituciones sufrido a partir del 6 de septiembre de 1930, el desprecio por la soberanía popular como fuente del poder legítimo, las violaciones permanentes a la Constitución Nacional y la prédica autoritaria, entre otros factores, condujeron a muchos jóvenes al error de adherir a soluciones violentas para intentar lograr un cambio necesario".

La pregunta recurrente, que gastaba las horas de café de los polemistas de esos días, giraba una y otra vez sobre el sistema filosófico y político viable para concretar los cambios y hasta las utopías.

El historiador Natalio Botana reconoce la existencia de ese debate y sostiene que "la desvalorización de la democracia, que en esos años existía, se debía a dos razones. Los jóvenes no la conocían en la práctica, porque fue pervertida durante décadas, pero además, porque el contexto mundial –el Mayo Francés, la Revolución China y la cubana– hacía aparecer a la democracia como un sistema poco apropiado para una revolución".

El movimiento estudiantil, uno de los brazos precursores del movimiento protestatario previo al 69, tuvo mucho que ver con la búsqueda de la sociedad soñada y con los errores cometidos.

Federico Storani, uno de los máximos dirigentes estudiantiles de aquellos tiempos como presidente de la Federación Universitaria Argentina, hoy diputado por el radicalismo bonaerense, así lo describe: "Se asistía a una ilusión real de cambio, pero también una alta dosis de esnobismo, y eso generó salidas violentas. Los jóvenes radicales confiábamos en la democracia, pero otros, desde el peronismo de izquierda, la veían como poco heroica".

Para el periodista Jorge Bernetti, un intelectual peronista en aquella época, la identidad generacional se caracterizaba por una gran vocación por lo social, con ideales fuertes por seguir como justicia, libertad, liberación. "Los jóvenes –dice– asumían su militancia con mucho entusiasmo. Era la juventud posterior a la Segunda Guerra Mundial y se percibía la sensación de que podíamos construir una sociedad nueva, sobre todo en América latina."

El sindicalista de ATE Víctor De Gennaro, que daba sus primeros pasos como delegado gremial a comienzos de esa década, la caracteriza como "una etapa donde la sociedad se movilizó atrás de una esperanza: la vuelta de Perón, la lucha por la democracia, la posibilidad de que América latina encontrase su destino, motivaba a los jóvenes a involucrarse en la política".

Cambios, justicia, liberación. Una década plagada de eslóganes y de contenidos: liberación o dependencia, patria o colonia, imperialismo y antiimperialismo, Perón o muerte. Una

Continúa en la página 2

Portada de la sección Enfoques

namiento de los avisos clasificados y la creación de algunos rubros demandados por la sociedad como las secciones dedicadas a los jóvenes y al tema de los empleos.

Para encarar algunas de sus medidas innovadoras el diario ha contado con el asesoramiento de los consultores de Innovación Periodística, entidad que ha ayudado a diseñar nuevas estructuras de la Redacción y a capacitar al personal en tecnologías de punta.

Una de las innovaciones más importantes ha sido la incorporación de la paginación electrónica. Con ella, los editores pueden decidir cómo será la página real que se va a imprimir. La ven con antelación en las pantallas de sus computadoras Macintosh, donde obtienen una visión total de las páginas con textos, fotos, infografías y títulos. Esa innovación tecnológica ha determinado que la Redacción se haya dividido en "islas" especializadas.

Previamente a la paginación electrónica hubo un cambio sustancial en el procesamiento fotográfico. Tanto las imágenes que toman los fotógrafos *in situ* como las que provienen de agencias noticiosas son manipuladas digitalmente. El laboratorio tradicional ha desaparecido. Los negativos son revelados en una máquina automática y los editores fotográficos escogen las imágenes que van a ser usadas, las someten a los scanners, dispositivos que las transforman en información digital. Ya no hay copias en papel, las imágenes circulan entre las secciones por circuitos electrónicos.

También es digital el archivado de tomas. Por otro lado, las nuevas

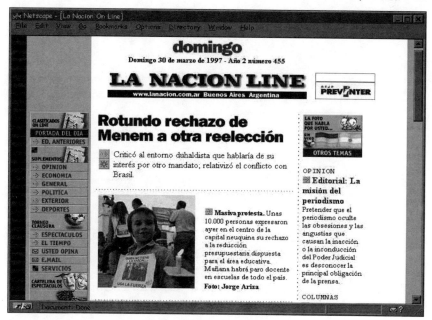

Pantalla de la home page de LA NACION: *www.lanacion.com.ar*

cámaras no tienen películas, todo queda registrado en la memoria digital, desde donde se lo toma para ser incluido en las páginas.

Como se sabe, LA NACION publica páginas preparadas por The Wall Street Journal, de Nueva York. Esto ha dado origen a la necesidad de montar una red satelital que funciona 24 horas por día y que permite traer desde Miami a Buenos Aires los textos paginados de ese periódico especializado en temas de economía, y también mantener vinculación permanente con el Grupo de Diarios América (GDA). LA NACION forma parte de esa entidad que reúne los recursos periodísticos y comerciales de los periódicos líderes del continente: El Mercurio, de Santiago de Chile; El País, de Montevideo, O Globo y Zero Hora, de Brasil; El Comercio, de Lima; El Comercio, de Quito; El Tiempo, de Bogotá; El Nacional, de Caracas, y La Reforma, de México.

PARTE SEGUNDA

CONTENIDO

Guía de vocablos y expresiones

Nociones generales

GUÍA DE VOCABLOS Y EXPRESIONES

a. El empleo de la preposición *a* ante complementos directos, en ciertas locuciones y construcciones que la exigen suele suscitar vacilaciones en gramáticos y redactores. Véanse apartado *25* y apéndice *Palabras que se construyen con preposición.*

a base de huelgas. No equivale *a fuerza de huelgas.* Se puede decir "Bebida *a base de* fruta", porque *a base de* equivale a tomar las frutas como base, fundamento, componente principal.

"a boca de urna, a pie de urna". Formas galicadas, sustituibles por *en boca de urna, al pie de urna,* más castizas, análogas a *en boca de fábrica, al pie de fábrica.*

a bordo de. Los delincuentes no "huyeron *a bordo de* un Peugeot rojo", sino *en un* Peugeot, *en una* motocicleta.

"a buen fin". Debe decirse *con buen fin.*

"a cada cual más". Solecismo. Lo correcto es *a cual más.*

"a condición que". Un arcaísmo actualizado por *a condición de que;* sin temor al dequeísmo.

a consecuencia de. Locución conjuntiva que significa *por efecto, como resultado de.* También, *como consecuencia de una caída. A causa de,* locución prepositiva: *Por el motivo que se indica.*

"a cubierto". Galicismo, por *al abrigo.*

"a cuenta de". *Por cuenta de, a costa de,* son las locuciones correctas.

a donde/adonde. Se escribe en una sola palabra (adonde) cuando el antecedente está expreso: *Aquella es la casa adonde vamos;* en dos palabras (a donde), cuando el antecedente está callado: *Venían a donde yo estaba.* Recuérdese que el adverbio interrogativo *adónde,* que se usa con verbos de movimiento, siempre se escribe en una palabra.

"a esta altura". Debe escribirse en plural: *a estas alturas* del proceso.

a este diario. Siempre se escribirá *en declaraciones a LA NACION, la entrevista con LA NACION, LA NACION adelantó el informe.* Para evitar repeticiones en la misma información, se recurrirá a giros equivalentes, como a *este cronista,* etc. En los editoriales se suele hablar de *esta columna.*

"a expensas mías, tuyas", etc. Lo correcto es: *a mis, tus... expensas.*

a fines de. "Llega *a fines de* enero." Es correcto, lo mismo que *a finales de,* con igual sentido.

"a grandes rasgos". En lugar de este barbarismo, úsese *rápida* o *superficialmente, en pocas palabras, en líneas generales, a vuela pluma* o *a vuelapluma.*

"a grosso modo". Sin la *a: grosso modo,* que significa *a bulto, aproximadamente, más o menos.*

"a la búsqueda". Galicismo por *en busca de.*

"a la hora que". Italianismo, en lugar de *en el momento en que.*

"a la hora". Solecismo. Debe escribirse "a tantos kilómetros _por hora_".

"a la libertad de prensa _es que_ se **debe la democracia"**. Lo correcto es: "A la libertad de prensa es _a la que, a lo que..._"; o _a la libertad de prensa se le debe la democracia._ Véase _es por eso que._

"a la mayor brevedad". Lo correcto es _con la mayor brevedad._

"a la satisfacción". _A satisfacción, con gran satisfacción;_ son las locuciones correctas.

"a la ventura". Debe escribirse, en lugar de este galicismo: _sin reflexión, a troche y moche_ o _a trochemoche,_ es decir _disparatada e inconsideradamente._

"a las 15 horas". _A las 15._ Unica excepción: _la hora cero,_ y no _la cero hora._ Recuérdese que estos sintagmas temporales van entre comas.

"a lo largo de toda la noche". Dígase _durante toda la noche._ Responde a la pregunta ¿cuándo? _A lo largo de la 9 de Julio,_ es un lugar; ¿dónde?

"a lo que veo". Barbarismo, en lugar de _por lo que veo._

"a más precio". _A mayor precio, a precio más alto,_ son las locuciones correctas.

"a menos de que". Escríbase: "A _menos que_ lo diga el juez"; "A _menos de_ ser el elegido".

"a mil maravillas". Solecismo, por _las mil maravillas,_ con el artículo.

"a motor, a vapor, a vela". De motor, de vapor, de vela, es lo correcto. Sobre otros galicismos con la preposición a, véase apartado 26.

"a nivel de". Evítese esta expresión, un barbarismo innecesario, que puede ser reemplazado con ventaja para el idioma. En lugar de "reunión _a nivel de_ ministros", digamos "reunión ministerial" o "reunión de ministros".

"a pretexto de". Barbarismo. Lo correcto es _con el pretexto de, so pretexto de._

"a propósito de". Galicismo difundido, sobre todo en el periodismo oral; lo correcto es: _acerca de, sobre._

"a punto de caramelo". Debe decirse _en punto de caramelo._

"a resultas de". Lo correcto es _de resultas de._

"a retropropulsión". Debe escribirse: _de retropropulsión._

a su vez. "Nosotros, _a su vez,_ buscamos al otro niño." Incorrecto: debe decirse _a nuestra vez,_ etc., en concordancia con los pronombres a los que se refiere la locución.

"a todo azar". _A todo trance, a todo riesgo,_ son las locuciones correctas.

"a todo precio". Locución galicada; lo correcto: _a toda costa, a cualquier precio._

a través de. Aunque el DRAE admitió en su última edición el significado _por intermedio de,_ úsese _mediante, gracias a,_ la misma locución _por intermedio de,_ y consérvese para _a través de_ los significados _de un lado a otro, por entre._

"a un mismo tiempo". Úsese _a un tiempo,_ en lugar de aquel solecismo.

"à outrance". Tradúzcase: _a todo trance, hasta el extremo, a ultranza._

a+infinitivo. Es galicismo sintáctico decir: "El problema _a resolver",_ en lugar de _que hay que resolver,_ o _que ha de resolverse,_ o _por resolver._ La RAE tolera en usos bancarios, comerciales y administrativos giros tales como _total a pagar, efectos a cobrar;_ pero no _terrenos a vender, pisos a alquilar, personas a conocer, oraciones a rezar,_ en vez de _para vender, para alquilar, personas que conocer, para rezar._ Véase apartado 12.

a. Barbarismo doble en el uso de

la preposición a. Véanse apartados *12, 25* y *26*.

abajo, debajo. *Abajo,* con verbos de movimiento: "Llegó abajo; desde abajo, hasta abajo". "De arriba abajo." Con verbos que significan situación, en lugar más o menos inmediatamente inferior, va el adv. *debajo:* "Lo coloqué *debajo*", "El departamento está *debajo* del mío". Véase *atrás.*

"abc (el)". El abecé: "No sabía el *abecé* de economía". Sinónimo: Abecedario, alfabeto.

abertura, apertura. *Abertura* es algo concreto: *acción de abrir, hendidura, grieta, agujero;* en cambio, *apertura* es sustantivo abstracto, equivalente a *inauguración, comienzo.*

abigarrado. Lo que es de varios colores mal combinados; compuesto de elementos muy diversos e inconexos. No significa *compacto, concentrado, denso;* así, se dice: "La plaza estaba abarrotada de gente".

abocamiento. Véase *avocamiento / abocamiento.*

abolición de los sindicatos. Será *supresión,* pues *abolir* es derogar un precepto o costumbre.

abordar. Aborda una nave a otra, con otra, es decir, roza o choca a veces con intención de combatirla (al abordaje); una embarcación abordó (atracó) a un puerto. Pero nadie aborda un avión o buque, sino que *sube a bordo, se embarca.*

"abordó el avión". Véase *abordar.*

abrogarse. Si se trata de una indebida atribución de facultades, se escribe *arrogarse. Abrogar* es abolir o derogar una ley.

abrupta decisión de renunciar. El adj. *abrupto, ta* significa escarpado, áspero, rudo. Luego, se dirá: repentina, brusca, precipitada decisión de marcharse, de renunciar.

absolutamente. Este adverbio de modo —que significa *en esencia, de manera absoluta, que excluye toda relación*— ya es un lugar común, hasta afirmarse que la "víctima estaba absolutamente muerta". Lo independiente, ilimitado, terminante, decisivo, categórico, imperioso, dominante, de lo absoluto nada tiene que ver con el abuso de este adverbio.

"abstracción hecha de". Es incorrecto decir *"abstracción hecha de* sus defectos, es persona de confianza". Debe escribirse: *prescindiendo de* sus defectos, u otro giro análogo.

abstraerse de las riquezas. No es prescindir de las riquezas, desecharlas, descartarlas, apartarse de ellas. Porque *abstraerse* es estar distraído, ensimismado, absorto en una meditación, contemplación.

"abusó la amistad". Por calco sintáctico del inglés, se emplea este verbo como transitivo: *se abusa de la amistad ofrecida* y *se ha abusado del veto.*

acá, aquí. *Acá,* adverbio de localización poco concreta, significa "en esta parte". *Aquí* significa "en este preciso lugar".

academia. Sólo se escribe con mayúscula cuando da nombre a una institución o corporación: *Real Academia Española, Academia Argentina de Letras;* en los demás casos se escribe con minúscula: *el Jueves Santo no hay academia* (junta o reunión de los académicos), *la antigua academia, la nueva academia, voy a una academia.*

acaecer. Sólo se usan las terceras personas del singular y, en el lenguaje corriente, también las del plural. Lo sustituyen *acontecer, ocurrir, pasar, sobrevenir.*

acápite. El DRAE lo da como americanismo, por *párrafo, punto aparte.* Censurado por Cuervo, ya fue olvidado, con excepción "de algunos petimetres con pujos de escritores" que lo usan todavía (R. Retrepo).

acarrear. "La película *Hiroshima mon amour* le *acarreó* a Marguerite Duras una extraordinaria fama internacional." Acarrear es *ocasionar, producir, traer consigo daños o desgracias,* en su sentido figurado; en sentido recto, significa *transportar en carro, transportar de cualquier manera.*

acatólico. Aceptado en los medios españoles —figura en el DRAE—, no es frecuente entre nosotros, que empleamos *no católico.*

acceder. Aunque aceptado por la RAE en su sentido de *tener acceso,* no se use con el significado de *llegar a, entrar, alcanzar, ascender.*

accesible. Véase *asequible.*

"accésits del Premio Rulfo" (los). Tal como otras palabras de origen latino (V. apéndice *De la herencia del Lacio*), no se pluraliza: así, los ítem, los superávit, los déficit, los accésit.

accidentado. "Epoca accidentada." Es incorrecto, en lugar de *época turbulenta, borrascosa.* Un terreno es *accidentado* cuando se presenta abrupto, escarpado.

accidente/incidente. No obstante tener casi el mismo origen (del latín *áccidens* e *incídens*), entre ambos vocablos hay una distancia semántica que va desde "un suceso eventual que produce daño" —accidente— hasta un hecho que sobreviene imprevistamente, o una disputa, riña o pelea entre dos o más personas —incidente—. Un *accidente* puede ser trágico, por infausto y hondamente conmovedor, y un *incidente,* tragicómico o directamente humorístico.

accionar (el). Otro tópico, que reemplaza a *acción, obra, actuación, realización, puesta en marcha, puesta en práctica, ejecución, concreción,* al que se tilda de "plaga de la redacción actual" (R. Diez R. de Albornoz).

accionarial. No es palabra castellana. Sí, accionario, ria: *Participación accionaria en YPF; El accionariado de Edenor.*

"acechanzas del enemigo". El enemigo puede *acechar,* es decir, *espiar,* observar cautelosamente a alguien o algo, vigilar, avizorar; pero, como enemigo que es, tiende *asechanzas* (con s), engaños, traiciones, insidias, trampas, estratagemas, celadas, para hacer daño. Distinción semántica (una c por una s) que es más que un matiz.

"acento, poner el". *Subrayar, destacar, resaltar, impulsar, promover, estimular;* etc., sustituyen con creces a este galicismo bonito, pero monótono.

acentuación. Reglas generales. Véase apartado *43.*

"acentuamiento". Además de la *acentuación* prosódica u ortográfica, úsense el *acrecentamiento* de la cultura, el *incremento* de los precios, el *avance* de las comunicaciones, etc., en lugar de este intruso inútil.

acentuar. Véase *-uar (verbos terminados en).*

acertar. Véase *apretar.*

aclarar. Véase *dequeísmo.*

"aclimatamiento". Lo correcto es *aclimatación.*

acné. Para nosotros, *el acné* —erupción cutánea—. En el DRAE figura como de género femenino.

acordarse. Véase *dequeísmo.*

"acordó el uso de armas". *Concedió* el uso de armas, pues *acordar* es determinar o resolver de común acuerdo, o por mayoría de votos.

acoso a la lengua castellana. "El idioma español se habla cada vez peor", afirmó el director de la Real Academia Española, Fernando Lázaro Carreter, que responsabilizó del deterioro principalmente a los medios de comunicación. Véase apartado *1.*

"acosado por los testigos *fue que* confesó el crimen". Debe suprimirse el giro *fue que,* galicado: *acosado por los testigos, confesó el crimen.*

acostumbrar. En el sentido de *soler,* no lleva preposición: *Un periodista que acostumbra contar cosas.* Seco recuerda que en España, en nuestros días, es con *a.* Que sí debe llevarla cuando es transitivo delante del verbo complemento y del complemento de persona: *Acostumbró al niño a acostarse temprano.* Lo mismo dígase cuando es pronominal, *acostumbrarse: Me he acostumbrado a esta vida.*

acrecentar. Véase *apretar.*

acreditación. Decimos "entregó la *credencial".*

acta. Se escribe con mayúscula cuando denomina un documento o el título de un libro: *Acta de Chapultepec, Acta de Algeciras, Actas de los Apóstoles.*

"actualmente en vigor (que está)". Redundante, como *vigente en la actualidad;* pues, si algo está vigente, lo está ahora: *que está en vigor, la ley vigente.*

acuatizaje, acuatizar. El DRAE da *amerizaje, amerizar* (una mala adaptación del francés *amerrir, amerrissage*), que se deben utilizar, en lugar de *acuatizaje, acuatizar.* Formas, éstas, que prefieren gramáticos y filólogos (y nosotros), junto con *amarar / amaraje* y *amarizar / amarizaje,* al tiempo que desaconsejan las incluidas en el DRAE.

acuerdo. Se escribe con mayúscula cuando denomina un documento o tratado: *el Acuerdo de París.*

acuerdo. Véase *de acuerdo con.*

adecuar. Véase *-uar (verbos terminados en).*

adelante. Véase *atrás.*

adentro. Significa preferentemente *hacia lo interior,* con verbos y otros términos que expresan movimiento (Se retiraron adentro para dialogar), y también *en lo interior (la parte de adentro)* aunque se usa en este caso *dentro,* forma que se usará siempre si está precedida de las preposiciones *hacia, para* y, sobre todo, *por. Adentro* puede ir pospuesto a un sustantivo, significando *hacia la parte interior del objeto designado por tal sustantivo: mar adentro, tierra adentro.*

adherir/adherirse. Verbo irregular (se conjuga como sentir) transitivo y pronominal, se construye así: "adherir el sello *al* sobre"; "adherirse *a* la propuesta".

adicción a las drogas. No, "por las drogas".

adiestramiento. Aunque se *adiestra, enseña, instruye,* a personas, y también se las *entrena, capacita, forma y prepara,* para animales sólo se habla de *adiestramiento* además de *amaestramiento* y *doma.*

adjetivo. El uso del adjetivo calificativo debe restringirse en los géneros más puramente informativos, pues en éstos prima la objetividad y sólo admiten aquel que añada información. La entonación del discurso, del texto, suple a los artificios grandilocuentes. Véanse apartados *33* y *39.*

adjudicar. Como verbo transitivo, es declarar que una cosa corresponde a una persona o conferírsela en satisfacción de algún derecho. *La policía adjudicó el atentado a Unabomber;*

El gobernador adjudica el terreno a sus antiguos propietarios. Como pronominal, significa "obtener, ganar, conquistar": *Tigre se adjudicó la Copa de Oro.*

administración. Se escribe con minúscula cuando significa gobierno: la administración, la administración francesa, la administración socialista, la administración de Clinton.

adolecer. Equivale a *padecer* (se conjuga como *agradecer*) y no a *carecer: El conurbano carece de servicios sanitarios,* es lo correcto. Si deseo usar *adolecer,* escribiré: *El conurbano adolece de falta de servicios sanitarios.*

aduana. Se escribe con minúscula: *la aduana hispano-francesa; la aduana paralela.* Con mayúscula cuando se refiere a un organismo: *Aduana Nacional, la Administración de Aduanas.*

afectado/afecto. "Afectado" significa *fingido, aparente, falto de sencillez y naturalidad.* Se admite como *aquejado.* Pero nunca con significados tales como *emocionado, conmovido, disgustado, preocupado.* Tampoco lo utilizamos en lugar de *destinado. Afecto,* dice el DRAE a la persona destinada a ejercer funciones o a prestar sus servicios en determinada dependencia.

"affaire". Este sustantivo francés femenino no se empleará nunca en lugar de las equivalencias castellanas *negocio; caso, cuestión* o *asunto; escándalo* o *incidente; competencia judicial, negociado.*

afición. Tal como el verbo *aficionar (se),* se construye con la preposición *a:* "Despedido por su *afición al* juego", y no *por el juego;* aficionarse *a* alguna persona, *a* caminar.

afirmar. Véase *dequeísmo.*

afortunado. Es incorrecto escribir "Halló un concepto *afortunado",* por

"...un concepto *acertado, oportuno, adecuado, feliz".* Tampoco hay "sentencias, palabras o frases" *afortunadas.*

afrikaans. Lengua de origen holandés hablada en la República de Sudáfrica, oficial desde 1925, además del inglés.

afrikáner. Nombre de los antiguos colonos holandeses de la República de Sudáfrica. Pl., *afrikáners.*

afuera. Puede significar *hacia lo exterior,* con verbos u otros términos que expresan movimiento (Salgamos *afuera*), y también *en lo exterior* (*Afuera* hay más jubilados). Aunque en este último caso se prefiere *fuera,* lo mismo cuando está precedido de las preposiciones *hacia, para* y *por:* hacia fuera, para fuera, por fuera.

agilizar. No *agilitar.*

aglutinar. Es *unir, pegar una cosa con otra.* No significa *reunir, congregar.* Véase *nuclear.*

"agregó luego, más adelante". Agregó, añadió: *luego* o *después* son redundantes, como *más adelante.*

agrupación. Se escribe con mayúscula cuando forma parte de una denominación o título: *la Agrupación de Boxeadores Veteranos, la Agrupación de Amas de Hogar.*

"al azar". Dígase: *a la aventura, a la ventura de Dios, a lo que salga.*

"al centro". Se dice: dar *en el centro.*

"al fin de cuentas". Dígase *en fin de cuentas.*

"al infinito". Galicismo, equivalente a nuestras locuciones *a lo infinito, proceso en infinito.*

"al punto". Barbarismo, por *hasta el punto de.*

"al ras de tierra". *A ras de tierra* es la locución correcta, con la preposición *a* y no con la contracción de *a* y *el.*

alargue. Escríbase *alargamiento,* que es lo correcto.

alarmista, alarmante. *Alarmista* es la persona que propaga noticias alarmantes. En cambio, son *alarmantes* tales noticias y situaciones de alarmismo.

alcaldía. Se escribe con minúscula cuando equivale a "ayuntamiento" (el edificio): *la alcaldía está en la plaza.*

alegrarse. Véase *dequeísmo.*

alerta. Es uno de los pocos sustantivos en *a* masculinos: el alerta. Es adverbio de modo con los verbos *estar, andar, vivir, poner,* etc. Es sustantivo femenino cuando se trata de una situación de vigilancia o atención: *la alerta meteorológica, la alerta roja de la NASA.* También se usa, menos, como adjetivo: *espíritus alertas.* Hay, asimismo, *espíritus alertos* (Machado).

álgido. Significa *muy frío, frío glacial,* lo mismo que *algidez.* No se diga que un debate acalorado *alcanzó su momento más álgido,* aunque la Academia haya aceptado *álgido* con el sentido de *momento o período crítico o culminante.*

algo. Como es un pronombre indefinido, sólo debe usarse en frases de sentido indeterminado; cuando se quiere mencionar *algo* (aquí está bien empleado) sin precisar lo que ese *algo* es. "En la sala de espera se lee *algo* ", puede ser correcto; "En este libro hay *algo* que no se entiende": se puede precisar más, pues surge la pregunta de qué es lo incomprensible; si un capítulo tiene *algo* trágico, se podrá sustituir por *sentido trágico, argumento trágico,* etc. *Algo es algo...* Véanse *cosa, esto, eso.*

alguien. "*¿Alguien* de ustedes ha entrado?" Frase incorrecta; debe decirse "*¿Alguno* de ustedes ha entrado?". Véase *nadie de nosotros llegó.*

algún. "*Algún* que otro día." En este caso es incorrecto apocopar *alguno;* debe decirse "*alguno* que otro día".

alhajero. Aunque en medios hispanoamericanos prefieren *joyero,* nosotros empleamos *alhajero,* pues decimos *joyero* a la *persona que hace o vende joyas.*

aliados. Aunque algunos tienden a escribirla con mayúscula, no hay razón para ello; escríbase con minúscula: *los aliados determinaron desembarcar en Normandía.*

alianza. Se escribe con mayúscula cuando se refiere a un organismo: *la Alianza Atlántica.*

alicate/alicates. Como *tijera,* puede usarse de las dos maneras. Aunque para este utensilio se prefiere el plural, *las tijeras.*

alimentario. Código *alimentario.* No debe confundirse ni emplearse en su lugar *alimenticio,* "que alimenta". Alimentario es "propio de la alimentación o referido a ella": industria alimentaria, productos alimentarios.

"alineamiento". Es barbarismo; debe decirse *alineación.*

alíscafo. Y no *aliscafo.* La Academia Argentina de Letras (AAL), en un documentado estudio de 1964, realizado por su entonces secretario, Luis Alfonso, menciona *aeróscafo,* barco movido por viento; *podóscafo,* movido por el pie; *piróscafo,* por el vapor producido por el fuego, y *batíscafo.* Incongruentemente, la RAE proponía entonces para esta última embarcación sumergible el acento grave; *alíscafo* es vocablo que aún no trae el DRAE.

"allí fue *que* se erigió el obelisco". Galicismo muy difundido; en lugar del *que,* debe escribirse *donde.* Véase *es por eso que.*

alma máter. Expresión latina, fem.,

que significa *madre nutricia,* con la que en lenguaje literario se designa la Universidad y, por extensión, la patria. Evítese escribir que tal jugador o el senador Mengano son la *alma máter* del club o de la bancada. Sí, Mengano visitó *la alma máter* de su juventud, o sea, la Universidad de Córdoba, por ejemplo. Decir el *alma páter* es incurrir, por lo menos, en error semántico, ya que *almo/alma* es adj. poético que significa criador, alimentador, vivificador. *Alma Ceres,* sí; pero *almo páter...*

alminar. Y no minarete, la torre de las mezquitas, desde donde el almuédano convoca a oración.

alocución. Como se trata de un discurso o razonamiento, breve por lo común, dirigido por un superior a sus inferiores, secuaces o súbditos, no se escriba que alguien, en una *alocución,* convocó a sus pares del Congreso.

alta, alto. Se escriben con mayúscula cuando forman parte de la denominación de una región geográfica o época histórica: *la Alta Edad Media, la Alta Silesia, la Alta Andalucía, el Alto Garona, el Alto Renacimiento, Alto Valle del Río Negro.* Con minúscula, cuando es adjetivo: *la Cámara alta (o baja).*

alternativa. Significa posición de escoger entre dos cosas; luego, es impropiedad decir: "Se encontraba ante dos alternativas", en lugar de "...ante una alternativa".

aludir. No es nombrar, designar, sino referirse a personas o cosas sin nombrarlas expresamente; mencionarlas de pasada.

"amague". Lo correcto es *amago.* Véase *quiebre.*

América del Sur. Véase *Centroamérica.*

ameritar. Dar mérito, merecer, es

verbo —transitivo poco usado, dice el DRAE— que se emplea casi exclusivamente en el lenguaje forense.

ángelus. Se escribe con minúscula: *rezar el ángelus.*

anotar. Véase *definir.*

antes de Cristo. Se abrevia *a.C.,* así como para *antes de Jesucristo,* la abreviatura es *a. de J.C.* En cambio, *A.C.* significa *año de Cristo.*

antes de/antes que. *Antes,* adverbio que denota prioridad de tiempo, de orden y de lugar: *antes de amanecer;* es anterioridad en el tiempo, lo mismo que *antes que* llegue. Como adverbio de orden, *antes que* denota prioridad o preferencia: *Antes que consentir semejante cosa, me marcho.*

anti-. Como es un prefijo inseparable (que significa *contra* o *en lugar de*), no debe unirse con guión a la palabra a que se adjunta. Escríbase *antirrobo, antinuclear.* Evítese en lo posible unirlo a nombres propios: *anti-Perón, anti-NATO.* Una solución puede ser un giro con *contra, contrario a.*

anticipar. "Al *anticipar* una maniobra del enemigo, las tropas se desplegaron." En este caso, tal anglicismo quiere expresar *previsión, sospecha:* "Sospechando (barruntando) una maniobra...".

Anticristo. En contra de la grafía oficial (DRAE), Moliner y Seco, entre otros, prefieren la mayúscula inicial. En sentido figurado —*es un anticristo*—, podría escribirse con minúscula. Con criterio distinto, el DRAE trae *Mesoamérica,* con mayúscula, compuesto también por un prefijo *(meso-)* y América.

antigüedad. Se escribe con mayúscula cuando se refiera a aquel período también conocido por Edad Antigua; en los demás casos, con minúscula.

antiguo. "Es decano, y *antiguo* catedrático de pedagogía." Debe decirse: "...y *ex catedrático* de pedagogía". No obstante, Mons. Hesayne no es ex obispo de Viedma, sino obispo *emérito* de Viedma. Se escribe con mayúscula en *Antiguo Testamento*. Véase apartado *49*.

antípoda. *Los antípodas* —masculino y plural— son los habitantes del globo terrestre que están en lugares diametralmente opuestos. *En los antípodas*, o *en las antípodas*, locución adverbial: en lugar o posición radicalmente opuestos y contrarios.

Año Nuevo. Con mayúscula; *el nuevo año*, con minúscula.

año santo. Se escribe con minúscula, lo mismo que *año jubilar, años de jubileo*. Véase *jubileo*.

años. La edad de las personas suele ser un dato importante, en especial si son protagonistas de una noticia. Siempre se dirá el número precedido de la preposición *de* y seguido de la palabra *años*. Así, *Claudio Escasany, de 35 años*, pero no *Claudio Escasany, 25 años*, o *Claudio Escasany, 25*. Hasta el año de edad se escribirá *criatura* o *bebe; niño*, hasta los doce años; *muchacho* o *adolescente*, hasta las dieciocho años, y *joven* hasta alrededor de los veinticinco años.

apellidos precedidos de partículas. Nadie dice "El general *de* San Martín"; pero hay un uso errado cuando se nombra a ciertas personas por su apellido. Así debe escribirse "el diputado Vedia", y no "el diputado *de* Vedia". Véase apartado *24*.

aplicar. No se aplican las puñaladas, se infieren.

apocalipsis. Se escribe con mayúscula cuando se refiere al libro sagrado: *el Apocalipsis de San Juan.* "Esto es el apocalipsis" —y no la apocalipsis—, con minúscula, en sentido figurado.

apoplejía. Se dice *sufrió un ataque de apoplejía*, y no *sufrió una apoplejía*.

apostar a. Es hacer una apuesta. Sin la preposición, significa poner a alguien en un paraje: *Apostó dos policías en la entrada.*

apóstol. Sólo se escribe con mayúscula cuando se usa como sobrenombre de San Pablo (que lo es por antonomasia): *el Apóstol, el Apóstol de las Gentes (o de los Gentiles);* en los demás casos, minúscula: *los apóstoles de Cristo, el apóstol San Juan.*

apóstrofe/apóstrofo. "Perchè non parli" *(Por qué no hablas)* es el *apóstrofe* de Miguel Angel Buonarroti a su recién terminada escultura de Moisés. D'Annunzio tiene un *apóstrofo* (´), que señala la supresión de la vocal *e: De Annunzio.*

apreciable. "Una *apreciable* cantidad de público." Para este anglicismo, sobran sustitutos: *considerable, cuantioso, importante, notable, significativo, perceptible, visible, palpable, marcado, acusado*, etc. *Apreciable:* capaz de ser apreciado, digno de aprecio o estima.

apreciar. Significa *poner precio o tasa a las cosas vendibles;* fig. *reconocer y estimar méritos; sentir afecto o estima.* No es *agradecer*, ni *divisar, percibir* u *observar.*

apretar. Es un verbo irregular que, como *acertar, acrecentar, cerrar, quebrar*, y otros, diptonga la *e* de la raíz en *ie* (las tres personas del singular y la tercera del plural, el presente de los modos indicativo y subjuntivo, y en el imperativo): *acierto, acrecientas, aprietan, cierra, quiebra.*

aprovechar(se). "*Aprovechó de* su ingenuidad y lo engañó...". Es incorrecto: debe escribirse "aprovechó su ingenuidad...". Como pronominal, sí: "*Se aprovechó de* la ocasión".

"aquarium". Es latinismo innecesario —de uso respetable en nombres propios—, ya que existe la voz *acuario*. Lo mismo que *terrario,* y no "terrarium".

aquél. Véase *éste 1* y *2.*

aquí y acá. Véase apartado *66.*

ara. Sólo se escribe con mayúscula cuando forma parte del nombre de un monumento: *el Ara Pacis Augustae.*

árbol. Se escribe con mayúscula en *el Arbol de la Vida,* o *el Arbol del Bien y el Mal,* pero con minúscula en los demás casos: *el árbol de Guernica, el árbol de Navidad, el árbol de la libertad.*

arca. Se escribe con minúscula: *el arca de la alianza, el arca de Noé, arca del testamento.*

archivo. Se escribe con mayúscula cuando forma parte del nombre de un edificio o una entidad: *el Archivo Histórico de la Ciudad, el Archivo Mas;* en los demás casos, minúscula: *archivo del autor, el archivo particular.*

Argentina, la. Se ha acentuado la tendencia errónea a eliminar el artículo del nombre de nuestro país. LA NACION prefiere el uso tradicional, fundado en razones precisas de índole gramatical. En sus columnas debe escribirse, pues, la Argentina y no Argentina a secas. Véase apartado *46.*

arma. Se escribe con minúscula: *el arma de Artillería, las armas del ejército de tierra.*

arma. Véase *el; este.*

armada. Se suele escribir con mayúscula cuando se usa como nombre del arma: *las maniobras de la Armada,* *la patrona de la Armada, la Armada Invencible;* pero con minúscula en los demás casos: *la armada soviética, los buques de la armada turca,* etc.

armamentista. Un país puede ser *armamentista,* o tener una política *armamentista,* partidario de la política de armamentos, enrolado en *la carrera de armamentos,* y no en la *carrera armamentista.*

armazón. Por lo general, este vocablo se usa en género femenino: *la armazón,* cuando se refiere a la armadura o pieza sobre la que se arma alguna cosa, y como masculino cuando alude al esqueleto.

arriar/izar. Y sus derivados *arriada* y *arriamiento* e *izada* e *izamiento.*

"arriba de la mesa". Incorrecto, por *encima de la mesa.* Encima, toca la mesa; arriba, a lo alto, no toca la mesa.

arribar. *Arriba* un buque. Las personas *llegan.*

arte. Se escribe con minúscula: *el arte, las artes gráficas, las bellas artes;* sólo se escribe con mayúscula cuando forma parte del nombre de una institución; *la dirección General de Bellas Artes, el Sindicato del Papel y Artes Gráficas, el Museo de Bellas Artes.*

artillería. Se escribe con mayúscula cuando se usa en el sentido de nombre propio del arma: *el arma de Artillería, la patrona de la Artillería, la XXXV promoción de Artillería;* pero en los demás casos, minúscula: *la artillería ataca, un soldado de artillería.*

arzobispo. Se escribe con minúscula: *el arzobispo de Buenos Aires.* Cuando se retira de la arquidiócesis, por edad o enfermedad, es arzobispo *emérito* y no *ex arzobispo.* Véase apartado *49.*

asamblea. Se escribe con mayúscula cuando se refiere al cuerpo político: *la Asamblea Francesa, los acuerdos de la Asamblea Episcopal;* pero *celebrar una asamblea, formar una asamblea.*

ascendencia. Es la serie de ascendientes o antecesores de una persona. Quien posee predominio moral o influencia sobre los otros tiene *ascendiente,* y no *ascendencia,* sobre los demás.

asechanza. Significa *engaño, artificio* para hacer daño a otro. No confundirlo con acechanza (acecho, espionaje). Véase *acechanza.*

asendereado. De *sendero;* y no "*asandereado*", en su significado de *agobiado de trabajo o adversidades,* y, en el figurado, de *práctico, experto.*

asequible. Un entrevistado de buen talante suele ser *accesible* para responder a las preguntas del periodista, nunca *asequible;* es decir que pueda conseguirse o adquirirse. Los hay *comprables,* pero eso es ya campo de la deontología, o de la ética.

asesinato, homicidio. Mientras *asesinato* es un homicidio premeditado, *homicidio* es simplemente muerte de una persona causada por otra. Véase apéndice *Léxico jurídico.*

así como también. Es lo correcto, y no *como así también.*

asociar. La construcción de este verbo, que se conjuga como *cambiar,* emplea las preposiciones *a* o *con: asociarse a* o *con otro; asociar una cosa a* o *con otra.* Véase apéndice *Palabras que se construyen con preposición.*

asolar. Con el significado de *echar a perder,* está formado sobre el nombre *sol: el calor (la sequía) asoló los sembrados.* Su conjugación es regular. El otro verbo, formado sobre el nombre *suelo,* significa "poner por el suelo, destruir, arrasar": *los tanques serbios asuelan la ciudad.* Como se ve, es irregular y se conjuga como *acordar.*

asumir. *Tomar para sí, atraer a sí, aceptar las consecuencias de un hecho o de una actitud.* Su empleo con el valor de *suponer* constituye un anglicismo fácil de evitar. Otros usos: "El nuevo jefe comunal *asumirá* en diciembre". ¿Qué asumirá? No se puede omitir el respectivo complemento: el poder, el mando, las responsabilidades, etc.

atelier/ateliers. Esta es la grafía adoptada. Véase apartado *62.*

atenuante. Lo mismo que *agravante,* como adjetivo es femenino y masculino —*la* (circunstancia) *atenuante, el* (hecho) *atenuante.* Es femenino en su uso sustantivo: *la atenuante, las atenuantes.*

atenuar. Véase *-uar (verbos terminados en).*

aterir(se). En la práctica sólo se usa en el infinitivo (*aterir*) y el participio (*aterido*). Decir *ateridos de frío* es pleonasmo.

aterrizaje. Sólo en tierra *despegan o aterrizan* los aviones, mientras que *despegan y se posan* en la cubierta de un portaaviones, pese al DRAE, que lo define como buque para el despegue y *aterrizaje* de aparatos de aviación. Para *aterrizar* en la Luna, se usó *alunizar/alunizaje.* ¿Cómo se escribirá para referirse a esas mismas acciones cuando el hombre o el satélite tal *aterrice* en Marte o Venus? Aterrizar no es sólo posarse sobre el planeta Tierra, sino hacerlo en el suelo... Si no, ¿*saturnizamos*?

atestiguar. Véase *-uar (verbos terminados en).*

atlas. Se escribe con minúscula: *un atlas* (un mapa); pero como nombre de la cordillera, mayúscula: *el Atlas.*

atrás. Adverbios como *abajo, atrás, adelante* no suelen usarse seguidos de preposición, ya que señalan un lugar considerado en forma absoluta, así: "El coche quedó *abajo*"; "Puse la valija *atrás*"; "Movió la ficha hacia *adelante*". Por norma general, sus correspondientes *debajo, detrás, delante,* de valor relativo, llevan la preposición *de:* "El gato está *debajo de* la mesa", "La carta quedó *detrás de* la pila de libros"; "*Delante del* coche iba un camión". Nótese que en estos casos corresponde emplear la preposición *de,* seguida de un pronombre personal (*mí*) y no de un adjetivo posesivo (*mío*). Es incorrecto, entonces, decir *detrás mío (tuyo, nuestro, etc.).* Debe decirse *detrás de mí, delante de nosotros, debajo de ti.* Véase apartado *23.*

"attaché". Hay que traducirlo del francés: *agregado comercial, cultural, militar, naval,* etc., en las misiones diplomáticas, y, por extensión, *maletín de ejecutivo,* o *maletín,* simplemente.

ausentismo. No obstante el *absentismo* de todos los diccionarios, se prefiere *ausentismo.* Considerado un barbarismo por aquéllos, no lo es tanto, ya que, como *ausencia, ausentismo* tiene el mismo étimo o raíz: *absens, -tis.*

autobús. En los despachos del exterior se suele respetar el vocablo *autobús/ferrobús,* no así la aféresis *bus.* Fam. Aerobús, bibliobús, ferrobús, microbús (para nosotros *micro,* de la misma manera que *subte,* aféresis que se usa tal como *trole*). Véase apartado *35.*

"autodefinirse". Como todo verbo reflexivo, no necesita el prefijo *auto-,* que significa *propio, por uno mismo.*

"automación". Como derivado de *automatizar,* debe escribirse *automatización.*

automotor/automotriz. Son, respectivamente, adjetivo masculino y adjetivo femenino. La industria es automotriz; las empresas, automotrices; el parque, automotor.

autoría. Si alguien se atribuyó la *autoría* del crimen, basta decir que *se atribuyó el crimen.*

autoridad. En general, se escribe con minúscula; sólo en escritos o publicaciones oficiales se admite con mayúscula.

"avanzadas horas de la noche". Incorrecto. Llegaron a *altas horas* de la noche.

avemaría. Se escribe con minúscula: *rezar un avemaría.* En plural es *unas avemarías.* Como exclamación, se dice *¡Ave, María Purísima!*

avenida. Se escribe con minúscula: *la avenida Santa Fe, avenida Corrientes;* pero se escribe con mayúscula en *Quinta Avenida, Tercera Avenida, Avenida de Mayo, Avenida del Libertador.*

aviación. Se escribe con mayúscula cuando se usa como nombre propio del arma: *el arma de Aviación, la patrona de la Aviación,* pero en los demás casos, minúscula: *la aviación ataca sin cesar, el apoyo de la aviación, la aviación norteamericana.*

avocamiento/abocamiento. *Avocamiento* deriva de *avocar:* "Atraer o llamar para sí un juez o tribunal superior, sin que medie apelación, la causa que se estaba litigando o debía litigarse ante otro inferior. Hoy está absolutamente prohibido". Como es sólo un verbo activo, se puede decir: el tribunal *avoca* la causa de María Soledad Morales, pero no *se avoca,* porque esta expresión carece de sentido. Si el verbo *abocarse* —de donde deriva *abocamiento*— significa, por su forma pronominal, "juntarse de concierto una o más personas con otra u otras para tratar un negocio", *abocamiento* es la acción y el efecto de abocarse, que se puede aplicar a cualquier actividad humana, y no sólo a la forense.

ayatollah. Es la grafía adoptada, no obstante las formas *ayatolá* o *ayatola*, del DRAE y otros lexicones, con que nombran a la autoridad religiosa chiita con magisterio público. Lo mismo dígase de *mullah* (clérigo islamita).

AZT. Es nombre comercial. Debe emplearse el nombre del elemento químico componente de los fármacos destinados a tratamientos contra el SIDA: la *zidovudina*.

azteca. Individuo de un antiguo pueblo invasor y dominador del territorio conocido hoy como México, que no se aplica a ese país o a los mexicanos en general. Sí, *idioma azteca, arte azteca.*

b/v. Hablantes y algunos docentes aún incurren en el error de diferenciar la *b* de la *v*. Véase apartado *47*.

bachillerato. Se escribe con minúscula: *estudiar el bachillerato.*

bajo. Como preposición, denota posición inferior con respecto a lo designado en el nombre que sigue. En sentido figurado, significa *sometiéndose a* ("Lo hizo bajo ciertas condiciones").

"bajo cubierta de". Lo correcto es *con el pretexto de, so capa de.*

bajo de. En la primera acepción —posición inferior con respecto a lo designado en el nombre que sigue—, se usa *bajo de* en lengua literaria ("Y he venido a vivir mis días / aquí, / *bajo de* tus pies blancos". Mistral, "Desolación", 33).

"bajo demanda, bajo encargo". Son calcos del francés. En español se dice *a petición* y *por encargo.*

"bajo el pretexto". Lo correcto es *con el pretexto.*

"bajo el prisma de". Debe evitarse, tanto como *"desde el prisma de"*. Ambas locuciones equivalen a *desde el punto de vista*. "El señor de los prismas" fue una caricatura de Galdós (1883): todo lo veía *bajo el prisma* de algo.

"bajo el, este, ese, punto de vista". Lo correcto es *desde el, este, ese punto de vista, en el punto de vista*. El solecismo *bajo el...* —valga como curiosidad— lo usaba Andrés Bello. La norma actual prefiere *desde.*

"bajo esta base, bajo la base de". *Sobre esta base,* porque debajo de una base poco o nada se puede construir.

"bajo esta premisa". Galicismo, por *con esta premisa,* que es complemento de medio.

"bajo estas circunstancias". En castellano se dice *en estas circunstancias.*

"bajo este ángulo". Úsese *desde este ángulo*. Véase *bajo el punto de vista.*

"bajo este artículo". Anglicismo difundido en América, en lugar de *conforme a, con arreglo a, al amparo de.*

"bajo este aspecto, concepto, fundamento". Barbarismo, en lugar de *este aspecto, concepto, fundamento.*

"bajo este supuesto". Lo correcto es *en / sobre este supuesto.*

"bajo la aprobación". Galicismo frecuente en el lenguaje forense, por *con la aprobación.*

"bajo la condición". Lo correcto es *con la condición.*

"bajo qué condiciones". Debe decirse *en qué condiciones.*

"bajo un decreto, se prohíbe". Barbarismo, en lugar de *por un decreto.*

balance. Ya que *balance* implica activo y pasivo, se usa mal, como el vocablo *saldo,* cuando se habla de un *número, total, resultado* de muertos en un terremoto, por ejemplo.

balazo. Es el golpe de bala disparada con arma de fuego y la herida causada por una bala, y no equivale, por tanto, a *tiro* o *disparo: se disparan los tiros,* o *se hacen los disparos.*

ballet. Se escribe con mayúscula cuando forma parte del nombre de una compañía: *el Ballet Estable del Teatro Colón.*

ballottage. Se escribe así, sin comillas. Consultada la Academia Argentina de Letras (Tel. 802-2408), responde: en el tomo "Argentinismos", del Instituto Caro y Cuervo, la primera acepción, usada en América latina, es *segunda vuelta* en actos eleccionarios. El DRAE registra **balotaje**, pero no con el valor de *ballottage*.

banco central. Cuando se refiere al banco más importante de un país se escribe con mayúscula: *el Banco Central de la República Argentina.*

banco. Se escribe con mayúscula solamente cuando forma parte de la denominación de una entidad: *el Banco Galicia, el Banco Roberts,* en los demás casos, se escribe con minúscula: *ir al banco, vivir junto a un banco, tener importantes fondos en el banco.*

baño de María, baño María. La Academia registra así esta expresión; sin embargo, según algunos autores, debiera escribirse *baño de maría, baño maría* (o sea, "baño de agua caliente", por creer que *maría* proviene de una expresión árabe, *ma habi,* que significa "agua caliente"); otros autores creen que *María* proviene del nombre de una hermana de Moisés que tenía conocimientos de alquimia; aunque así fuera, esta voz habría perdido aquí la cualidad de propia, y, por consiguiente, la forma más correcta de escribir esta frase es *baño de maría,* o bien, *baño maría.*

barajar. Como no se puede barajar una carta, sino varias, en sentido figurado se manejan diversas cifras, datos, posibilidades, nombres. No se puede usarlo como *considerar,* referido a un solo objeto. Luego, sólo se pueden *barajar* varios nombres para la presidencia. Es incorrecto decir *"barajó* una posibilidad y decidió irse".

barbarismos. "Se sugiere no utilizar barbarismos innecesarios cuando es posible emplear vocablos de nuestro idioma. Hoy (31/10/95), por ejemplo, escribimos *business* por *negocios,* y ayer, en la tapa —Arresto de Gorriarán, paso a paso—, se leyó *nom de guerre,* en lugar de *nombre de guerra.* Se aconseja frenar esta tendencia." (En "Observaciones", de la Subdirección.) Véase apartado 57. Recuérdese que *barbarismo* es un vicio del lenguaje que consiste en pronunciar o escribir mal las palabras, o emplear vocablos *impropios.* También se llama así al *extranjerismo* (véase) no incorporado totalmente al idioma.

barra brava/barrabrava. Una *barra brava* (organización de hinchas) está integrada por *barrabravas* (esos partidarios fanáticos y exaltados de un club deportivo, en especial de fútbol).

barrio. Se escribe con minúscula: *el barrio Latino, el barrio Gótico;* con mayúscula cuando forma parte del nombre: *Barrio Norte.*

barroco. Se escribe con minúscula: *el gótico y el barroco, de estilo barroco, mueble barroco.*

base. 1) *a base de.* Locución prepositiva con la que se introduce el elemento constitutivo principal de alguna acción u objeto que se ha mencionado: "Lo logró *a base de* esfuerzo". Véase *a base de huelgas.* 2) *en base a.* Esta locución, que significa *basándose en*, se emplea abusivamente por la más regular *sobre la base de.*

basílica. Se escribe con minúscula: *la basílica de San Pedro, en Roma; la basílica de Luján.*

batallón. Cuando se aplica a un batallón determinado se escribe con mayúscula: *el 34 Batallón de Esquiadores, el 7º Batallón de Infantería;* en los demás casos, con minúscula: *un batallón de esquiadores, seis batallones de infantería.*

batería. Cuando se aplica a una batería determinada, se escribe con mayúscula: *la 2ª Batería Motorizada, la 25 Batería de Infantería;* en los demás casos se escribe con minúscula; *una batería, la batería motorizada.*

beato. Se escribe con minúscula: *el beato Juan de Avila;* pero con mayúscula cuando se usa como sobrenombre: *el Beato de Liébana, el Santo Cura de Ars.*

bebe. Tanto en singular, como en plural, vocablo grave.

belén. Se escribe con minúscula cuando se refiere al nacimiento: *preparar un belén monumental.*

best seller/best sellers. Así, sin comillas, recordando que hay equivalentes, como *éxito de ventas, más vendido, éxito editorial.* Por allí anda un *"bestsellerista".*

biblioteca. Se escribe con mayúscula cuando se refiere al edificio o a la entidad: *la Biblioteca Central, la Biblioteca Nacional, la Biblioteca Alejandrina* (o *de Alejandría*); pero *la biblioteca de la Universidad de Buenos Aires, la biblioteca del monasterio de Montserrat.*

bicisenda/ciclovía. Bien formados, como *biciclo* o *ciclomotor.*

"bien entendido que". Debe elegirse entre estas locuciones: *con la advertencia de que, si bien, si bien es atendible, es admisible,* que dicen con mucho más precisión condicionamientos no expresados en el galicismo.

billón. En español equivale a un millón de millones: 1.000.000.000.000, lo mismo que en el inglés del Reino Unido. No así en los Estados Unidos, donde un *billion* es equivalente a un millar de millones: 1.000.000.000. Generalmente, si no hay aclaración en contrario, en los despachos de AP debe entenderse que *billón* significa mil millones y en los de Reuter, un millón de millones. En los otros países de Europa, en Portugal, Italia y en Francia *(millard),* el *billón* posee el valor de mil millones.

bimensual, bimestral. Mientras *bimensual* significa *que se repite dos veces al mes, bimestral* se aplica a lo *que se repite cada dos meses* o *que dura dos meses.*

boletín. Sólo se escribe con mayúscula cuando forma parte del título de una publicación: *el Boletín de la Real Academia Española, el Boletín Oficial,* en los demás casos se escribe con minúscula: *confeccionar el boletín, editar un boletín.*

bolsa. Sólo se escribe con mayúscula cuando se refiere al edificio o a la institución: *subió la Bolsa, Bolsa de Comercio, reunión en la Bolsa.*

boom. No obstante su uso, por breve y por impacto gráfico, no reemplaza a *eclosión, auge, explosión de popularidad, apogeo, furor, moda, prosperidad repentina.*

boomerang/boomerangs. Tal la grafía adoptada. Véase apartado *62*.

Borges y las erratas. Véase apartado *73*.

brahmanismo. Se escribe con minúscula, como todos los nombres de religiones y sectas.

"breves/largos minutos". El tiempo no admite cámara lenta: inexorablemente, cada minuto dura sesenta segundos.

bricolaje. Preferible al original francés (*bricolage*). Además, figura en el DRAE.

"broker/brokers". Se emplea en determinadas informaciones, siempre que se explique su significado, de intermediario sin riesgo, que no toma posiciones comerciales por cuenta propia: *agente, cambista, intermediario,* son los equivalentes en español.

buda. Cuando se usa como nombre de una estatuilla del personaje se escribe con minúscula: *sobre el aparador había un buda.*

budismo. Se escribe con letra minúscula, como *brahmanismo.*

buen gusto y "boquitas sucias". En "Radio-grafías", Dionisia Fontán recuerda que "el dial está atorado de palabrotas y de groserías, un festival de ordinariez que pretende asociarse con una onda libre...". En el apartado *84* se reproduce un comentario de periodismo radial, útil y congruente con la norma del apartado *58*.

buen gusto y expresiones malsonantes. Cuando la visita de Lady Di a Buenos Aires, en noviembre de 1995, suscitó la reacción de la madre de una víctima de la Guerra de las Malvinas que insultó a la madre de la princesa, mientras la crónica local transcribía entera la conocida frase, nuestra corresponsal en Euro-

pa, Graciela Iglesias, se refería al mismo acontecimiento diciendo que "el hecho de que la madre de una víctima de Malvinas exclamara *un exabrupto,* precedido además por un gentil 'señorita', irritó a muy pocos". De *insultos* habló el corresponsal de CNN, Rolando Graña, en la crónica transmitida desde Buenos Aires. Véase apartado *58*.

bula. Sólo se escribe con mayúscula cuando forma parte de la denominación de un documento histórico, como en *la Bula de Oro,* también conocida por *Carta de los Húngaros.*

bulevar/bulevares. Y no boulevard-/boulevards.

búnker. El plural es búnkers, sin comillas. Pero no debe usarse para cualquier reducto político, etc., hasta el hartazgo.

"business". No debe emplearse en lugar de *negocio, comercio.*

"cabe a". En lenguaje literario, se dice *cabe la tumba, cabe la cruz,* sin la preposición.

cabildo. Sólo se escribe con mayúscula cuando se lo menciona históricamente (*el Cabildo de 1810*), como fecha patria; con minúscula en cuanto comunidad: *el cabildo de la catedral, el cabildo de la colegiata.*

cabo. Como todos los nombres comunes geográficos (isla, monte, cordillera, etcétera), se escribe con minúscula.

cacica. Es el femenino de *cacique.*

"cada quien". Barbarismo, de uso en América, por *cada cual.*

"cadena perpetua". Esta supuesta pena pediría un fiscal para Gorriarán Merlo, según se informó en un título a seis columnas. La *cadena perpetua* no existe en nuestra legislación penal. Las únicas penas privativas de la libertad que reconoce nuestro código son las de *reclusión o prisión perpetua* y de *reclusión o prisión temporal*, que deben cumplirse con trabajo obligatorio, pero sin cadenas ni bolas amarradas al tobillo, imagen que le hace poco favor al régimen carcelario argentino, deficiente, sí, en otros aspectos. Véase apéndice *Léxico jurídico.*

cadete. El cadete, la cadete. Nombre común en su acepción de alumno de una academia militar, de deportes, etc.

café. Se escribe con mayúscula cuando forma parte de la denominación de un establecimiento: *el Café Tortoni.*

"calefaccionar". Es incorrecto usar este barbarismo. *Calentar,* simple y directo, es suficiente. Para otros conceptos, *caldear(se),* etc.

"calidad de (en)". Evitar su frecuente uso en lugar de *como.*

caliginoso. No significa, como se cree a veces, caluroso, sino *denso, obscuro* o *nebuloso.*

calle. Se escribe con minúscula.

cámara. Se escribe con mayúscula cuando forma parte de la denominación de un organismo: *la Cámara alta, la Cámara baja, la Cámara de los Comunes, la Cámara de Representantes;* en los demás casos, con minúscula: *la cámara mortuoria, una cámara.*

cambiar. Mariano cambió *de* actitud, *de* traje, *de* idea, *de* dieta; cambió su auto *por* un yate; cambió un billete *en* centavos, y, finalmente, cambió su risa *en* llanto. Véase apéndice *Palabras que se construyen con preposición.*

"camino rodeado de árboles". Lo correcto, *flanqueado.* "Dos hileras de árboles flanqueaban la calle."

"camping". Usese preferentemente *campamento.*

camuflar. Significa ocultar un vehícu-

lo, armas, etc., militares. Se *disfrazan, escurren, enmascaran, encubren* las personas y las demás cosas.

canal. En cuanto nombre geográfico, minúscula cualquiera de ellos, *el canal Imperial, el canal de Tauste, el canal Mitre,* etcétera, pero con mayúscula: *el Canal de la Mancha, el Canal de Suez.*

cancillería. Con mayúscula cuando va sin el adjetivo *argentina: en la Cancillería se realizó; la cancillería argentina expresó su adhesión.*

"candidatearse". No hay tal verbo. Escríbase *proponerse como candidato, presentarse* a una candidatura. Debe evitarse, asimismo, el anglicismo *nominar* por *proponer como candidato.*

capacidad. Cuando se trata de aptitud, conjunto de condiciones que hacen que alguien sirva para algo: "Tiene capacidad *para* los negocios".

capilla. Se escribe con mayúscula en los siguientes casos: *la Capilla Sixtina, la Capilla Real, la Capilla Paulina;* pero con minúscula en los restantes: *la capilla de San José, la capilla mayor, la capilla de Santa Agueda.*

captores. Es anglicismo usar esta palabra en lugar de *secuestradores.*

capturar. Se captura, aprehende, prende, apresa a alguien que es o se reputa delincuente. La policía *se incauta de* un cargamento de *cocaína; requisa, confisca, decomisa* una carga. Véase *incautarse.*

carácter. "Con heridas *de carácter* grave." Basta decir *heridas graves.*

carecientes, "carenciados" y necesitados. Ni *carenciar,* ni, por lo tanto, *carenciados.* Sólo el verbo *carecer* y sus participios activos *careciente* o *carente,* que deben ir seguidos de aquello de lo que se carece. Este complemento no hace falta con el adjetivo *necesitado*. Véase apartado *75*.

carisma. El abuso de este vocablo que se refiere a un *don divino* trivializa su significado de plenitud humana, sólo aplicable por extensión a las personas que ejercen gran atracción sobre el público. Habiendo sustitutos expresivos y menos efectistas y pomposos —renombre, popularidad, reputación, aureola, fama, celebridad, nombradía, etc.—, úsese con discreta parsimonia.

carnaval. Como todos los nombres genéricos de fiestas, debe escribirse con minúscula, pero algunos tienden a ponerle mayúscula.

carnestolendas. Como **carnaval**, se escribe con minúscula.

carnet/carnets. Esta es la grafía adoptada. Véase apartado *62*.

carrera. Con minúscula en *carrera de Medicina, de Derecho*, etc. Los nombres de la profesión y la facultad se escriben con mayúscula.

carta. Como denominación de un documento, se escribe con mayúscula: *la Carta de Derechos, la Carta Magna, la Carta de las Naciones Unidas,* etcétera.

Cartel. *Cartel de Cali, Cartel de Medellín*. Con mayúscula, pues Cartel forma parte del nombre.

cartera. Se escribe con minúscula: *un ministro sin cartera, desempeñar la cartera de Industria*.

casa. Se escribe con mayúscula cuando forma parte del nombre por el que se conoce un edificio determinado: *la Casa de la Moneda, la Casa del Greco, la Casa del Arcediano, la Casa FOA*, pero con minúscula en *la casa de Austria, la casa de Borbón, la casa* (una empresa, entidad, etc.).

cassette/cassettes. De género masculino (el cassette/los cassettes). Es la grafía adoptada. Véase apartado *62*.

castellano y español. Ambos son los nombres de nuestra lengua. A propósito, se recuerda que en 1978 la Real Academia Española pidió oficialmente a las Cortes la adición de un párrafo al artículo tercero de la Constitución Española, que reconoce como "idioma oficial del Estado el castellano", en el que se diga, además, que "el castellano recibe la denominación de español". El texto íntegro del párrafo que se rogaba añadir dice: "Entre todas las lenguas de España, el castellano recibe la denominación de español o lengua española, como idioma común a toda la Nación". La recomendación de la Academia, fundamentada en razones históricas y filológicas, ha sido cursada mediante un escrito firmado por Dámaso Alonso, presidente entonces de la RAE. (LA NACION, 23/6/78.)

Cataluña. Los medios españoles en castellano evitan escribir *Catalunya*. Con más razón, los de Hispanoamérica. Sí, se suele escribir en catalán el nombre del partido Convergencia i Unió (CiU).

cátedra. Se escribe con minúscula: *la cátedra de Filosofía y Letras, de Biología*.

catedral. Se escribe con minúscula: *la catedral de Sevilla, la santa iglesia catedral, catedral metropolitana*. Con mayúscula, únicamente la de la Capital Federal: *en la Catedral se celebró el Tedéum*.

catedrática. Es el femenino de catedrático.

catolicidad. Se escribe con minúscula, como *catolicismo, cristianismo*, etcétera.

causahabiente. En una palabra. Véase apéndice *Léxico jurídico*.

celebrar. No se celebra un hecho penoso, sino que se *conmemora*, como el del genocidio en Ruanda.

centroizquierda. Es femenino, *la centroizquierda.* Si se desea hacer prevalecer el concepto de *centro,* como parece que subrayan medios peninsulares y agencias de ese origen, habrá que buscar otra composición, que no transgreda normas de concordancia. A menudo se suprime el artículo, cuando es posible: *Los partidos de centroizquierda.*

centro. Se escribe en general con minúscula: *los alumnos de aquel centro, un centro benéfico.* Con mayúscula, las entidades: *Centro Cultural Recoleta; los baches del Centro.*

Centroamérica. Como escribimos *América del Sur* y no *Sudamérica,* sólo admitimos *América Central.*

"cerca a". *Cerca de* es la forma correcta. Véanse *atrás* y apartado *23.*

cerro. Se escribe con minúscula.

certamen. La *exposición* de la Rural no es un certamen. Son *certámenes* los concursos artísticos, científicos, deportivos; las disputas literarias, etc. Se escribe con mayúscula cuando forma parte de un título: *V Certamen Nacional de Música Religiosa, Primer Certamen del Cine en Color,* etc.

cesar. Como con los verbos *caer* o *entrar,* verbos intransitivos, que no admiten complemento directo, nadie *es caído* o *entrado* por otro, tampoco *es cesado* por nadie; ni ningún jefe puede *cesar* a un subalterno. A éste *se lo destituye, se le pide el cese* o se lo obliga *a cesar.* El subalterno, sí, *ha cesado de* su cargo, *en* las funciones.

césar. Cuando equivalga a "emperador" o se use como título de dignidad de los emperadores romanos debe escribirse con minúscula: *a Dios lo que es de Dios y al césar lo que es del césar; el césar Claudio, los césares romanos.*

cese. No puede decirse: "El *cese* de las huelgas", porque el cese se produce por destitución, dimisión, despido, de personas. Por tanto, dígase: "La *cesación* de las huelgas", o su *suspensión, término, final, tregua.* Se escribe, también, *el cese de las hostilidades, el cese del fuego.* Véase *cesar.*

"ch", "ll". En julio de 1989, la Real Academia Española envió a nuestra Academia Argentina de Letras una consulta acerca de la inclusión, proyectada por la que "limpia, fija y da esplendor", de la *ch* y la *ll* dentro del ordenamiento alfabético de la *c* y la *l,* respectivamente, en sus diccionarios. Nuestra corporación, la de la columna "recta sustenta" —como dice su lema—, se expidió afirmativamente. En aquellos días se trataba de una primicia, proporcionada por el académico Horacio Armani. Es ya sabido que son varios los lexicones y enciclopedias que adoptaron ese criterio, desde hace varios años.

chalet/chalets. Esta es la grafía adoptada. Véase apartado *62.*

champagne (el). Tal la grafía adoptada.

"chance". No está justificado su uso. Dígase *oportunidad, suerte, ocasión, coyuntura, etapa,* etc.

chelo. Y no *cello.* Apócope de *violonchelo,* que también se escribe *violoncelo,* más usado que el anterior; lo mismo que *violoncelista,* más que *violonchelista.*

"chequear". Escríbase *vigilar, cotejar, contar, revisar, comprobar, verificar, examinar, inspeccionar;* etc. Sí, **chequeo**: reconocimiento médico general.

chetnik. Combatiente paramilitar, perteneciente al movimiento serbio *Chetnik,* fuerza de montaña, ejecutora de la limpieza étnica, por desplazamiento de las poblaciones y la violencia.

chinos (nombres propios). En *Deng Xiaoping, Deng* (Pérez) es el apellido, y *Xiaoping* (Juan), el nombre de pila, si no bautismal, sí el que se inscribe en el registro civil.

choc/chocs. Es la españolización del término médico inglés *shock, síndrome consecutivo a la disminución prolongada del volumen de sangre circulante,* preferido a la propuesta por la RAE: *choque.* No obstante, usamos la forma inglesa, como el compuesto *electroshock,* preferido por los médicos.

cicerón. Cuando equivalga a "hombre elocuente" se escribe con minúscula: *ser un cicerón.*

cielo. Se escribe con minúscula: *el cielo y el infierno, santo cielo, el reino de los cielos;* en el mismo caso se hallan las voces *infierno, purgatorio, limbo* y *paraíso.*

ciencia. Se escribe con minúscula: *la ciencia y el arte, una ciencia.*

cine. Se escribe con mayúscula cuando forma parte del nombre de una empresa: *el Cine Comedia, el Cine Savoy.*

cineclub. En una palabra, como el adjetivo *cineclubístico.* Otros compuestos: *cineasta, cinéfilo, autocine.*

círculo. Se escribe con minúscula: *el círculo polar ártico, el círculo;* pero se escribe con mayúscula cuando forma parte de un nombre de entidad: *el Círculo Naval.*

cisma. Se escribe con mayúscula cuando forma parte de la denominación de un acontecimiento histórico: *el Cisma de Occidente, el Gran Cisma, el Cisma de Oriente.*

ciudad. Cuando, seguida de un adjetivo, se aplica como sobrenombre de una ciudad determinada, se escribe con mayúscula: *la Ciudad Santa* (Jerusalén), *la Ciudad Eterna* (Roma), *la Ciudad Condal* o *de los Condes* (Barcelona), *la Ciudad de los Reyes* (Lima), *la Ciudad de las Luces* (París), *Ciudad Universitaria de Buenos Aires;* en los demás casos se escribe con minúscula; *la ciudad olímpica.*

ciudades (género). Dámaso Alonso reconoce que hay cierta vacilación, cierta flexibilidad, en el género gramatical de las ciudades, y que en los mejores hablistas se pueden encontrar ejemplos contradictorios. Así, decimos *el Buenos Aires de ayer; toda Barcelona; medio, un, el propio, el mismo París; México lindo y querido; Salta, la linda; Roma, ciudad abierta; toda Buenos Aires.*

civilización. Se escribe con minúscula: *nuestra civilización, la civilización cristiana, la civilización occidental.*

claridad. Es un axioma de nuestra profesión que el estilo claro tiende a responder a las funciones periodísticas de la comunicación: rapidez de lectura, mínimo esfuerzo posible de interpretación y máxima concentración informativa. Véase apartado 68.

clarificar. Es más claro *aclarar.*

clasificador. No *clasificatorio.* La *ronda clasificadora* del campeonato.

clasificar, entrenar. Debido a la influencia de los medios —escritos y especialmente orales— de España, que prefieren las formas transitivas a las pronominales o intransitivas de algunos verbos —para ciertas enciclopedias y diccionarios, el Everest *destaca* en los montes del Himalaya—, se oye cada vez con mayor frecuencia que *River entrena todas las mañanas* y que *Vélez espera clasificar.* Lo que no se dice es qué entrena River o quién entrena; tampoco se sabe si Vélez clasifica las copas ganadas por tamaño o los insectos que revolotean en su estadio. El seleccionado no *clasificó* para Atlanta, sino que *se clasificó*. Además, *se entrena* todas las mañanas, y no *entrena*. El que *entrena* es el director técnico, que los *clasifica* en titulares y suplentes.

claustro. Se escribe con minúscula: *el claustro de profesores, el claustro de tal monasterio.*

clave. Se usa en aposición con el significado de *básico, fundamental, decisivo:* jornada *clave,* palabras *clave,* fechas *clave.* Como se ve, siempre en singular. Está sobreentendido que son fechas, palabras *que sirven de clave.*

clero. Normalmente, se escribe con minúscula; *las decisiones del clero, las opiniones del clero.*

clienta. Es el femenino de *cliente.*

climatología. Lo mismo que *ecología* (véase), es una ciencia. El *clima* es benigno y la climatología se ocupa de los climas.

clisé. Tanto para la plancha grabada, como para la acepción figurada de lugar común, idea o expresión demasiado repetida o formularia, se prefiere *clisé,* a la forma recién admitida por la RAE *cliché.*

club. En general, se escribe con minúscula; sólo cuando forma parte de una denominación se escribe con mayúscula; *el Club Náutico San Isidro, el Club Internacional de Prensa.* El plural es *clubes.*

coacción. Véase apéndice *Léxico jurídico.*

coche bomba/coches bomba. Y no coche-bomba o coches bombas. Decimos coches cama.

código. Se escribe con mayúscula cuando se refiere a uno concreto: *el Código Napoleón, el Código Civil, el Código de Justicia Militar, el Código de Derecho Canónico, el Código Penal.*

coercitivo. Este adjetivo de *coercer,* significa *que coarta, restringe, contiene, refrena, sujeta, reprime,* por lo que no puede usarse en lugar de los adjetivos *forzoso, obligatorio, preceptivo.* "Coercer la libertad de expresión." "Normas *coercitivas* de la libertad de prensa." "En versificación, algunos metros exigen acentos *obligatorios, forzosos.*"

colegio. En cuanto nombre de una entidad o corporación, se escribe con mayúscula: *el Colegio de Arquitectos, el Colegio de Abogados, el Colegio de Médicos, el Colegio de Cardenales,* o *Cardenalicio, el Colegio Apostólico; pero colegio mayor, colegio menor, un colegio, ir al colegio.*

coliseo. Se escribe con mayúscula cuando da nombre a un monumento: *el Coliseo de Roma;* en los demás casos, minúscula.

colisionar. Úsese *chocar,* no obstante estar aquél registrado en el DRAE.

colombianización. Neologismo de uso frecuente que se aplica a la corrupción política, económica y social financiada con dineros provenientes de la droga, o narcodólares. (Véase *narcodólares.*)

columna. Cuando forma parte del nombre de un monumento se escribe con mayúscula: *la Columna Trajana* (o *de Trajano*), *la Columna de la Libertad* (en Copenhague), *la Columna de Marco Aurelio;* pero *las columnas de Hércules.*

coma (el uso de la). Véase apartado *16.*

cómic. Plural *cómics.*

comicios (los). Sólo el plural para reuniones y actos electorales o comiciales. *El comicio* —que no está incorporado en nuestro léxico— era el *comitium* romano, el lugar donde se celebraban los comicios, la asamblea popular.

comillas. Además de enmarcar citas

textuales y palabras extranjeras, suele abusarse de las comillas para destacar vocablos o locuciones, sin advertir que las comillas no cambian el significado de las palabras. También con moderación, y sólo cuando hace falta imprescindiblemente, se entrecomilla una palabra para darle cierto énfasis o, simplemente, un sentido irónico. Suele utilizarse asimismo este signo ortográfico cuando se escribe una palabra nueva (neologismo o barbarismo) o algún vocablo poco conocido, como los de las jergas profesionales. El peligro de las comillas está en el abuso. Es entonces cuando el signo pierde fuerza, sólo resulta tipográficamente antiestético y arranca del lector un *ufa* sintomático porque se siente subestimado en su comprensión del texto llano, sin afeites omitibles. Véanse apartado *3* y apéndice *Signos de puntuación y signos auxiliares*.

comisaría. Con minúscula: *ir a la comisaría, buscar una comisaría, la comisaría 19a.*

comisión. Se escribe con mayúscula cuando forma parte del nombre de un organismo: *la Comisión para los Derechos Civiles, la Comisión de los Derechos Humanos;* pero *una comisión, apelar a la comisión, nombrar una comisión, la comisión actúa con acierto.*

comité. Cuando forma parte de la denominación de un organismo se escribe con mayúscula: *el Comité Olímpico Internacional (COI);* pero *el comité organizador, un comité, el comité encargado del asunto, el comité nacional de la UCR.*

"¿cómo fue que se arruinó?" El giro *fue que* sobra en esta construcción galicada. Basta decir: *¿cómo se arruinó?* Véase *es por eso que.*

"como un todo". Es anglicismo, por *en conjunto.*

compañía. Por lo que respecta a lo militar, véase *batallón;* está en el mismo caso. En cuanto formando parte del nombre de una entidad o empresa, mayúscula: *Compañía de las Indias Occidentales, la Compañía de Jesús;* pero *los beneficios de la compañía no marchan bien;* en el mismo caso se halla la voz *sociedad.*

"comparencia". Incorrecto. Es *comparecencia* el acto de comparecer ante el juez, y *compareciente* la persona que comparece. Tampoco se dice *comparendo,* pues este vocablo significa despacho en que se manda a alguien comparecer.

comparendo. Véase *"comparencia".*

compartir juntos. Si se reparten las cosas y se participa en alguna cosa, no se compartirá separados.

compás de espera. Abusivo uso de esta metáfora, silencio que dura en música todo el tiempo de un compás.

competencia. Véase *competer / competir.*

competer/competir. El primero, regular, es *pertenecer, tocar o incumbir* (adjetivo *competente*): *Este asunto a mí no me compete. Competir, contender, rivalizar,* es irregular (compito, compitieran, competirán, con alguno, en calidad) y le corresponden el adjetivo y sustantivo *competidor* y el sustantivo *competición.* El sustantivo *competencia* corresponde a ambos.

completo. El avión y el colectivo van *llenos, repletos, colmados.* Se supone que son completos —no les falta una rueda o un ala—, acabados y perfectos.

complot. Usamos el plural *complots,* sin olvidar que no todos los son, pues hay *intriga, conjura, conspiración, confabulación, trama, maqui-*

nación, enjuague, manejo, convivencia, complicidad; como se ve, acciones muy precisas —y no simples matices sinonímicos— de las maneras de complotar.

componente. Es vocablo masculino: *el componente.*

compromiso. Si es obligación contraída, palabra dada, fe empeñada; dificultad, empeño; convenio entre litigantes y la escritura en que se otorga este convenio, es más que *acuerdo, arreglo, avenencia.*

computarizar. Ante vacilaciones académicas y de otros lexicones —que admiten *computadorizar (computadorización)*— y propuestas ingenieriles (*computar, computación*), como solución fonética a vocablos largos y complicados, úsese *computarizar,* definido en el DRAE, y, por ende, *computarización.*

comunidad. Sólo se escribe con mayúscula cuando forma parte de la denominación oficial de una entidad: *la Comunidad Económica Europea, la Comunidad Europea del Carbón y el Acero;* pero *los religiosos de esta comunidad, la comunidad cristiana.*

"con base a, con base en". Barbarismo, en lugar de *basándose en, sobre la base de.*

"con el objeto de". Sobra el artículo; debe decirse *con objeto de.* Menos, *con el objetivo de,* que habría que desarrollar, congruentemente, en *con el objetivo puesto en tal cosa.*

"con la cabeza baja". Siempre se dijo *cabizbajo.*

"con la condición que". Por temor al dequeísmo, se omite la preposición *de: con la condición de que trabajaran.*

"con motivo a". Se escribe *con motivo de.*

con motivo de. Se recuerda que esta

locución prepositiva, correcta, no debe usarse jamás en nuestras páginas para iniciar párrafos, sobre todo los que encabezan la información.

concejal. El femenino es *concejala,* lo mismo que el de *edil* es *edila,* de menos uso.

concientizar/concienciar. La primera forma está en uso entre nosotros, equivalente a *hacer a alguien consciente de algo.* No la da el DRAE, que trae *concienciar,* con derivados un tanto cacofónicos, como *concienciado, concienciación.* Por otra parte, *concientizar* no desdice demasiado de la etimología del latín "consciencia", ni de *consciente.*

concilio. Se escribe con mayúscula cuando se refiere a uno determinado: *el Concilio Vaticano II, el Concilio Ecuménico, el Concilio Tridentino, o de Trento.*

concitar. Si este verbo tiene como sinónimos a *instigar, enemistar(se), pacificar(se),* mal puede usarse en lugar de *citar, llamar, congregar, invitar, suscitar, merecer, promover.* Así sea que el DRAE, en la 3ª acepción agregue *reunir, congregar;* eso sí, sin decir para qué fin. No debe usarse en frases como ésta: "La actuación del pianista XX concitó la admiración del público". En este caso es preferible decir *suscitó, mereció, promovió.*

cónclave. Esta es la acentuación generalizada. Sólo que —además de la junta de cardenales para elegir papa— no hay que metaforizar esta voz para toda *reunión, congregación, junta, conciliábulo, cenáculo, aquelarre, consejo, capítulo, cabildo,* etc., como se estila con el *retiro espiritual* (véase) de políticos o economistas.

concordato. Generalmente se escribe con minúscula: *el concordato con la*

Santa Sede, *el concordato español;* pero *el Concordato de Worms.*

conde. Se escribe con minúscula.

confederación. Cuando forma parte del nombre de una nación se escribe con mayúscula; en este sentido, se halla en el mismo caso que *república.*

conferencia. Se escribe con mayúscula cuando se refiere a una determinada: *la Conferencia de la Paz, la Conferencia del Desarme de Teherán, la Conferencia de Yalta;* pero *dar* o *celebrar una conferencia.*

confeti. No *confetti.* En el sentido de conjunto de los trocitos de papel que se arrojan en determinadas fiestas, cortejos, etc., no tiene plural: en carnaval se arroja *confeti.* En cambio, los *confetis* invadían calles y vehículos.

confiscar, expropiar. El Estado *confisca* bienes particulares cuando no los indemniza, y si los compensa, los *expropia.*

conformar. No es *integrar:* el Congreso está integrado por el PJ y la UCR.

conforme. 1) La preposición *con* introduce el complemento de este adjetivo: "Quedó conforme *con* lo dicho". 2) Como conjunción, equivale a *según:* a) con valor modal: "No podía ser optimista *conforme* estaba la situación; b) con valor temporal, indica la idea de *progresión paralela:* "*Conforme* iban entrando se les pedía la invitación". 3) La locución prepositiva *conforme a* expresa *con arreglo a:* "Los hechos se cumplieron *conforme a* lo anunciado". Véase apéndice *Palabras que se construyen con preposición.*

confrontar(se). No es *hacer frente a, encararse con, hacer frente al enemigo, hacer cara a un peligro, afrontar, enfrentar.* Se *confronta* cuando se *carea a una persona con otra,* o *se coteja una cosa con otra,* especialmente escritos, textos. Por lo tanto, es incorrecto usar este verbo con el sentido de *hacer frente a, encararse con, enfrentarse con;* lo mismo que emplear *confrontación* en lugar de *enfrentamiento.*

conjuntamente. Equivale a *juntamente con.* Luego es redundante escribir *conjuntamente con.*

"conmigo era que estaba". Escríbase: "Conmigo era *con quien* estaba"; o *conmigo estaba,* etc. Véase "*es por eso que".*

Cono Sur. Con mayúscula.

conque/con que. En una palabra, es conjunción consecutiva: *conque ésas teníamos; ¿conque robando?* En dos palabras, es un sintagma (preposición *con* + relativo *que*): *son pocos los datos con que (con los que) cuenta.*

consejo. Se escribe con mayúscula en casos como: *el Consejo de Ministros;* pero con minúscula: *el consejo de administración, el consejo de guerra,* etc.

consensuar. "Adoptar una decisión de común acuerdo entre dos o más partes." Se usa especialmente en política partidaria o social, generalmente restringido al infinitivo, gerundio, participios: es poco probable decir o escribir *yo consensúo.* El redactor tampoco se olvida de otros verbos, tales como *acordar, conciliar, concordar, convenir, conformar, componer, pactar,* según de qué consenso se habla.

Constitución de 1853-1860. Cada vez que en nombre de LA NACION se mencione la Constitución vigente hasta 1994, diremos *la Constitución de 1853-1860.*

constitución. Se escribe con mayúscula cuando se refiere al documento o ley por que se rige una nación: *la*

Constitución de los Estados Unidos, la Constitución Nacional, Inglaterra no tiene Constitución escrita, etc.

constituido, jesuita, beduino. Véanse *ui* y apartado 5.

cónsul. Cuando es una mujer la que desempeña este cargo, se dice *la cónsul.* Si se trata de la esposa del cónsul, se escribe *la cónsula* o *la consulesa,* vocablos de poco uso.

contenido periodístico. El interés del lector deberá estar decididamente por encima del interés personal de los miembros del diario. Cualquier compromiso personal queda subordinado al interés del periódico, que es el interés del lector. Toda autocensura que prive al lector del conocimiento de hechos de interés general se considera inaceptable.

contexto. Si bien es el conjunto del texto que precede y sigue en un enunciado y conjunto de circunstancias acompañantes, se abusa cuando esta voz se usa como *texto, ámbito, situación, supuesto,* o, simplemente, es superflua, como en *se habló en el contexto de una asamblea,* cuando basta escribir *se habló en una asamblea.*

continente. Se escribe con mayúscula en *Antiguo, Viejo, Nuevo y Novísimo Continente;* en los restantes casos, minúscula.

contra/contrera. Ambos sustantivos (*contreras,* dice el DRAE) se escriben sin comillas.

"contra el reloj". Es *contra reloj,* sin artículo, esta locución que se refiere a una modalidad de carrera ciclista (*la contrarreloj,* la sustantiva el DRAE), o a la rapidez con que debe hacerse una cosa o resolver un asunto.

"contracepción". En todo caso, sería *contraconcepción, contraconceptivo.* Escríbase *anticoncepción, anticon-* *ceptivo.* En un sentido más amplio, decimos *planificación familiar.*

"contraparte". Italianismo por *contrapar* (cabrio de la armadura del tejado) no significa *par* o *par adversario,* etc. "Se reunió con sus pares" y no *con sus contrapartes.*

Contrarreforma. Se escribe con mayúscula cuando se refiere al movimiento religioso que siguió a la Reforma.

controversia/polémica. Véase *polémica/controversia.*

controversial. A pesar de la correcta derivación de *controversia* y de su inclusión en el DRAE, no se emplee en lugar de *controvertido, debatido, disputado, polémico.* Sobre todo porque sabe a rebuscado —y falso— anglicismo.

conurbano bonaerense. Con minúscula, por ser zona harto indefinida. Sí, Gran Buenos Aires.

convención. Se escribe con mayúscula cuando se refiere a la Asamblea revolucionaria francesa que duró desde 1792 hasta 1795, así como a la Asamblea que asume todos los poderes en un país.

convenio. Se escribe con mayúscula cuando forma parte del título de un documento: *el Convenio de Basilea, el Convenio de Ottawa, el Convenio de Vergara.*

Convergència i Unió. (CiU). Coalición formada por Convergència Democràtica de Catalunya i Unió Democràtica. Se escribe en catalán; así lo hacen nuestros corresponsales y las agencias, como EFE.

convertir. Véase *definir.*

Coreas, las dos. El uso consagró *las dos Alemanias* (antes de la unificación y como referencia histórica), *las dos Españas, las Américas,* entre otros nombres de países que, como el caso de *las dos Coreas,* se suelen pluralizar.

corona. equivalente a "monarquía", se escribe con minúscula: *la corona británica, española.*

corporación. Se escribe con minúscula: *los miembros de esta corporación, la corporación en pleno.*

corriente. Se escribe con minúscula, menos *la Corriente del Golfo, la Corriente del Niño.*

corte. Se escribe con minúscula: *el rey y la corte, en esta corte, la corte imperial, la corte de Felipe V, la corte inglesa.*

cosa. Aunque en la escritura se evita, por vacua, la palabra *cosa*, por contagio de su abuso en la conversación diaria y un tanto de inercia léxica, hay una serie de sintagmas, evitables y sustituibles, que suelen aparecer en la información: *la cosa romántica, la cosa existencialista, la cosa del ambiente, cosa de entidad, poquita cosa, cosa perdida* (persona descuidada e incorregible), *como quien no quiere la cosa* (con disimulo), *como si tal cosa* (como si no hubiera pasado nada), *no hay tal cosa* (no es así, es falso), etc. *Cosa* es quizás el vocablo de sentido más impreciso, más vulgar y trivial de la lengua. Util, aunque insustancial, no hay que aprovecharse de su ductilidad. Del mismo modo con que se abusa de la palabra *tema* y otros tópicos (véase *tema*), se dice "¿qué cosa es?", debe decirse: *¿qué es?* "Déme *alguna cosa* de cenar"; es "déme *algo* de cenar". "Es *cosa de nada*", debe decirse "es *una insignificancia*".

costa. Sólo se escribe con mayúscula cuando forma parte del nombre de una determinada: *la Costa Azul, la Costa del Sol, la Costa Dorada, la Costa Brava;* en los demás casos, minúscula: *la costa pacífica norteamericana.*

cotidianidad. Y no *cotidianeidad.*

Por norma general, los adjetivos y sustantivos terminados en *-io (ío)* forman el derivado en *-iedad.* Por ej., socio: sociedad; arbitrario: arbitrariedad; vacío: vaciedad. Los terminados en *-eo* lo hacen en *-eidad.* Así, contemporáneo: contemporaneidad; espontáneo: espontaneidad; heterogéneo: heterogeneidad. En cambio, se forman usualmente sin este sufijo los derivados de adjetivos que no terminan en *-eo*, v. gr., cotidiano: cotidianidad. Son excepciones: consanguinidad, tomado del latín *consanguínitas;* solidaridad y los derivados de estanco, que admiten las formas estanquidad y estanqueidad.

cotizar. El dólar no *cotiza* nada; *el dólar se cotizó ayer a 90,91 pesos.*

"crack". Para la caída estrepitosa de la Bolsa o de un negocio, se prefiere *quiebra* o *caída*, y para un jugador de extraordinaria calidad, *as, estrella del equipo,* etc.

creador. Se escribe con mayúscula cuando se refiere a Dios: *el Creador.*

crónicas (sobre la organización de las). Un decálogo simple y útil. Véase apartado *70.*

"cruces verbales". Además de *cruzar una especie con otra, cruzarse de brazos,* o *cruzarse con otro por la calle,* se suele decir que *se cruzaron* improperios, por dirigirse dos personas insultos, etc. "*Cruce verbal*" nace de este significado impropio, en lugar de vocablos tales como *polémica, duelo, debate, discusión, imputación, recriminación,* etc.

crucial. No hay escollo, dificultad, achaque, problema, que no sea crucial. Modérese su uso.

cruzada. Se suele escribir con minúscula: *la santa cruzada, las cruzadas, la primera, segunda,* etc., *cruzada.*

cualquiera/cualesquiera. En escritos descuidados, se suele olvidar que existe este plural: "Cualesquiera que sean las causas".

cualquiera que. No debe suprimirse la conjunción *que: cualquiera fuere su naturaleza,* en lugar de *cualquiera que fuere.* Menos aún en esta construcción concesiva. Hay redactores que, en busca de elegancia, la omiten, con lo que la frase pierde vigor y claridad.

"cualquier persona". Debe escribirse: "Toda persona que desee recibir la ayuda...", y no *cualquier persona;* o, simplemente, "La persona que desee...".

"¿cuándo fue que vino?". Escríbase *¿cuándo vino?* Véase *"es por eso que".*

cuando más, cuando menos. Como equivalen a *a lo más* y *a lo menos,* mal se puede confundir *cuando más* con *cuanto más,* que denota en el segundo miembro de la frase la idea de encarecimiento: "Se rompen las amistades antiguas, *cuanto más* las recientes".

cuanto más. Véase *cuando más, cuando menos.*

cuerpo. Se escribe con mayúscula cuando se alude a uno concreto: *el XX Cuerpo de Ejército;* en los demás casos, minúscula: *enviar un cuerpo de ejército al frente del Volga.*

cuestionar. Aunque este verbo también significa *poner en duda lo afirmado por alguien,* hay otros que precisan mejor este concepto, con distintos matices: *discutir, dudar, debatir, contender, polemizar, porfiar.*

culminar. No equivale a *terminar, concluir, acabar,* no obstante la 3ª acepción del DRAE, que define así a este verbo: *llegar una cosa al grado más elevado, significativo o extremado que pueda tener.*

culpar. Y no *culpabilizar.*

cumbre. No todas las reuniones cimeras admiten la acepción figurada de esta voz: *reunión de máximos dignatarios nacionales o internacionales, para tratar asuntos de especial importancia.*

cúpula. Aunque figuradamente es el *conjunto de los máximos dirigentes de un partido, administración, organismo o empresa,* su abuso trivializa el concepto, como los casos de *cumbre* (véase) y *cúspide* (véase).

curazoleño. Natural de Curazao.

curia. Con el significado de "tribunal", se escribe con mayúscula: *la Curia redactó un documento;* pero con minúscula cuando está adjetivado: *la curia argentina, la curia episcopal,* etc.

"curro" y "burrocracia". Título expresivo, si los hay, que puede producir escozor semántico. No obstante, si *burrocracia* está bien formado (*burro* y *cracia* —forma sufija del griego *kratos,* fuerza, dominación—), no lo es menos *curro.* Bastardeado semánticamente en su significado coloquial —dice el DRAE: curro. m. coloq. Trabajo, acción y efecto de trabajar—, nuestra *curro,* peyorativa, no se aleja mucho de esta acepción. Véase *trucho,-a.*

cúspide. Como en el uso de *cumbre* (véase) y *cúpula* (véase), la tendencia hiperbólica conceptual despierta la suspicacia del lector.

cuyo. El significado etimológico de este pronombre relativo y posesivo, en sus formas, *cuyo, cuya, cuyos, cuyas,* es *del cual, de la cual, de los cuales, de las cuales.* No admite construcciones tales como: *en cuyo, de cuyo, a cuyo efecto, con cuyo objeto, a cuyo fin,* que equivaldrían a expresiones absurdas: *en del cual, con del cual objeto, a del cual fin,* etc. Véase apartado 22.

"dado a que". Solecismo por *dado que;* quizá, por confusión con *debido a que,* que es locución correcta.

dar. Junto con *ser, estar, encontrarse, haber, tener, hacer, poner, decir, producir* y otros más, *dar* es uno de los *verbos fáciles:* en lugar de *avisar,* se *da aviso;* no *se comienza,* se *da comienzo;* para *citarse,* se *da cita,* etc. Véase *hacer.*

darle a uno vergüenza. También, *me avergüenza, le avergüenza.*

datos de filiación. No *filiatorios.*

de. Omisión incorrecta de la preposición *de.* Véanse *dequeísmo* y apartados *2, 42* y *48* y apéndice *Palabras que se construyen con preposición.*

"de a caballo". Solecismo, por *a caballo.*

"de a dos". Incorrecto: *de dos en dos.*

"de a pie". Debe escribirse *a pie.*

"de a poco/de a ratos". Escríbase *poco a poco, a ratos.*

de acuerdo con. Y no *de acuerdo a.* Locución prepositiva que significa *conforme a, de acuerdo con* incluye al vocablo *acuerdo,* que se construye así: estoy de acuerdo *con* ustedes *en* que no es así; se pondrán de acuerdo *para* progresar; no hubo acuerdo *entre* nosotros. Dígase *según* versiones y no *de acuerdo con* versiones.

"de ahí en más, de ahora en más". Barbarismo, por *de ahora en adelante, a partir de ahora, en adelante.* No cabe decir *de ahí en menos.* Nuestra colaboradora Elvira Orphée reconoce "la factura argentina en el texto por esas frases nacidas de la cursilería ejecutiva, *de ahí en más, de ahora en más,* que no significan absolutamente nada, pues mezclan tiempo con comparación. Sería como para ignorarlas *de ahora en adelante".*

de ahí que. No *de allí que.*

"de alguna manera". Muletilla ripiosa e inútil, con que se inicia el párrafo; análoga a *aparte,* en el lenguaje oral.

"de cada dos días uno". Úsese, en lugar de este galicismo, *un día sí y otro no.*

de cara a. Locución recurrente que sustituye a económicas preposiciones: *ante, para, con vistas a,* etc.

"de conformidad a". Debe decirse *de, en conformidad con.*

"de cuando en vez". Barbarismo, por *de cuando en cuando, de vez en cuando.*

"de ellos era que se hablaba". Escríbase: "de ellos era *de quienes* se hablaba"; o "de ellos se hablaba", etc. Véase *"es por eso que".*

"de forma que". Debe escribirse *de modo que.*

"de historia es que conversábamos". Escríbase "De historia es *de lo que* conversábamos"; o *conversábamos de historia.* Véase *"es por eso que".*

"de más en más". Este galicismo debe corregirse con locuciones como *más y más, cada vez más.*

de más/demás. De más *(redunda)* decir que los demás (integrantes) estaban de más (sobraban).

"de modo y manera que". Es vulgarismo por *de modo que.*

"de mucho". Debe escribirse *ni con mucho.*

"de otra parte". Galicismo, en lugar de *por otra parte.*

"de otro lado". Otro galicismo; úsese *por otro lado.*

"de sí". Solecismo, por estas locuciones correctas: *de por sí, de suyo.*

"de su lado". Galicismo, lo mismo que *"por su lado",* en lugar de la locución española *por su parte.*

"de tanto en cuanto". *De cuando en cuando, de tiempo en tiempo* son las locuciones correctas.

"de toda evidencia". Este galicismo se sustituye con *evidentemente.*

debacle. No obstante su inclusión en

el DRAE, como equivalente de *desastre* y reconociendo su uso, también en sentido figurado, su empleo es restringido, casi con significado literario-teatral de comedia.

"debajo nuestro, suyo". Es solecismo, por *debajo de nosotros, de él.* Véase *atrás.*

deber/deber de. 1. *Deber.* Seguido de verbo en infinitivo, forma una locución verbal que significa obligación. *Esto debe ser hecho así* equivale a decir que es obligatorio que se realice de un modo determinado. **2.** *Deber de.* La frase verbal *deber de*, seguida de verbo en infinitivo, expresa suposición. *El tren debe de estar por salir* indica que el tren probablemente no ha salido aún. Conviene mantener el distingo dada la neta diferencia de sentido entre ambas construcciones. Véase apartado *87.*

decálogo. Se escribe con mayúscula cuando se refiere a los Diez Mandamientos: *el Decálogo.*

decir. Incluido entre los *verbos fáciles,* que siempre están a mano y no siempre traducen el pensamiento del redactor, no se trata simplemente de buscar un sinónimo, sino de precisar la acción de *decir:* si es *desde arriba, con autoridad, con énfasis, en nivel expositivo, o con dudas, con matices, a la defensiva.* En *verbo periodístico* (véase) se detallan los grupos analógicos de la acción de decir.

"decir de que". Véanse apartados *2* y *48* y *dequeísmo.*

declaración. Se escribe con mayúscula cuando forma parte de la denominación de un documento: *la Declaración de los Derechos del Hombre, la Declaración de Bogotá.*

declinó la invitación. "Salman Rushdie declinó la invitación de visitar al embajador"; es decir, *rechazó*

cortésmente, que es el sentido correcto. Asimismo, declinan, cuando decaen, y menguan, la salud, la inteligencia, las riquezas, la lozanía. Además, declina el Sol, declina el día.

decodificar. Ante la duda de las dos grafías que da el DRAE: *descodificación / decodificación, descodificador / decodificador* y *descodificar / decodificar,* se prefieren las segundas, sin la "s", por uso y eufonía.

decreto. Se escribe con minúscula: *se ha hecho público un decreto por el que se dispone...; el decreto 266 / 1994, por el que se determina...*

definir. Los goles no se definen, *se meten* o *se marcan.* Tampoco *se convierten,* ni *se anotan.*

deflagración. No es *explosión,* sino cuando una sustancia arde súbitamente con llama y sin explosión.

"del corriente mes/del mes corriente". Se debe escribir *del actual, de este mes.*

del cual. A veces sustituye, como *del que, de quien, de los cuales,* etc., al pronombre relativo y posesivo. Es galicismo decir: "Entre las tropas sirias de avanzada, *de las cuales* se conocía el itinerario", en lugar de "cuyo itinerario se conocía".

"delante la casa". Solecismo. Debe decirse *delante de la casa.*

delfín. Se escribe con minúscula, como *príncipe: el delfín de Francia.*

delito presunto/presunto delito. Adjetivo inomitible —*presunto*— cuando simplemente se sospecha, juzga o conjetura atribuir a alguno la falta o delito que se presume ha cometido, pero que no ha sido probado, y menos sentenciado.

delta. Suele escribirse con mayúscula únicamente en los casos en que designa una amplia región natural donde desemboca un río: *el Delta* (del Nilo, del Ebro, del Paraná, etc.), la cual no es conocida con otro nombre especial.

demasiado, medio. Como adverbios, estas voces no presentan variaciones de género o número: _Estaba medio distraída; Estaban medio distraídos_ (medio = _un poco_); _Estaba demasiado sola; Estaban demasiado solas_ (demasiado = muy). No deben confundirse con los adjetivos _demasiado, -da_ y _medio, -a_, que, de acuerdo con las normas generales del idioma, concuerdan con el sustantivo: _Hay demasiados inconvenientes; Son demasiadas las posibilidades; Recorrió media cuadra; Exprimió medio limón_ (medio = la mitad).

demiurgo. Se escribe con mayúscula cuando equivale a Dios: _el Demiurgo_ (en la filosofía platónica).

demonio. Se escribe con minúscula: _el demonio._

departamento. Se escribe con mayúscula cuando sustituye o equivale a Ministerio: _el Departamento de Estado._

depresivo/deprimido. El que sufre decaimiento del ánimo está _deprimido,_ a causa de un hecho o contratiempo _depresivo,_ que le deprime el ánimo.

dequeísmo. El objeto directo en forma de proposición sustantiva que sigue a verbos que indican pensamiento o expresión, como _aclarar, afirmar, creer, decir, imaginar, pensar, suponer_ y otros, se halla encabezado por la conjunción _que_ y no por la construcción _de que._ Se dirá pues: _Estimo que llegará mañana; Creemos que lo ha hecho; Supongo que ya lo sabes._ Un modo práctico para evitar vacilaciones es simplificar la oración reemplazando la proposición por un pronombre (esto, aquello, etc.), ya que en tales casos normal-mente no se plantean dudas: _Estimo (que llegará mañana)_ = _Estimo (esto)._ Nótese que de reemplazarse por _de esto_ cambiaría el sentido de la expresión: _Estimo de esto_ equivale a _estimo acerca de esto._ Otros verbos o frases verbales, por ejemplo _acordarse, alegrarse, convencerse, estar seguro,_ requieren necesariamente de la construcción preposicional _de que: Estaba seguro de que lo haría; Nos acordamos de que es tu cumpleaños; Se dio cuenta de que era mentira._ Véanse apartados 2 y 42.

derecho. Con mayúscula cuando se refiere a los códigos: _en la sentencia deben constar los fundamentos de Derecho;_ también, _Estado de Derecho;_ con minúscula: _me asiste el derecho de salir del país._

desacostumbrarse. En la forma espontánea, es decir perder la costumbre de algo, se construye con _de:_ "Me he desacostumbrado _del_ paseo diario". Se emplea _a_ cuando se pierde la tolerancia o la resistencia para cierta cosa: "Me he desacostumbrado _al_ frío". Para otros regímenes, véase apéndice _Palabras que se construyen con preposición._

desapercibido. No es _inadvertido_ (_pasó desapercibido_), sino _desprevenido, desprovisto de lo necesario, no preparado._

desarrollar. Las lecciones se _dan_ o _explican_ y las conferencias se _dan_ o _pronuncian._ Sí, figuradamente, se desarrolla una teoría, se desarrollan temas, lecciones, cuando se exponen y discuten con orden y amplitud. Y se desarrollan las comunidades humanas cuando crecen económica, social, cultural o políticamente.

desconvocar. Es anular una convocatoria de huelgas, manifestaciones, etc., cuando aún no se han iniciado. Si ya comenzaron, se _suspenden, re-_

vocan, cancelan, interrumpen, anulan, detienen, paran.

desde ya. Este portuguesismo, usado en lugar de *desde luego (sin duda, por supuesto),* no debe confundirse con *desde ya* equivalente a *ahora mismo, inmediatamente.*

desestabilidad. Lo correcto es *inestabilidad;* aunque sí existen *desestabilizar* (comprometer o perturbar la estabilidad) y *desestabilizador* (que compromete o perturba una situación económica, política, etc.)

"desfasaje". Usese *desfase, desajuste.*

deshonesto. No es *falto de honradez, falso, fraudulento,* sino *impúdico, falto de honestidad,* dice el DRAE. La *honestidad* se refiere al sexo, y la *honradez,* a la moral.

desopilante. Sólo figuradamente significa *festivo, divertido.* No se abuse, sobre todo en espectáculos, ya que su acepción original es muy distinta de lo que se quiere expresar. Baste recordar que *opilación* es, entre otras cosas, hidropesía...

destino. Se escribe con minúscula en todos los casos: *mi destino, lo quiso el destino.*

detectar. No es *descubrir, comprobar, notar, observar, percibir, determinar, registrar, encontrar, localizar, advertir, hallar,* sino *poner de manifiesto, por métodos físicos y químicos, lo que no se observa directamente.*

detentar. Este verbo no significa poseer, sino poseer sin derecho. No corresponde, pues, emplearlo cuando la posesión es legítima: *El dictador detenta el poder,* pero no *El campeón Villenueve detenta el título.*

detrás de mí. No *detrás mío.* Véase apartado *23.*

deuda. Suele escribirse con minúscula: *la deuda externa, la deuda interna, la deuda pública, la deuda nacional.*

devaluar. Véase *-uar (verbos terminados en).*

día. Escribir *el día de hoy* en lugar de *hoy,* simplemente, va contra la economía del lenguaje. Véase *hoy.* Se escribe con mayúscula: *Día de la Madre, Día del Estudiante, Día de Reyes, Día de Difuntos, Día del Juicio Final, Día de la Expiación* (de los judíos), *Día de San Valentín, Día de los Enamorados, Día Mundial sin Accidentes, Día de Gracias.*

"día martes" (el). Escríbase *el martes.*

diario. Se escribe con minúscula: *a este diario;* recuérdese que, si se refiere a nuestro periódico, debe escribirse siempre a LA NACION; de LA NACION, etc.

diario en la escuela (el). La importancia de la prensa escrita en el currículum escolar y en la educación permanente, cada día más difundida en la escuela, añade un motivo más —uno de los más importantes— a la labor periodística, en su intrínseca vocación docente. Y no sólo en su aspecto ortosintáctico y semántico, sino en el contenido mismo de la formación de los lectores. Véase apartado 64.

"diario oficial". Es *diario oficialista.*

diáspora. Se escribe con minúscula: *la diáspora de los judíos.*

diccionario. Sólo se escribe con mayúscula cuando se refiere concretamente al editado por la Real Academia: *consultar el Diccionario;* en los demás casos, minúscula: *un diccionario, los diccionarios.*

dictadura. Se escribe con minúscula: *durante la dictadura militar, la dictadura de Mussolini en Italia.*

¿diera o dio? Uso incorrecto del imperfecto del subjuntivo. Véase apartado 15.

diésel. La Academia lo escribe siempre con mayúscula, y del mismo parecer son algunos autores; otros, sin embargo, no sólo dicen que debe escribirse con minúscula, y aducen razones, sino que preferirían la forma *disel,* que es pronunciación alemana de la palabra.

dieta. Cuando se refiere a las asambleas públicas antiguas, mayúscula: *la Dieta de Francfort, la Dieta de Worms.*

diferendo. Úsese cuando la diferencia (desacuerdo, discrepancia) se da entre instituciones o Estados. En los demás casos, empléense los vocablos indicados u otros más precisos para cada concepto de *diferencia;* tales, *controversia, disensión; oposición,* etc.

digresión. Esta es la forma que corresponde a la voz procedente del latín *digressio-onis,* que significa *acción de apartarse del relato principal.*

diluvio. Se escribe con minúscula: *el diluvio universal, después del diluvio.*

dinamizar. No se emplee por *desarrollar, aumentar, desenvolver, activar, reactivar, estimular, animar, vitalizar, promover,* verbos que, como se ve, en nuestro idioma precisan acciones con más riqueza y exactitud que aquel neologismo innecesario. Véase apartado 57.

discapacitado. Se usa tanto como *discapacidad,* en el sentido de *minusválido* y *minusvalidez,* lo mismo que *incapacitado* e *incapacidad.* Aunque estos dos últimos vocablos se refieren más a carencias legales. *Minusvalía,* por su parte, no es *minusvalidez,* estrictamente, pues expresa detrimento o disminución del valor de alguna cosa, antónimo de la conocida *plusvalía* económico-social.

discoteca. Es preferible a la forma apocopada *disco* en texto noticioso,

no obstante su uso en el lenguaje coloquial. Cuando se escriba *la disco* en una crónica, recuérdese que el plural es *las disco,* pues la apócope no se suele pluralizar.

disentir de, disentir en. Véase apartado 17.

disolver. Los manifestantes, las manifestaciones, las aglomeraciones, las multitudes, se dispersan, no se *disuelven.* Véase *desconvocar.*

disparar sobre. "Disparen sobre el pianista", no es español, que dice: *disparar al pianista, disparar contra el pianista,* a no ser que se desee decir que el disparo pasó por arriba y no lo alcanzó.

"distinto a". Lo mismo que en *diferente a,* el uso de *a,* en lugar de *de,* es raro en la lengua culta. Por otra parte, en ambas voces los prefijos de la raíz (dis-, di-) exigen la construcción con *de.* Como el caso de la preposición *en* con verbos que comienzan con *in: ingresar en, entrar en,* etc. Véanse *preposiciones* y apartados consignados en ese artículo.

distorsionar. Debe recordarse que también hay verbos de significación más precisa para cada caso: *desvirtuar, contradecir, deformar, tergiversar, torcer, desfigurar, trocar, violentar.*

división de las sílabas. Véase apartado 44.

díxit. De uso frecuente, cuando no abusivo, aunque oficialmente registrado *(magíster díxit),* cuando se refiera a varias personas se dirá, por ejemplo, *senadores dixérunt.*

doctor. Se escribe con mayúscula cuando se usa como sobrenombre de algunos santos y otros personajes históricos: *el Doctor Angélico* (santo Tomás), *el Doctor Seráfico* (san Buenaventura), *el Doctor Admirable* (Roger Bacon), *el Doctor Irrefragable* (Alejandro de Hales), *el Doctor*

Sutil (Juan Duns Escoto); pero *el doctor Pérez.*

Domingo. Se escribe con mayúscula cuando forma parte del nombre de una fiesta: *el Domingo de Ramos, el Domingo de Resurección.*

domótica. Según el proyecto binacional argentino-brasileño, de la Secretaría de Ciencia y Técnica de la Nación, este vocablo, junto con su verbo *domotizar*, se irá incorporando a la vida y al lenguaje diarios. Es la automatización del espacio en donde actúan distintas tecnologías. Integra, por ejemplo, en la casa, el video, electrodomésticos, sistemas de seguridad que permiten el control de la electricidad, gas, agua, teléfono, etc. Véase apéndice *Léxico de informática.*

don. Se escribe con minúscula.

dossier/dossiers. Innecesario galicismo por *legajo, informe, expediente, investigación,* etc.

duda. *Sin duda, sin duda alguna, sin ninguna duda.* Indudablemente, con toda seguridad. Son locuciones adverbiales, que no admiten el plural del vocablo *duda*; por otra parte, en lógica, con una duda es suficiente. Tal como a nadie se le ocurre decir; *sin dudas algunas,* tampoco se puede escribir *sin dudas.* Dígase lo mismo de estas expresiones: *duda filosófica, la duda ofende, no caber* (haber) *duda, poner en duda, sin sombra de duda,* etc. Construcción: *duda sobre o acerca de una cuestión; duda entre dos caminos; no cabe duda* (no hay duda) *de que se ha perdido. No cabe duda que, no hay duda que,* sin preposición, tal como lo usó Azorín, es coloquial. Desde luego, como sustantivo femenino, *duda* admite el plural, con verbos tales como *abrigar; tener; asaltar, ocurrir, entrar; ahuyentar, desvanecer, disipar,*

quitar, etc. No es lo mismo decir: "San Lorenzo, sin dudas", que escribir "San Lorenzo, sin duda"; las diferencias de ambos títulos son obvias. En el primero, el técnico Veira no tiene dudas; del segundo, se infiere que el texto opina, por ejemplo, que ese equipo ganará, o será el mejor, etc.

duodécimo. No decimosegundo; menos, doceavo (cada una de las doce partes de un todo). Lo mismo que no se escribe *decimoprimero* por *undécimo.*

duque. Se escribe con minúscula.

ecología/ecosistema. "La *ecología* de Bariloche sufrió daños." En todo caso, lo dañado es el *ecosistema* —conjunto de seres, el medio y las relaciones entre ellos—, y no la *ecología*, que es la ciencia que estudia los ecosistemas, en defensa de la conservación del medio ambiente natural.

ecuador. En cuanto línea máxima de la Tierra, se escribe con minúscula.

ecu/ecus. La unidad de cuenta europea, ahora se la denominará euro/euros.

edad. Cuando se refiere a un período concreto de la historia del mundo se escribe con mayúscula: *la Edad Antigua* (o *Antigüedad*), *la Edad Media* (o *Medievo*), *la Edad Moderna y la Edad Contemporánea;* también se escriben con mayúscula *Alta Edad Media y Baja Edad Media;* en cuanto a otras divisiones o significados, se escribe con minúscula: *la edad prehistórica, la edad de la piedra, la edad de los metales, la edad de oro, la edad de plata, la edad de cobre, la edad de hierro.*

edicto. Se escribe con mayúscula cuando forma parte de la denominación de un documento histórico: *el Edicto de Nantes, el Edicto de Milán, el Edicto de Caracalla.*

EE.UU. Se abrevia sólo en títulos. En el texto, *Estados Unidos advierte; los Estados Unidos advierten.*

ejército. En sentido genérico, se escribe con minúscula: *el ejército, el ejército alemán atacó Stalingrado, el ejército soviético pasó al contraataque;* pero cuando se usa la palabra como unidad dentro del ejército, y tratándose de uno concreto, se escribe con mayúscula: *el 2º Ejército de Tanques.*

el. Ante *a* acentuada (prosódica u ortográficamente), el artículo femenino singular *la* adopta la forma *el:* el agua; el águila; el arma; el hambre. Mantiene, en cambio, la forma propia cuando la *a* no es tónica: *la acequia; la avenida.* El adjetivo debe concordar en género, femenino en tales casos, y número; *el agua clara; las aguas claras; el hambre devoradora.*

el entonces ministro Shevardnadze. También, "El ex ministro...". La primera forma es correcta, pues 1º) Entre el artículo determinado *el* y el sustantivo al que precede se puede intercalar adjetivos y complementos circunstanciales: *el nuevo presidente; el hasta ayer primer ministro; el por desgracia desaparecido director.* 2º) El artículo puede preceder no sólo a un sustantivo, sino a una palabra o frase sustantivada: *el que fuese tarde no era razón suficiente;* "el no haber hallado las tres pesetas era a buen seguro culpa de lo defectuoso de la busca" (Cela, "Nuevas andanzas de Lazarillo").

el Estado dijo "no". Estas comillas no dicen nada; hay que eliminarlas. Véanse *comillas* y apartado 3.

elegido/electo. Participio regular, *elegido,* forma tiempos compuestos ("Yrigoyen fue elegido en 1916"); el irregular —*electo*— tiene sólo valor de adjetivo ("Mañana asumirá el cargo el presidente *electo*"). Véase apartado 82.

elemento, elementos. *"Elementos* de la policía bonaerense se incautaron de la marihuana"; "Policías bonaerenses...": resuelve este embrollo semántico. Ante todo, la primera acepción de este vocablo es muy precisa; para sentidos traslaticios, no abusar de él. Véanse *problema* y apartado 55.

emparentar. Aunque en la península consideran anticuada su conjugación irregular (como cerrar, apretar, etc.), se prefiere esta forma *(se emparienta con...),* que nos suena más cercana a pariente.

empresa. Sólo se escribe con mayúscula cuando forma parte del título o denominación oficial de una de ellas: *la Empresa Nacional de Telecomunicaciones;* en los demás casos, aun refiriéndose a una concreta, se escribe con minúscula: *los empleados de esta empresa, la empresa repudia los hechos.*

"en base a". Lo correcto es *basándose en, sobre la base de. (En base a* suele usarse en el lenguaje forense.)

"en cinco minutos". "Llego *dentro de cinco minutos."*

"en cuero". Barbarismo muy difundido, en lugar de *en cueros, en cueros vivos.*

"en defecto de". Galicismo, en lugar de *a falta de, por falta de.*

"en derredor a". Lo correcto es *en derredor de.*

"en dirección de". La preposición es *a* (o *hacia*) —del latín *ad*—: *en dirección a.*

"en la mitad". Debe decirse *en medio* del río. Si no, en cuál de las dos mitades...

"en plena calle". Mala traducción del francés; en español, *en medio de la calle.*

"en plena campiña". Galicismo, que corregimos así: a *campo raso.*

"en plena sesión". *Durante la sesión, en sesión abierta,* son las locuciones correctas.

en profundidad. Los hechos, los principios, las opiniones, no se discuten, tratan, abordan, *en profundidad* (haría falta un escafandro, o escafandra), sino *con* hondura o penetración y viveza del pensamiento y de las ideas; *con profundidad, con detenimiento,* exhaustiva, detallada y concienzudamente.

"en punto a". Dígase *en lo tocante a.* Mientras que el DRAE no trae *en punto a* como locución adverbial en el artículo *punto,* curiosamente, la emplea en la voz *estezar,* que define: "abusar de uno *en punto a* dinero". Cosas.

"en relación a". Lo correcto es *en relación con, con relación a.*

"en tanto que abogado". Dígase *como abogado,* más simple que el complicado galicismo.

"en todos sentidos". *En todas direcciones,* es lo correcto.

"en una sentada". Para decir *de una vez, sin levantarse,* la locución adverbial correcta es *de una sentada.*

"en vigilia de". Se dice *en vísperas de.*

encíclica. Minúscula.

enciclopedia. Sólo se escribe con mayúscula cuando se refiere a la obra de Diderot y a la época: *los tiempos de la Enciclopedia.*

"encima la mesa". Solecismo. Le falta la preposición: *encima de la mesa.*

enervar. No es *irritar, excitar, alterar, exacerbar, poner nervioso,* sino *debilitar, quitar fuerzas.*

enfatizar. No es *destacar, subrayar, poner de relieve, insistir en acentuar,*

poner el acento en aclarar, etc., sino "poner énfasis en la expresión de alguna cosa", sobre todo, en el discurso oral.

enfrentar(se). Véase *confrontar(se).*

enredar. Verbo regular —su étimo es *red*—, en cuyas formas conjugadas, como en el derivado sustantivo *enredo,* la *e* de la raíz no diptonga: *enredo, enredas.*

entidad. Se escribe con minúscula: *una entidad mercantil, en esta entidad.*

"entonces fue que intervino en la disputa". Construcción galicada de *que;* escríbase *entonces fue cuando intervino...,* etc. Véase *"es por eso que".*

entrenar. V. *clasificar.*

epístola. Se escribe con minúscula: *la epístola a los Colosenses, la epístola a los Corintios, leer la epístola.*

era. Se escribe con minúscula: *la era cristiana, la era musulmana, la era primaria, la era arcaica, la era atómica.*

errores. ¿Los cometen los grandes escritores? Gabriel García Márquez incurrió en alrededor de cuarenta disparates históricos, geográficos, gramaticales y errores de léxico en "El general en su laberinto", según el más famoso cazador colombiano de gazapos, Roberto Cadavid, que firma Argos. Véanse apartados *73* y *74.*

escribidor. Aunque antiguamente equivalía a escritor, hoy se designa familiarmente —y literariamente, gracias a Mario Vargas Llosa— a un *mal escritor.* Tiene un sentido irónico análogo a *leído y escribido.*

escrituras. Se escribe con mayúscula en *Santas Escrituras, Sagradas Escrituras, las Escrituras.*

escuchar/oír. Véase apartado *27.*

escuela. Se escribe, en general, con

minúscula: *la escuela peripatética, la escuela francesa.*

ése. Véase *éste 1* y *2.*

esgrimir. Véase apartado *31.*

español en la Argentina, el. Véase apartado *56.*

especular. No es *conjeturar, sospechar, creer, calcular, opinar, presumir, barruntar, maliciar,* etc., sino "comerciar, traficar / explotar, abusar / meditar, raciocinar, examinar, registrar, reflexionar, considerar".

"es por eso que". Construcción galicada tan difundida que introduce párrafos en crónicas, notas y colaboraciones prácticamente de todos los días. La explicación —que no justificación— de esta recurrente fórmula *es que* puede hallarse en que la construcción francesa ("c'est... qui", "c'est... que") es un típico modo expresivo que se utiliza como fórmula de insistencia o como afirmación enfática que transmite fuerza o precisión a un concepto. En castellano, se pueden compensar aquellas características del francés mediante vocablos con el mismo valor enfático, tales como *precisamente, cabalmente, justamente, pues,* etc. Así, se dirá: "Es por eso *por lo que* disentimos"; o, más simple, *por eso disentimos, precisamente por eso disentimos.*

esquizofrenia/esquizofrénico/a. Términos usados en sentido peyorativo para calificar personalidades con temperamentos *agresivos, impulsivos* o *explosivos,* caracteropatías pasibles o no de tratamiento. La esquizofrenia es una entidad médica importante y grave, quizá la más seria de la patologías psiquiátricas. Luego, no se escriba: "usó un lenguaje esquizofrénico", "estaba esquizofrénico". (De una carta de lectores, del médico psiquiatra Pedro R. Gutiérrez, del 26/1/97.)

estación. Suele escribirse con minúscula: *la estación de Francia, la estación del Norte.*

Estado. Cuando se refiere a la nación se escribe con mayúscula, aun en general o en plural: *el Estado español, los Estados totalitarios, los Estados centroeuropeos, los Estados pontificios.* Cuando se trate de una división administrativa dentro de una confederación o federación, también con mayúscula: *el Estado de Pensilvania, el Estado de Sonora, los Estados mexicanos.*

Estado de Derecho. Es la grafía adoptada en nuestro diario.

estar por llegar/estar a punto de llegar. Y no *estar al llegar.*

estatizar. Aunque el DRAE no lo consigna —sólo figura *estatificar* (por ende, *estatificado, estatificante,* etc.), de poco uso entre nosotros—, preferimos oponer este antónimo al vocablo *privatizar.* Así, se habla de *política estatizante.* También, *nacionalizar.* El Diccionario Esencial Santillana (DES) da *estatalizar,* que suena menos.

estatuto. Sólo se escribe con mayúscula cuando forma parte de la denominación de un documento; *el Estatuto de Westminster.*

este. Véase *puntos cardinales.*

éste. 1. Los pronombres *éste, ése, aquél,* con sus respectivos femeninos y plurales, llevarán normalmente tilde, pero será válido prescindir de ella cuando no exista riesgo de equívoco con sus usos adjetivos. 2. Sus formas adjetivas masculinas se usan con frecuencia incorrectamente ante nombre femenino que comienza con *a* tónica, cuando deben emplearse las correspondientes femeninas *esta, esa, aquella: esa* agua; *esta* águila; *aquella* arma; *esa* hambre; *ésa es el* arma empleada; *aquélla* fue *el* águila depredadora.

estilo directo/estilo indirecto. «Fue entonces cuando el Presidente señaló que "me corresponde apoyar la iniciativa porque está de acuerdo con los principios básicos de la estabilidad"...». En el periodismo oral esta sería una construcción imposible. En nuestro caso, no obstante el recurso de las comillas, que orientan al lector, resulta gramaticalmente —y gráficamente— por lo menos incorrecta. Con el pretexto de evitar el estilo directo, sobre todo cuando las transcripciones textuales son breves (que en el ejemplo de marras sería así: «...señaló: "Me corresponde... la estabilidad"...», no se consigue darle al lector una impresión más viva, más real, que lo convierte en espectador y oyente *directo* de lo que se dijo. Por otra parte, para no sembrar de comillas una crónica, está el *estilo indirecto:* «Fue entonces cuando el Presidente señaló que a él le correspondía apoyar... de la estabilidad...». A veces un celo exagerado por transcribir textualmente las palabras —explicable e imprescindible compromiso cuando tienen peso informativo y responsabilizan a quien las emitió— contribuye a aquella siembra tipográficamente antiestética. Véase apartado *3.*

estimar. No es *calcular,* como tampoco *estimación* es *cálculo,* sino *apreciar, evaluar/juzgar, creer/hacer aprecio y estimación de una persona.*

esto, eso. Para evitar los giros de influencia francesa, un recurso consiste en sustituir tales pronombres demostrativos por el relativo o por el adjetivo demostrativo seguido de un sustantivo: "Ama a sus padres. *Esto* lo honra; *este sentimiento, lo cual* lo

honra, por ejemplo; o dar otro giro a la frase. Véanse *algo, cosa.*

estrecho. Se escribe con minúscula: *el estrecho de Magallanes.*

estrella. Se escribe con mayúscula en *Estrella Polar.*

estresante. No obstante escribir stress/stress, se admite este adjetivo. Véanse apartado *62* y *stress.*

euro. Nombre de la futura moneda única que el siglo próximo habrá de sustituir a todas las divisas europeas. Así se decidió en la Cumbre de Madrid, cuando terminaba el semestre español en la presidencia del Consejo Europeo, en diciembre de 1995. En un principio, se la denominaba *ecu/ecus.*

evangelio. Se escribe con mayúscula cuando se refiere al conjunto de enseñanzas de Jesucristo transmitidas por sus cuatro evangelistas: *predicar el Evangelio, el Evangelio según San Mateo;* pero *el lado del evangelio de un altar.*

evento. Aunque el DRAE lo da ahora como sinónimo de *acontecimiento,* úsese sólo como *lo que no puede preverse.*

evolución. Se escribe con minúscula.

ex. Su uso. Véase apartado *49.*

excepción de la regla. Y no *a la regla.* "Este piloto es la *excepción de la regla.*"

excombatiente. Junto con *excautivo,* son los únicos vocablos compuestos por *ex* + sustantivo que aparecen así fundidos en una palabra en el DRAE, donde se define la preposición *ex* como separable (ex provincial, ex ministro, ex discípulo, ex monárquico). Incongruencia académica, que muchos gramáticos, como el salesiano Rodolfo M. Ragucci, enmiendan incluyéndola en la lista de preposiciones inseparables: *ab, ad, circum, cum, ex, extra, in, inter, ob,* etc. No obstante, seguimos escribiendo *ex alumno, ex ministro*, etc., a pesar de *excombatiente*.

exhaustivo. Un estudio exhaustivo es mucho más completo que *detallado, minucioso, pormenorizado, circunstanciado, puntualizado, particularizado*.

éxodo. Cuando se refiere a la salida de los judíos de Egipto se escribe con minúscula; cuando al libro, con mayúscula.

exposición. Suele escribirse con mayúscula: *Exposición Universal, Exposición de 1929, Exposición Industrial en la Rural;* pero *una exposición*.

expresiones latinas. Véanse apartados *62* y *85* y el apéndice *De la herencia del Lacio*.

expresiones que ofenden la sensibilidad de los lectores. Nuestro periódico se distinguió siempre en desterrar de sus páginas las expresiones de mal gusto: palabras soeces, obscenas, blasfemas o que ofendan a una comunidad. De la misma manera, se omiten detalles repulsivos y las descripciones escabrosas u obscenas innecesarias. Véanse apartado *58* y capítulo *Principios éticos y de conducta profesional*.

extorsivo. No hay tal adjetivo, no obstante su uso frecuente. Mejor hablar de *secuestro con extorsión*.

extranjerismos. Para evitar los extranjerismos, barbarismos y neologismos innecesarios, cuando es posible emplear vocablos de nuestro idioma, urge frenar esta tendencia. Véase apartado *57*.

extravertido. Y no *extrovertido*, aunque figure en el DRAE. Existe el prefijo *intro* (introvertido) y no *extro*.

facción. Véase *fracción / facción*.

factible. No es *posible, susceptible*, sino *que se puede hacer, realizable*.

facultad. Se escribe con mayúscula en casos como *la Facultad de Filosofía y Letras, la Facultad de Derecho;* pero *una facultad universitaria, elegir una facultad*.

falacia. Es *engaño, fraude, mentira con que se intenta dañar a otro*, y no *error*.

falencia. Es *engaño o error que se padece en asegurar una cosa*, y no *falta, carencia, defecto*, aunque lo diga el DRAE.

faltar al respeto. Y no *el respeto*, lo mismo que *a la palabra, a la verdad*.

fan/fans. *Admirador fanático, fanático, hincha*, hoy vale por *admirador, seguidor*, que es como lo usamos en las secciones correspondientes.

faraón. Con minúscula.

Farnesina, la. Palacio romano, sede del Ministerio de Relaciones Exteriores italiano.

fax. Como *índex, rélax, fénix*, no admite plural (faxes); *el fax / los fax*. Derivado del inglés *facsimile*, está rondando el verbo *faxiar* —análogo a *indexar*—; pero restringido al lenguaje de telecomunicaciones comerciales y de Internet.

faz/fase. La Luna tiene dos *faces* (rostros) y varias *fases* (apariencias o figuras, según la ilumine el Sol).

fénix. Minúscula en el *ave fénix*.

Ferrol, El. Ciudad puerto de La Coruña, sobre la ría Ferrol (sin artículo, en este nombre).

ficción científica. No obstante el uso de *ciencia ficción* —tan difícil de desarraigar como de justificar—, la traducción del inglés "science-fiction" es *ficción científica*, que suelen usar las buenas traducciones de obras científicas y de espectáculos.

film/films. Tal es la grafía adoptada. Véase apartado *62*.

fisco. Se escribe con minúscula: *el fisco norteamericano*.

flota. Véase *ejército;* está en el mismo caso.

fonema b. Véase apartado *47.*

foro. Se escribe con mayúscula cuando se refiere a un monumento: *el Foro romano, visitar el Foro y el Panteón, el Foro de Adriano.*

fracción/facción. Suele confundirse el significado de estos vocablos, sobre todo cuando se aplican a parcialidades o grupos políticos y militares o paramilitares. Mientras *fracción* puede referirse a cada uno de los grupos de un partido u organización, que difieren entre sí o del conjunto (la fracción PAIS del Frepaso), *facción* puede ser una parcialidad de gente amotinada o rebelada, bando, pandilla, partidos violentos o desaforados en sus procederes o sus designios (la facción Hamas de los palestinos).

fray. Con minúscula.

"fue en el siglo XV que Colón descubrió América". Construcción galicada de *que.* Dígase *fue en el siglo XV cuando Colón...;* o *en el siglo XV Colón descubrió...* Si se desea compensar el énfasis original, basta añadir palabras tales como *precisamente, cabalmente, justamente, pues,* etc. Véase *"es por eso que".*

fuentes seguras. No obstante calificarlas de *ciertas, indubitables,* las fuentes suelen ser, más que *seguras, fidedignas, dignas de fe, de crédito.*

fuera/diera. Uso erróneo del pretérito imperfecto de subjuntivo (irrealidad), cuando corresponde el pretérito indefinido de indicativo: fue, dio (realidad). Véase apartado *15.*

fuero. Cuando es título de un documento se escribe con mayúscula: *el Fuero Juzgo.*

fuerzas. Se escriben las extranjeras con minúscula: *las fuerzas navales, las fuerzas de orden público, las fuerzas armadas, las fuerzas aéreas, las fuerzas de seguridad;* con mayúscula se escribirán las de nuestro país: *las Fuerzas Armadas* (FF.AA., abreviado).

fugarse. No es *huir:* huye el ladrón con el botín; en cambio, *los presos se fugaron de Sierra Chica.*

fundación. Se escribe con mayúscula cuando forma parte del título de una entidad o institución: *la Fundación Jorge Luis Borges, la Fundación Vida Silvestre, la Fundación Favaloro.*

gabinete. Se usará con minúscula: *el gabinete nacional;* pero, *el jefe del Gabinete.*

galaxia. Cuando se refiere a aquella a que pertenece nuestro Sol, en la Vía Láctea, los astrónomos la escriben con mayúscula, y con minúscula cuando, por extensión, se refiere a las demás.

galería. Se escribe con minúscula, a no ser que forme parte del nombre propio; *las Galerías Pacífico.*

galo/gala. Los franceses no usan este adjetivo como gentilicio de Francia, sino referido a la Galia o a la antigua lengua de las Galias, que se hablaba en el noroeste de Italia (Galia Cisalpina) y el sur de Francia (Transalpina). Es análogo decir que París es la capital *gala* a que México es la capital *azteca.* Véase *azteca.*

garantir. Verbo defectivo (se conjuga como *abolir*). En las personas que no se usan, se recurre a *garantizar: yo garanto,* no; sino *yo garantizo.*

gay. Plural, *gays* (voz inglesa que significa *alegre, festivo; ligero de cascos, calavera*). Es un adjetivo (y también sustantivo masculino) con que se califica al homosexual. Evítese su uso. Cuando sea imprescindible, entrecomíllese.

generación. Se escribe con minúscula: *la generación del 98, la generación del 27.*

general. Se escribe con minúscula.

gentilicios. Véase apéndice *Gentilicios más usados.*

geomática. Disciplina de la informática que se orienta a la adquisición, almacenamiento, análisis y manejo de información de referencias geográficas. Se emplean las herramientas (equipos) de computación llamadas GIS, en inglés, Sistema de Información Geográfica. Véase apéndice *Léxico de informática.*

gerundio (uso del). Véanse apartados *8, 10, 11* y *34.*

giga-. Prefijo que precediendo al nombre de una unidad de medida significa mil millones.

gira con jira. Excursión, viaje *(gira)* con una merienda campestre *(jira).*

giro de 180 grados. Cuando se habla de un cambio total, no puede escribirse *giro de 360 grados,* pues se volvería al punto de partida: no habría habido tal cambio.

globo. Se escribe con minúscula: *el globo* (la Tierra), *en cualquier parte del globo, el globo terráqueo.*

gobierno. Se escribe con mayúscula sólo el de nuestro país cuando se usa como institución: *el Gobierno, el Gobierno desechó la idea de la aeroísla.* Pero con minúscula cuando está adjetivado: *el gobierno nacional, el gobierno democrático.*

Golfo Pérsico. De la misma manera que escribimos Río de la Plata, Mar Muerto, Canal de la Mancha, Canal de Suez, etc., Golfo es parte indisoluble de Pérsico. Véase apartado *65.*

golfo. (Véase *cabo.*) Con minúscula, excepto *el Golfo Pérsico,* o *el Golfo,* cuando se refiere a aquél, que se escribe con mayúscula. Véase apartado *65.*

"golpe de puño". Nuestro *puñetazo* dice más que el galicado *golpe de puño.* Tanto como *puntapié,* que difícilmente se desarrollará en *golpe con la punta del pie.*

grafías dobles. El criterio para la adopción de una única manera de escribir una palabra cuando puede ser usada con dos grafías se explica en el apartado *71.*

graficar. Para no usar este neologismo (y no galicismo, pues no existe en francés), recúrrase a *delinear, trazar, dibujar, pintar, reseñar,* etc.

gran. Se escribe con mayúscula cuando forma parte de una denominación geográfica: *la Gran Bretaña, el Gran Madrid, el Gran San Bernardo, el Gran Buenos Aires, el Gran Norte.*

grosso modo. Aproximadamente, sin detallar, y no *"a grosso modo".*

Grupo de los Siete. Formado por los siete países más industrializados del mundo (Alemania, Estados Unidos, Francia, Gran Bretaña, Italia, Japón y Canadá), se suele abreviar G-7.

grupo. Cuando forma parte de la denominación de una institución, mayúscula: *el Grupo de los Diez, el Grupo de los Siete (G-7).*

guardia. En cuanto instituto se escribe con mayúscula: *la Guardia Civil, la Guardia Suiza, la Guardia Imperial, la Guardia Urbana;* pero *acudió la guardia civil, un guardia civil, un guardia urbano.*

guerra. Se escribe con mayúscula: *la Guerra de los Treinta Años, la Guerra de la Independencia, la Guerra de Secesión, la Guerra de las Malvinas, la Primera Guerra Púnica, la Segunda Guerra Mundial, la Gran Guerra o la Guerra Europea* (o Primera Guerra Mundial), *la Guerra Civil Española;* pero con minúscula si el nombre no está completo: *la primera guerra, la guerra civil,* etc.

güisqui. Grafía adoptada por el DRAE-1992, que no prospera entre nosotros, pues consumimos aún *whisky,* forma que también la trae el lexicón oficial.

haber, su uso impersonal. Véase apartado *21.*

había nacido, nació. Véase apartado *20.*

"habitué". No se use en lugar de *cliente, amigo, concurrente asiduo, asiduo, que está acostumbrado a,* etc.

habría, sería, estaría. El condicional con el sentido de suposición es un barbarismo sintáctico, originado en una inexacta traducción del francés, que atenta contra la credibilidad de la información, sobre todo cuando la encabeza en el título, bajada o resumen. Sólo por esto, este solecismo es inadmisible. Véanse apartados *63* y *86.*

"hace años atrás". Esta redundancia se simplifica suprimiendo *hace* o *atrás.*

hacedor. Se escribe con mayúscula en *Supremo Hacedor.*

hacer. Amplio e incoloro, por influencia francesa, se introduce peligrosamente en la escritura. Hoy se *hace* todo. Así, se dice *hacer música,* por *escribir o componer música; hacer un viaje,* por *viajar; hacer honor,* por *honrar; hacer maravillas,* por *obrar maravillas; hacer una mala pasada,* por *jugar* una...; *hacer blanco,* por *dar en el blanco; hacer abstracción,* por *prescindir; hacer milagros,* por *obrar milagros; hacerse ilusiones,* por *forjarse ilusiones.* También por deficientes traducciones de los despachos en inglés, que abusa de *to make* y *to do* (hacer), todo *se hace,* como *hacer una ley* (*to make a law*), por *legislar.* Véanse *dar* y *verbo periodístico.*

hacer(se) cuenta, la cuenta de. Figurarse, dar por supuesto. No *hacer de cuenta que. Hacerse cuenta de una cosa* es darse cuenta de algo.

hacer referencia. Todo se hace, pero es más exacto *referirse, mencionar, citar, recordar.* Véanse *verbo periodístico* y *hacer.*

hacia. Véase apartado *26.*

hacker/-rs//hacking. De *hack,* autor mercenario. Véase apéndice *Léxico de informática.*

handicap. En hípica y deportes, la ventaja a algunos competidores para igualar las oportunidades. En otros textos, úsense *desventaja, impedimento,* lo mismo que *perjudicar, poner en desventaja,* en lugar de *handicapar* o *handicapear,* un tanto cacofónicos.

hasta. Véase apartado *26.*

hasta tal punto que/a tal punto que. Y no *al punto que, al punto tal,* etc.

hecho de que (el). A menudo, circunlocución inútil. Para decir *el hecho de que fuera hermosa,* basta escribir *su hermosura.*

hemisferio. Se escribe con minúscula: el *hemisferio oriental, el hemisferio occidental,* o *boreal,* o *austral, el hemisferio norte, el hemisferio sur.*

hermana, hermano. Se escriben con minúscula: *la hermana Mercedes, el hermano Manuel.*

hindú/indio. *Indio* es el miembro de una entidad político-geográfica, la India; *hindú* es el miembro de una de las varias confesiones religiosas, el hinduismo.

hipérbole. El riesgo que corre el periodismo hiperbólico de perder credibilidad lo admite el buen informador, acosado por las exageraciones burocráticas y publicitarias. Todo lo que anuncian autoridades y dirigentes es *grande, excepcional, extraordinario.* En la técnica publicitaria, las cosas no se valoran, se supervaloran. De la misma manera que esta suerte de elefantiasis lingüística despierta la suspicacia del oyente, en los medios escritos suscita en el lector desde una sonrisa piadosa hasta el hartazgo por ingerir tanto formidable superadjetivo. Nadie duda de que esta figura retórica bien manejada es decisiva del estilo jocoso, que no debe faltar, con justa medida, en la información: con fluidez y naturalidad, éste no cede al rebuscamiento, so pena de trivializar el mensaje.

hispanidad. Sólo se escribe con mayúscula cuando forma parte de la denominación de una fiesta: *el Día de la Hispanidad, la fiesta de la Hispanidad* (o *de la Raza*); en los demás casos, minúscula: *la hispanidad de los pueblos americanos.*

hispanohablante. Y no *hispanoparlante;* menos, *hispanófono.* Del mismo modo, se escribe *francohablante, anglohablante,* etc.

historia. Se escribe con minúscula: *la historia, una historia, enseñar historia.*

holocausto. Con minúscula: *el holocausto en la Alemania nazi;* pero con mayúscula cuando se habla del mismo suceso sin aditamentos: *el Holocausto.*

Hong Kong. Los naturales son *hongkoneses.*

horarias, referencias. Con el sistema adoptado de 24 horas, las horas y sus fracciones se consignan con cifras, separadas aquéllas de éstas por un punto, por ser sistema sexagesimal: *a las 6.50; a las 17.35.* Véanse *"a las 15 horas"* y apéndice *Tablas prácticas de conversión.*

hospital. Se escribe con mayúscula cuando se usa el nombre completo del establecimiento sanitario: *el Hospital de Clínicas, Hospital General de Agudos Dr. José María Ramos Mejía,* en los demás casos, minúscula: *el hospital Ramos Mejía, ir al hospital, el hospital está en la plaza.* Los privados, con mayúscula: *Hospital Alemán, Hospital Francés,* etc.

hostia. Se escribe con minúscula: *la santa hostia, la hostia.*

hoy. *Hoy en día, hoy día* —frecuente en el lenguaje chileno— no significan *hoy.* Son locuciones adverbiales que expresan *en esta época, en estos días que vivimos.* Véase *día.*

humanidad. Se escribe con minúscula: *la humanidad avanza.*

humanismo. Se escribe con minúscula.

humanismo/humanitarismo. Véase *humanista/humanitario.*

humanista/humanitario. *Humanista* es el instruido en letras humanas; dedicado al *humanismo,* que es el cultivo o conocimiento de aquéllas. En cambio, *humanitario,* por ejemplo, es un organismo internacional compasivo de las desgracias ajenas, o quien ejerce el *humanitarismo.*

idea. Si *idea* es simplemente la representación que del objeto percibido queda en el alma, en la mente, mal puede usarse indistintamente en lugar de *concepto, noción, percepción, aprehensión, representación; impresión, sensación; pensamiento, ocurrencia, especie,* y menos con el significado de *norma, determinación, intención, propósito, proyecto, plan,* etc. Véanse apartados *55* y *61* y *todos* y *tema.*

idioma y los medios informativos (el). El uso del idioma en la Argentina, especialmente en los medios orales. Véase apartado *56.*

idus. (También, *los idos)* El 15 de marzo, mayo, julio y octubre (mnemotécnica: *marmajuloc),* y el 13 de los demás meses, para los romanos.

iglesia. En cuanto institución se escribe con mayúscula: *la Iglesia y el Estado, la Iglesia Católica, la Iglesia Ortodoxa, Iglesia Protestante;* pero con minúscula: *la iglesia de San Antonio, la iglesia parroquial,* como sinónimo de templo.

ilícito. Es adjetivo, por lo tanto no sustituye a *delito, crimen, atentado, fechoría,* etc.. y, como tal, debe ir acompañado de un sustantivo: *acto ilícito, gestión ilícita,* etc.

ilustración. Se escribe con mayúscula cuando se refiere al período histórico: *durante la Ilustración, los pensadores de la Ilustración.*

impartir órdenes. Se *dan órdenes;* lo mismo que se *dan o dictan lecciones, clases, cursos, materias,* etc.

"impasse". No se use ni en el sentido de *callejón sin salida* —en francés es femenino—, ni como equivalente de *pausa, tregua, espera.*

imperio. Se escribirá con mayúscula siempre que se refiera a uno concreto: *el Imperio Inglés, el Imperio Alemán;* dado que aquí la palabra se usa en la acepción de "Estados sujetos a un emperador", tanto más cuanto que un imperio, en este sentido, suele ser una entidad político-geográfica perfectamente definida; *el Celeste Imperio, el Sacro Imperio Romano Germánico,* se escriben siempre con mayúscula. *Imperio de Oriente* e *Imperio de Occidente;* en cuanto a *segundo Imperio, tercer Imperio,* deben escribirse con minúscula las voces *segundo* y *tercer,* igual que se hace en *primera República, segunda República,* etc.

implementar. No hace falta este verbo —incluido en el DRAE, 1992—, que tiene equivalentes más precisos, como *emprender, impulsar, instrumentar, disponer, realizar, estimular,* etc. Lo mismo dígase de *implementos agrícolas* en lugar de *maquinaria, herramienta agrícola, aperos de labranza.*

implicación. Véase *implicancia.*

implicancia. No obstante aparecer en el DRAE como sustantivo poco usado, escríbase *implicación:* acción y efecto de implicar, repercusión o consecuencia de una cosa.

inasequible/inaccesible. Véase *asequible.*

incautarse. La policía *se incautó del* dinero y de otros bienes. No, incautó dinero. Véase *capturar.*

incisos. Nunca se insistirá demasiado en que cada idea debe expresarse en una oración (sujeto, verbo, predicado es regla de oro). La información debe estar contenida en frases cortas, con una extensión de alrededor de 20 palabras. Esta estructura no admite la introducción de expresiones modificativas, *incisos,* excesivamente largas. Cuando es imprescindible un inciso modificador, la regla es que no rompa la unidad de la frase o período y colocarlo donde menos estorbe la claridad del pensamiento. Véanse apartados *53* y *67.*

inclusive, incluso. Aunque parezcan sinónimos —hay diccionarios que los dan como tales, pero sólo en algunas acepciones—, *inclusive,* adv. m., se aplica a un elemento de una serie para indicar que está incluido en ella y que es su límite: "Hasta la página seis, inclusive" significa "incluyendo también lo que *la página seis* expresa". *Inclu-*

_so, -a:_ participio irregular de _incluir,_ debe ser usado sólo como adjetivo. Como prep. y conj., equivale a _hasta:_ "Difícil incluso para expertos". Forma expresiones concesivas o de énfasis: "Incluso cuando hiela salimos de excursión. Incluso para mí tiene secretos".

indio/hindú. Véase _hindú / indio._

informe. Se escribe con mayúscula cuando forma parte de la denominación de un documento: _el Informe Patton._

infligir. (Del francés _infliger,_ y éste del lat. _inflígere,_ herir, golpear.) Con palabras que signifiquen castigos, penas, etc., imponerlos, causarlos: _Infligieron una gran derrota al enemigo._ Véase _infringir._

"inflingir". Híbrido yerro con el que se confunde dos verbos aparentemente homófonos: _infligir_ (véase) e _infringir_ (véase), de étimos y significados bien distintos. Una curiosidad: se usó, además, el verbo _infingir_ —fingir—, considerado hoy anticuado. Obsoleto intruso, que, felizmente, no enturbia más esta confusión semántica.

infringir. Del latín _infríngere_ (éste de _frángere:_ romper. Recuérdese la frase "Frangar, non flectar", "Me romperé, pero no me doblaré"), _infringir_ es, precisamente, quebrantar, no cumplir, una ley, norma, acuerdo, etc., o actuar en contra de lo dispuesto en ellos. No confundir con _infligir._ Véase _infligir._

ingerir/injerir(se). _Ingerir,_ como _ingestión,_ es introducir algo por la boca. En cambio, _injerir, injerto,_ es insertar, entrometerse o inmiscuirse (injerencia).

ingresar en. Para la utilización correcta de ciertas preposiciones, se suele recurrir a una regla casi general: en algunos verbos y adjetivos la sílaba inicial o el prefijo dan la pista segura de la preposición correcta, como en _ingresar en._ Véase apartado _26._

insumir. No es quitar, demandar, exigir, etc., sino _emplear dinero, invertir dinero._

insumo. Sigue el mismo concepto económico de _insumir,_ pues son _bienes (dinero y otros valores) empleados en la producción de otros bienes._ Luego, los _insumos_ no son los _productos_ finales, los elementos, en cuya generación intervienen el dinero y valores. La corriente eléctrica, por ejemplo, no es un insumo.

interceptación. De interceptar. Y no _intercepción,_ que no significa nada.

interrogación/exclamación (signos de). Es grave error omitir el signo inicial de interrogación o de exclamación, a la manera de los idiomas que tienen otros recursos para prevenir al lector. Véanse apartado _14_ y apéndice _Signos de puntuación y signos auxiliares._

"investigativo". Lo correcto es investigador o de investigación.

"ir a lo del médico". En lugar de este argentinismo, escribimos _ir al consultorio del médico, ir a consultar al médico, ir a ver al médico._

isla. Se escribe con minúscula: _las islas Baleares, las islas Canarias, las islas británicas, las islas griegas, las islas caribes, las islas Malvinas._

israelí, israelita, judío, hebreo. Sólo existe el Estado israelí, el Estado de Israel, el ejército israelí. No hay Estado judío, ni ejército judío. _Israelita_ designa a los judíos de todo el mundo, especialmente judíos practicantes. _Judío:_ no hay una raza judía, sí un pueblo religioso y comunidad religiosa, que se designan con la voz _judío, judía._ _Hebreo_ es la lengua del pueblo judío. _Israelita, judío y hebreo_ suelen usarse como sinónimos.

-izar. Sufijo de _verbos_ que denotan

una acción cuyo resultado implica el significado del sustantivo o del adjetivo básicos. En los transitivos, por reducción del complemento objeto: *carbonizar* = hacer carbón. En los intransitivos, por la actitud del sujeto: *escrupulizar* = volverse escrupuloso. Así, nacieron *acuatizar* y *amarizar* (véase *acuatizaje/acuatizar*). De más está recordar que, habiendo verbos para denotar las distintas acciones, no hace falta *-izar* a cuanto sustantivo o adjetivo anda por ahí...

izar/arriar. Véase *arriar/izar.*

jefe. Se escribe con minúscula en *jefe de Estado,* así como en cualquier caso similar.

jubileo. Con minúscula: *año de jubileo,* tanto el que celebraban los israelitas cada cincuenta años, como ciertas ocasiones en que los cristianos pueden ganar una indulgencia concedida por el Papa.

juegos. Se escribe con mayúscula cuando forma parte de denominaciones de competiciones mundiales o regionales: *los Juegos Olímpicos, los Juegos Mediterráneos, los Juegos Píticos,* etc.; *los Juegos* (refiriéndose a una de estas competiciones).

juicio. Se escribe con mayúscula en *el Juicio Final, el Día del Juicio Final;* pero *celebrar un juicio, el juicio es a puerta cerrada.*

junta. Se escribe con mayúscula cuando forma parte de la denominación de una institución, organismo, etc.: *la Junta Nacional de Carnes, la Junta Militar del Proceso;* pero con minúscula en los demás casos: *celebrar junta, un miembro de la junta.*

jurado. Se escribe con minúscula.

jurídicos (vocablos). Véase apéndice *Léxico jurídico.*

justicia. Se escribe con minúscula: *piden que se haga justicia;* pero, con mayúscula, *la Justicia es ciega, acudió a la Justicia.*

justificación/justificativo. La probanza, generalmente escrita, con que se desea justificar una acción o su omisión es la *justificación,* sustantivo; ese informe, aviso o nota son *justificativos,* adjetivo. Nadie presenta el justificativo, sino la papeleta, la nota, justificativa, es decir, que justifica.

káiser. Se escribe con minúscula: *el káiser Guillermo.*

kamikaze. Así se escribe para definir a los pilotos japoneses suicidas, como para personas que arriesgan la propia vida o la ajena.

kermés. Véase *quermés.*

khmer. Pueblo de Indochina que constituye la base étnica de la población de la República de Camboya.

kibbutz (el). Y los kibbutz.

kit. Se usa para designar juegos para armar, cajas de herramientas, etc.

kitchenette. Cocina pequeña. No se use *kitchen* para designar la común.

"kitsch". Existen equivalentes castellanos: *cursi, de mal gusto, recargado, pretencioso, chabacano, chirle, vulgar, ramplón,* etc.

koljós/koljoses. Como otros vocablos extranjeros de poco uso, conviene explicar que se trata de granjas colectivas en Rusia.

kuwaití. Gentilicio del país árabe Kuwait.

La Boca. Lo que se conocía antaño como Boca del Riachuelo pasó a llamarse *La Boca,* análogamente a La Paternal, La Tablada, incluso para diferenciar el barrio de la Capital del homónimo club de fútbol, Club Atlético Boca Juniors.

La Feliz. Así es conocida Mar del Plata, siempre que no se abuse de este sustituto.

La Moncloa. Los medios españoles escriben así cuando abrevian la sede de la presidencia del Gobierno: Palacio de la Moncloa.

lady. Se escribe con minúscula: *lady Hamilton,* pero *Lady Di,* porque forma parte del apodo.

"lapso de tiempo". Redundancia evitable, ya que *lapso* es espacio de tiempo.

latente/latiente. Lo oculto, escondido, es *latente.* Es *latiente* lo que late. Véase apartado *60.*

leer y no entender. Escribir con claridad, ¿es fácil? Para que el lector entienda. Véase apartado *68.*

le/les. ¿Qué significa *le*?; simplemente *a él, para él, a ella, para ella.* Así, se dice: "Juan *le* entregó *a ella* todo su dinero". ¿Qué significa *les*?; simplemente, *a ellos, para ellos, a ellas, para ellas.* Entonces, no se puede escribir: "Juan *le* entregó *a ellas* todo su dinero", sin caer en una falta de concordancia evidente, porque el pronombre *le* no puede referirse más que a una sola persona, y en el ejemplo se trata de varias, *ellas.* Así de simple. ¿Por qué, entonces, este error aparece cada vez con mayor frecuencia, tanto en el periodismo oral —sólo advertible para oídos sensibles—, como en el escrito, avalado por firmas prestigiosas? Hasta tal punto que, de tan repetidas, estas variedades gramaticales reflejan cambios sutiles en los hablantes y, en acción interactiva, se deslizan en crónicas, y hasta en títulos, como éste de 4 columnas, del 22/3/96: "En Cambridge, la ciencia *le* dio un giro *a las pruebas* de calidad". Se habla de

las pruebas: *a ellas les* dio un giro. En todos los casos, basta formularse las preguntas: *¿a* o *para quiénes?, ¿a* o *para qué cosas?* Y atenerse a la lógica gramatical. Véase apartado *6.*

lente. *La* lente cuando se habla del cristal de instrumentos ópticos, como el telescopio, cámaras, etc. *Los* lentes, para designar los anteojos.

ley. Se escribe con minúscula: *la ley de empleo de 1946, la ley de imprenta, la ley electoral; la ley de Laplace, la ley de patentes, la ley seca, la ley del talión;* pero mayúscula en los casos siguientes: *la Ley y los profetas, los libros de la Ley, las tablas de la Ley.*

libro. Se escribe con minúscula: *el libro Mayor* (o *mayor*), *el libro de Job, el libro de la Ley;* pero mayúscula en *Libro Blanco, Libro Rojo* (en tanto que documento diplomático), *el Libro* (la Biblia o el Corán).

licuar. Véase *-uar (verbos terminados en).*

liderazgo, liderato. De estas voces —acogidas, junto con *líder* y *liderar,* por la RAE—, medios peninsulares emplean *liderato:* "El andaluz conservó su *liderato* durante las cuatro últimas etapas" (Ya, de Madrid, 17/7/92). Entre el sufijo *-ato* (que significa dignidad u oficio) y el sufijo *-azgo* (cargo o estado), se prefiere este último: liderazgo, noviazgo, almirantazgo.

liga. Se escribe con mayúscula cuando forma parte de la denominación de una asociación o una confederación: *la Liga Anseática, la Santa Liga, la Liga Árabe, la Liga Agraria;* también con mayúscula cuando se refiere a un campeonato (de fútbol, de basquetbol, etc.): *la marcha de la Liga.*

Lisístrata. No *Lisistrata.* Todas las lenguas romances pronuncian el griego de acuerdo con las normas fijadas por Erasmo, que señalan que "las palabras cultas derivadas del griego pasan al castellano con la pronunciación latina y a ella acomodan su ortografía". Aunque Aristófanes escribía *Lisistráta* en su famosa comedia, hay que recordar que el acento griego no indica, como en castellano, intensidad de voz, sino elevación o depresión de tono. Su mismo nombre *era esdrújulo,* como Eurípides. Así, *tragoedía* pasó, latín mediante (*tragoedia*) al castellano tragedia; *Boiotía* (*Beotia*) a Beocia; del griego *jímaira,* por el latino *chimera,* al castellano quimera.

literatura. Se escribe con minúscula: *la literatura, la literatura argentina;* pero *Premio Nobel de Literatura.*

llamado Grupo de los Ocho (el). Y no *"el así"* *llamado Grupo,* traducción literal del inglés *so called.*

lleno. *Hubo un lleno,* cuando la concurrencia ocupa todas las localidades. Y no un *lleno total,* porque es ilógico un *lleno parcial.*

lluvia caída. *La lluvia alcanzó los 32 mm. La lluvia caída sobre la ciudad,* sí.

locuciones o frases. Sean adjetivas, adverbiales, conjuntivas, interjectivas, o prepositivas, así como ciertos modismos, suelen ofrecer dudas, sobre todo en el uso correcto de las preposiciones. Calcos del francés mal traducido, empleos inadecuados en el español de América por influjo del inglés (R. J. Alfaro, "Diccionario de anglicismos"), se incluyen en este Manual las de uso más frecuente. Imprescindibles en el discurso periodístico, se aconseja consultar esta *Guía de vocablos y expresiones.*

loft. Se aplica, generalmente, a viviendas construidas en edificios reciclados.

"longilíneo". "Se propone un modelo de figura *longilínea.*" Esta palabra —de origen italiano, que significa persona con estatura superior a la abertura de los brazos, piernas largas— no figura en nuestro léxico y casi no responde a la idea de *grácil, espigado,* que suele ser lo que se desea expresar.

lugares comunes. Abreviamos (LC). Es la expresión trivial y de uso recurrente (tópico), que le resta elegancia al lenguaje, sin añadir nada a la información. Véase apartado 59.

lujurioso. No es *lujoso, fastuoso,* sino *lascivo, propenso a los deleites carnales.*

luna. Se escribe con mayúscula cuando claramente se refiere al astro: *la Luna gira en torno a la Tierra, la Luna recibe la luz del Sol, llegar a la Luna;* pero en los demás casos, minúscula: *la luz de la luna, mirar a la luna, luna nueva.*

"lunch". Hay equivalentes más ricos y precisos: *ambigú, comida fría, piscolabis, refresco, refrigerio, tentempié.*

lunfardo. En el DRAE, una definición escueta, si se quiere peyorativa, dice poco acerca del lenguaje dialectal porteño, que —nadie lo ignora— tiene su literatura y sus cultores. Para algunos una suerte de caló, el lunfardo ha impregnado buena parte de las expresiones artísticas de temática ciudadana, como el tango y el teatro de costumbres. Si el mensaje periodístico emplea con discreción el lenguaje coloquial, también lo hace con los lunfardismos, que no obstante pueden constituir recursos genuinos en el texto informativo y en el de opinión, sin menoscabo del rigor conceptual. Véase apartado 88.

macizo. Se escribe con minúscula: *el macizo central.*

madre. Aplicado a las religiosas se escribe con minúscula: *la madre supe-*

riora. La Madre Teresa de Calcuta se escribe con mayúscula; lo mismo cuando se refiere a la Virgen: *la Madre de Dios.*

maestro. Se escribe con mayúscula cuando se aplica como nombre convencional a un pintor o escultor anónimo: *el Maestro Mateo.*

mafia. Se escribe con minúscula: *la mafia siciliana.*

magnificar. No es *exagerar,* sino *engrandecer, alabar, ensalzar.*

malas palabras. Véase apartado 58.

malentendido. Así, en una palabra. Y no *mal entendido,* si se piensa que a ningún oído le suena *los malos entendidos.* Conviene recordar que se dice *interpretar mal* y no *malinterpretar.*

maligno. Se escribe con mayúscula cuando se usa como sobrenombre del diablo en general y de Satán o Satanás en particular: *el Maligno.*

malnutrición. Como no es lo mismo que *desnutrición* —debilitación del organismo por trastorno de la nutrición—, el neologismo, en uso en el lenguaje médico, habla de otra realidad. Lo mismo dígase de *malnutrido,* frente a *desnutrido.*

maltrato/maltratos. No *mal trato/malos tratos.* Difícilmente se escribe mal el verbo maltratar, que pone sobre aviso al que duda.

manifiesto. Se escribe con mayúscula cuando forma parte del título de un documento.

mantener. Todo se *mantiene:* el ministro *mantuvo* una conferencia; el dólar *mantiene* su cotización; la guardia se *mantendrá* en su puesto... Hay verbos que expresan con mayor precisión cada concepto: *sostener, conservar, permanecer, persistir,* etc. Véase apartado 37. *Mantener* no significa *retener:* El MRTA *mantiene* 75 rehenes.

mapeo. Acción de trazar un mapa, especialmente en medicina: mapeo cerebral es un encefalograma que detecta las posibles alteraciones eléctricas de las neuronas. Por ahora, de uso restringido.

mar. Se escribe con minúscula: *el mar Mediterráneo;* pero *el Mar Muerto, el Mar Negro.* Véase apartado 65.

maratón, la. No obstante la indefinición académica, escríbase *la maratón, la carrera, la prueba pedestre.* Véase apartado 41.

marca. Se escribe con mayúscula cuando da nombre a una región: *la Marca Hispánica, la Marca del Este.*

marina. Se escribe con mayúscula sólo la de nuestro país; en los demás casos: *la marina ataca, un soldado de marina, infantería de marina,* con minúscula.

masacre. *Masacrar* es cometer una *matanza* humana o asesinato colectivos. Y matanza es la *mortandad* de personas ejecutada en una batalla, asalto, etc. Hay mortandad cuando hay multitud de muertes causadas por epidemia, cataclismo, peste, guerra, contaminación: mortandad de peces. *Carnicería* se aplica al destrozo y mortandad de gente causados por la guerra u otra gran catástrofe.

materias. Estudia *filosofía, ingeniería, matemáticas, medicina,* con minúscula.

mayor. En el sentido de "jefe de comunidad o cuerpo" se escribe con minúscula: *el mayor Smith, el sargento mayor, un mayor;* pero se escribe con mayúscula en casos como: *Osa Mayor, Santiago el Mayor, Estado Mayor* (por cierto que la Academia, en este último caso, lo escribe con minúscula, no obstante ser una institución tan importante dentro de cualquier ejército).

mayúscula. "La mayúscula no jerarquiza: nombra y bautiza." Hay que evitar la proliferación de mayúsculas innecesarias. Octavio B. Amadeo nos recuerda cómo Mitre prefería la minúscula para cosas de cuya ausencia había sufrido el prócer: libertad, justicia, democracia. Véanse los apartados *36, 54* y *80.*

mediático, -a. Si bien este adjetivo, de reciente hornada, explica a entendidos que se trata de los *medios masivos de comunicación* (*mass media*, en inglés), no es un concepto que, por ahora, llegue a todos los lectores. Menos cuando se les habla de *justicia mediática*, y se les dice que la justicia que se imparte mediante los medios reemplaza o completa aquella parcial o no existente en los poderes del Estado. Preferible decir: *la justicia que se ejerce por los medios,* o *por los medios de comunicación,* etc.

medicina. En general, se usa con minúscula: *la medicina está muy adelantada;* pero *Facultad de Medicina; se anotaron 500 alumnos en Medicina.*

memorandum. Así se escribe; en plural no varía. Véanse apartados *9* y *62.*

menester (haber). Lo correcto es escribir *haber menester una cosa* (necesitarla), y no *...de una cosa.* Lo mismo que *ser menester una cosa* = ser precisa o necesaria: *son menester los aportes de todos.* Menester no varía en número.

menor. Se escribe con mayúscula en casos como: *Santiago el Menor, Osa Menor, Asia Menor.*

metro. Cuando se usa como abreviación de "metropolitano" se escribe con minúscula: *el metro de Moscú; tomar el metro, viajar en metro.*

millardo. Vocablo propuesto últimamente por la RAE como equivalente a *mil millones.* Seguramente, lo incluirá en la edición XXII del DRAE. Se prefiere *mil millones.* Véase *billón.*

ministerio. Se escribe con mayúscula cuando se refiere al departamento gubernamental dirigido por un ministro: *el Ministerio de Economía;* pero, *un ministerio, el ministerio divino.*

minúscula. El apartado *36* viene a completar —y resumir— la lista de palabras incluidas en la presente *Guía de vocablos y expresiones* y en los apartados *54* y *80.*

minusvalía. Véase *discapacitado.*

mirar/ver. Véase apartado *27.*

misa. Se escribe con minúscula: *la santa misa, oír misa, misa de, o del, gallo.*

mismismo. *Mismo* es un adjetivo y nunca un pronombre. Luego, es incorrecto decir: "El ex gobernador se presentó ante el juez, que recibió al *mismo,* acompañado por su abogado defensor", cuando lo correcto es "...juez, que *lo* recibió...", para no caer en el mal uso del adjetivo *mismo,* vicio al que llamamos *mismismo.* Sabemos que *mismo/a* puede expresar identidad (Poemas del mismo autor), intensidad (Aquél es la *misma* bondad), semejanza o repetición (La *misma* belleza de su madre) y énfasis (El *mismo* lo sabe).

monarquía. Como sistema de gobierno se escribe con minúscula, como *reino: los partidarios de la monarquía, Inglaterra es una monarquía;* sólo se usa con mayúscula cuando se refiere a una época determinada: *durante la Monarquía.*

monasterio. Se escribe con minúscula: *el monasterio de El Escorial.*

montaña. Se escribe con minúscula como todo accidente geográfico: *la montaña Pelada, las montañas Rocosas.*

muletillas. Restan elegancia al lenguaje periodístico, sin añadir nada a la información. Véase apartado *59.*

mundo. Se escribe con minúscula: *este*

mundo, el mundo, alrededor del mundo; pero *Nuevo Mundo, Viejo Mundo.*

munir. Verbo francés. Véase apartado 32.

museo. Con mayúscula cuando forma parte del nombre: *el Museo de Bellas Artes;* pero *el museo abrió sus puertas, en el museo se realizó una reunión.*

"nadie de nosotros llegó". Lo correcto es *ninguno de nosotros llegó, ninguno de nosotros lo sabe.* El uso de *nadie* en estos casos es incorrecto, lo mismo que el de *alguien* en esta frase: "Si *alguien* de los que lo siguen no está conforme, que se retire", cuando debe decirse "Si *alguno* de los que lo siguen...". Véase *alguien.*

nailon. Incorporada en el DRAE, se sigue usando *nylon,* que todos saben pronunciar.

narco. Forma apocopada de *narcotraficante,* que empleamos restringidamente en títulos, por su brevedad; en el texto, prefiérase la forma extensa. Narco-, prefijo que significa *sueño, letargo* y *droga,* califica la acción de grupos marginales (narcoterrorista, narcoguerrilla, narcomafia, etc.) o el manejo de valores (narcodólares, narcocontrabando, etc.). Su uso es, a veces, insustituible, siempre que no se infrinjan la índole del idioma y las normas gramaticales.

narcodólares. Dineros provenientes del tráfico de drogas, que suelen lavarse —en el sentido figurado que trae el DRAE, purificar, quitar un defecto, mancha o descrédito—, es decir, puestos en circulación mediante maniobras bancarias dolosas. Véase *narco.*

naturaleza. Se escribe con minúscula.

ni que decir/ni qué decir. Sin tilde, significa *no hace falta decir, huelga decir.* Con tilde, *nada por decir.*

nicho. Además de los *nichos* conoci-

dos, figuradamente existen el *nicho ecológico:* función que desempeña una especie en un ecosistema, y el *nicho económico:* sector financiero, comercial o industrial, al que se destinan inversiones, o que atrae la atención de ciertos capitales en un determinado país, o mercado.

niño. En cuanto sobrenombre de Cristo se escribe con mayúscula: *el Niño Dios, el Niño que nació en Belén.*

Nobel. Si bien la pronunciación grave de este apellido se halla muy extendida y resulta normal (Nóbel), debe recordarse que en su lengua de origen, el sueco, es aguda (Nobel) y que escribimos siempre con mayúscula: Premio Nobel, como el Premio Planeta; pero C. J. Cela, premio Nobel de Literatura.

"no fue Maradona que lo hizo". Sustitúyase el *que* por *quien, el que* o, más simple, *Maradona no lo hizo.* Véase *es por eso que.*

non sancta/non grata. *Gente non sancta,* en expresión familiar, es *la de mal vivir.* Para otra calificación, escríbase *no santa. Persona non grata* se usa en lenguaje diplomático. Ninguna de las dos expresiones admiten el plural: *gentes non sanctas,* es un híbrido; se debería escribir *gentes non sanctae.* Tampoco se puede decir *ministro non grato.* Lo correcto es mucho menos complicado: *gentes no santas, ministro no grato.*

norte. Véase *puntos cardinales.*

norteamericano. Y no *estadounidense.*

nos. Cuando el pronombre *nos* se une enclíticamente a verbos conjugados en primera persona del plural, v. gr.: *sentemos, íbamos, hagamos,* etc., se pierde la *s* de la desinencia verbal: *Sentémonos aquí; íbamonos cuando comenzó a llover; hagámonos a la idea de que ya es noche.*

nuclear. No es un verbo. Escríbase *agrupar, congregar.* Es adjetivo; perteneciente o relativo al núcleo, particularmente al del átomo; que emplea energía *nuclear.* Véase *aglutinar.*

nuestra, nuestro. Se escriben con mayúscula cuando se refieren a la Virgen o a Jesucristo: *Nuestra Señora, Nuestro Señor.*

nuevo. Con mayúscula en *Nuevo Testamento, Nuevo Mundo.*

números. Véase apéndice *Adjetivos numerales.*

nutrida concurrencia. Si evitamos *abigarrada* (V.), basta decir *numerosa, considerable, abundante, apiñada, compacta, multitudinaria, etc., concurrencia,* que podría no estar muy nutrida. Si no, Ruanda...

óbice. No significa *pretexto, excusa, disculpa, subterfugio,* etc., sino *impedimento, obstáculo, inconveniente, estorbo, dificultad, embarazo,* etc.

obsequiar. Es *agasajar, festejar, honrar,* a uno *con* atenciones. Luego no *se obsequia flores a una niña,* sino que la *obsequiaron con flores,* para *enamorarla, requebrarla, galantearla.* Cuando se trata de *regalar,* puede construirse como transitivo: *En esa tienda obsequian bombones.*

observar. Véase apartado *28.*

obsoleto. No es *antiguo,* sino *poco usado, que ha caído en desuso, inadecuado para las circunstancias actuales,* que ha caído en *obsolescencia,* porque es *obsolescente* (sc).

occidente. Se escribe con mayúscula cuando se refiere a la porción del mundo así llamada: *en Occidente se piensa que...,* el *capitalismo de Occidente,* etcétera; pero con minúscula en casos como: *el occidente del mundo, el occidente de la península.*

océano. Se escribe con minúscula: *el océano Atlántico, el océano.*

oeste. Véase *puntos cardinales.*

off the record. No se use este anglicismo en texto informativo. Queda bien, pero no al alcance de todo lector, que prefiere los simples equivalentes: *extraoficial, confidencial, no divulgable,* etc.

oír, escuchar. Véase apartado *27.*

ojeada. "Una ojeada al libro prohibido sobre Mitterrand", equivale a *una mirada rápida y superficial,* un *vistazo, atisbo.* Y se mira, se da un vistazo, se atisba, con los ojos. *Ojeada, mirada, vistazo y atisbo* son sustantivos. De *hojear* —pasar las hojas de un libro, revista, etc.—, sólo se admite el participio *hojeado,* eventualmente adjetivo. Es correcto, entonces, decir "Los franceses han *hojeado* con fruición el libro prohibido...", o "Tiene gran valor sentimental un libro *hojeado* por Borges".

olvidar. En su uso pronominal (*olvidarse*), este verbo va seguido de la preposición *de: Me olvidé de la fecha; Se olvidaron de que tenían que salir.* Cuando no es pronominal, sino transitivo, no la requiere: *Olvidé la fecha; Olvidaron que tenían que salir.*

ómnibus, microómnibus. Véase apartado *35.*

ópera. Se escribe con minúscula: *ir a la ópera,* salvo cuando forma parte de una denominación: *el Teatro de la Opera.*

operación. Se escribe con mayúscula cuando va acompañado del nombre que la determina: *la Operación Cielorraso;* pero *la operación manos limpias.*

orden. En cuanto denominación de una condecoración se escribe con mayúscula: *la Orden de Cristo;* pero en el caso de órdenes religiosas, la Academia la usa con minúscula, y este parece el criterio más acertado, por cuanto equivale a "regla" o "congregación", que se escriben con minúscula.

os/les. "Les pido vuestras oraciones", dijo Juan Pablo II, decía un despacho, que fue reproducido, curiosamente, en medios escritos y orales. Aunque sea un error poco frecuente, es sabido que lo correcto es: "Os pido…".

oscilar. Es un movimiento pendular, por lo que un precio no *oscila en los 20 pesos*, sino *entre tal y cual precio*.

pacto. Se escribe con mayúscula cuando forma parte de la denominación de un documento: *el Pacto de Madrid, el Pacto Tripartito, el Pacto de Olivos.*

padre. Se escribe con minúscula como en el caso de *madre;* sólo se escribe con mayúscula cuando se refiere a Dios: *el Padre Eterno;* como sobrenombre del papa, *Santo Padre,* se escribe con mayúscula, lo mismo que *el Pontífice, el Papa* cuando no van junto al nombre: *el papa Juan Pablo II.* Véase *papa.*

país. Con mayúscula: *País Vasco, País Valenciano, País de Gales.*

palabras con más de una grafía. Véase apartado *71.*

palabras más palabras menos. A veces, subterfugio para excusarse por la falta de rigor en citar textualmente, o aproximadamente, una declaración o exposición, agravado cuando a éstas se les da valor testimonial con las comillas: *El Presidente dijo, palabras más palabras menos, que "no permitiremos que nuestro país sea otra Colombia".*

palacio. Se escribe con mayúscula cuando se refiere a uno concreto: *el Palacio de los Papas* (en Aviñón), *el Palacio de Dueñas* (en Sevilla), *el Palacio Real, el Palacio de Invierno* (en Leningrado), *el Palacio de la Moneda, el Palacio de la Moncloa* (que se abrevia: *La Moncloa*).

panteón. Cuando designa un monumento funerario se escribe con minúscula.

papa. Se escribe con minúscula: *el papa reinante, un papa, el papa Juan Pablo II.* Véase *padre.*

papado. Se escribe con minúscula: *el papado.*

"paper". Escríbase *informe, borrador, esbozo.*

paquete. Ya no hay series, sucesiones ni conjuntos, todos son *paquetes,* hasta los hombres muy acicalados. Véase apartado 72.

Paquistán, paquistaní. Se decidió castellanizar la grafía Pakistán.

para-. No sólo significa *junto a* —*paraestatal* puede ser una organización si no oficial, sí delegada por el Estado—; este prefijo griego anuncia a menudo a instituciones o centros *al margen de* o *contra* la ley y de las entidades establecidas, como *paramilitar.* Esto obliga siempre a aclarar el sentido del compuesto, en especial si es nuevo; tales los frecuentes *paramarxismo, paramarxista, paranazismo, parafascista,* etc., para diferenciarlos, por ejemplo, de los *neomarxismo, neonazi* y tantos otros. Véase apartado 57.

"para el cargo que fue elegido". Solecismo, por *para el cargo para el que fue elegido, para el cargo que ocupa.*

parámetro. No significa *arquetipo, ejemplar, muestra, dechado, paradigma,* etc., sino *variable* —en el lenguaje matemático— que, en una familia de elementos, sirve para identificar cada uno de ellos mediante su valor numérico: *el parámetro de las ecuaciones.*

paréntesis. Los paréntesis separan, dentro de una oración, los elementos incidentales con mayor grado de separación del que indican las dos comas que encierran un inciso o los guiones. Es decir que se emplean las comas, los guiones o los paréntesis, según el mayor o menor grado de relación que tenga lo incidental con el contenido de la frase principal. Véanse *incisos* y apartado *53, queísmo* y apéndice *Signos de puntuación y signos auxiliares*.

parisiense/parisino. No obstante la corrección de la segunda forma, se prefiere *parisiense*.

parque. Se escribe con mayúscula cuando designa uno concreto: *el Parque de la Ciudad*, pero *un parque, ir al parque, el parque Chacabuco, el parque Pereyra Iraola.*

partidas. Se escribe con mayúscula: *las Partidas, la Siete Partidas, las Partidas de Alfonso el Sabio.*

pascua. Con mayúscula cuando se refiere a *la Pascua judía* y a *la Pascua de la Resurrección del Señor, Pascua florida, Pascua del Espíritu Santo* (Pentecostés), *de Pascuas a Ramos* (de tarde en tarde); pero *dar las pascuas* (felicitar a uno en ellas), *cara de pascua, estar como unas pascuas,* etc.

paternidad. No es *autoría* de un delito. Es incorrecto decir *se le adjudica la paternidad del asesinato.*

patrocinador. Y no *sponsor*, a veces permitido en deportes.

pax. Se escribe con minúscula: *la pax romana, la pax augusta.*

penetrar. No es *entrar, ingresar.* Véase apartado *30.*

península. Se escribe con minúscula: *la península ibérica, la península italiana, la península balcánica.*

peñón. Se escribe con minúscula, como todos los accidentes geográficos.

pensar. Véase *dequeísmo.*

pericia, peritaje. No son sinónimos. El *perito*, persona que informa al juzgador sobre puntos litigiosos, tiene o no *pericia* (sabiduría, práctica,

experiencia y habilidad en una ciencia o arte) para realizar un *peritaje,* o *peritación*, es decir, el trabajo o estudio que hace el perito. Los informes policiales viene firmados por *oficinas de pericias*. Rectifíquese, en cuanto se pueda.

periplo. Es *circunnavegación, viaje extenso por mar,* por lo que úsese, aun en sentido figurado, con tino.

pesas y medidas: conversión. Véase apéndice *Tabla práctica de conversión.*

pinyin. Sistema de transcripción fonética de la escritura china al alfabeto latino.

plan. Se escribe con mayúscula cuando se refiere a uno determinado: *el Plan Marshall, el Plan Triffin,* pero con minúscula en *el plan de Marshall, el plan de Triffin, un plan de desarrollo.*

plaza. Se escribe con minúscula: *la plaza Irlanda;* pero *Plaza de Mayo, la Plaza Roja.*

pleonasmo. Esta figura de construcción, que consiste en emplear en la oración vocablos innecesarios para el recto sentido de ella, puede dar gracia o vigor a la expresión *"Lo vi con mis propios ojos"*. Su abuso la torna a menudo en viciosa. Véase apartado *59.*

poder. Se escribe con minúscula: *la lucha por el poder;* pero *el Poder Ejecutivo, el Poder Legislativo.*

podría, habría. Estas formas del potencial con valor conjetural deben desterrarse de los títulos, de tal manera que introduzcan clara, precisa y concisamente a la lectura de un texto confiable. En la información se usarán sólo si añaden datos indispensables. Lo mismo dígase de fórmulas tales como *no se descarta, al parecer, es posible,* etc. Véase apartado *63.*

poeta/poetisa. No obstante que desde Nebrija (1492), pasando por Lope de Vega (1602) y Rosalía de Castro (1859), el uso de *poeta* aplicado a la mujer no resultaba extraño, algunas prevenciones, incluso de Dámaso Alonso, que prefería *poetisa*, no fueron óbice para que las *poetisas* quieran llamarse *poetas*.

polémica/controversia. No son sinónimos. *Polémica* es una *controversia por escrito*, sobre materias teológicas, políticas, literarias o cualesquiera otras. En cambio, la *controversia* es una discusión, disputa, larga y reiterada, entre dos o más personas.

policía. Se escribe con minúscula: *las fuerzas de la policía, acudió la policía, un policía;* pero *Policía Federal, Policía Bonaerense, Policía Argentina.*

policlínica. Y no *policlínico,* ya que *clínica* es el nombre del establecimiento en que se atienden varias especialidades médicas. Y *clínico,-a* es la persona dedicada al ejercicio práctico de la medicina.

politólogo. Aunque no lo admiten algunos medios, que prefieren *comentarista político, especialista en ciencia política,* etc., apoyados en la propuesta del Santillana, podemos usarlo, lo mismo que *politología*. No figuran en el DRAE ni en el Moliner.

polo. Se escribe con minúscula: *polo antártico, polo ártico, polo austral, polo boreal,* pero *polo Norte y polo Sur.* (Si se refiere a los magnéticos, se escribe con minúscula: *polo norte, polo sur.*)

"por adentro". Se prefiere *por dentro.*

"por afuera". Se prefiere *por fuera.*

"por contra". En español, se dice *por el contrario, en cambio.*

"por cuanto que". Queísmo evidente: *"Por cuanto confesó su culpa".*

"por efecto de". Debe decirse *a causa de, por causa de.*

"por esto es que". Véase *es por eso que.*

"por la primera vez". Es galicismo o anglicismo, pues traduce el artículo, característica de ambos idiomas, construcción que no se admite en español: *por primera vez, por vez primera.*

"por lo ordinario". Sintácticamente mal constituida, esta locución se escribe *de ordinario.*

"por reconocimiento". Escríbase *en reconocimiento.*

"por un casual". Vulgarismo que se debe evitar, aunque es más frecuente en el habla popular; lo correcto es *quizá, acaso.*

pos-, post-. Prefijo latino que significa *detrás de* o *después de.* Aunque la RAE incluye las dos formas como equivalentes, en el uso actual tiende a imponerse la primera, sobre todo cuando precede a consonante: *posgrado, posdata, posmoderno.*

posible, probable. No obstante la tendencia a una sinonimia asemántica, que no distingue entre lo *posible* —que puede ser o suceder, que se puede ejecutar— y lo *probable* —verosímil, o que se funda en razón prudente, que se puede probar—, es necesario reaccionar por razones lógicas, y no sólo por simples matices. No todo lo posible es probable, y viceversa.

potencia. Se escribe con minúscula.

potencial, uso del. Véanse apartados *63* y *86* y *podría, habría.*

"practicando la virtud es que se puede ser feliz". Construcción incorrecta. Debe decirse: *"es como se puede..."*; o *practicando la virtud se puede ser feliz;* o *sólo practicando la virtud se puede ser feliz.* Véase *"es por eso que".*

prefijos. Los prefijos, inseparables, o elementos compositivos, tanto castellanos (a, ante, co, con, contra, de, entre, para, por, sin, so, tras), como latinos (ad, bi, bis, circum, dis, des, equi, im, in, inter, pos, post, pre, pro, re, semi, sub, super, trans, tras, vice, etc.), o griegos (anti, deca, foto, neo, poli, proto, seudo, etc.), se escriben siempre unidos sin guión a la palabra que modifican. A veces, algunos de esos prefijos ofician de sustantivos o adjetivos, y en estos casos son separables. Véanse *anti, súper, pro.*

prehistoria. Se escribe con minúscula: *la historia y la prehistoria.*

premier. Sólo se refiere al primer ministro del Reino Unido o de otro país de habla inglesa en el que el cargo reciba esta denominación. Se puede emplear en los títulos para sustituir *primer ministro* (por cuestiones de espacio), que es lo correcto y que traducirá ese vocablo en el texto informativo.

"première". Empléese *estreno, primera exhibición, presentación*, etc., de una obra cinematográfica o teatral.

premio. Cuando se refiere a uno concreto se escribe con mayúscula: *el Premio Nobel, el Premio Goncourt* (pero *Fulano de tal, premio Nobel de Literatura), el Premio Nadal, el Premio Planeta, el Gran Premio.*

prenunciar. Y no *preanunciar,* tal como se forman *anunciar, denunciar, pronunciar, renunciar.* Se escribe también *prenuncio* y no *preanuncio.*

preposiciones. Aunque el uso de las preposiciones no suele plantearnos graves dificultades de regímenes, las dudas asaltan sobre todo por influencia de las malas traducciones. Hay vocablos —verbos, sustantivos, adjetivos, etc.— que exigen construcciones sintácticas bien definidas: Véanse los apartados *2, 17, 25, 26, 42* y *48* y apéndice *Palabras que se construyen con preposición.*

Presidente, presidente. La palabra *presidente,* cuando se refiere al primer mandatario argentino, sin especificación, debe ser escrita con mayúscula: *El Presidente expresó su agrado...; el presidente de la Nación; el presidente Menem.*

pretencioso. No obstante la relación semántica con *pretensión,* de la preferencia peninsular por *presuntuoso* —considera la grafía con *c* como galicismo, por su origen: *prétentieux*— y de afirmar que "en América es preferido" *pretensioso,* nosotros escribimos siempre, académicamente, *pretencioso.*

prever. De tanto en tanto, asalta la duda, si no se recuerda que es un compuesto de *ver* y que no hay que confundirlo con *proveer.*

primado. Se escribe con minúscula: *el cardenal primado.*

primer piso. En los EE.UU. Véase apartado *45.*

principado. Se escribe con minúscula: *el principado de Mónaco.*

príncipe. Se escribe con minúscula, como *rey.*

pro. "Guerrilleros pro-iraníes." Incorrecto; tampoco *proiraníes. Pro-* es prefijo latino y griego que significa *en vez de* (pronombre), o *delante, adelante* (procesión, proponer), por lo que mal *pro-iraníes* dice *en favor de los iraníes.* Sí, *pro iraníes,* donde *pro* es preposición de uso restringido que significa, precisamente, *en favor de* y que en ningún caso debe unirse con guión a la palabra que precede, so pena de que se confundan los roles de *pro* en cada caso. Además, tiene otro uso: como sustantivo ambiguo, que ahora sólo se usa en locuciones, como *de pro, el pro y el contra* (los pros y los contras), *en pro de.* Véanse *prefijos, anti* y *súper.*

problema. El abuso de este vocablo, especialmente en plural, para expresar conceptos semánticamente precisos no sólo empobrece el discurso periodístico, sino que suele traicionar aquellos conceptos. No es lo mismo decir *problemas* para referirse, por ejemplo, a *preocupaciones, achaques, dificultades, escollos.* Véase apartado 55.

problemática. Adjetivo y sustantivo, *conjunto de problemas*, no debe emplearse en lugar de *problema.*

proclive. Es el que tiene tendencia o inclinación hacia una cosa, pero generalmente negativa, tal como sugiere la etimología latina dejada por Cicerón, por ejemplo: *proclivis sceleri* (inclinado al vicio), *proclivis ad libídinem* (inclinado a la liviandad).

producir. Todo se produce. Además de que *se producen declaraciones, actitudes, gestos,* un despacho afirmaba que *ayer se produjeron veinte muertos....* Es decir, Argelia tiene preparada una fábrica productora de cadáveres.

programa. Se escribe con mayúscula cuando se refiere a uno concreto: *el Programa Apolo;* pero *el programa, un programa,* lo mismo que *proyecto.*

pronombres relativos. El uso de *que, cual, quien, cuyo* en las oraciones especificativas y explicativas. Véanse apartados *13* y *52.*

"protagónico". Véase *protagonista.*

protagonista. Siempre se trata de personas. No hay papel *protagónico,* sino papel *protagonista,* o *principal, central.* Sí, *protagonizar.*

psicología. Y no se usará *sicología* y los otros derivados, no obstante haberlos incluido el DRAE.

psiquiatría. Véase *psíquico.*

psíquico. Las enfermedades son *psíquicas, mentales,* y no *psiquiátricas.* Este es un adjetivo que se aplica a todo lo relativo a la *psiquiatría,* la ciencia que trata de las enfermedades mentales. *Psiquiátrico* es el hospital donde se trata a los enfermos mentales.

puntos cardinales. Los nombres de los puntos cardinales se escriben, en general, con minúscula, pues se trata de nombres genéricos: *dirección norte, ir hacia el sur del país, el sol sale por el este y se pone por el oeste.* Con mayúscula, cuando se aplica como denominación de algo: *el Ejército del Norte, el Gran Norte, Flota del Norte; América del Norte, América del Sur, el Este o el Oeste* (porción del mundo, equivalente a *Oriente y Occidente,* respectivamente), lo mismo que si se refiere a una región del país: *el Noroeste recibirá ayuda del FMI, los centros de esquí del Oeste, el Sur postergado.*

puntuación. Los usos más frecuentes y comunes de los signos de puntuación, avalados con ejemplos de autores de segura puntuación. Véanse apartados *69, 77* y *78.*

puntuación de Cervantes y de Azorín. Cervantina o azoriniana, suelta o trabada, la puntuación debe ayudar a una comprensión ágil de la frase; no debe constituirse en sistema aparte —y jeroglífico— de la base sintáctica y léxica. Ni ahogar al lector antes de concederle el reposo de un punto, ni darle la impresión de tartamudear. Sendos ejemplos de aquellos autores sirven de base a normas prácticas de la correcta puntuación, en el apartado 78. Véanse, además, los apartados *69* y *77.*

puntuación trabada. La puntuación no es arbitraria: no obstante la flexibilidad de las normas puntuarias, hay reglas, en favor de la claridad y legibilidad gráfica del texto. Véanse apartados *67, 69, 77* y *78.*

puntuación y semántica. Cada signo de puntuación, cada garabato gráfico, tiene su carga informativa, porque, si puntuar es pensar, no se trata sólo de un problema ortográfico, sino prosódico y, en última instancia, semántico. En el lenguaje oral, la entonación suple a los artificios gramaticales. Véanse apartados *69, 77 y 78*.

puntual. "Cuestión puntual" es incorrecto. Escríbase *cuestión pertinente, particular, concreta.* Es *puntual* quien es diligente en hacer las cosas a su tiempo; los ingleses tienen fama de *puntuales.* Debe evitarse su uso en lugar de *concreto, particular, específico,* etc. Un acto comienza *puntualmente* cuando lo hace a la hora en punto. ·Y *puntualmente* obran quienes emprenden una obra con diligencia, exactitud y minuciosamente.

que. Las construcciones de valor enfático —que en francés transmiten fuerza o precisión a un concepto— *es entonces que; es así que; es aquí que,* son anómalas en nuestro idioma, pues la conjunción *que* ocupa el lugar de un adverbio relativo. Lo correcto es escribir: *es entonces cuando; así como; es aquí donde.* Véanse "*es por eso que*"; "*de historia es que*"; "*a la libertad de prensa es que*"; "*allí fue que*"; "*¿cómo fue que...?*", "*conmigo era que*"; "*entonces fue que intervino*"; "*no fue Maradona que lo hizo*"; etc.

queísmo. Cómo evitar el abuso del *que* relativo o conjuntivo. Véase apartado *53.*

queramos. Aún se suele escribir *sin que nosotros querramos,* en lugar de *queramos.* Es bueno recordar que sólo llevan *rr* el futuro imperfecto del indicativo, *querremos* (en lugar de la forma regular *quereremos*) y el potencial simple, *querríamos* (por la forma regular *quereríamos,* casi impronunciable, como la anterior).

quermés. No *kermesse, kermese* o *quermese;* sí, *kermés.*

"quiebre". Si es acción y efecto de quebrar un comerciante, se dirá *quiebra.* Cuando se trata de un ademán que se hace con el cuerpo, como doblándolo por la cintura —amagos frecuentes en ciertos deportes—, se escribirá *quiebro.* Lo mismo si es un gorgorito hecho con la voz. Si se adula o lisonjea a una persona, se hablará de *requiebro. Quiebre* no puede sustituir a aquellos vocablos, ni a *quebrantamiento,* o *quebranto.*

quien (uso del relativo). Véase apartado *52.*

r/rr. Para conservar el sonido de la *r* en posición inicial de palabra corresponde reduplicar su grafía *(rr)* cuando ésta aparece en posición intervocálica en el interior de una voz compuesta: auto + *radio* = *autorradio; prerrequisito; cardiorrespiratorio,* etc.

radio. Se escribe con mayúscula cuando se refiere a una emisora: *Radio del Plata, Radio El Mundo, Radio París, Radio Bagdad;* pero en los demás casos, minúscula: *la radio y la prensa.*

rebasar/rebalsar. Se *rebasa* cuando se *pasa o excede cierto límite:* el agua del vaso lleno se derrama. En el dique rebalsan las aguas del río Mendoza.

"recepcionar". Con *recibir* se abastece la idea de *percibir, recoger, tomar, heredar, admitir, aceptar,* también en el lenguaje deportivo, donde es frecuente este hijo bastardo de *recepción.*

recién. Junto a su tradicional empleo, seguido de participio (*recién nacido*), en América es habitual el uso de *recién* con verbos conjugados (*Es tal* *como lo dijiste recién).* Empleemos con preferencia *recientemente* —aunque no es sinónimo de recién, que significa *inmediatamente antes—, apenas, sólo,* etc.

reconquista. Suele escribirse con mayúscula cuando se refiere a la época histórica: *durante la Reconquista.*

reelección. Si se habla, en texto noticioso, de la segunda o nueva reelección, no se escribirá nunca *re-reelección.* No se trata sólo de un barbarismo vulgar, sino de una barbaridad morfosintáctica. En tono irónico o de humor, se entrecomillará.

referendum. Así se escribe; el plural no varía. Véase apartado *62.*

Reforma. Se escribe con mayúscula cuando se refiere al movimiento religioso llevado a cabo por Lutero, Calvino y otros: *la Reforma, la guerra de la Reforma.* Véase *Contrarreforma.*

régimen. Se escribe con minúscula: *el régimen comunista, el régimen fascista, nuestro régimen.*

registro. En cuanto entidad, mayúscula: *el Registro Civil, el Registro de la Propiedad, el Registro Nacional de las Personas.*

reino. Se escribe con minúscula: *las leyes del reino, España es un reino.*

relativos, uso de los pronombres. Véase apartado *13.*

remarcar. Se marca, se remarca, se señala con signos distintivos, a personas, animales, árboles, monedas, prendas, productos, etc., pero no se remarcan las palabras, los hechos o los pensamientos. En todo caso, se *recalcan, resaltan, destacan, enfatizan,* etc.

reportaje/entrevista. Véase *Parte Primera, Estilos y géneros periodísticos.*

república. Se escribe con mayúscula cuando se usa como institución: *la República Francesa, la República Española,˙ la primera República, la*

segunda República, la República de los Tungusos; pero *la república es una forma de gobierno, tras la instauración de la república, la república literaria.*

restañar las heridas. Las heridas se curan. Se puede *restañar la sangre,* o sea, detener la salida de la sangre, u otro líquido.

retiro espiritual. Ultimamente, como el vocablo *cónclave* (véase), se aplica a toda reunión secreta y realizada en lugar apartado, sin expresar ni metafóricamente el ejercicio piadoso a que se refiere. Por lo menos, irá encomillada esta expresión, en caso de ser imprescindible consignarla.

revertir. Significa volver una cosa al estado o condición que tuvo antes: "*se revierte la tendencia negativa del nivel de actividad económica*"; si la anterior fue positiva, *se cambia, se detiene, se interrumpe* el alza de los precios; pero *se revierte el precio del pan.*

revisión. Es el *examen médico.* No, *revisación.*

revolución. Se escribe con mayúscula: *la Revolución Francesa, la Revolución Rusa, la Revolución Mexicana, la Revolución de Octubre;* pero se escribe con minúscula en casos como estos: *la revolución industrial proletaria, la revolución inglesa de 1642, la revolución francesa de 1789, la revolución terciaria* (en geología).

rey. Se escribe con minúscula; pero con mayúscula cuando se usa como sobrenombre de un rey: *el Rey Sol, el Rey Sabio, el Rey Prudente, el Rey Católico, los Reyes Católicos, la Reina Gobernadora, la Reina Católica.*

-ría (los derivados en). Véase apartado *38.*

Riccheri, Pablo. Y no Ricchieri, como suele escribirse. Véase apartado *50.*

rococó. Se escribe con minúscula: *el rococó, de estilo rococó.*

rol. Con usos restringidos —*lista o nómina;* lista de nombres de la milicia y de la tripulación de un buque; en Sociología—, empléense, para cada caso, *cometido, función, personaje* y *papel* (en cine y teatro), etc.

romanticismo. Se escribe con minúscula: *los tiempos del romanticismo, el romanticismo italiano, el romanticismo francés.*

Rosita la Dinamitera. En los sobrenombres, apodos y alias, el artículo se escribe con minúscula.

rutina. Los funcionarios suelen hacer viajes o inspecciones de *rutina,* en lugar de visitas habituales, ordinarias, reglamentarias, periódicas. Véase apartado *72.*

sacerdote. El femenino es sacerdotisa.

saldo. *Choque con un saldo de ocho muertos.* No hay tal *saldo* (pago de deuda, cantidad en favor o en contra de alguien, resto de mercancía a bajo precio). Simplemente, *el choque causó ocho muertos.*

"sale". Se usará, pero encomillado, cuando así lo exige la información. Con la advertencia de que significa *venta* y no liquidación, como aparece con frecuencia en los escaparates. En todo caso, para anunciar rebajas habría que escribir *rebates,* y para liquidaciones, *on sale* o *clearance sale.*

salón. Se escribe con mayúscula cuando forma parte del título de una exposición: *el Salón del Automóvil, el Salón de los Independientes, el Salón de Otoño,* y con minúscula en los demás casos.

san, santo. Se escriben con mayúscula: *San José, San Onofre, Santa Ofelia, Santo Domingo,* pero con minúscula *santo Dios, Dios santo, santo cielo, santo Cristo,* etc. Con mayúscula cuando forma parte de la denominación de una iglesia, parroquia, calle, lugar, etc.: *iglesia de San José, parroquia de Santa Ofelia, calle de Santo Domingo, San Diego* (California).

santafesino/santafecino. Con *s* lo escriben los habitantes de esa provincia —y así quieren que los medios lo hagan—, mientras nosotros decimos *santafecino,* hasta que no se decida lo contrario, por tradición.

Santo Padre. Véase *padre.*

santuario. Véase *monasterio;* está en el mismo caso.

-scopia. Elemento compositivo que entra en la formación de algunas voces técnicas con el significado de *vista, observación.* El acento prosódico recae sobre la sílaba *co,* tal como sucede con las voces a las que se integra: *dactiloscopia, endoscopia, laringoscopia, hidroscopia.* Así hay que escribirlas, no obstante que en el lenguaje médico es frecuente que la acentuación recaiga sobre la *i* de la última sílaba.

se alquilan departamentos. Véase apartado *18.*

secretaría. Se escribe con mayúscula cuando equivale a "Ministerio": *la Secretaría de Estado* (en los Estados Unidos).

secuela. No es *continuación,* sino *consecuencia;* en general, el trastorno o lesión que dejan una enfermedad o un traumatismo.

"según la óptica". Figura poco acertada por *desde el punto de vista.*

"según y cómo". Barbarismo, por *según y como, según como, según y conforme.*

seguro. Véase *dequeísmo.*

se los por **se lo.** Error del habla popular hispanoamericana, cuya difusión se alimenta, últimamente, con los subtítulos de películas habladas en otros idiomas, sobre todo en inglés. Véase apartado *7.*

selva. Se escribe con minúscula, salvo en *la Selva Negra* (región alemana).

semana. Se escribe con mayúscula cuando forma parte del título de una exposición, congreso, fiesta, etc.: *la Semana del Motor, la Semana Nacional del Seminario, la Semana Santa.*

semántico (error). Si *sema* es cada uno de *los rasgos diferenciadores en el significado de una palabra,* un *error semántico* jamás se puede referir a lo meramente formal, gramatical (ortológico, analógico, sintáctico, ortográfico). Incurrir en él implica el cambio semántico de una palabra; es decir, *cambio de su significado.* Con lo que el discurso falla en su base: en lo conceptual, en el contenido. Por lo tanto, no se puede hablar de un *simple* error semántico, de *apenas* una diferencia semántica.

señor. Sólo se escribe con mayúscula cuando se refiere a Dios: *el Señor sea contigo.*

seudo-. Se escribe sin *p: seudópodo, seudohermafrodita, seudónimo,* etc.

sí o sí. No obstante la conjunción disyuntiva *o* —que denota diferencia, separación o alternativa entre dos o más personas, cosas o ideas—, esta expresión es, precisamente, la negación de tal alternativa. No hay elección; sólo queda la posibilidad de cumplir con lo mandado, pedido, elegido, sugerido, etc., y no otra cosa. No figura como locución en los diccionarios, pero guarda cierta analogía con las expresiones *sí por sí,* o *no por no,* con que se advierte el modo verídico de decir las cosas. Predomina, por ahora, sólo en el lenguaje conversacional.

SIDA. Se adopta esta grafía del "síndrome de inmunodeficiencia adquirida" y el adjetivo *sidoso,* no obstante el uso difundido de *sida,* como un sustantivo formado por las iniciales.

sierra. Generalmente, se escribe con minúscula: *la sierra de Aconquija, ir a la sierra,* pero con mayúscula en los siguientes casos: *Sierra Morena, Sierra Nevada, Sierra Carbonera, Sierra Maestra.*

siglas. Véanse apartado *4* y apéndice *Sigla y acrónimos.*

siglo. Se escribe con minúscula: *el siglo de oro, el siglo de las luces.*

"signos de interrogación y exclamación". Supresión indebida de la preposición *de:* "...y *de* exclamación".

silepsis. Figura de construcción que consiste en quebrantar las leyes de la concordancia en el género y en el número de las palabras. *Vuestra Beatitud es justo, la mayor parte murieron.*

simpleza. No es sinónimo de simple. *Simpleza* es *bobería, necedad, cualidad de simple o bobo, tontería, sandez,* etc.

sin. Se escribe con mayúscula en *Juan Sin Tierra, Juan Sin Miedo,* entre otros nombres propios, que, por serlo, así lo exigen.

sin embargo. No significa *en cambio.* Esta locución adverbial expresa *oposición parcial a lo enunciado anteriormente en el discurso;* por lo que debe haber un antecedente, del cual se separa por medio de comas. Si no, se corre el riesgo de caer en el chascarrillo tan mentado: *Era de noche y, sin embargo, llovía.*

síndrome. Pese a que la acentuación grave (*sindrome*) se halla bastante extendida, resulta conveniente mantener la forma esdrújula. Y recordar que no es una enfermedad, sino el conjunto de síntomas característicos de una enfermedad: *síndrome de inmunodeficiencia adquirida,* SIDA; *síndrome de abstinencia:* conjunto de alteraciones en un drogadicto cuando deja bruscamente de consumir drogas.

sino/si no. Suele confundirse la conjunción adversativa *sino* con la expresión integrada por la conjunción condicional *si* y el adverbio *no:* No vendrá, sino me llamará (es decir, *me llamará en lugar de venir*); No viene si no me llama (o sea, *en caso de no llamarme, no viene*). Un recurso práctico para salvar este escollo consiste en introducir entre *si* y *no* la expresión *es que* o un pronombre, *él* en este caso; en el ejemplo mencionado: No viene si (es que) no me llama; no viene si él no me llama. Y, como puntuar es pensar, la dificultad se reduce con la colocación de una coma, tal como corresponde, antes de la adversativa *sino*, sin olvidar que siempre la precede una negación, como en *no sólo..., sino también*.

sinónimos. De modo absoluto, puede afirmarse, con Albalat, que no hay sinónimos. Pereza, ociosidad, indolencia y holgazanería tienen sentido diferente. Tampoco están en el Diccionario, ese cementerio de palabras, que esperan el "sal y anda" del escritor, del periodista, que sabe que aquéllas, más que significantes, son aptas de significación. Sabe, asimismo, que su profesión le exige "resucitar" la palabra precisa, exacta, sustancial, esencial. Véase apartado *55*.

sistema métrico decimal. Véase apéndice *Sistema métrico decimal*.

slogan/slogans. Tal es la grafía adoptada. Véase apartado *62*.

sobre. Al empleo abusivo de esta preposición, que ya está destinada a numerosas construcciones, se suman usos anormales. Incorrecto es decir *dos sobre cinco no saben leer,* en lugar de *dos de cinco;* o *sobre encargo,* en lugar de *por encargo;* o "Mandó hacer ropas sobre medida" (García Márquez), por *a la medida*.

sofisticado. Equivale a *adulterado, falsificado, artificial, rebuscado, falto de naturalidad, ilegítimo, exagerado, afectadamente refinado*. No se use en la acepción anglicada de *refinado, sutil, complejo, de mecánica avanzada, de extraordinaria precisión, de estilo preciosista,* etc.

software. Como el caso de hardware, se usa sin comillas en la sección Informática, donde no se suele traducir, lo que conviene hacer en un texto noticioso, para el lector no familiarizado en el tema: software=programa, soporte lógico, hardware=equipo, soporte físico. Véase apéndice *Léxico de informática*.

sol. Véase *luna;* está en el mismo caso.

solecismos. Empleo habitual de una palabra o expresión incorrecta o sintácticamente mal construida, falta sobre la que este Manual trata, precisamente, de alertar. Eso sí, "córrige ridendo mores". Con una sonrisa.

solicitar. Véase apartado *29*.

sor. Véase *hermana;* está en el mismo caso.

sosia. No *sosía*. El sosia, la sosia.

sospecha. Véase *suspicacia*.

sostener. No se *sostiene* una conversación, reunión, entrevista, sino que se *mantiene*. Sí se *sostiene* una disputa, una tesis.

"sponsor". Escríbase *patrocinador, mecenas, padrino, protector,* etc. Menos aún *sponsorear,* como se está insinuando últimamente.

stress (el)/stress (los). Es la grafía adoptada. Véase apartado *62*.

subibaja. Instalado en nuestros parques de juegos y plazas, este *columpio* tiene nombre para los niños que suelen *columpiarse* en el *subibaja, mecerse, balancearse,* se dice más frecuentemente. El uso figurado es correcto, siempre que no se abuse, hasta convertirlo en un tópico tropológico.

subsiguiente. Véase apartado *40*.

sultán. Véase *rey;* está en el mismo caso.

"su" pecho, "su" mano. Véase apartado *19*.

súper. Este elemento compositivo ya adquirió ciudadanía adjetiva y sustantiva, por lo menos en el "decir de la gente" —en el DRAE se verá; que el "Esencial Santillana" ya adelanta—: adjetivo familiar. Muy bueno, magnífico, excelente, fantástico, genial. También adverbio de modo: *La pasamos súper.* Como sustantivo, se aplica, por ejemplo a la nafta: la súper. Véase *prefijos.*

suplantar. Es *ocupar el lugar de otro, con malas artes, falsificar un escrito.* Mejor que *profesor suplente* (de *suplir*), es escribir *profesor reemplazante, sustituto, de relevo.*

susceptible. No significa capaz. *Susceptible* es capacidad de recibir; es una capacidad *pasiva:* "El proyecto es *susceptible* de mejoras". *Capaz* implica *actividad:* "El acuerdo puede ser *capaz* de resolver la intransigencia chechena". No es *posible* — que *puede realizarse*—, sino que *puede ser modificado.*

suspicacia. No es sospecha. *Suspicacia,* cualidad de suspicaz, el propenso a concebir sospechas o a tener desconfianza, receloso, generalmente sin pruebas. Sí, en cambio, las hay en la *sospecha,* por lo menos intuidas o conjeturables, pruebas fundadas en apariencias o visos de verdad. *Sospechoso* es, precisamente, el individuo cuya conducta o antecedentes inspiran sospecha o desconfianza.

"tal cual como". Lo correcto es *tal cual* o *tal como.*

"tal es así". Más confusión al *tan es así* (véase). También se traduce *tanto es así, tan así es.*

talón de Aquiles. Es frecuente la confusión entre *talón de Aquiles* (punto vulnerable o débil de algo o de alguien) y *tendón de Aquiles,* el tendón grueso y fuerte que en la parte posterior e inferior de la pierna une el talón con la pantorrilla y suele ser el que sufre desgarros, sobre todo en las prácticas deportivas.

tal vez. Adverbio equivalente a *talvez.* Preferimos esta forma, en una palabra, del mismo modo que hemos utilizado siempre *asimismo, enseguida, entretanto,* etc.

"tan es así". Empleo abusivo de la apócope de *tanto.* Lo normal es *tanto es así* o *tan así es.* Véase *"tal es así".*

"tan luego que". Sintácticamente mal construida, esta locución debe escribirse *luego que, tan luego como.*

teatro. Con mayúscula, los municipales: *Teatro General San Martín;* en minúscula, los privados: *el teatro Opera.*

Tedéum. Se escribe con mayúscula: *rezar un Tedéum.* La razón es simple: las primeras palabras de este himno, *"Te Deum",* se refieren a Dios, con lo que se impone, al formar una palabra, la mayúscula. Aunque es la *misa* (véase) el centro de la liturgia, ésta se escribe con minúscula.

televidente. También existe *telespectador.*

tema. Lo mismo que idea, elemento, problema, etc., es un tópico que parece de difícil sustitución por *asunto, cuestión, materia, problema, objeto, negocio, propósito.* M. Seco, desde España, trae un ejemplo de LA NACION (13/7/85), como abuso del nombre *tema* haciéndolo equivalente de *asunto* en general: "Todavía estoy estudiando los pasos iniciales de un sumario recién iniciado, inclusive el *tema* de la competencia que me pudiera corresponder".

Y remata: el sentido de *tema* es muy estricto, *asunto de un escrito, de una conversación o de una obra de arte.* A la invasión de *la cosa,* se añade últimamente este malhadado vocablo, por no utilizar la palabra exacta, como *asunto, materia, problema, objeto, hecho, programa, negocio, expediente, discusión, debate, propósito, proyecto, argumento, contenido, orden del día, cuestión, caballo de batalla,* etcétera. Véanse apartados *55* y *61* y *todos.*

temperatura: conversión de F en C. Véase apéndice *Tabla práctica de conversión.*

tener efecto. Regionalismo del castellano hablado en Cataluña (Seco), aburrida perífrasis (EFE), en el DRAE se dice que *llevar a efecto,* o *poner en efecto,* significa ejecutar, poner por obra un proyecto, un pensamiento, etc.; no aparece la expresión *tener efecto.* Véase *tener lugar.*

"tener en mente". Lo correcto es *tener en la mente.*

tener lugar. Esta expresión figuró en ediciones antiguas del DRAE, fue suprimida en la XIII por presiones de los puristas y reincluida en la XXI: *ocurrir, suceder, efectuarse.* No obstante, habiendo numerosos y más precisos sustitutos, trátese de evitarla y emplearla cuando, además de la circunstancia temporal, se indique la de lugar. Véanse *tener efecto* y *verbo periodístico.*

terremotos. Cómo se miden los terremotos, mediante las escalas de Richter y de Mercalli. Véase apéndice *Terremotos.*

tesitura. En música, es la altura propia de cada voz o de cada instrumento y, figuradamente, la actitud o disposición del ánimo. No puede sustituir a *tema, argumento, tesis, asunto, trama, motivo, materia, proposición, coyuntura,* etc., que precisan con riqueza los conceptos bien distintos de la primera acepción y, más aún, de la figurada.

testamento. Se escribe con mayúscula en *Antiguo, Nuevo y Viejo Testamento;* con minúscula en *arca del testamento.*

texto. ¿Es posible hablar, además de texto escrito, de *texto oral, texto gráfico, texto gestual, texto pictórico, texto electrónico, informático* y hasta "internético"? Véase apartado *79.*

"ticket". Ya que no se usa la castellanización *tique,* reconocida por la RAE, y menos *tiquete,* de algunos países americanos, atengámonos a vocablos en uso, como *entrada, billete, boleto, recibo, factura,* etc.; que hay para todos los gustos y gastos.

tierra. Se escribe con mayúscula cuando claramente se refiere al planeta: *de la Tierra a la Luna,* pero con minúscula en los demás casos.

tipiar. Aunque esta es la forma que surge de *tipiadora* (mecanógrafa), incluida en el DRAE, en la Argentina es corriente y aceptable la grafía *tipear,* que la Academia Española registra como neológica y con nota de americanismo en la última edición de su "Diccionario manual" (1989). Las usamos indistintamente.

tira y afloja. Y no *"tire y afloje"* o *"tira y afloje".* Es el *juego del tira y afloja.*

tirada. Y no tiraje, cuando se habla del número de ejemplares de una edición. Véase apartado *51.*

títulos. La función del título. Cómo lograr que sea atractivo, que tenga *gancho;* el verbo inomitible; títulos directos, objetivos y subjetivos, que logren que el periódico se lea. Mecanismo mental para titular. Véase apartado *76.*

títulos con títulos. Cada día más y en más medios abundan recurrentemente los títulos centones, compuestos con títulos de obras cinematográficas, teatrales o musicales muy difundidas, convirtiéndolos en tópicos y lugares comunes, que suelen provocar una sonrisa piadosa —si no crítica— del lector. Véase apartado *59.*

todavía. De la pluralidad de su uso nos habla el académico A. Mazzei. Véase apartado *81.*

todos. Como tantos vocablos adoptados por la pereza mental, cuando no por deliberada superchería dialéctica, debe desterrarse este *todos* abarcador, totalitario y totalizador y reemplazarlo por vocablos precisos que transmitan al lector la cuantía, el número, la cifra, el dato, la magnitud, el volumen, porción, dosis, multitud, etc., en su cantidad más objetiva posible. Véanse apartado *61* y *tema, problema, elemento.*

tópico. No significa *tema, cuestión* o *asunto,* sino *vulgar, trivial, lugar común.* Así, se dice en este manual que se eviten los tópicos tropológicos. Véase apartado *59.*

tornado. No es huracán. Este último es sinónimo de *tifón.*

torre. Cuando forma parte del nombre de un monumento, mayúscula: *la Torre Eiffel, la Torre del Oro, la Torre de Londres;* en los demás casos, minúscula.

transar, transigir. Aunque el primero es americanismo aceptado, se prefiere *transigir.*

tránsito. No es lo mismo que tráfico.

trastocar/trastrocar. No sólo son distintas las conjugaciones, la del primero es regular (trastoco, trastoquen) y la del otro es irregular, como *sonar* (trastrueco, trastruequen), sino que *trastocar* significa *trastornar, revolver,* y *trastrocar,* mudar el ser o estado de una cosa, *cambiarlo, transformarlo.*

tribunal. Sólo se escribe con mayúscula cuando constituye parte de la denominación de un organismo: *el Tribunal Supremo, el Tribunal de Cuentas, el Tribunal Tutelar de Menores, el Tribunal de las Aguas,* etc.; en los demás casos, minúscula.

trópico. Se escribe con minúscula: *el trópico de Cáncer, el trópico de Capricornio.*

trucho, -cha. No obstante su difusión reciente —y difuso origen semántico: ¿de *trucha,* tenducha de mercería?; ¿de *truchimán,* persona astuta, poco escrupulosa?—, parece admisible, sobre todo cuando la crónica refleja el lenguaje popular, creador, en último término, de vocablos insustituibles. Desde luego, tenemos las palabras *falso, espurio, ilegal, bastardo, ilícito,* etc., para evitar un abuso innecesario de este neologismo. Circulan ya algunos compuestos, como *diputruchos.*

tú cantas/vos cantás. Véase apartado *83.*

Túpac Amaru. El nombre del último inca del Perú se pronuncia como dos palabras graves, acentuación de todas las palabras del quechua.

-uar (verbos terminados en). Estos verbos se dividen en dos grupos en cuanto a su acentuación: a) Aquellos en los que esta terminación es precedida por *c* o *g* (-cuar; -guar), como en *adecuar, averiguar, apaciguar.* En los presentes del indicativo, subjuntivo e imperativo, la *u* no se acentúa: *adecue, adecuen, averigua, atestiguan, santigua, santigüe.* b) Los precedidos por otra consonante, así *acentuar, evaluar, redituar, atenuar, continuar, actuar,* etc. En éstos, la *u* lleva acento ortográfico o tilde en los tiempos indicados en a): *acentúo, evalúen, continúa, reditúan, actúa.*

ubicar. No es *localizar*. Es incorrecto decir "Ubicaron la tumba del Che", por *averiguaron o señalaron el lugar exacto donde ha sucedido un hecho, se encuentra alguien o algo*. Entonces debió decirse: "Localizaron la tumba…". *Ubicarse (*intransitivo), es estar en determinado espacio o lugar. Para nosotros, *situar, instalar, colocar* (transitivos). El participio *ubicado*, por *instalado, situado, colocado*, es preferible evitarlo.

ui. Este grupo vocálico nunca debe escribirse con tilde, tanto en las formas pertenecientes a los verbos terminados en *-uir* (construido, derruido) y en vocablos tales como *jesuita*. Véase apartado 5.

ultimátum. En plural, los ultimátum; no, los *ultimátums,* como escriben otros medios; plural inadmisible, tanto como los *ítems, superávits,* etc. Tampoco utilizamos *ultimato, ultimatos.*

ultra. No se admite con el sentido de *extremista*. *Ultra,* partícula inseparable (ultramar, ultrafamoso), puede ser adjetivo aplicado a grupos políticos, y usado también como sustantivo.

ultramar. Se escribe con minúscula: *viajó a ultramar, el ultramar portugués.*

un, una. No debe prodigarse el empleo de estos artículos indeterminados, como en "Tengo unas buenas razones para protestar", el lugar de "Tengo buenas razones…". Frecuente es el empleo anglicado delante de un nombre en aposición de otro sustantivo: "El doctor Young, *un* reconocido cirujano". Tampoco debe ponerse ante nombres de profesiones que no lleven complementos: "La madre es *una* educadora"; es correcto decir: "La madre es una educadora sarmientina".

UN/ONU. Se prefiere UN, sigla de United Nations, nombre en inglés de Organización de las Naciones Unidas (ONU).

unicato. En la jerga gremial, fusión de *sindicato único,* de uso exclusivamente conversacional.

"uniformación". Incorrecto; dígase *uniformidad.*

universidad. Cuando tiene el sentido de institución se usa con mayúscula: *la función de la Universidad, un profesor de la Universidad;* cuando se refiere al edificio o institución seguido de su denominación correspondiente —si bien don Julio Casares recomendaba escribirlo con minúscula: *la universidad de Princeton*—, en la práctica casi todos los autores la escriben con mayúscula, parangonándola con *Ayuntamiento, Museo* y otros casos similares, y así parece que debe ser: *la Universidad de Madrid, la Universidad Central, la Universidad Nacional Autónoma de México* (si aquí la escribiéramos con minúscula, el caso de *universidad Central y universidad Nacional* resultaría, cuando menos, chocante).

universo. Se escribe con minúscula: *las constelaciones del universo, el universo.*

uno de los que asistieron. Es mejor que *uno de los que asistió,* no obstante el aval de la RAE también a esta última concordancia siléptica.

"utilaje". Incorrecto. La RAE admite *utillaje:* conjunto de útiles necesarios para una industria y, como éste no nos suena, están *instrumental, maquinaria, equipo, herramienta,* etc.

vaciado. "El *vaciado* de aguas servidas al río." Es *vaciamiento. Vaciado* es la acción de vaciar en un molde; figura o adorno de yeso, estuco, etc.

vaivoda. Es la correcta acentuación del *soberano de Moldavia, Valaquia y Transilvania.*

valle. Se escribe con minúscula: *el valle de Aosta, el valle de la Muerte, los valles Calchaquíes.*

valorar. Si es reconocer, estimar o apreciar el valor o mérito de una persona o cosa, es redundante *valorar positivamente,* y contradictorio *valorar negativamente,* o *valorar los daños* por *evaluarlos.* Para mayor precisión del discurso, prefiérase, según el caso, *aprobar, manifestar conformidad, acuerdo, estimar satisfactorio,* o los antónimos correspondientes: *rechazar, reprobar, manifestar desacuerdo, mostrar disconformidad, estimar insatisfactorio.*

venir de. "Juan Pablo II viene de reconocer la teoría...", giro galicado, que quiso decir que "acaba de reconocer la teoría...".

verbo periodístico. Los *verbos fáciles* están siempre a mano: *ser, estar, encontrarse, haber* (impersonal), *hacer, poner, decir, ver, producir, tener* y tantos otros. De amplia significación, no se trata de sustituirlos por otros más o menos próximos, a la manera de una sinonimia más pragmática que semántica. Recuérdese que los sinónimos puros casi no existen. Y con aquellos verbos es preferible buscar las agrupaciones analógicas, para que el verbo —la acción esencial del discurso periodístico— sea preciso y no traicione el pensamiento del redactor. Con la premisa, sugerida por Bioy Casares, de que los diccionarios de sinónimos suelen ser los más peligrosos, tratemos de formar grupos analógicos de la acción de *decir:* 1) *Desde arriba, con autoridad:* manifestar, enunciar, formular, declarar, dictar, fijar, proclamar, ordenar, conferenciar, tronar, definir. 2) *Con énfasis:* quejarse, asegurar, sostener, precisar, pronunciar, interrumpir, endilgar, recalcar, subrayar, aseverar, despotricar, clamar, jurar, argüir, alegar, notificar, repetir, insistir, consignar, gritar, prorrumpir, largar, declamar, rezongar, vociferar, proferir, endosar, pedir, rogar. 3) *Nivel expositivo:* responder, resumir, hablar, expresar, mencionar, exponer, reseñar, enumerar, redactar, distinguir, citar, nombrar, especificar, contar, mostrar, charlar, conversar, referir, confesar, desarrollar, detallar. 4) *Con dudas, con matices, a la defensiva:* opinar, sugerir, insinuar, recordar, dar a entender, razonar, observar. Véanse *decir, hacer.*

vergonzoso, vergonzante. Es *vergonzoso (da vergüenza)* comprobar que hay argentinos *vergonzantes* (tienen vergüenza de serlo) cuando viajan al exterior. Quien, por ejemplo, no confiesa abiertamente su creencia religiosa es cristiano, judío o musulmán, *vergonzante;* actitud ésta que sus correligionarios consideran *vergonzosa.*

versátil. Es incorrecto darle el significado de *variado, diverso, diferente,* por influjo del inglés. *Versátil* es *voluble, inconstante* y *que se vuelve fácilmente* ("Una capa versátil"). Algo similar ocurre con *versatilidad.*

vía. Cuando se refiere a una en concreto, se escribe con mayúscula: *la Vía Latina, la Vía Domiciana,* etc., así como en *la Vía Láctea.*

video. La RAE distingue *video-,* elemento compositivo (videocinta, videodisco, videofrecuencia, videocassette), de *vídeo,* "aparato que registra o reproduce imágenes y sonidos electrónicos". En la Argentina se ha impuesto la acentuación grave para ambas expresiones.

videoasta. Forma análoga a *cineasta,* que la Academia define "persona que tiene una intervención importante en una película como actor, director, productor, etc.". Lo más corriente es llamar *cineasta* al director o productor de películas.

viejo. Se escribe con mayúscula: *Viejo Continente, Viejo Testamento.*

villa. En general se escribe con minúscula; *la villa y corte, la villa de Madrid;* pero *Villa Isabel, Villa Allende, Villa Fiorito, Villa Ciudad Oculta.*

virgen. Se escribe con mayúscula cuando se refiere a la Madre de Dios: *la Virgen, la Virgen María.*

visualizar. No es *ver,* sino *representar mediante imágenes ópticas fenómenos de otro carácter, con gráficos u otros medios; formar en la mente una imagen visual de un concepto abstracto, o imaginar con rasgos visibles algo que no se tiene a la vista.* También se *visibiliza*, con los rayos X o con el microscopio.

votos por el Sí. Cuando un plebiscito (o comicios) se hace por Sí o por No, escríbanse así, con mayúscula, como si se tratara de nombres propios. Es preferible a entrecomillarlos.

"vuelvo a repetir". Lo mismo que *volver a reanudar,* se trata de construcciones redundantes: basta *repetir, reanudar.*

y. La conjunción coordinante *y* debe reemplazarse por *e* ante palabras que comienzan con el sonido *i:* agua e hilo; Tristán e Isolda. No corresponde hacerlo cuando la *i* forma diptongo inicial: *agua y hielo,* ni cuando tiene valor adverbial interrogativo: *¿Y Inés?*

y/o. Fuera de informes o documentos que emplean esta forma, como una manera de ahorro de espacio, hay que evitarla en la información o texto noticioso. Queda el recurso de repetir la frase con la *y* conjuntiva y la *o* adversativa, lo menos reiterativa posible.

zafarse. En el lenguaje marítimo, es transitivo y significa *desembarazar, quitar los estorbos de una cosa:* el remolcador zafó al carguero de su encalladura. Es siempre pronominal, zafarse, en el sentido de *escaparse* y figuradamente, *excusarse, librarse.* Luego, yo *zafo* dejémoslo para el lenguaje vulgar. Lo correcto es *yo me zafo.*

zapping. Palabra que no figura, no obstante su difusión, en los diccionarios ingleses. Como sólo se podría sustituir por una circunlocución, de problemática formación, o por un hipotético vocablo, de difícil origen onomatopéyico como el inglés, habrá que adoptarlo sin comillas. Se usará, con moderación, preferiblemente en espectáculos, referida sólo a la televisión.

zodíaco. En tanto que zona del universo, mayúscula; en los demás casos, minúscula: *un zodíaco artístico.*

> *"La lengua, que es siempre y últimamente la lengua*
> *materna, no se aprende en gramáticas y diccionarios,*
> *sino en el decir de la gente."*
>
> ORTEGA Y GASSET, "El hombre y la gente"

1 Acoso a la lengua castellana

"'El idioma español se habla cada vez peor', declaró recientemente Fernando Lázaro Carreter, director de la Real Academia Española de la Lengua, y responsabilizó del deterioro principalmente a los medios de comunicación, que ejercen un efecto multiplicador de los errores, los difunden y los llevan al gran público.

"Seguramente, la gran mayoría de quienes aman nuestro idioma estará de acuerdo con el juicio inicial del académico; es probable que no haya igual coincidencia en cuanto a las causas del desgaste, tema que merecería más amplio análisis. Lo cierto es que los que saben y poseen oído para captar las fallas en el uso de la lengua están abrumados por la suma de errores que se repiten, por todos los medios, especialmente por la televisión y la radio.

"Un registro sobrio descubre, por ejemplo, el continuo mal uso de las preposiciones (*de acuerdo a..., ingresará a..., distinto a...*), el empleo reiterativo de *es como que...* o *es como si...*, el defectuoso uso del verbo haber *(hubieron muchas personas...; si habría sabido...)*, las deficiencias en la conjugación del subjuntivo, las muletillas tales como *¿viste?* o *¿sabés?*, el *dequeísmo*, el mal empleo de las formas pronominales *le, lo* y *la*, el constante *más nada*, el tan común *detrás mío* —en vez de 'detrás de mí'—, el olvido del correcto uso del gerundio, o del participio requerido por *recién.*

"Sin duda son frecuentes muchas más formas defectuosas del idioma, algunas derivadas de las jergas que hablan camadas juveniles. Al respecto, cabe reconocer que ninguna generación ha dejado de tener su propio léxico como una suerte de contraseña, pero existía, en otros tiempos, cierto respeto tácito por el modelo referencial de los adultos. Hoy la situación se ha invertido y son los adultos quienes imitan a los adolescentes y usan sus deformaciones, neologismos y contenidos significativos alterados. Incluso se copian ciertas entonaciones típicas. "Esto es perceptible en el comportamiento lingüístico de los animadores que conducen programas populares. Permanentemente refuerzan así el efecto dañino del mal hablar y lo difunden en todos los ámbitos. "Desde luego, esto no sólo pasa con programas de TV o con revistas que hacen su mérito del mal uso del idioma, del doble sentido grosero o de la ramplonería. Lamentablemente, de los dirigentes políticos, altos funcionarios y hasta escritores, de quienes se debería esperar una razonable preocupación por perfeccionar el lenguaje, se suele recibir pésimo magisterio. "Este constante asedio al idioma impone una reflexión. Lo que está en riesgo es uno de los fundamentos de nuestra cultura. Las lenguas vivas siempre se transforman; pero lo que hoy se observa es una acelerada deformación patológica." (LA NACION, 9/2/92.)

2 *Omisión incorrecta de la preposición* de

El dequeísmo es esa agresión contra la lengua que significa usar *"de que"* con verbos como decir, informar, avisar, anunciar, comunicar, reiterar. Pero también encontramos el error inverso: la omisión incorrecta de la preposición *de,* que es exigida por algunos verbos, como olvidarse, acordarse, gustar, darse cuenta, etc.
Debe decirse:

No hay que olvidarse *de* que vendrá a las 19.
No se dio cuenta *de* que era un esfuerzo excesivo.
No se acordaba *de* que era la fecha.
Me alegro *de* que sea así.
No gusta *de* que le hagan esos chistes.

En este caso —que nosotros bautizamos "sindequeísmo"— también hay un procedimiento para asegurarse de no caer en esta suerte de ultracorrección: basta sustituir la oración dependiente introducida por *"de"* por el pronombre demostrativo *"esto".*
En las frases anteriores, por ejemplo, se dirá:

No hay que olvidarse *de esto.*
No se dio cuenta *de esto.*

Nadie dice: "Me alegro *esto".* Véase *dequeísmo.*

3 El uso de comillas

Las comillas deberán usarse para señalar pasajes que se transcriben textualmente. Han de colocarse al *principio* y al *final* de un párrafo cuando se cite uno solo o aislado, pero cuando se transcriban varios seguidos, se pondrán al principio del primero y de los siguientes y sólo al final del último.

Se escribirán sin comillas los nombres de diarios o revistas; de colegios o entidades, así como de premios o recompensas. Ejemplos:

La Gaceta, Para Ti, Colegio Juan XXIII, Cooperativa El Hogar Obrero, Premio Pro Patria, Premio Palanza.

También irán sin comillas las locuciones latinas incorporadas al español (véase apéndice *De la herencia del Lacio*) y las voces extranjeras propias de una sección determinada: deportes, cine, teatro, modas, etc. Los títulos de libros, obras de teatro, de cine, de música, etc., irán siempre encomillados, sea cual fuere el lugar del diario donde aparezcan.

No se usarán comillas para destacar un significado distinto de las palabras empleadas.

4 Siglas (en el siglo de las siglas)

Las siglas se escribirán sin puntos. Ejemplos: YPF, INTA, SIDE.

Cuando se nombre por primera vez a un organismo, se escribirá el nombre completo y a continuación la sigla entre paréntesis. Después se lo mencionará solamente por la sigla. Ejemplo: "Las autoridades de Yacimientos Petrolíferos Fiscales (YPF) decidieron... La actividad de YPF...". Véase apéndice *Siglas y acrónimos*.

5 Constituido, jesuita, beduino

La combinación *"ui"* será considerada en todos los casos como diptongo. Así se escribirán: construido, instituido, destruido, huido, fluido, altruismo, jesuita, casuista.

Sólo llevarán acento ortográfico en la segunda de las débiles en los casos en que lo requieran palabras como: benjuí o casuístico.

6 Doble dativo con "le" o "les"

En muchos casos el empleo del doble dativo en castellano puede ser correcto pero no es necesario. Si decimos, por ejemplo, "dimos la noticia a tu hermano" hablamos o escribimos tan correctamente como cuando decimos "LE dimos la noticia a tu hermano". Aquí *LE* refuerza A TU HERMANO, del mismo modo que podría reforzar A TU HERMANA O A TU MADRE. Lo que es absolutamente grosero o incorrecto es decir o escribir "LE dimos la noticia a ellos (o a ellas)", porque, tratándose de un dativo plural, corresponde decir LES dimos la noticia (a ellos o a ellas). Lo recomendable, sin embargo, es renunciar en este caso al *LE* o al *LES* y decir simplemente "dimos la noticia a tu hermano (o a tu hermana)" y "dimos la noticia a tus hermanos (o a tus hermanas)".

En cambio, el empleo de LE o LES es necesario en casos de respuestas a cierto tipo de preguntas: "¿Tomó declaración a la acusada (o 'al acusado')?". "Sí, LE he tomado declaración." El dativo LE hace innecesario repetir "a la acusada" o "al acusado". Y lógicamente si se pregunta: "¿Tomó declaración a las acusadas (o a los acusados)?", la respuesta debe ser: "Sí, LES tomé declaración", donde LES reemplaza a "las acusadas" o "los acusados".

7 *"Se los", por "se lo"*

En su libro "Sintaxis hispanoamericana", Charles E. Kany, especialista de la Universidad de Chicago de autoridad reconocida entre los investigadores de la lengua española, trata extensamente el vicio que consiste en señalar la pluralidad del complemento indirecto SE añadiendo una *s* al complemento directo que sigue inmediatamente. El error —apunta—, raro en España, es común no sólo en el habla popular hispanoamericana sino también en las clases cultas de nuestro continente.

"Bien es sabido que la frase SE LO DIMOS puede significar SE LO DIMOS A ÉL, A ELLA, A USTED, A USTEDES, A ELLOS, A ELLAS, etc.", señala.

La conciencia del número no resulta clara. Para precisarla, en numerosas regiones hispanoamericanas se recurre al procedimiento erróneo de pluralizar el complemento directo representado por LO o LA. Es corriente que en la Argentina —Kany cita el caso de distinguidos escritores que caen en esa infracción sintáctica— se diga: SE LOS DIGO, en lugar del correcto SE LO DIGO A USTEDES; YO SE LOS HABÍA RECOMENDADO, en lugar del castizo YO SE LO HABÍA RECOMENDADO A ELLOS; YO SE LOS PERMITO, en lugar de YO SE LO PERMITO A MIS AMIGOS, etc.

Se trata de un solecismo denominado interferencia asociativa, producto de la ambigüedad con que en esa forma de expresión queda indicado el plural del complemento indirecto SE, que es invariable. Nadie diría SES LOS DIGO, monstruosidad idiomática que es reemplazada por otra monstruosidad: SE LOS DIGO.

Kany no se hace muchas ilusiones con respecto a que este vicio pueda corregirse e, incluso, llega a pensar que en lo futuro podría aceptarse cómo un idiotismo, vale decir, como algo propio de la lengua hablada, aunque anómalo desde el punto de vista de la concordancia gramatical.

Por ahora, lo preceptivo es SE LO DIGO, SE LA DIGO, SE LO RECOMIENDO, SE LA RECOMIENDO, SE LO ACONSEJO, SE LA ACONSEJO, etc., cualesquiera que sean las personas que oigan, reciban la recomendación o el consejo.

8 *El gerundio*

La función más general que le corresponde al *gerundio* es la de adverbio verbal.

Tiene dos formas, la simple (COMIENDO, CANTANDO, SIGUIENDO) y la compuesta (HABIENDO COMIDO, HABIENDO CANTADO, HABIENDO SEGUIDO).

Gerundio simple
El gerundio simple expresa coincidencia temporal o la *anterioridad inmediata* respecto del verbo personal de la oración. Ejemplos:

Paseando por el campo, vi aterrizar un avión de pasajeros.
Encontrarás al niño jugando en el portal.
Caminando por la playa, se encontró con unos amigos.
Yendo en automóvil, ha sufrido un accidente.

Gerundio compuesto
La forma compuesta con el auxiliar "haber" significa *anterioridad más o menos mediata*. Ejemplos:

Habiendo estudiado la proposición, me resuelvo a aceptarla.
Habiendo examinado al paciente, mandó que lo internaran.

El gerundio como adverbio
La función más común del gerundio es la de modificar el verbo como un adverbio de modo. Ejemplos:

Contestó llorando.
Pasó corriendo como un gamo.
El perro se acercó aullando.
Se fue riendo.

Gerundio referido al sujeto
El gerundio referido al sujeto tiene carácter explicativo. Ejemplos:

Los niños, viviendo lejos, llegaban cansados.
El bombero, viendo que la pared se derrumbaba, saltó a la calle.
Me puse a leer, dejando a un lado mis preocupaciones.

Gerundio referido al complemento directo
El sujeto del gerundio puede ser complemento directo del verbo principal. Ejemplos:

Vi a una muchacha pidiendo limosna.

Gerundio en construcción absoluta
No se refiere ni al sujeto ni al complemento del verbo principal, sino que tiene por sujeto un nombre independiente.
Puede tener los significados siguientes:
a) Causal: NADA TEMO, ESTANDO AQUÍ VOSOTROS.
b) Modal: POR TODAS LAS VÍAS POSIBLES, PROCURABAN ALEGRARLA, DICIÉNDOLE EL BACHILLER QUE SE ANIMASE Y LEVANTASE.
c) Condicional: AYUDANDO TODOS, ACABARÁ PRONTO LA TAREA.
d) Concesiva: SIENDO TAN FÁCIL EL PROBLEMA, POCOS LO HAN RESUELTO.
(En estas observaciones se sigue la teoría gramatical expuesta por Samuel Gili y Gaya en su "Curso Superior de Sintaxis Española", 1969, Barcelona.)

9 Memorando

El latinismo MEMORANDUM (que era en la lengua madre un participio futuro pasivo con sentido de obligación) ha creado no pocos problemas con su plural. Se dudó sobre si debía ser: *memoranda,* a la latina; *memorandums,* a la inglesa, o *memorándumes,* castellanizado pero malsonante. Para terminar con estas vacilaciones, algunos siguen el criterio del gramático Manuel Seco, expuesto en su "Diccionario de dudas de la lengua española", 1970, en el que propone que se castellanice la palabra, MEMORANDO, y se haga el plural agregándole la s, MEMORANDOS.
Debe tenerse en cuenta que existe un antecedente valioso en la Argentina, donde el distinguido docente Jorge Guasch Leguizamón tituló uno de sus libros "Galicismos vitandos". Vitando, es decir, que debe evitarse, tiene el mismo valor funcional que memorando: que debe recordarse, memorarse.

10 El gerundio como adjetivo

Con Samuel Gili y Gaya, insistimos en que "la función más general del gerundio es la de modificar al verbo como un adverbio de modo". Apoyándonos en su autoridad, señalaremos dos excepciones en las que el gerundio —con la bendición de Andrés Bello y de la Real Academia Española— se comporta como adjetivo.
Se trata de los casos de *ardiendo* e *hirviendo*. Ejemplos:

Con aceite hirviendo se hostilizó a los ingleses en las calles de Buenos Aires.
Se quemó la mano con un carbón ardiendo.

11 Algo más sobre el gerundio

Gili y Gaya —cuya doctrina sigue en varios temas de sintaxis el "Esbozo de una gramática española", de la Real Academia Española— advierte en la edición de 1969 de su curso que hay algunos casos en los que la acción denotada por el gerundio puede ser inmediatamente posterior a la del verbo de la oración principal, pero "siempre que el hablante pueda fundir ambos actos inmediatos en una sola representación". Ejemplos:

Salió de la estancia dando un portazo.
Salió a la calle encontrándose en medio de una multitud.

De cualquier modo, son censurables y deben evitarse los giros en los que no se da esa simultaneidad subjetiva:

El agresor huyó, siendo detenido horas más tarde.
Las tropas se hicieron fuertes en un convento, teniendo que rendirse luego de una resistencia prolongada.
Se hirió en el choque, muriendo cuando lo operaban en el hospital.

12 Barbarismo doble

Charles E. Kany (en su libro "American-Spanish Syntax", Chicago, 1951) señala, con razón, que sobre todo en el Río de la Plata se usa la preposición *a* con el valor que tiene en inglés la preposición *to*. Por ejemplo: *Reunión a realizar* es la transcripción exacta de *Meeting to be held*. En español debe decirse *Reunión por realizar, reunión que se realizará* o *reunión que ha de realizarse*.
Reunión a realizar es un anglicismo. Pero también es un galicismo. En el Río de la Plata se tomó del francés *Réunion à réaliser*.

Los argentinos y los uruguayos hemos acertado, pues, en algo: en cometer dos barbarismos con un solo esfuerzo.

13 *Uso de los pronombres relativos*

Un sustantivo, cualquiera que sea su función sintáctica, puede estar calificado o determinado por una oración introducida por medio de un pronombre relativo. Los pronombres relativos —que, cual, quien, cuyo— tienen, por lo tanto, un papel doble: primero reproducir el sustantivo y luego servir de nexo entre la oración principal y la subordinada. Ejemplos:

Los estudiantes, que estaban lejos, no veían al profesor.
No hallamos fundamento sobre el cual podamos entablar demanda.
Pedro fue quien me lo mostró.
Ayer falleció un detenido cuyo nombre se desconoce.

En esas cuatro oraciones que, cual, quien y cuyo —pronombres relativos— reproducen al sustantivo antecedente y ligan la oración principal con la subordinada.
Las oraciones de relativo son de dos clases: especificativas y explicativas.

Especificativas

Los soldados que iban detrás no alcanzaron a verlo.
Las madres que estaban inquietas comenzaron a llorar.
Los amigos que lo supieron vinieron en su ayuda.

Nótese que en estos casos la oración de relativo especifica de qué soldados, madres y amigos se trata. Sólo de los que iban detrás, de las que estaban inquietas, de los que lo supieron.

Explicativas
Las oraciones explicativas, de relativo, se limitan a añadir una cualidad y van separadas de la principal por una pausa (en lo escrito esta pausa se señala poniendo la oración entre comas). Ejemplos:

Los alumnos, que vivían lejos, llegaron tarde.
Comimos la fruta, que estaba madura.

Nótese que las explicativas son más independientes que las especificativas y que, por lo tanto, podrían suprimirse sin alterar el sentido.

14 Interrogación y admiración

En los últimos tiempos en la Argentina se está dejando de usar el signo inicial de interrogación. Pasa lo mismo con el de admiración. Eso es un grave error, proveniente de la perniciosa influencia del inglés —que sólo usa los signos finales— y de la pérdida del hábito de lectura en voz alta.

Debe señalarse que el castellano es una de las pocas lenguas que emplea los signos iniciales.

Los signos iniciales tienen la función de marcar al lector dónde se inician las melodías fonéticas de la pregunta y la exclamación, que son diferentes de las de las afirmaciones y negaciones.

Cuando van entre signos de interrogación y admiración oraciones completas, deben comenzar con mayúsculas. Ejemplos:

¿Tú lo sabías?
¿Es muy tarde?
¿A qué hora nos encontramos?

Si los términos que van entre signos no son oraciones completas, se iniciarán con minúsculas. Ejemplos:

Aquella noche, ¡cuántos disgustos!
Sin municiones, ¿cómo iban a defenderse?
Los chistes del tío Juan, ¡qué sonseras!

Nunca se escriben puntos después de cerrar los signos de interrogación y de admiración. Ejemplos:

No es necesario que se llegue a extremos, ¿no es cierto? [El signo de interrogación equivale al punto final del párrafo.]
Han subido los precios, ¡qué barbaridad! [El signo de admiración equivale al punto.]

La Gramática de la Academia trae este ejemplo: *¡Que esté negado al hombre saber cuándo será la hora de su muerte?,* en que se combinan ambos signos. Es un recurso tan raro como cuando, con intención enfática, se repiten —a veces exageradamente— los signos: ¡¡¡Alto!!!, que en periodismo no se ven, más que en los títulos de ciertos medios un tanto sensacionalistas.

15 Uso incorrecto del imperfecto del subjuntivo

Es un error muy común el de poner el imperfecto del subjuntivo —que algunos gramáticos llaman ahora subjuntivo simple 2º— donde debe emplearse el pretérito indefinido del indicativo, también llamado pretérito simple 1º. Ejemplos:

Usó siempre el reloj que le *diera* su padre. [En lugar de la expresión correcta: Usó siempre el reloj que le *dio* su padre.]
El diario al que *entregara* sus mejores desvelos lo recuerda hoy con cariño. [En lugar de: El diario al que *entregó* sus mejores desvelos lo recuerda hoy con cariño.]

El error consiste en usar el modo subjuntivo —que expresa que el hecho o circunstancia no tiene, no tuvo o no tendrá existencia fuera de nuestro pensamiento— por el indicativo, que denota la existencia real en lo pasado, lo presente o lo futuro.
El padre le regaló efectivamente el reloj a quien lo usa siempre. El periodista entregó sus mejores desvelos al diario que lo evoca. Por eso se ha de emplear el indicativo, no el subjuntivo.

16 Algunas normas sobre el uso de la coma

Uso imprescindible:

I. Cuando señala una aposición. Ejemplos:

El presidente de la República, general Roberto Marcelo Levingston, habló ayer al país.
El director de El Orden, don Faustino Gómez, escribió el artículo evocativo.
La parte actora, la Compañía Española de Producción Eléctrica, sostuvo en su escrito...
El dólar, la divisa de los Estados Unidos de América, se cotizaba entonces a 3,50 pesos moneda nacional.
El movimiento del 16 de septiembre de 1955, la Revolución Libertadora, fue encabezado por el general Lonardi.

En la aposición, lo que va entre comas enuncia de otra forma el nombre de una persona, institución, acontecimiento, etc. Se trata de una figura idiomática aclaratoria que, como repite una nominación, puede suprimirse sin que se lesione el sentido ni se caiga en equívocos. Debe usarse la aposición con mesura, sólo cuando parezca necesario explicar o recordar al lector de otra manera lo que ya se dejó indudablemente enunciado.

II. Cuando se intercala una oración explicativa de relativo. Ejemplos:

a) Los soldados, que habían caminado dos leguas, estaban aún frescos.
b) Los hijos, que sospechaban lo peor, se alegraron con la buena nueva.
c) Los muchachos, que no tenían plata para el auto, salieron mucho antes.

En estas cláusulas las oraciones de relativo han de ir entre comas, porque explican circunstancias intercalares, no tan esenciales como para que el resto carezca de sentido. Si se considera necesario aclarar con una incidental, ésta irá entre comas. Nótese cómo varía el sentido si se suprimen las comas.

a bis) Los soldados que habían caminado dos leguas estaban aún frescos (sólo los que habían caminado dos leguas).

b bis) Los hijos que sospechaban lo peor se alegraron con la buena nueva (no los otros hijos, que no sospechaban lo peor).

c bis) Los muchachos que no tenían plata para el auto salieron mucho antes (los que tenían dinero salieron mucho después).

En las explicativas, que van entre comas, las circunstancias intercalares comprenden a todos; en estas últimas —de la serie bis— sólo a algunos.

III. En oraciones intercalares que se refieran a circunstancias que aclaran quién dijo tal o cual cosa, remiten a otro pasaje, señalan el lugar real o ideal en que se produjo o consignó algo. Ejemplos:

Las circunstancias, dijo el gobernador, son adversas.
Los reos, como lo prometió el tribunal, serán indultados.
El curso del río, según se lee en la "Geografía" de Márquez, no es totalmente conocido.
"Los enemigos del orden, agregó el orador, se estrellarán contra la voluntad pacífica del pueblo."
Mañana, a las 15, se reunirá la convención. Véase apartado *76*.

17 Utilización de ciertas preposiciones

Damos seguidamente ejemplos del uso correcto de algunas preposiciones:

Pasteur *disentía de* los otros científicos de la época.
Pablo *disentía en* política con Pedro.
El alpinista *escapó del* peligro.
El gobernador se *entrevistó con* el ministro del Interior.
Un pintor boliviano *atentó contra* la vida del papa.
El vecindario *cooperó a* la realización del acto.
Ricardo se *ocupó con* un negocio de importación.
José *jubilóse del* empleo que tenía en la empresa.

Véase apéndice *Palabras que se construyen con preposición*.

18 Se alquilan departamentos

Se alquilan departamentos, se arreglan radios, se necesitan aprendices, se venden sombreros, se remiendan trajes, se venden diarios viejos, se compran objetos usados, etc., se denominan *oraciones pasivas reflejas segundas*. Son *pasivas* porque los sujetos son pacientes (señalan las cosas que se alquilan, venden, compran o reparan). Son *reflejas* porque en la construcción se usa el pronombre *se*. Son *segundas* porque se calla el complemento agente (quién alquila, vende, compra o repara).

De acuerdo con las funciones sintácticas de cada integrante de la oración pasiva refleja segunda, ésta debe analizarse así: El sujeto es la cosa alquilada o vendida o comprada o reparada y el verbo es pronominal (se alquila, se vende, se compra, se repara). Por lo tanto, el sujeto debe concordar con el verbo. Así debe decirse: se alquilan departamentos y no *se alquila* departamentos; se venden botellas vacías y no *se vende* botellas vacías. Y, consecuentemente, se alquila un departamento, se vende una tela de Soldi, se expone un tapiz del siglo XVII, se busca una colección de LA NACION, etc.

19 "Su" pecho - "Su" mano

Por viciosa influencia del idioma inglés, estamos haciendo uso innecesario del adjetivo posesivo *su* cuando nos referimos al cuerpo de una persona.
Ejemplos de uso incorrecto:

Fue herido en su pecho.
La granada le destrozó su mano derecha.

Uso correcto:

Fue herido en el pecho.
La granada le destrozó la mano derecha.

20 Uso del pretérito pluscuamperfecto del modo indicativo

El pretérito pluscuamperfecto del modo indicativo expresa anterioridad con respecto a otro pasado. Vale decir que siempre debe usárselo junto con otro tiempo pasado para establecer la relación necesaria.
Uso incorrecto:

El doctor Nemesio Trejo *había nacido* en Rosario. Llevado por sus padres a Europa, estudió abogacía en Francia,... etc.

En el ejemplo anterior hay uso incorrecto del pretérito pluscuamperfecto porque no se expresa anterioridad con respecto a otro pasado. Debió decirse:

El doctor Nemesio Trejo nació en Rosario. Llevado por sus padres a Europa, estudió... etc.

Ejemplos de uso correcto:

Cuando *comenzó* el tiroteo ya *habían llegado* varios periodistas al lugar ocupado por los delincuentes.
Yo *había almorzado* cuando Juan *entró*.
Luis Neira *había construido* los dos edificios mucho antes de que Eduardo Rodríguez, su socio, *fuera designado* ministro.

21 *Uso impersonal del verbo* haber

En su gramática, clásica y revolucionaria a la vez, don Andrés Bello escribe: "El de más uso entre los verbos impersonales es *'haber'*, aplicado a significar indirectamente la existencia de una cosa, que se pone en acusativo: Hubo fiestas, hay animales de instintos maravillosos".
Señala el ilustre venezolano que es un error transformar el acusativo —así llamaba Bello al complemento directo— en sujeto. Son incorrectas, pues, aquellas construcciones en las que se hace concertar los sustantivos que representan los seres o las cosas cuya existencia se declara con el verbo *haber,* que —en estos casos— va siempre en la tercera persona del singular.
Debe decirse:

Hubo fiestas, habrá otras reuniones para tratar el tema, hubo numerosos contusos, hay animales que duermen durante el invierno, hubo dos muertos y quince heridos, hubo corridas y disturbios después del acto, etc.

En buena prosa castellana han de proscribirse:

Hubieron fiestas, habrán otras reuniones, hubieron numerosos contusos, etc.

Fiestas, otras reuniones, numerosos contusos no son los sujetos de esas oraciones, son los complementos directos y por lo tanto no tienen por qué concertar con el verbo *haber.*

En estas construcciones, el sujeto sería para algunos gramáticos —entre los que figuran el mismo Bello y los de la Academia— vago e indeterminado hasta tal punto que resulta arbitrario atribuírselo al verbo *haber* de una manera explícita. En la actualidad se prefiere describir esos complejos sintácticos y señalarlos como propios de la índole de la lengua, que no en todos los casos se somete a una lógica estricta, ni se deja analizar como si se tratase de un complejo químico.

22 *Concordancia del relativo* cuyo

El relativo *cuyo* denota posesión y tiene formas distintas para adaptarse al género y al número del sustantivo con el que concierta (cuyo, cuya, cuyos, cuyas). Como todos los posesivos, concuerda con la cosa poseída.

Las casas *cuya posesión* se discute son aquéllas.
El maestro *cuyos alumnos* viste en la plaza es el tercero de la fila.
Este es el potro *cuyo trote* no pudo soportar tu hermano.
Doña Rosa, *cuyas labores* admiraste en la exposición, ya ha ganado varios premios.

23 *Uso incorrecto de posesivos con adverbios*

En su libro "El español de la Argentina", Berta Vidal de Battini señala que uno de los errores más comunes del habla de los argentinos es el uso del posesivo con los adverbios *delante, detrás, encima, debajo, junto, cerca, lejos,* etc.
Señala, además, la autora que esa construcción incorrecta es frecuente no sólo en la lengua espontánea, oral o escrita, sino también en obras literarias.
Es necesario, pues, evitar la falta vulgar de decir: LO VI DELANTE TUYO; ESTABA DETRÁS NUESTRO; VENÍA CAMINANDO CERCA MÍO, etc.
Debe decirse: LO VI DELANTE DE TI; ESTABA DETRÁS DE NOSOTROS; VENÍA CAMINANDO CERCA DE MÍ, etc.

24 *Apellidos precedidos de partículas*

En castellano, cuando el nombre de una persona y su apellido están unidos o enlazados por las partículas *de, del, de la, de los* —con minúscula—, esas partículas no forman parte ni del nombre ni del apellido. Por lo tanto, cuando se nombra a una persona solamente por su apellido, no debe antecederse a éste con la partícula si es que ella existe.

Uso incorrecto:

El general *de* San Martín venció en Chacabuco y Maipú.
El doctor *del* Carril fue vicepresidente de la Confederación Argentina.
El académico *de* Vedia habló sobre Rubén Darío.

Uso correcto:

El general San Martín venció en Chacabuco y Maipú. (José *de* San Martín.)
El doctor Carril fue vicepresidente de la Confederación. (Salvador María *del* Carril.)
El académico Vedia habló sobre Rubén Darío. (Leonidas *de* Vedia.)
El juez Santos remitió un exhorto al gobierno británico. (José *de los* Santos.)
El coronel Fuentealba pidió su retiro. (Eugenio *de la* Fuentealba.)

Excepción por uso reiterado:
Dada su imposición por el uso, no se innovará respecto del extinto monseñor Miguel de Andrea y de su sobrino supérstite monseñor Miguel Ángel de Andrea. La excepción se debe al origen italiano de ese apellido. (MONSEÑOR DE ANDREA FUNDÓ LA FACE. MONSEÑOR DE ANDREA HABLARÁ MAÑANA.) Véase apartado *54*, II.
Hay casos en que se conservan las partículas, como el anterior, incluso escribiéndolas con mayúscula: *De* Gaulle (Charles *de* Gaulle); *De la* Rúa (Fernando *de* la Rúa).

25 *El uso de la preposición* a *con el complemento directo*

En el "Curso superior de sintaxis española", Samuel Gili y Gaya analiza la evolución del uso de la preposición *a* con el complemento directo, que se remonta al período preliterario, en el que se introduce por contaminación del dativo. Sostiene el distinguido gramático que en la lengua actual, con algunas vacilaciones, se ha impuesto el empleo de la preposición en los casos siguientes: cuando el complemento directo es persona o cosa personificada; cuando es necesario evitar la confusión entre el sujeto y el predicado; con complementos directos que son nombres geográficos no precedidos por artículo.

Primer caso (complemento directo personal o cosa personificada):
VISITÓ *A* SU HERMANO ANTES DE PARTIR PARA EUROPA; INVITÓ SÓLO *A* SUS AMIGOS ÍNTIMOS; BUSCÓ *A* SU MAESTRO PARA RECORDAR LOS TIEMPOS VIEJOS, etc.

Si se trata de personificaciones —y ésta es una de las causas de vacilación que menciona Gili y Gaya—, se usará la preposición de acuerdo con el mayor o menor grado de personificación: TEMES A LA MUERTE (alto grado de personificación indicado por la mayúscula) o TEMES LA MUERTE.

También en el caso del complemento directo personal hay matices que dependen del grado de determinación de la persona. Así, se dirá: BUSCO AL MÉDICO (cuando no se trata de cualquier profesional).

Segundo caso (para evitar la confusión entre el sujeto y el complemento directo):

Nótese la diferencia entre LOS LOBOS MATARON LOS PERROS y LOS LOBOS MATARON A LOS PERROS; entre EL ENTUSIASMO VENCIÓ LA DIFICULTAD y EL ENTUSIASMO VENCIÓ A LA DIFICULTAD.

26 El uso de preposiciones con verbos de movimiento

A y PARA

La preposición *a* indica el término a que se encamina una persona. Debe, pues, usarse en todos los casos en los que se quiere señalar el destino final de un viaje o una traslación. Ejemplos:

Se dirigió *a* la Casa de Gobierno.
Viajó *a* Israel el ministro de Comercio.
Visitará *a* Bahía Blanca una misión comercial alemana.
Marchó *a* su casa, luego de renunciar.
Volvió *a* La Paz el ex presidente Paz Estenssoro.

Con ciertos verbos, la preposición *para* es necesaria. Ejemplos:

Salió *para* Córdoba a primera hora de la madrugada.
Partió *para* Londres en compañía de sus hijos.

HACIA

Esta preposición indica sólo la dirección del movimiento, de modo que no ha de emplearse cuando se quiera significar precisamente el destino.

VIAJAR HACIA LA PLATA significa que se toma en dirección a aquella ciudad, pero no que la intención sea llegar a ella, o que se pueda hacerlo.

Hasta tal punto la preposición *hacia* indica sólo dirección y no destino, que es la partícula de elección cuando el término del movimiento es muy vago o indeterminado. Ejemplos:

Salió hacia el Norte, tomó hacia el río, dobló hacia el puente.

HASTA

Con verbos de movimiento, *hasta* indica el límite de un viaje o traslación que estaba previsto que siguiera o que se realizará en otras condiciones, o que otras continúan. Ejemplos:

Sólo llegó hasta Banfield, porque se descompuso el coche.
La escolta los acompañará sólo hasta la frontera.
Serán acompañados por el ministro hasta La Plata, de allí en adelante los guiará el gobernador.
Hasta Mar del Plata viajarán en automóvil, allí se embarcarán en un aviso de la Armada.

27 *Uso de los verbos* oír *y* escuchar

La diferencia de significados entre los verbos *oír* y *escuchar* consiste en que este último siempre denota la aplicación de la atención para percibir ruidos y sonidos.

Siempre que se *escucha* se presta atención; *escuchar* es una acción voluntaria.

No se puede *escuchar* el ruido o sonido para cuya percepción no se está prevenido. Por otra parte, es obvio que se puede *oír* sin escuchar y se puede *escuchar* sin *oír.*

En los últimos tiempos se ha vulgarizado el error de usar *escuchar* por *oír.* Sobre todo en la lengua oral, que ha contagiado la escrita. Lo más común es que una persona a la que le es difícil entender lo que le dicen por teléfono advierta a su interlocutor que *no lo escucha.* Es grave error. Está *escuchando* con intensidad. Lo que pasa es que no lo *oye* con suficiente claridad como para entender.

No es posible *escuchar* un grito espontáneamente proferido por otro. Sólo se lo *oye.*

La diferencia entre *oír* y *escuchar* es, por otra parte, la misma que media entre *ver* y *mirar.*

Dice, por su parte, nuestro colaborador Angel Mazzei: "No sólo en el lenguaje coloquial, sino en la creación literaria existe la confusión entre *oír* y *escuchar.* Se los emplea con el carácter de verbos equivalentes, sin matización visible. *Oír* es percibir los sonidos, atender las reclamaciones; *escuchar* es *oír* algo con atención. Se puede *oír* 'como quien oye llover' —tal el modismo—, pero *escuchar* supone el interés activo en la recepción de los sonidos. Beinhauer señala cómo en el francés el predominio de *oír (entendre)* sobre *escuchar (écouter)* es muy notable en tanto que en el alemán y en el español, la mayoría emplea un solo verbo para las dos ideas. 'Si comparamos ahora esta pareja *mirar* y *ver,* que atestigua la suficiente distinción del hablante español entre dirigir la visión y percibir con la vista, nos encontramos aquí ante una inconsecuencia del lenguaje. Creo que su explicación está en que la disposición de nuestros órganos visuales es corporalmente perceptible, mientras que la de los auditivos es mucho más incontrolable y en los procesos del *escuchar* y del *oír* están mucho más íntimamente trabados que los del *mirar* y del *ver,* posiblemente muy distanciados uno del otro.'

"Capdevila, catador de las diferencias, proporciona en uno de sus mejores poemas, 'La buena palabra', un ejemplo, adecuado para señalar la connotación expresiva:

"'Casi he rodado al fondo de la sima, tú que me escuchas mi enseñanza aprende' ". (Angel Mazzei, LA NACION.)

28 *El verbo* observar

El DRAE da seis acepciones de *observar,* de las cuales tomaremos la primera: "examinar atentamente", la tercera: "advertir, reparar" y la cuarta: "mirar con atención y recato, atisbar".

En algunas secciones del diario se abusa de *observar* en lugar de *ver.* Es bastante común leer: *"Observó* que había dos cajas sospechosas sobre la mesa". Si bien esto parecería autorizado por la tercera acepción del vocablo, en realidad lo que se quiso decir, lo que el lector —que no tenemos por qué suponer que es un frecuentador de diccionarios— entiende es que el sujeto *vio* dos cajas sospechosas sobre la mesa. En casos semejantes se está cometiendo un hipercultismo, dejando de lado el verbo *ver* y poniendo uno que, esencialmente, significa ver de un modo especial.

Además, con el uso reiterado de *observar* se empobrece el léxico. ¿Por qué no decir: ADVIRTIÓ QUE HABÍA DOS CAJAS SOSPECHOSAS SOBRE LA MESA O *REPARÓ* EN QUE HABÍA DOS CAJAS SOSPECHOSAS SOBRE LA MESA?

29 *Solicitar*

Otro verbo que se utiliza abusivamente es *solicitar,* cuya primera acepción dice: "pretender o buscar una cosa con diligencia y cuidado". Si tenemos en cuenta su significado, veremos que lo más lógico es usar el verbo *pedir,* que señala en su primera acepción: rogar o demandar a uno que dé o haga una cosa de gracia o de justicia, y en la quinta: requerir una cosa, exigirla como necesaria o conveniente.

No caben, pues, oraciones como éstas: EL CLIENTE SOLICITÓ UNA CERVEZA EN EL BAR o AL SUBIR AL COLECTIVO, SOLICITÓ UN BOLETO DE 20 CENTAVOS.

30 *El verbo* penetrar

El verbo *penetrar* significa: introducir un cuerpo en otro por sus poros. Por ejemplo:

El clavo penetró en la pared con facilidad. La bala penetró en el tórax del atacante.

Como sinónimo de *entrar,* sólo puede usarse cuando el sujeto logra introducirse en un espacio, aunque haya dificultad o estorbo. Sin embargo, en algunas secciones del diario las personas penetran más que entran.
Se proponen como alternativos de entrar:
Irrumpir, que es entrar violentamente.
Penetrar, cuando el acceso es difícil.
Ingresar, abrirse paso, abrirse calle o abrir camino.

31 *Esgrimir*

Es común leer que un asaltante *esgrimía* un revólver.
Esgrimir es palabra que ha de usarse sólo referida a armas blancas, porque significa acometer o parar golpes de un adversario que también esgrime un arma blanca.
Ha de usarse *empuñar* = asir con el puño, cosa que se puede hacer con un revólver o una pistola, pero no con una ametralladora, que exige otra forma de asimiento.
Con un revólver se puede *apuntar, amenazar,* o *encañonar.* También se puede *asestar,* tanto un golpe de arma blanca como un disparo.

32 *Un verbo francés: "munir"*

Con cierta frecuencia vemos en diarios y revistas, y especialmente en comunicados de organismos oficiales, la palabra "munido", participio pasivo de un verbo francés que por extrañas razones se ha introducido en nuestro idioma en reemplazo de uno tan castizo como "proveer", sin mejorar la frase ni hacerla más clara.
Dejemos pues de lado el intruso "munido" y digamos *provisto, abastecido, pertrechado,* etc...

33 *La colocación del adjetivo calificativo*

Sobre si el adjetivo calificativo debe preceder o seguir al sustantivo, han discutido largamente los gramáticos, sin ponerse de acuerdo, salvo en el caso del epíteto, en el que la mayoría coincide en que ha de anteponerse. Epíteto, como se recordará, es el adjetivo o participio que no determina ni especifica el nombre, sino que lo explica, mentando alguna de sus características esenciales. En las construcciones que siguen van en bastardilla los epítetos: Los *fieros* leones, las *laboriosas* abejas, las *mansas* ovejas, la *fría* nieve.

Frente a la indefinición de que hablamos al principio, parece muy lógica la actitud adoptada por Roberto F. Giusti, quien, en el tercer libro de su gramática, expresa: "No puede darse en lengua castellana sobre el particular ninguna regla absoluta, porque el uso es muy elástico. Antes que de una cuestión gramatical se trata de una literaria, de estilo".

La elasticidad que acertadamente menciona Giusti ha llevado, sobre todo en Hispanoamérica, al abuso de anteponer el adjetivo calificativo al sustantivo, aun en aquellas construcciones en las que debe posponerse. La tentación proviene, sin duda, del valor estético, subjetivo, sentimental, poético, que tiene el adjetivo antepuesto. Aunque se resientan la claridad y la propiedad, pocos se resignan a renunciar al énfasis, que les parece literatura de buen cuño.

Como la propiedad y la claridad son características esenciales de la prosa informativa, no resultará impertinente prevenir a los periodistas, especialmente a los cronistas, contra el abuso de un recurso que, además de bastardear la lengua profesional, contradice el orden sintáctico natural del idioma español.

Es propia de la lengua castellana, en efecto, la construcción llamada *descendente* que —como dice la Real Academia— "es aquella en la cual los vocablos se ordenan en la oración de manera que cada uno venga a determinar al que precede".

La índole del idioma demanda, pues, que los determinativos, excepto en casos funcionalmente definidos, sigan a las palabras cuya extensión limitan y cuya comprensión enriquecen. Según esto, es más correcto en español que el adjetivo vaya después del sustantivo. Así como es propio en inglés —idioma de construcción *ascendente* en materia de adjetivación— que ocurra lo contrario.

No ha de condenarse —entiéndase bien— la sintaxis figurada a que con todo derecho recurren los poetas y los prosistas literarios. Ni podrá condenarse su uso moderado y oportuno en la prosa informativa. Pero es necesario desterrar de la lengua periodística el abuso sistemático de ella, una de cuyas manifestaciones más perniciosas es la adjetivación enfática y pretenciosa.

Si la objetividad es una de las cualidades esenciales de la crónica, la nota y la entrevista, ¿por qué hemos de emplear una adjetivación subjetiva? Véase apartado *39*.

34 Gerundio: ejemplos

Volvamos sobre el tema del gerundio para dar una serie de ejemplos a través de fragmentos de notables escritores.

"*Entrando* en la dehesa de los caballos, Platero ha comenzado a cojear" (Juan Ramón Jiménez, "Platero y yo").

"Ramiro avanzaba con rapidez, *saltando* las peñas y los hatos de podas antiguas" (Enrique Larreta, "La gloria de Don Ramiro").

"Dirigióse a él *hablándole* en araucano, y el negro, que se había puesto de pie, volvió a sentarse" (Lucio V. Mansilla, "Una excursión a los indios ranqueles").

"Comienza a trabajar y el cansancio va *desapareciendo*" (Azorín, "Doña Inés").

"Uno nace de la edad que tiene, al salir de la enfermedad, y se siente vivir, *bebiendo, aspirando, absorbiendo* la fuerza que retoña" (Eduardo Wilde, "La lluvia").

"*Sintiendo* su mano en la sombra mezo a mi niño" (Gabriela Mistral, "Meciendo").

"Me escribe un amigo desde Chile *diciéndome* que se ha encontrado allí con alguno que, *refiriéndose* a mis artículos..." (Miguel de Unamuno, "Mi religión").

"*Andando* a buscar la caza / para su falcón cebar, / vio venir una galera / que a tierra quiere llegar" (Romance del Infante Arnaldos).

35 Omnibus - microómnibus

Del Diccionario Académico: "OMNIBUS: Carruaje de gran capacidad, que sirve para transportar personas, generalmente dentro de las poblaciones, por precio módico".

El DRAE no registra el vocablo *microómnibus,* de uso corriente en algunas ciudades argentinas y utilizado como homólogo de *colectivo* (en su origen automóvil o vehículo colectivo) o *pequeño ómnibus.*

Es error frecuente denominar microómnibus a los ómnibus que hacen viajes de larga distancia. En realidad, en este caso, en lugar de hablar de microómnibus habría que referirse a un macroómnibus...

36 Palabras que se escriben con minúscula

(Además de las normas consignadas en la *Guía de vocablos y expresiones,* se resumen aquí aquéllas.)

1) los nombres de los meses;

2) los nombres de las estaciones del año;

3) los nombres de los siete días de la semana;

4) los nombres de las monedas: un dólar, un peso, etcétera;

5) los nombres de objetos que han recibido su nombre común derivado del de su autor: un máuser (fusil máuser) un bunsen (un mechero bunsen), etc.;

6) los nombres de los vientos;

7) los tratamientos cuando se escriben con todas la letras: *su majestad, Vuestra alteza, su excelencia,* etc., menos *Su Santidad,* refiriéndose al papa;

8) el nombre de los sistemas de gobierno, en tanto no se refieran a épocas concretas: *la monarquía, la república,* pero *durante la Monarquía, en tiempos de la Restauración;*

9) las letras con que comienza cada verso en una poesía (salvo que por otra razón les corresponda mayúsculas);

10) los nombres de las ciencias, técnicas, disciplinas de estudio, etc., en tanto no formen parte de una determinada denominación que exija mayúsculas: *la astronomía, parte de la física, las matemáticas, estudiar derecho comparado, investigar sobre prehistoria;*

11) el nombre de las religiones: *catolicismo, budismo, islamismo;*

12) los nombres de los miembros de las religiones: *católico, protestante;*

13) los gentilicios: *argentino, español;*

14) los nombres de las oraciones: *el padrenuestro, un avemaría, el ángelus, un credo, la salve;*

15) los nombres de títulos, cargos y dignidades civiles, militares y religiosas: el jefe de Estado, *el presidente norteamericano, el rey, el faraón, el sultán, el emperador, el teniente general, el coronel, el obispo, el primer ministro,* menos *el Presidente* (de nuestro país, siempre que no esté acompañado de un adjetivo, ej.: *el presidente argentino*) y *el Papa* cuando se trata del reinante y va solo; pero *el papa Juan Pablo II;*

16) los nombres de los movimientos artísticos o de otra índole: *futurismo, expresionismo, impresionismo;*

17) las denominaciones de acontecimientos o hechos paganos: *bacanales, saturnales;*

18) los nombres genéricos en mitología: *las gracias, los argonautas, las sibilas, las musas, las arpías;*

19) los nombres de los accidentes geográficos comunes: *cabo San Vicente, la isla de las Galápagos, península de Valdés*, pero *Mar Negro, Mar Rojo, Canal de la Mancha, Golfo Pérsico*;
20) los adjetivos usados en nombres geográficos: *Europa occidental, los Alpes occidentales, Paquistán oriental*;
21) los nombres de los períodos o estratos geológicos: *pleistoceno, oligoceno, cretácico, jurásico*. (Osvaldo Müller.)

37 *Mantener*

Entre los vocablos cuyo abuso denota pobreza idiomática, figura *mantener*. Así, suele utilizárselo de los siguientes modos:

El ministro mantuvo una conferencia con sus colaboradores.
Al cierre de las operaciones, el dólar mantuvo su cotización del día anterior.
La guardia se mantuvo en su puesto de vigilancia.
El tiempo se mantuvo inestable durante toda la jornada.

Si bien es cierto que las acepciones son en todos los casos correctas, conviene tener presente que el empleo de los correspondientes sinónimos redundará en una mayor precisión y riqueza de los conceptos. En consecuencia, se proponen las siguientes alternativas para los ejemplos enunciados:

El ministro *tuvo* (o *sostuvo*) una conferencia con sus colaboradores.
Al cierre de las operaciones, el dólar *conservó* su cotización.
La guardia *permaneció* en su puesto de vigilancia.
El tiempo *persistió* inestable durante toda la jornada.

(Adolfo García Ruiz.)

38 *Los derivados en* -ría

En los últimos años se ha desarrollado la manía de formar los nombres de los comercios en *-ría*, sufijo derivativo que es correcto en el español en la medida en que corresponda al uso de la comunidad hablante y no a una moda, como es el caso de que tratamos. *Chopería* es viejo conocido de los aficionados a la cerveza y de empleo frecuente en el litoral de la República. Tenía sus derechos regionales adquiridos cuando empezaron a multiplicarse los excesos que cualquiera puede comprobar en las calles porteñas. Sólo algunos ejemplos: en la calle Caseros hubo, acaso perviva, una "bailería", salón de baile. En Charcas y Callao, se abrió no hace mucho una "desmanchería", donde se quitan manchas de la ropa. Por Arenales, más allá de Pueyrredón, se ofrecen los servicios de una "niñería", local al que se manda a los niños a educarse. Una "morfería", situada en algún lugar de Buenos Aires, es un restaurante.

39 *De adjetivos y la lectura*

El sustantivo sustancial y el adjetivo sustancial. Esta es la cuestión. Y, como sólo cuentan las palabras, esas palabras no deben ser las que eligen los labios antes que el espíritu, para que los contenidos mentales no nazcan traicionados, si es que no muertos.

Si bien el respaldo espiritual lo da un desarrollo vital alimentado constantemente con el ejercicio casi obsesivo de la lectura, la urgencia del aquí y ahora impulsa a ser pragmático.

¿Hay que adjetivar? Pues, se adjetiva. Aunque el matrimonio *sustantivo / adjetivo* no siempre es feliz. Como lo explicita C. Martínez Moreno en "Los aborígenes": "El discípulo acumula adjetivos, pero son adjetivos impersonales, guijarros gastados de tanto rodar. Todo militar es pundonoroso, toda matrona es patricia y cristiana, todo maestro es eminente, todo médico es abnegado". Rezuma escolaridad, pero vale.

Y, aunque el uso de los adjetivos calificativos debe restringirse en los géneros más puramente informativos, en los que prima la objetividad y en los que sólo se admiten aquellos que añadan información, el florilegio en nuestra hoja diaria y en otros medios amplía horizontes y fundamenta bases en el difícil y fascinante arte de escribir.

Y en todo aprendizaje, que nunca termina, lo mismo que el arte de enseñar debe estar relacionado con el arte de ser enseñado, el arte de escribir lo está con el de leer. Entre tantos beneficios de la lectura, es constante el hallazgo de los medios expresivos que hoy nos interesan: el sustantivo sustancial y el adjetivo sustancial. Leer es pensar. El pensar no es exclusivo de la investigación y el descubrimiento, pues el arte de leer abarca las mismas habilidades que estas actividades: agudeza de observación, memoria fácilmente disponible, alcance de imaginación y, por supuesto, un razonamiento adiestrado en el análisis y la reflexión.

Cada cual sabe la cantidad y calidad de libros que necesita leer.

Paso a paso: del nombre de las cosas y sus cualidades a la lectura. De los libros, al sustantivo justo y el adjetivo preciso. (De *Entre lengua y habla*, "Entre nosotros".) Véase apartado *33*.

40 Subsiguiente

Del Diccionario Académico: "Subsiguiente: Que se subsigue. Que viene después del que sigue inmediatamente".
Es frecuente el uso errado de este vocablo, pues se le da el significado de *siguiente*. Ejemplos de uso errado:

Pasado mañana vencerá el plazo para pagar el impuesto. En los días subsiguientes [debió decirse *siguientes*] comenzará a citarse a los infractores.
Como las casas bancarias no atenderán al público hasta el 5 de agosto, en los días subsiguientes [debió decirse *siguientes*] se podrá depositar cheques cuyo vencimiento se opere durante ese lapso.

Ejemplo de uso correcto:

Hoy comenzará a cobrarse el impuesto. En días subsiguientes [o sea a partir de pasado mañana] serán citados los infractores a la ley de empadronamiento de automotores. Comenzó el interrogatorio por orden de lista. El primero dijo no saber nada. El subsiguiente [*o sea el tercero*] afirmó otro tanto. Pero entre uno y otro pareció surgir un indicio: el segundo manifestó haber visto a un ebrio merodear el cuartel al atardecer.

41 La última maratón

En repetidas ocasiones nuestra Academia de Letras abordó este vocablo —maratón—, como consta en su Boletín, Tomo LII Nº 205-206, por ej., "Notas sobre el habla de los argentinos", donde, en la pág. 508, da como argentinismo "maratónico" en el artículo "maratoniano", tal como aparece en la XXI edición del DRAE.
Ahora, se trata de resolver ciertas contradicciones sobre el género de esta prueba pedestre, que se corre sobre la distancia de 42.195 metros — el Diccionario de la que "fija, limpia y da esplendor" lo da como masculino y a veces femenino mientras su Manual de 1975 no trae este término—, y la Academia Argentina (la de la columna "Recta sustenta") transmite a la RAE que para nosotros siempre fue "la maratón", tal como figura, incluso, en otros diccionarios, como el Karten. En italiano, es "la maratona".

42 Verbos que se construyen con de

Entre los verbos que se construyen con la preposición *de* figuran los que expresan disentimiento, diferencia, alejamiento, etc.
Degenerar *de* su estirpe; derrocar *del* poder; derribar *de* la cumbre; desaparecer *de* los sitios que solía frecuentar; descender *de*

buena casa; descolgarse *de* la parra; desertar *de* las filas; desistir *del* intento; destituir *de* la presidencia; dimitir *de* su cargo; discernir una cosa *de* otra; disentir *de* los otros en política; disentir *de* las opiniones corrientes en esta materia; discordar *del* pensamiento del maestro en este punto de la gramática; discrepar *de* la opinión de los otros legisladores de su bloque; discriminar la posición honesta *de* la deshonesta; distinguir el vino *del* vinagre; distraer *de* su trabajo; etc.

Como puede comprobarse, en estos verbos el lexema, que contiene el significado semántico, comienza con una forma de la preposición *"de"*. Véase *dequeísmo*.

43 *Reglas generales de acentuación*

Deben llevar acento ortográfico o tilde:

1ª Todas las palabras esdrújulas y sobresdrújulas. Ejemplos: *ávida, bárbaro, dádiva, confiésamelo, vigíleselo*.

2ª Todas las agudas terminadas en *vocal, n o s*. Ejemplos: *marché, volverá, canción, capitán, compás, danzarás*.

3ª Todas las graves *no terminadas* en *vocal, n o s*. Ejemplos: *árbol, mástil, útil, áspid, lápiz*.

4ª Aquellas en que el acento tónico recaiga sobre una vocal débil (i, u) seguida o precedida por una vocal fuerte (a, e, o). Ejemplos: *día, rocío, falúa, acentúo, continúa, raído, maúlla, oído, envíe, decían*.

5ª Si la terminación *-mente* se une (para formar un compuesto) a una palabra que lleva acento ortográfico, éste subsiste en el compuesto. Ejemplos: *ávidamente, inútilmente, tardíamente*.

6ª Asimismo, las flexiones verbales que llevan acento ortográfico lo conservan cuando se les pospone un pronombre. Ejemplos: *contóme, volvióse*.

Reglas especiales

Acento diacrítico. Se usa también el acento ortográfico en unos pocos casos especialmente convenidos para distinguir entre sí palabras homófonas, o dos funciones de la misma palabra.

1ª serie: la integran los pronombres personales *tú, mí, sí;* esta misma palabra, *sí*, cuando es adverbio de afirmación; *más,* cuando es adverbio de cantidad; *sólo,* como adverbio de modo (equivalente a solamente), si con el acento ortográfico se ha de evitar una anfibología; *dé, vé* (imperativo de *ir*) y *sé* cuando sean verbos, y *té,* como sustantivo.

Con tales acentos esas palabras se diferencian de *tu* y *mi,* pronombres posesivos; *el,* artículo; *si,* condicional; *mas,* conjunción adversativa; *solo,* adjetivo; *de,* preposición; *se,* pronombre, y *ve,* del verbo ver. *2ª serie:* la constituyen los pronombres demostrativos *éste, ése, aquél, ésta, ésa, aquélla, éstos, ésos, aquéllos, éstas, ésas, aquéllas,* que en función de tales (no como adjetivos) se acentúan en las formas masculina y femenina, con sus plurales respectivos. Las formas neutras (*esto, eso, aquello)* no se acentúan.

Las nuevas normas permiten suprimir el acento, si ello no da lugar a anfibologías, en "ese, este y aquel" y en el adverbio "solo".

3ª serie: se acentúan los pronombres interrogativos o exclamativos; *qué, cuál, quién, ¿cúyo?, cuánto, dónde, adónde, cuándo* y *cómo.*

Respecto del adverbio *aun,* llevará tilde (*aún*) cuando pueda sustituirse por *todavía* sin alterarse el sentido de la frase. En los demás casos, con el significado de *hasta, también, inclusive* (o *siquiera,* con negación) se escribirá sin tilde.

Voces con "h" intervocálica
La H muda, cuando se halla entre dos vocales, no impide que éstas formen diptongo. Por tanto, cuando alguna de esas vocales, por virtud de las normas generales, deba ir acentuada, se pondrá el tilde (o la tilde) como si no existiese la H. Ejemplos: *ahíto, retahíla, búho, ahúman, rehúses.*

Voces compuestas
En las palabras compuestas, el primer elemento no lleva acento ortográfico; *decimoséptimo, asimismo, rioplatense.* Como consta en la 5ª regla, se exceptúan los adverbios terminados en *mente.*

Si la palabra compuesta se escribe con un guión intermedio, cada uno de los componentes lleva el acento que como simple le corresponda: *soviético-japonés, teórico-práctico.*

44 División de las sílabas

Los vocablos podrán dividirse de la siguiente manera:
Des-am-pa-ro o De-sam-pa-ro
Nos-o-tros o No-so-tros
Des-a-rro-llo o De-sa-rro-llo
Esta disposición facilitará, sin duda, la composición. Sin embargo, dentro de lo posible se preferirá mantener la estructura etimológica de las palabras, que es la que figura en primer término en cada par de los ejemplos dados.

45 *Primer piso*

En la Argentina *primer piso* es lo que sigue hacia arriba a la planta baja. En los Estados Unidos de América *first floor* es la planta baja misma, de modo que *second floor* es lo que en nuestro país llamaríamos primer piso. La secuencia numérica de los pisos está dada en ambas lenguas, como es lógico, por esa diferencia inicial.

46 *La Argentina*

En los últimos lustros se ha acentuado la tendencia errónea a eliminar el artículo del nombre de nuestro país. LA NACION prefiere el uso tradicional, fundado en razones precisas de índole gramatical. En sus columnas debe escribirse, pues, la Argentina y no Argentina a secas. Como se sabe, el nombre de la República tiene un origen adjetival. En el poema de Martín del Barco Centenera en el que aparece por primera vez, en 1602, la voz *argentina* aplicada a la zona rioplatense, se castellaniza el adjetivo latino *argentinus* —de plata—, en su forma femenina. El autor lo tomó del lenguaje eclesiástico y jurídico limeño.

En español es norma que el artículo antepuesto a un adjetivo lo convierte en sustantivo. Transformada *argentina* en nombre propio geográfico es, pues, necesario que vaya precedida por el artículo que le da su función nueva.

La Argentina, es casi redundante señalarlo, toma su nombre del Río de la Plata o Río Argentino, que al principio se aplicó a la región aledaña y, más tarde, a todo el territorio nacional.

Estas tierras de la plata, que no la tenían, aparecieron vinculadas con ese metal precioso por primera vez en el mapa de 1554 de Lopo Homem, que la llamó Terra argentea.

47 *Fonema* b

Entre las recomendaciones formuladas a los maestros, en "El español de la Argentina", por su autora, Berta Elena Vidal de Battini, figura la "de pronunciar del mismo modo *b* y *v,* como corresponde en español y como pronunciamos todos en la Argentina".

Podría preguntarse por qué hacer una advertencia innecesaria, si todos pronunciamos correctamente ambas letras.

La razón que justifica plenamente la recomendación de la autora, que por encargo del Consejo Nacional de Educación estudió las características del castellano usado en la República, es la siguiente: a veces por hipercultismo y a veces porque es más fácil enseñar ortografía haciendo sonar de forma diferente la *b* y la *v,* algunos hablantes y muchos docentes aún incurren en un error fonético que repugna a la índole del español.

En la enseñanza pública, años atrás se tenía la costumbre perniciosa de obligar a los alumnos a pronunciar como labiodental la *v,* de *vaca,* y como labial la *b,* de *burro.*

Lo cierto es que, por lo menos desde el siglo XVI en adelante, en español ambas son fonéticamente iguales. Sólo existe en este terreno la *b* de *burro.*

El empeño en mantener esa diferencia artificial fue compartido durante largo lapso por la Real Academia Española, que tardíamente renunció a imponerla.

En su "Manual de pronunciación española", Tomás Navarro, expresa: "Es extraño al español el sonido labiodental del francés *vie,* del alemán *was,* y del inglés *very*". Y agrega: "En la escritura, *v* y *b* se distinguen escrupulosamente; pero su distinción es sólo ortográfica. La *v,* como la *b,* se pronuncia, pues, bilabial oclusiva en posición inicial absoluta o precedida de *m* y *n,* y bilabial fricativa en todos los demás casos".

48 Decir de que

En los últimos tiempos, gracias a la ignorancia enciclopédica de los que hablan por radio y televisión, el *dequeísmo* se ha universalizado. Consiste en usar la preposición *de* antes de *que* con verbos como decir, anunciar, avisar, aconsejar, etc.

ME ACONSEJÓ DE QUE LO VIERA LO ANTES POSIBLE; *DIJO DE QUE* ME VENDRÍA A BUSCAR TEMPRANO; LE *AVISÉ DE QUE* NO ME ESPERARA; A JUAN LE *COMUNICARON DE QUE* NO FUERA HASTA EL LUNES; ETC.

Un recurso práctico, para no caer en esta cursilería, es formularse la pregunta correspondiente en cada caso: ¿Qué me aconsejó?; ¿Qué me dijo?; ¿Qué le avisé?; etc. Nadie dice: ¿*De* qué me aconsejó?; ¿*De* qué me dijo? Véase *dequeísmo.*

49 Acerca del uso de ex

Dice el Diccionario Académico: "La preposición *ex,* antepuesta a nombres de dignidades o cargos, denota que los tuvo y ya no los tiene la persona de quien se habla; v. gr. *ex* ministro, *ex* gobernador, etc. También —señala— se antepone a otros nombres o adjetivos de persona para indicar que ésta ha dejado de ser lo que aquéllos significan; v. gr. *ex* discípulo, *ex* monárquico, etc".

Vista dicha definición, se infiere que debe usarse solamente con personas vivas. Del mismo modo que nadie menciona "la *ex* presidencia de Roca" o el "*ex* almirante Brown", no se debe decir "Homenaje al *ex* presidente Castillo". Se dirá, pues, "Homenaje al presidente Castillo".

Cabe, sin embargo, aceptar su uso cuando, por circunstancias especiales, quiera hacerse notar esa particularidad: v. gr. "Fue asesinado el ex portero de una escuela". En este caso —tomado de una noticia real— convenía señalar, para que la información fuera completa, que la víctima no era portero del establecimiento, pero lo había sido y seguía habitando en la casa del portero.

En el caso de un diocesano que se retira por edad (75 años) o enfermedad, se escribirá: monseñor Miguel E. Hesayne, *obispo emérito* de Viedma, no *ex obispo*. Emérito es, por asimilación, jubilado de un cargo o empleo.

"El obispo a quien se haya aceptado la renuncia de su oficio *conserva el título de obispo dimisionario de su diócesis,* y, si lo desea, puede continuar residiendo en ella... La Conferencia Episcopal debe cuidar de que se disponga lo necesario para la conveniente y digna sustentación del obispo dimisionario..." (Canon 402 del Código de Derecho Canónico, de la Iglesia Católica).

50 Pablo Riccheri

La del epígrafe es la grafía correcta del apellido del ilustre militar argentino que fue ministro de Guerra entre 1900 y 1904, reorganizador del Ejército y autor de la ley del servicio militar obligatorio.

Frecuente y erradamente, se suele deformar su apellido escribiéndolo Ricchieri.

En el Archivo de la Redacción de LA NACION se conserva el original de una carta que, siendo ministro de Guerra, remitió a Mitre con motivo de cumplir éste ochenta años de edad. La firma, con rúbrica, dice claramente: Pablo Riccheri. Y así figura escrito su apellido en el mausoleo que la gratitud nacional le erigió en la Recoleta.

51 Tirada

Del Diccionario Académico: "TIRADA: ...4. Imprenta: Acción y efecto de imprimir. 5. Imprenta: Número de ejemplares de que consta una edición". Entonces, es erróneo decir:

El *tiraje* de La Gaceta llegó a los 400.000 ejemplares.

Correcto:

La *tirada* de La Gaceta llegó a los 400.000 ejemplares.

Los diarios, las revistas, los periódicos tienen *tirada*. En el habla común, aunque el Diccionario Académico no lo registre, *tiraje* tienen las chimeneas.

52 *El relativo* quien

El pronombre relativo *quien* (*quienes*), en buena prosa castellana, se refiere siempre a *personas* o *cosas personificadas*. Va precedido por las preposiciones que requiera su función gramatical y nunca se construye con artículo.

Debe subrayarse la vinculación necesaria de *quien* (*quienes*) con personas o personificaciones, para señalar que ha de evitarse el grosero error de aplicarlo a *cosas, animales* o *entes inanimados no personificados*.

Ejemplos de uso correcto:

El *señor* a *quien* me recomendaste no hizo caso de tu presentación.
La *muchacha* de *quien* te hablé ha llegado.
Pedro fue *quien* me enteró de la noticia.
Quien canta, sus males espanta.

• Otra advertencia con respecto a *quien:* cuando lleva expreso su antecedente no puede ser sujeto de una oración especificativa y debe usarse el relativo *que*. Es incorrecto, de acuerdo con lo anterior, decir:

El juez *quien* los condenó era su enemigo.
No estaban en la sala los compañeros *quienes* lo traicionaron.
Ese es el ladrón *quien* le arrebató la cartera.

Lo *correcto* es:

El juez *que* los condenó era su enemigo.
No estaban en la sala los compañeros *que* lo traicionaron.
Ese es el ladrón *que* le arrebató la cartera.

• Y una tercera advertencia: *quien* no lleva tilde, si no tiene sentido interrogativo o admirativo.

Más ejemplos y aclaraciones para corroborar la norma transcripta.

• *Quien,* que se usa siempre con *función sustantiva,* como pronombre indefinido, se refiere a un antecedente implícito o callado e indefinido, que equivale a *la persona que:*

Quien bien te quiere te hará llorar.
Quien lo resuelva será premiado.
Quien con lobos anda a aullar se enseña.

• Nótese la redundancia cuando el antecedente está expreso:

El embajador, *quien* llegó ayer...

El relativo que corresponde es *que:*

El embajador, *que* llegó ayer...

• Cuando la oración de relativo es del tipo de las llamadas especificativas o determinativas, el antecedente sólo puede estar explícito si entre él y el relativo *quien* se intercala una preposición:

Este es el amigo *de quien* te he hablado.

No es aceptable, entonces, esta construcción:

El chauvinismo francés no toma en cuenta lo que en francés escriben aquellos extranjeros *quienes,* atraídos por el brillo de la cultura francesa, en Francia residan o trabajen durante años [Cernuda, "Estudios sobre poesía", 190].

• *Quien,* queda dicho, no debe aplicarse a cosas no personificadas, aunque así lo hayan hecho los escritores antiguos; v. gr.: ESTE CASTILLO DE *QUIEN* SOY ALCALDE.
Hoy debe usarse *que* o *el cual,* para no caer en el "grosero error" de que se habla más arriba.

•*Quien,* pronombre relativo como *que, cual* y *cuyo,* se referirá exclusivamente, como se ve, a nombre de persona, y donde tiene perfecto empleo es en ausencia del sujeto personal: *QUIEN* MAL ANDA MAL ACABA, y siempre que le anteceda preposición: HAZ BIEN SIN MIRAR *A QUIEN.*

53 Queísmo

Párrafos *que* cortan el resuello, y *que* hay *que* volver a leer para descifrarlos, pueden mejorarse con la sencilla regla de oro de evitar la interdependencia de proposiciones en cadena, moderar el queísmo, con frases cortas, sabiamente puntuadas. ("Puntuar es pensar", según el filólogo francés Jacques Drillon: "El pensamiento, como el ser, se ubica en la más modesta de las comas".)

Pronombre, conjunción, sustantivo, el "que" implica, normalmente, oraciones de relativo, que son, a fin de cuentas, incidentales, secundarias. Ya se dijo: no se debe abusar de los incisos (véase *incisos*), ni de los paréntesis (véase *paréntesis*), para que el lector no pierda el hilo del discurso, y el relato, coherencia, precisión y hasta belleza. Si se deja al lector el trabajo de ordenar las frases, desandando los conceptos ya leídos, es probable que se le caiga de las manos el diario.

54 *Del uso de las mayúsculas*

(Este apartado completa las normas que rigen para las palabras incluidas en la *Guía de vocablos y expresiones*.)

I) *Todas las letras de una palabra en mayúsculas*
No es del estilo del diario escribir con mayúsculas todas las letras de una palabra. No obstante, se admiten las siguientes excepciones:

a) Nombres de países en los que la práctica ha ido suprimiendo los puntos que seguían a cada una de las letras de su abreviatura (USA, URSS).

b) Siglas de organismos (YPF, OEA, UN). Sobre este particular es conveniente destacar que cuando la cantidad de letras sea de cinco o más, puede escribirse sólo la inicial en mayúscula (Unesco).

c) La indicación de retiro de un militar: general (RE), coronel (RE).

d) Cuando las iniciales de una abreviatura se duplican para indicar plural (FF.AA., EE.UU.).

e) Los números romanos. Es de recordar que en ningún caso después de números romanos se ha de poner la indicación de ordinal (*calle Humberto Iº*, incorrecto; debe ser *calle Humberto I*). En el diario se escriben con números romanos el orden de monarcas, pontífices, etc., el número de los siglos y, eventualmente, los capítulos de una obra, los tomos de una colección, etc.

II) *Con inicial mayúscula*
a) Al comienzo de un escrito.
b) Los nombres propios:
1. De personas (nombres de pila, apellidos, seudónimos y apodos).
En caso de que en el apellido entren partículas que habitualmente se escriben en minúscula, así lo haremos cuando se mencione el nombre de

pila; en cambio, si prescindimos de él, la inicial de la primera de las partículas la escribiremos con mayúscula (*Werner von Braun* y *Von Braun, Charles de Gaulle* y *De Gaulle, Fernando de la Rúa* y *De la Rúa*). En el caso de *monseñor De Andrea, "De"* irá siempre con mayúscula.

2. Nombres geográficos, históricos, actuales, alusivos e inclusive aquellos que, sin ser oficiales, sirven comúnmente para denominar un país, ciudad, etc. *República Argentina, la Argentina, Buenos Aires, la Reina del Plata, Lutecia, Alemania Occidental,* etc. Los sustantivos que nombran accidentes geográficos o divisiones políticas van en minúscula (*provincia de Santa Fe, río Paraná*). Excepción: *Río de la Plata.*

3. Los nombres de instituciones, siempre que sea el oficial o aquel con el que comúnmente se conoce dicha institución (*Embajada de la República Argentina, Embajada de la Argentina,* pero *embajada argentina*).

4. Los nombres de calles, avenidas, plazas, parques, etc. (*plaza del Congreso,* y no *de los Dos Congresos,* que es el nombre del monumento que en ella está; *calle Rivadavia, avenida Madero*). Siempre el nombre genérico irá en minúscula. Excepciones: *Avenida de Mayo* y *Plaza de Mayo.*

c) Contrariamente a lo que establece la Real Academia Española, los nombres de cargos, grados, títulos y dignidades irán en minúscula (*el presidente Alfonsín, el general San Martín, el marqués de Loreto, el obispo de Avellaneda,* etc.). Excepciones: *Presidente,* cuando sea el del tiempo en que se escribe, y *Papa,* cuando se trata del reinante y va sin el nombre; si no, *el papa Juan Pablo II.* Ejemplos:

El Presidente recibió una nota del rey Juan Carlos.
El Papa recibió en audiencia al embajador.

d) Los sustantivos, adjetivos y pronombres referidos a Dios. También el nombre Virgen si nos referimos a la Virgen María, la palabra San antepuesta al nombre de quien ha sido canonizado, el nombre Santa Misa, etc. En general, y aunque el uso de mayúsculas no signifique en modo alguno señal de respeto, al referirnos a temas religiosos las preferimos. Ejemplos: *recibió la Comunión, Él está presente en la Eucaristía, la Santísima Virgen.* También preferimos escribir con inicial mayúscula la palabra *Tedéum,* pues se trata de la unión de las dos primeras palabras del himno de San Juan.

e) Los nombres de obras de arte. En general, en el diario preferimos escribir con inicial mayúscula sólo la primera de las palabras del título de un libro, poema, etc.: "La vuelta de Martín Fierro", "El búho", "Una excursión a los indios ranqueles", etc.

f) Los nombres de los símbolos patrios: *Himno Nacional, Bandera Nacional, Escarapela Nacional, Escudo Nacional.* Se exceptúa *banda presidencial.*

g) Los nombres de días especiales y fechas patrias: *se celebró el 25 de Mayo; sucedió en Navidad; luego, por Cuaresma...*, etc.

h) Los puntos cardinales cuando se los menciona como tales y no como situación relativa respecto de otro lugar: *el Sur postergado, el Norte industrial.*

i) Los nombres de acontecimientos históricos: *Invasiones Inglesas, Segunda Guerra Mundial, Revolución Francesa, Edad Moderna, la Colonia.*

j) En ocasiones, la inicial de cada verso.

k) Algunas palabras que tienen más de un significado:

Estado, cuando indica ente político y no cuando indica situación: *El Estado dispuso aumentar los impuestos.*

Gobierno, cuando nos referimos al actuante en el momento de suceder la acción referida: *El Gobierno convocó a elecciones.*

Bolsa: cuando hablamos del Mercado de Valores.

Delta, si nos referimos al del Paraná: *Una excursión por el Delta.*

Parlamento o *Congreso*, cuando nos referimos al Congreso Nacional.

Catedral, si hablamos de la de Buenos Aires.

Casa Rosada, por la Casa de Gobierno.

Banco Nación y *Banco Provincia*, por Banco de la Nación Argentina y Banco de la Provincia de Buenos Aires.

Poder Ejecutivo Nacional, Poder Ejecutivo, Poder Legislativo y *Poder Judicial*, en todos los casos.

Corte Suprema o simplemente *Corte*, cuando nos referimos a la Corte Suprema de Justicia de la Nación. También a las provinciales aun cuando se llamen de modo distinto, siempre que del texto surja que nos referimos al más alto tribunal.

Justicia, al hablar de la institución y no cuando lo hacemos de la virtud: *Fue a pedir justicia a la Justicia.*

l) *Su Santidad*, cuando se refiere al Papa reinante, como *Su Santidad irá a Sarajevo.*

m) Las abreviaturas, aunque su uso en el texto es poco recomendable (*Cía., Ud.*). Excepción: *etcétera (etc.).*

n) Recordemos que si usamos consonantes dobles, sólo la primera de ellas debe escribirse con mayúscula: *Chile, Lleras Camargo*, etcétera.

55 *Los problemas son un problema*

En la tarea de desbrozar, de limpiar nuestros escritos de palabras inútiles —sean éstos el lugar común, lo obvio, el retintín supuestamente irónico y novedoso y otras malezas—, abordamos un recurso sencillo y eficaz, que multiplica el caudal léxico por medio de vocablos y expresiones que tienen una misma o muy parecida significación, o de voces y conceptos que de algún modo se relacionan entre sí (ideas afines).

Aunque en la lengua hablada podamos expresarnos con menos precisión, escribiendo, por el contrario, hemos de adoptar la palabra que más se ajusta al significado propio y específico de la idea que queremos desarrollar, la idea contraria u otras de igual sentido que eviten las repeticiones, signo inequívoco de pobreza expresiva. Pero no siempre es fácil recordar la palabra precisa, exacta, el sustantivo, el nombre, sustancial, esencial; el verbo sustancial, esencial; el adjetivo sustancial, esencial. Es menester buscar, preguntar, pensar, dejar que el recuerdo o la inspiración nos traigan a la mente la palabra deseada.

Con la advertencia de que no son numerosos los sinónimos puros —a menudo los diferencian un matiz de gradación o una connotación sutil—, propongamos un ejercicio con la palabra *problemas*.

Todos son *problemas*. Aquél se *hace problemas* por no poder pagar una deuda, en lugar de *preocuparse;* el otro *tiene problemas* para viajar, en vez de *tener dificultades;* el de más allá padece los *problemas* de la edad avanzada, y no los *achaques* de la vejez.

El plural de la palabra —*problemas*— exime a la pereza mental de escoger el término adecuado. Abarca todo el "conjunto de hechos o circunstancias que dificultan la consecución de algún fin", como el Diccionario de la RAE define aquella palabra, en la 3ª acepción.

Damos una lista de voces, cada una de las cuales, con un diferente valor semántico, expresa con más precisión ese "conjunto de hechos…": Preocupaciones, dificultades, achaques, obstáculos, desvelos, inconvenientes, interrupciones, caídas, recaídas, escollos, negativas, desacuerdos, perturbaciones, impedimentos, hostilidades, oposiciones, desinteligencias, desagrados, quebrantos, pérdidas, lesiones, infortunios, enfermedades, contratiempos, inquietudes, demoras, desastres, desquicios, desventuras, inconvenientes, atrasos, reveses, tropiezos, desasosiegos, desgracias, etc. (De *Entre lengua y habla,* "Entre nosotros".)

56 *El idioma y los medios informativos*

En las actas de la Asamblea de Filología del Primer Congreso de Instituciones Hispánicas, realizado en junio de 1963, en Madrid, con la presidencia del ilustre don Ramón Menéndez Pidal, Luis Alfonso trazó un panorama sobre el uso que del español se hacía en los medios informativos de la Argentina. Dijo textualmente: "Se destrozan con igual perseverancia y desenfado la fonética, la morfología, la sintaxis y el buen gusto. El énfasis de la pronunciación alarga las vocales ('coooompre en la casa tal', '¡gooool!'), altera las consonantes ('veva vino, la vevida de los pueblos fuertes', con la v labiodental y no con b labial), deforma las palabras ('hable con libertad', 'aproveche la oportunidad', con desarrollo de un sonido vocal *e* en la consonante final). *Gn* se convierte siempre en *ñ (ñomo* por *gnomo), li* da a menudo *ll (utensillo* por *utensilio, Juvenilla* por *Juvenilia).* Las palabras extranjeras se pronuncian en algo que quiere ser inglés (de allí el extravagante *bahiut* por *bahut,* con que se denomina un mueble de moda en estos momentos). Abunda *áccido* por *ácido, mutís* por *mutis, Tokío* por *Tokio, catálago* por *catálogo, relok* por *reloj, própsimo* por *próximo,* el *dínamo* por la *dínamo, sino* por *si no, m'hija* por *mi hija.* Se elimina la *s:* 'lo número de lo coche', 'vinieron lo muchacho'. Se traslada al enclítico el acento en el imperativo: escuchelá, refresquesé, informesé, y en el infinitivo: contarnosló, y la *n* del plural: *dejemelón, sientesén.* Se cambia el género de las palabras ('es usted un héroe, señorita'), se eliminan las formas plurales en los últimos elementos de los compuestos *(cumpleaño, perdonavida, rompecabeza),* se emplean mal las preposiciones ('aros a tornillo', 'escucharemos al tango de Cadícamo', 'vaya en casa', 'dice de que no falte'), se mezcla *vuestro* con *ustedes:* 'me despido de ustedes y espero que el programa haya sido de vuestro agrado', etc.".

(Debe advertirse que Luis Alfonso se refería particularmente en ese pasaje de su informe al lenguaje oral.)

57 Barbarismos y neologismos

Puristas e innovadores a ultranza adoptan posturas opuestas ante la admisión o no de los neologismos y de los barbarismos que surgen tanto por los adelantos tecnológicos como por la indetenible comunicación universal. Aquéllos estiman que sólo se pueden emplear las palabras que figuran en el DRAE, olvidándose que éste no es un ente creador de vocablos, sino recolector de los que nacieron del "decir de la gente"; eso sí, una vez analizados y definidos. Con lentitud en muchos casos. Argumento, éste, que esgrimen los segundos, los innovadores a ultranza, para quienes todo lo nuevo es bueno y válido.

"El trueque de palabras castellanas en pleno uso por palabras exóticas no se puede admitir. El rebuscamiento purista, tampoco. El lenguaje debe mantener una corrección fundamental en las construcciones y giros. En cuanto al vocabulario, tenderá siempre a sustituir la palabra espuria por la castellana 'en pleno uso'. La aceptación del neologismo debe seguir este proceso: carencia de una palabra castellana propia para significar lo mismo; adaptación morfológica de la palabra nueva, con plena conciencia de que se atiende a su aclimatación" (J. González Ruiz).

Por su parte, Dámaso Alonso, en su ponencia al II Congreso de Academias de la Lengua Española, celebrado en Madrid en 1956, dijo que no tiene importancia la introducción de un extranjerismo, pero con dos condiciones: 1ª) que la fonética y la morfología sean normales en castellano (fútbol; por ejemplo, es impronunciable para "gargantas hispánicas"; así, cada cual lo dice a su antojo: *fúlbal, fúrbol, fúbal, fóbal*. Los italianos lo resolvieron con *calcio* y los portugueses con *futibol*); 2ª) que sea aceptado por todos los hispanohablantes.

Lengua en ebullición

"Escribir atendiendo sólo al código inflexible de las voces académicas —dice Martín Alonso— es no sentir la vibración del idioma y su empuje hacia el porvenir."

Desde luego, en cualquier caso de duda o discrepancia, se acudirá a la *norma académica léxica y gramatical,* que parece válida y recomendable para la labor periodística. Y, si bien la *norma ortográfica* y, en buena parte, la *norma morfológica* están firmemente establecidas, la *norma sintáctica* elaborada por la RAE no resuelve todas las dudas. En cuanto a la *norma léxica,* a nadie escapa la lentitud esgrimida por los innovadores.

Precisamente, este Manual persigue llenar en lo posible ese vacío, respetando las condiciones arriba expresadas por González Ruiz. Confiando en el buen criterio de los redactores, que ya tienen el oído de las formas que no desentonan con el genio de nuestra lengua, se recuerdan palabras de la presentación de la primera edición del opúsculo de "Normas de estilo de LA NACION" (1962): "No se quiera ver... propósito alguno capaz de 'congelar' el estilo del diario. Trátase sólo de observaciones para depurarlo, sin alterar la variación, que es fruto de la personalidad aneja a todo estilo".

58 *Palabras que ofenden la sensibilidad del lector*

LA NACION se distingue en desterrar de sus páginas las expresiones de mal gusto: palabras soeces, obscenas, blasfemas o que puedan ofender a una comunidad. Por respeto a los lectores, sólo se citan las que añaden información, siempre encomilladas; los vocablos malsonantes y desagradables se escriben velados mediante el empleo de la letra inicial seguida de puntos suspensivos.

Que procedan de una persona de cierto relieve comunitario, que se hayan dicho en público, que estén impresas y que no sean gratuitas son condiciones obvias para publicar tales expresiones en las crónicas, en las que siempre se omiten detalles repulsivos y las descripciones escabrosas u obscenas innecesarias. Véase apartado *84*.

59 De muletillas, pleonasmos y tópicos tropológicos

Se consignan algunos vocablos, giros y frases hechas, que, por redundantes o por haber perdido su sentido original a fuerza de abusarse de ellos, le restan claridad y precisión al discurso escrito.

1) Hay *muletillas,* expresiones estereotipadas y monótonas, que restan elegancia al lenguaje, sin añadir nada a la información. Tales: *en otro orden de cosas, por otra parte, de otro lado, de alguna manera, no hay que olvidar, de cara a, a nivel de, de entrada, para empezar.* Ninguna es incorrecta, pero su abuso les quita eficacia. Aunque sirven de nexo entre párrafos, nunca son imprescindibles.

2) Añadamos los lugares comunes (LC, en nuestras claves), cuya repetición es enojosa y empobrecedora del estilo, que ganaron espacio en los medios orales y televisivos y contaminan al periodismo escrito. Si no, abundan *las pulseadas en las internas,* donde se desafían los *pesos pesados,* que tratan de *poner paños fríos,* para *aceitar las relaciones.* Es entonces cuando, *puesta en negro sobre blanco,* el cronista formula *la pregunta del millón. ¿Vio?*

También *a lo largo y a lo ancho* de la *geografía argentina, el arco iris de los partidos políticos* dieron *luz verde* a sus adherentes.

Las bastardillas destacan, desde luego, los *tópicos tropológicos* de los que trata de sustraerse quien apunta a brindar una lectura grata, en que no falten belleza y armonía.

3) Si bien hay *pleonasmos* que dan gracia y vigor a la expresión, en especial la literaria, los hay que se tornan *sobras* o *redundancias;* entonces una figura de construcción, que puede dar colorido a la oración, es viciosa. Como *dio a luz un nuevo ser, habla tres idiomas diferentes, los allí presentes sufrían todos ellos los efectos del gas tóxico, rodó la escalera de arriba abajo, se construye una nueva carretera* (Si no fuera *nueva, se reconstruye, repara, se arregla), El adolescente inventó una "nueva" máquina, aterido "de frío", "blancas" canas, caligrafía "hermosa", catástrofe "final", "flor de" azahar, juicio "crítico", hado "fatal", muñeca "de la mano", el "abajo" suscripto.*

4) Todos los ejemplos incluidos en los párrafos anteriores fueron escogidos en nuestras páginas, lo mismo que *solecismos* tales como el uso del pronombre posesivo en lugar del artículo: LE DESCERRAJARON UN TIRO EN *SU* CABEZA, SE ROMPIÓ *SU* BRAZO, como se habla en el apartado *19*.

Últimamente abundan, a veces con un dejo despectivo, los *popes* y los *capitostes*. Tampoco se puede decir "hipócrita lector", sin explicar el empleo de una frase de Baudelaire...

5) A modo de una curiosidad —y no de consuelo— que confirma que estos males son contagiosos, este es el título de tapa del ABC, de Madrid, del sábado 3 de febrero de 1996: "González, AL BORDE DE UN ATAQUE DE NERVIOS, asegura que Aznar tiene miedo" (el destacado es nuestro). La nota se refiere al atentado del que se salvó, milagrosamente, José M. Aznar.

60 *Acerca del uso de* latente

Del Diccionario Académico: "LATENTE: adj. Oculto y escondido".

Con frecuencia encontramos esta palabra usada erróneamente en lugar de LATIENTE, participio activo del verbo LATIR, que significa: "Que late".

Uso erróneo:

El sentimiento de nacionalidad está latente en todos los buenos ciudadanos. [Debió decirse: "latiente".]

Uso correcto:

Don Juan sufría de una afección latente.
El fuego permaneció latente bajo las cenizas.

61 *Todos son nadie (a veces, algunos)*

Ni purismo infecundo, ni indefensión idiomática.
El léxico debe responder al contenido
que se desea transmitir.

"El deterioro del lenguaje es más afligente cuando, además de lo ortográfico y sintáctico, se corroe lo semántico, con la gravedad de que la falta de acuerdo en las significaciones termina en un desacuerdo en el fondo, en el contenido, que es el mensaje.

"Tal como se analiza el vocablo *problema* (véase apartado *55*) se trata de otro usurpador de significados: *todo/todos*. Sólo que *todos* es más abarcador, mucho más *totalitario* que *problemas*. No se comporta como un ingenuo recurso —ilógico, desde luego— de la pereza mental. Alcanza el grado de superchería dialéctica, política, publicitaria, hasta la obscenidad lingüística.

"*Todos* es una falacia, un perverso objeto, que, de simple moda, echó raíces profundas. Los despistados de siempre miran, idiotizados, cómo crece el árbol genealógico de *todos,* que esparce innúmeras semillas de malhadada fructificación en falsos sinónimos. Tienen eco universal y obran como contaminantes del habla.

"*Todos* es *masa,* no hombres. *Todos* es *pueblo,* no ciudadanos. En las manifestaciones están *todos. Todos* es *movimiento* con connotaciones de *totalidad totalitaria.* Con discurso galicado y deliberadamente ambiguo, se habla de *tout le monde,* del *tout Paris,* del *tout Buenos Aires,* que separa a parias de brahmanes; son apenas *algunos*, enfundados en *todos.* Para la ley de radiodifusión se consultó a *todos* los representantes de los medios; a los no interrogados que reclamaban se les dijo que el sondeo había alcanzado la *gran mayoría.*

"Y qué decir de los conciertos *populares* (para bolsillos bien provistos), de los que en letras de molde se exalta la *muchedumbre* y se lamenta el final de algún infeliz adicto, con el 'ingenuo' *total todos hacen lo mismo.* El medio millón de jóvenes de la Capital y el Gran Buenos Aires que —según recientes censos— estudian y trabajan y no pueden pagar los precios *populares* no son *todos* ni *muchedumbre.*

"La exageración topológica de *todos* alcanza la mencionada obscenidad en los 'ratings' de los canales de los fenicios de fronteras adentro y colonos de puertas afuera. Arrancan atronadores aplausos de una claque de medio centenar de alabarderos, y las estrellas se encargan de otorgarles la representación de *todo* el *público* argentino. Son apenas embajadores de *nadie.* O el llamado de la encuesta telefónica que nunca llega a la casa de *nadie;* pero que abarca —eso sí, con un error del 1,5 por ciento— a *todo* Buenos Aires y a *todo* el conurbano.

"Se lee en Newsweek de mayo de 1992: 'Las *masas* se identifican conmigo' (Fujimori).

"En unas treinta páginas de autores conocidos se descubrió el lábil lenguaje con que se asevera la adhesión de *todos o de 'una gran mayoría' a los principios que aquéllos sostienen.*

"Entre tantos vocablos genéricos —como *todos, muchedumbre,* etc.— últimamente, con el término *corrupción* se impide al lector ejercer su riguroso juicio crítico para determinar si se trata de *perversión, co-*

rruptela, vicio, abuso, cohecho, soborno, etc., y emitir su sanción como ciudadano." (De *Entre lengua y habla,* "Entre nosotros".)

62 *Cómo deben escribirse ciertas palabras*

SINGULAR	PLURAL
Atelier,	ateliers.
Boomerang,	boomerangs.
Carnet,	carnets.
Cassette,	cassettes.
Chalet,	chalets.
Champagne	champagnes.
Film,	films.
Referendum,	referendum.
Slogan,	slogans.
Stress [1],	stress.

[1] Se permite *estresante.*

63 *Uso del potencial*

Las corrientes modernas de la gramática consideran al potencial simple y al compuesto como una pareja de tiempos del modo indicativo.

Potencial simple
Este tiempo expresa un hecho futuro en una perspectiva pasada. Se distingue del futuro en ser un tiempo relativo, no absoluto. Pero es un imperfecto, lo que quiere decir que la acción que denota no está terminada, perfeccionada ("Diccionario de dudas de la lengua española", de Manuel Seco). Ejemplos:

Declararon que lo *comprarían.*
Serían las cinco cuando llegaron los huéspedes.
Prometieron que *vendrían* a buscarlo mañana.

En esos tres ejemplos, el potencial simple presenta la acción como vista desde el pasado, pero por cumplirse en el futuro. De esta relación temporal arranca el sentido de *posibilidad o probabilidad,* el sentido potencial que da el tiempo a esas expresiones.
En ese aspecto de posibilidad o probabilidad se basa una variante en el uso del potencial en el caso en el que el hablante manifiesta que,

de darse una condición o de no darse, depende su estado de ánimo en el presente. Ejemplos:

Sería malo que no llegasen puntualmente.
Lamentaría que hubiera una pelea entre ellos.
Contestarían con la misma firmeza, si ella estuviera presente.

Potencial compuesto
"Expresa un hecho futuro con relación a un momento pasado, pero a su vez pasado con respecto de otro momento futuro", apunta Seco. Que explaya así lo que quiere decir: "En *me dijo que para la semana próxima ya habría venido,* el *venir* es futuro al momento en que *me dijo,* pero pasado con relación a *la semana próxima*". Ejemplo:

Aseguró que el cheque habría perdido valor al día siguiente.

El potencial compuesto puede también indicar posibilidad o probabilidad, pero sólo en el pasado. Ejemplos:

Habría dicho que no aceptaba el último punto.
Se habría producido una agresión contra el obispo.
Habría quedado fijada otra hora que la que me comunicaron.

Véase apartado *86.*

64 *El diario en la escuela*

"Nueve empresas periodísticas porteñas, entre ellas LA NACION, renovaron un convenio, que entra en su décimo año de vida, para una acción conocida con el nombre de *El diario en la escuela.* El acuerdo tiene el auspicio de la Secretaría de Educación metropolitana, de la Sociedad Distribuidora de Diarios, Revistas y Afines y de las empresas que editan otros ocho medios de circulación cotidiana en esta Capital.
"Los diarios patrocinantes de la iniciativa se comprometen a enviar semanalmente sus ejemplares a más de 110 establecimientos escolares porteños, para que sean usados como elementos para facilitar el aprendizaje. Pero la tarea no termina allí: incluye la publicación de materiales de guía para el empleo de los periódicos en las aulas y la capacitación de los docentes en su utilización.
"Tal vez la mejor manera de verificar los resultados de esta empresa sea prestar atención a los trabajos escolares.
"Las carpetas y los cuadernos de los alumnos, primarios y secundarios, suelen abundar en recortes periodísticos en los cuales la infor-

mación cotidiana es puesta en estrecha relación con las asignaturas escolares.

"Basta entrar en las escuelas para encontrarse con periódicos murales donde los escolares, por propia iniciativa, suelen acumular, con anotaciones y referencias comparativas, recortes o páginas enteras de diarios y revistas. Las inquietudes de los alumnos giran en torno de los grandes temas que los incitan a informarse (el SIDA, las drogas, la ecología, los hallazgos científicos) o los asuntos que los conmueven (actitudes éticas, demostraciones de solidaridad o de coraje en favor del prójimo).

"Resulta notable comprobar cómo hasta los mismos libros de texto, que no pueden acompañar la inmediatez del diario, se pliegan a su uso, empleando como materiales de análisis, crónicas periodísticas o informaciones sacadas de los medios, lo que suele otorgarles un perfil especialmente interesante y actualizado.

"Es mucho lo que se suele decir de negativo sobre la educación escolar, y su imagen pública es, precisamente, la contraria de lo que estos datos dejan como conclusión. Los diarios no pueden ser anacrónicos, los libros pretenden no serlo, la escuela se esfuerza por ponerse al día. Todo esto avala la iniciativa de los medios de prensa, que con sus acciones acompañan a una realidad escolar que se está transformando, de manera silenciosa pero efectiva." (Editorial de LA NACION, 2/12/95.)

65 *Golfo Pérsico*

Alegato en favor de la "G" mayúscula.

Cuando el diario menciona a Casa FOA, la "C" de Casa aparece con mayúscula. ¿Por qué? Porque la palabra Casa forma parte de un nombre propio.

Cuando hablamos del Río de la Plata, la palabra Río va con mayúscula porque forma parte indisoluble del nombre. Demostración de este postulado: decimos, correctamente, el Bermejo, pero a nadie se le ocurriría decir *el de la Plata*.

Otro tanto pasa con el Mar Muerto, o con el Canal de la Mancha. Está bien decir "El velero atravesó el Paraná". Pero es horrible decir "El velero atravesó el Muerto" o "el de la Mancha". Se deduce que las palabras Mar y Canal son, en estos casos, nombres propios.

Las mismas razones imponen el uso de mayúsculas para mencionar a la Plaza de Mayo o a la Avenida del Libertador.

Las mismas razones deberían imponer el uso de la "G" mayúscula para mencionar al Golfo Pérsico. En este caso, la palabra no define un accidente geográfico (como sería el caso de golfo San Jorge), sino que es parte de un nombre propio. Y lo es a tal punto que, en su forma simplificada, el diario prefiere decir "los problemas en el Golfo" y no "los problemas en el Pérsico".

El diario debería privilegiar el sentido común antes que los criterios academicistas —tan caprichosos y, a menudo, tan faltos de razón— y decidir que la "G" de Golfo Pérsico se escriba con mayúscula. (Norberto Firpo.)

66 *Diferencias entre* aquí *y* acá

Ambos adverbios suelen usarse indistintamente, sin reparar en el matiz que los separa. *Acá* indica un lugar menos determinado que el que se denota con *aquí*. En nuestro país está particularmente extendida esta imprecisión.

El mismo matiz diferencia a *allí* de *allá*. Dice Manuel Seco sobre este punto: "Estos dos adverbios designan lugares que están lejos de las personas *yo* y *tú;* pero *allí* lo designa con precisión, y *allá,* con vaguedad. *Allí* se presta más a señalar con el dedo; por eso, a veces, *allá* implica una distancia mayor".

67 *Signos de interpretación*

La puntuación debe ayudar a una comprensión ágil de la frase; no debe constituirse en un sistema aparte —y jeroglífico— de la base semántica léxica, sostiene el lingüista José Polo.

El riesgo de los incisos
Aquella comprensión sufre menoscabo, recordábamos con Ramón Carnicer, cuando el exceso de signos se debe a que hay personas particularmente dadas a empedrar sus escritos con aclaraciones, salvedades y datos accesorios relativos a lo que van exponiendo.

No nos referimos a quienes por razones didácticas o divulgadoras han de acudir a tales medios, sino a los creadores literarios o conceptuales y, en especial, a los autores de ensayos y artículos periodísticos.

Estos pueden llegar a semejantes empedramientos por la mala imitación del ensayismo, como el de Ortega, o por el propósito de dar a sus escritos un tinte coloquial.

En ambos casos, despistarán a nuestro lector la frecuencia de frases y palabras entre rayas o un laberinto de comas, del que no sería capaz de sacarlo ni el hilo de la mismísima Ariadna.

Con sendos ejemplos de Cervantes y Azorín (véase apartado *78)*, aquel filólogo demuestra la fluidez con que se enlazan los componentes de la frase y la parquedad con que sus elementos fundamentales se ven truncados por incisos y aclaraciones.

Analiza la modalidad intermedia que predomina en la escritura actual. "Ni el estilo es una exhibición circense en la que no es posible participar sin vigorosos músculos sintácticos y sin riesgo de ahogar al lector antes de concederle el reposo de un punto, ni es tampoco la segmentación azoriniana en la que el lector tiene la impresión de tartamudear o de que alguien le está tirando de la chaqueta."

Concordancia discordante

Concedida la anuencia a esta paradoja, digamos que con la intercalación de un inciso se pierde la proximidad entre las partes así escindidas de la proposición y se plantean casos de enrevesada concordancia.

"Así quedaba cortada cualquier posibilidad de comunicación —o de recibir auxilio— con el exterior", cuando se debía decir, por ejemplo: "Así quedaba cortada cualquier posibilidad de comunicación con el exterior, o la de recibir auxilio".

Ni exhibición circense ni segmentación azoriniana, que, por analogía con las lonjas cortadas en infinitos trozos, llamamos "estilo salame". Sospechamos que para llegar a un equilibrado estilo de ascesis puntuaria, para bien del que escribe y del que lee, hace falta subir a un peldaño racional y modesto, que es cosa de sabiduría.

Aunque para muchos la aspiración —desde luego sin sentido— sería poder expresar sin complicaciones lingüísticas los conceptos, olvidándose que los signos de puntuación son, en realidad, *signos de interpretación*.

68 *Leer y no entender*

Es un axioma de nuestra profesión que el estilo claro tiende a responder a las funciones periodísticas de la comunicación: rapidez de lectura, mínimo esfuerzo posible de interpretación y máxima concentración informativa.

Los estudios, y no pocas polémicas, sobre comprensibilidad de textos y facilidad de lectura periodística se iniciaron después de la Segunda Guerra Mundial. AP, por ejemplo, contrató a Rudolf Flesh, autor de "El arte de la escritura leíble", para analizar el estilo de la prosa y proponer un aprendizaje del estilo. UPI encargó la misma labor a Robert Gunning, que desarrolló el "Fog Index" para medir la complejidad de la escritura. Parece que el "Index de confusión" de éste y las mediciones de Flesh —que llegó a la conclusión de que "generalmente se sobreestima el bagaje de información que tienen los lectores y se desestima su inteligencia"— siguen siendo normas fructíferas para ambas agencias.

Lo cierto es que los países que han puesto los estudios estadísticos sobre la comprensibilidad del lenguaje en la base de la técnica de la escritura tienen hoy libros de texto, revistas y diarios más legibles que los confiados en la improvisación, voluntariosa, pero deficiente casi siempre.

Los ecos de la polémica resuenan aún. Escribir con claridad, ¿es fácil?, ¿es difícil?, ¿es un arte que se aprende? En Italia, cada intelectual y periodista y el simple lector dieron su respuesta a una encuesta de 1968. Alguno recordó cómo Jimmy Carter había lanzado una campaña para simplificar el lenguaje de la administración pública, partiendo del presupuesto, sacrosanto, de que así como todos pagan los impuestos, todos tienen derecho de comprender lo que dicen el Estado y sus funcionarios. Un periodista italiano, Giorgio Gabbi, observa que el lenguaje burocrático de Washington resulta muy simple comparado con el italiano. Hasta el punto, acota, de que el discurso de cualquier ministro del Quirinal, traducido al inglés con la misma complejidad que tiene en italiano, en Washington "sólo podría ser un número de cabaret".

La claridad o la falta de claridad del lenguaje periodístico no son sólo una elección de estilo, sino también una elección de público. Hablar y escribir con claridad es, entonces, una opción vital. Y ese público quiere leer y entender.

Y por ser parte de *nuestras normas de estilo*, recordamos las cualidades primordiales del buen estilo periodístico: *brevedad, claridad* y *precisión*, dicen unos; *claridad, concisión, sencillez, naturalidad*, añaden otros maestros de este oficio, que alertan: claridad no es superficialidad; ni concisión, laconismo; ni sencillez y naturalidad significan vulgaridad, plebeyez, ordinariez (De *Entre lengua y habla*, "Entre nosotros"). (Véase apartado *73.*)

69 *Puntuar es pensar*

"No obstante la detallada exposición de la Gramática de la RAE en su capítulo 'De los signos de puntuación y notas auxiliares', en favor de la claridad y legibilidad gráfica, a menudo no sólo se desconoce el valor de la puntuación, sino que 'maniáticos antipuntuales' los consideran revulsivos gráficos, con olvido de que *puntuar es pensar* y de que —parafraseamos una conocida frase— *el modo es, también, el mensaje.*

"Nadie discute que un estilo recargado de comas resulta pesado, pero más que por las comas en sí, porque la necesidad de ellas procede de la acumulación de incisos, aclaraciones y salvedades, enemigos del fluir natural de la expresión, dice Ramón Carnicer, que pone de relieve la primacía de lo semántico.

"La puntuación no es arbitraria en absoluto, dice el mismo filólogo, que se refiere a la moda de no puntuar, 'para la que hasta hay viejos verdes', ironiza.

"No obstante que insiste en que la flexibilidad de las normas puntuarias no prueba que no haya reglas, recuerda que también dependen de a quién nos dirigimos: si a un extranjero, a un familiar o a un fanático de las reglas ortográficas al que no queremos contrariar, es decir, los mismos factores que pueden influir en otras actividades sociales.

"Lo importante es que *sepamos, hagamos, queramos y podamos.* Para que no mantengamos en el lector —que se supone entiende el código gráfico— una sostenida tensión prosódico-semántica mediante una puntuación trabada o ajustada.

"Es bueno volver a recordar que son *signos de interpretación* más que de puntuación". (De *Entre lengua y habla,* "Entre nosotros".)

70 Sobre la organización de las crónicas

1) Antes de escribir una crónica debe determinarse cómo se organizará el relato de los sucesos que dan origen a la noticia.

2) La inclinación hacia el menor esfuerzo lleva, por lo común, a contar los hechos según el momento en que fueron ocurriendo los episodios que los componen. Esto es, se tiende a organizar las crónicas según un criterio cronológico, porque la secuencia facilita la narración. Lo malo es que, siguiendo este procedimiento, se recogerán detalles secundarios o nada significativos por la simple circunstancia de que son anteriores. El lector tendrá que esperar hasta muy avanzada la crónica para enterarse de lo que interesa. Y se habrá desperdiciado espacio que *en todos los diarios en todo momento es escaso.*

3) Organice sus crónicas de modo *que lo esencial vaya antes que lo accidental.* Primero lo principal, luego lo secundario, después lo terciario. Cuando avance un poco más notará que lo que tiene que contar todavía no es demasiado atractivo como para hacer que el lector pierda tiempo; y el diario, espacio.

4) Cuando la secuencia de los hechos es fundamental, siga el criterio cronológico, pero eligiendo como etapas temporales de su relato sólo lo esencial.

5) Una buena práctica es la de iniciar la crónica con una frase que re-

suma todo lo que pasó. Evite los copetes ociosos, pero no deje de hacer constar en algún pasaje las circunstancias clásicas: *quién, cuándo, dónde, cómo, cuál es la fuente. Qué* es el objeto central de la crónica. Si se procede así se logrará no caer en los copetes monótonos en los que están acumuladas todas las circunstancias y, además, se obviarán las repeticiones.

6) Es fundamental que el lector sepa si la información ha sido recogida por el cronista, si fue suministrada en una conferencia de prensa, si se trata de una entrevista exclusiva, si se tomó de un comunicado o de una carta, etc.

7) En las crónicas deben evitarse las metáforas y todas las figuras que se admiten en la prosa literaria. La prosa periodística es meramente informativa. Sus valores son: claridad, precisión, agilidad en el desarrollo narrativo, economía de adjetivos, facilidad de lectura. Use un lenguaje directo, despojado de adornos, barbarismos o hipercultismos. Usted lo que busca es que lo entiendan. Explique qué consecuencias tendrá la noticia, en qué contexto se produce, con qué antecedentes cuenta.

8) Emplee frases cortas, yuxtapuestas. Esto comunica agilidad a su crónica y permite que el lector lo acompañe sin fatigarse con vericuetos incidentales, antecedentes lejanos de sus consecuentes, relativos que no se relacionan con nada, etc.

9) Piense en su crónica como una línea recta, que usted va prolongando con rectas agregadas. Llegue así al punto final.

10) Antes de entregar su crónica, debe releerla. Y corregirla. La Mesa de Lectura no tiene por qué cargar con los errores o con los descuidos de los redactores.

71 *Palabras que se escriben de más de un modo*

"Convendrá que la corrección se ciña a una norma invariable en los casos en que una palabra puede ser escrita de dos maneras igualmente correctas: p. ej., *harpa y arpa, contender y contendedor, cuadrumano y cuadrúmano.* En esos casos la Academia señala su preferencia al dar la acepción oficial, que acompaña siempre a la voz considerada más recomendable.

"Sin embargo, no habrá de guiarnos una ciega devoción por la Academia cuando se nos deje la opción. En tal caso adóptese entre las acepciones admitidas la que mejor responda al uso vigente entre nosotros o a nuestro espíritu. Así, en los ejemplos citados será posible preferir *harpa, contender y cuadrumano.* Caso análogo es el de *agilizar,* que nos parece más grato al oído que *agilitar,* preferido por la Academia. *De todos modos, corresponderá que la Corrección, poniéndose de acuerdo con los órganos directivos de la Redacción, tenga al corriente una lista de*

los vocablos adoptados por el diario para los casos de acepciones dobles." (De la 1ª edición de *Normas de Estilo de* LA NACION, 1962.)
Precisamente, los presentes apuntes —reunidos en un Manual de estilo— responden al requerimiento expresado con tanta claridad, sin propósito de "congelar" el estilo del diario y sin alterar la variación, fruto de la personalidad de cada redactor.

72 ¡Cuidado con la rutina!

"En el lenguaje de la administración, por lo menos, en el que transcriben las oficinas de relaciones públicas, hay algunas palabras que adquieren de pronto un uso extraordinario.
"Una de ellas es *paquete*, procedente del francés *paquet*. De su acepción general, bulto hecho con una o varias cosas colocadas ordenadamente, atado o sujeto de alguna manera, pasó a ser un conjunto de proyectos o de resoluciones; los ministros —y otros funcionarios— no dejan de tener siempre prontos "paquetes de medidas" (en algún caso se dijo "de ideas") para convocar la atención pública. Las series, las sucesiones, los conjuntos, se han evaporado, ante la presencia de estos bultos, a los cuales, alguna vez, también metafóricamente se les puede incorporar otra acepción: la que se refiere a los hombres muy acicalados.
"*Rutina* es palabra que ha adquirido considerable empleo. Deriva del francés *routine* —también en inglés y alemán—, procedente de *route,* 'marcha por camino abierto cortando el bosque'. Corominas la ubica así en los derivados de *romper.* Es "costumbre de hacer cierta cosa o de hacerla de cierta manera que se sigue manteniendo aunque ya no haya razón para ello o la haya en contra". No parece pertinente en algunos casos decir que los funcionarios realizan viajes o inspecciones de *rutina*, cuando se desea expresar que se trata de visitas habituales, ordinarias, reglamentarias, periódicas, etc. Salvo que se quiera admitir el carácter rutinario de tales comprobaciones. A confesión de parte..." (Angel Mazzei, para LA NACION, 22/7/80.)

73 El mejor homenaje a Borges es leerlo

"...La página que tiene vocación de inmortalidad puede atravesar el fuego de las erratas, de las versiones aproximativas, de las distraídas lecturas, de las incomprensiones, sin dejar el alma en la prueba (...).
Yo no quisiera que la moralidad de esta comprobación fuera entendida como de desesperación o nihilismo.
"Ni quiero fomentar negligencias ni creo en una mística virtud de la

frase torpe y del epíteto chabacano (…) Palabras definitivas, palabras que postulan sabidurías divinas o angélicas (…) —*único, nunca, siempre, todo, perfección, acabado*— son el comercio habitual de *todo* escritor. No piensan que decir de más una cosa es tan de inhábiles como no decirla del todo, y que la descuidada generalización e intensificación es una pobreza y que así la siente el lector. Sus imprudencias causan una depreciación del idioma." ("Discusión", Jorge Luis Borges.)

74 *"Soy un obseso de las erratas",* *Gabriel García Márquez*

BOGOTÁ— El premio Nobel de Literatura Gabriel García Márquez cometió en "El general en su laberinto", "alrededor de cuarenta" disparates históricos, geográficos, gramaticales y de léxico, según reveló a EFE el más famoso cazador colombiano de gazapos, Roberto Cadavid, "Argos". "Argos" recalcó que ello, sin contar con que esta obra "no es una novela", sino "un relato histórico".

Pero "El general en su laberinto" "tampoco es historia, porque no es exacta y contiene mucha ficción", puntualizó.

"Argos", veterano escritor y periodista que publica una sección llamada "Gazapera" en el diario bogotano "El Espectador", dedicó este mes de abril ocho días seguidos a la tarea de disparar sobre el Nobel, aunque no sin cierto sentimiento de culpa.

"El y yo somos muy amigos y no quiero molestarlo, él es muy buen escritor y estos errores no valen la pena", confesó este cazador, en quien todos los colombianos piensan con terror a la hora de escribir algo que vaya a ser publicado.

Tanto es así, que el propio premio Nobel decidió consultarle, junto a otros muchos expertos, antes de enviar el libro a la imprenta.

"¿Pero, usted no colaboró con García Márquez? ¿No fue uno de sus asesores?", preguntó EFE a Roberto Cadavid.

"El me preguntó solamente qué palabras vulgares podría haber utilizado Bolívar", respondió "Argos".

—¿Y qué palabras vulgares le señaló usted?

—C..., y otras así.

"Argos" explica que en "El general en su laberinto" los principales gazapos son históricos y geográficos, pero que la mayoría, unos treinta, "merecen observaciones léxicas".

En la página 174, línea 7, de la edición colombiana, García Márquez escribe: "El cinturón de baluartes invencibles que don Felipe II había querido conocer con sus aparatos de larga vista desde los miradores de El Escorial".

"Argos" recuerda que Felipe II fue el monarca que decretó la construcción de las murallas de Cartagena, "pero el rey murió en 1598 cuando aún no se había iniciado su construcción", por lo que deduce que "el del cuento" fue probablemente Felipe IV.

En la página 266, línea 23, García Márquez escribe: "... el aguamanil de porcelana descarchada".

"Argos" corrige: "Este 'descarchada' no figura en el diccionario de la Academia ni en el de colombianismos de Alario y debe equivaler a 'descascarada'. ¿O no, Gabo?".

García Márquez relata: "Por la tarde, mientras los otros dormían, entretenía el dolor contemplando por la ventana los picos nevados de la sierra" (p. 256, lín. 19).

Ataca "Argos": "Querido Gabo: me asegura mi querido amigo Ernesto Bravo que de San Pedro Alejandrino no se alcanzan a divisar los 'picos nevados' de la sierra".

El Nobel escribió "Ay padre" (p. 202, lín. 25), "Argos" dispara: "Falta aquí una coma. Debe ser '¡Ay, padre!' ".

"Argos", que es un cazador cuya escopeta está cargada más de ironía que de pólvora, cita en su "Gazapera", y sin comentarios, una afirmación de García Márquez pronunciada el día 28 de marzo de 1994: "Soy un obseso de las erratas. Leo hasta las últimas pruebas de imprenta. Soy en eso un perfeccionista. Si no me quitan el libro de las manos, lo corregiría eternamente". (EFE).

Véase apartado *73*.

75 Sobre *"carenciados"*, *carecientes, necesitados*

Se dice con frecuencia: "Hay zonas 'carenciadas' o barrios o pobladores 'carenciados'". No está este vocablo en el Diccionario. Ni el verbo "carenciar", del que tendría que ser participio, o adjetivo participial: "carenciado". Esta acción la dará bien exactamente el verbo *carecer* y la de sus participios activos: el regular *careciente* y el irregular *carente:* población *careciente o carente* de agua, luz, de algo... Carecer no tiene valor absoluto, debe ir seguido de aquello de que se carece. Quizá de sentido más completo es *necesitar; necesitado* (un participio pasivo) es el adjetivo que significa: "Pobre, que carece de lo necesario". No cabe duda, pues, que la expresión "los barrios necesitados o las agrupaciones necesitadas" no requiere que se agregue el objeto necesario para su comprensión y sí *carente o careciente.* (Osvaldo Müller.)

76 *Acerca de los títulos*

1) La función del título es llamar la atención del lector, atraerlo hacia la noticia.

2) Una de las formas de lograrlo es comunicarle de manera sintética la información.

3) Otra forma es que el título tenga *gancho,* como se dice en la jerga profesional.

4) Si la noticia lo toca de cerca, bastará con dársela en el título de la manera más directa y completa posible. Ejemplos:

> Rige el toque de queda de 23 a 6
> Habrá vacunas para toda la población
> De 6 a 23 correrán los subterráneos
> Vence mañana el impuesto a las ventas
> Se descubrió una vacuna contra el cáncer

5) El *gancho,* por lo común, subraya un aspecto de la noticia. Ejemplos:

> La democracia está perdiendo la tercera guerra mundial
> Un enigma se suma al misterio
> ¿Puede haber otra biblia que la Biblia?
> Nadie informa sobre lo que debe saberse

Nótese que, mientras los títulos directos son asertivos, los de *gancho* llevan implícitas las preguntas ¿por qué? ¿cómo?, ¿quién?

6) El título directo —al que nos referimos en el apartado 2—, es más objetivo; el de *gancho,* más subjetivo. Aquél nace de la noticia misma; éste, de una manera de encararla.

7) El mejor título es el que da la noticia con suficiente atractivo como para llamar la atención del lector.

8) Las noticias, por lo común, se refieren a acciones u omisiones. Por eso los títulos deben llevar un verbo, afirmativo o negativo.

9) No use títulos que sólo sirven para indicar de qué trata la noticia. Ejemplos:

> El canciller en el Paraguay
> El aumento de los sueldos bancarios
> Negociaciones sobre el paro
> La renuncia del intendente

Acaso algún diplomático, bancario, huelguista o candidato a intendente se interese por la información que va debajo de tales títulos. Pero no llamará la atención del lector común. *Y lo que deben lograr los títulos es que el diario se lea.*

10) Los títulos indicativos —tratados en el apartado 9—, son por lo general frases sustantivas. Evite las frases sustantivas.

11) Al titular, su mecanismo mental debe ser el siguiente: *Piense primero en lo que tiene que comunicar, después piense en el cuerpo y el tipo.* La tipografía debe estar al servicio de la información; no la información al servicio de la tipografía.

12) Evite sumar los títulos que se inician con el pronombre impersonal *se.* Piense en la monotonía que producirían: SE REALIZÓ; SE HARÁ; SE COMPRARÍA; SE RESOLVIÓ.

13) *Emplee las bajadas y subtítulos sólo cuando no se pueda dar completa la noticia en el título.*

14) Evite que los títulos se inicien con artículos. Piense en la monotonía que producirían los *el, la, un, una,* repetidos.

77 *Puntuación y semántica*

Conocida es la anécdota de aquel avispado estudiante que, urgido por el tiempo y la reiterada preceptiva del profesor de estilo literario y periodístico —"Recuerden que la puntuación no es sólo un problema ortográfico, sino prosódico y, en última instancia, semántico", repetía—, optó por un ocurrente recurso. Al pie de la prueba semestral, dibujó las comas, punto y comas, puntos, dos puntos y rayas que cabían en una línea, encabezados por un "Ruégole que los distribuya a su gusto y entendimiento".

En el escrito de este alumno sistemáticamente antipuntuario quedaba, no obstante, el esqueleto de las meras relaciones semánticas, que hicieron posible su lectura; desde luego, con tolerante aliento por parte del docente.

Valga el cuento para poner de relieve la primacía de la semántica. Es decir, las relaciones ineludibles de cada parte del discurso, con coma o sin ella. Los signos de puntuación son auxiliares valiosos, señalizadores, pero, aun sin ellos, aunque con mucho esfuerzo, es posible leer un texto.

En la decodificación ideal, cada garabato gráfico tiene su carga informativa. Las comas no empleadas al tuntún significan algo. Pues se trata de signos de *interpretación* más que de puntuación.

Que los hombres de leyes muestren gran celo en el uso de las comas es casi un lugar común. Suele ser un ejemplo clásico de la literatura judicial aquel de Benavente: "Y resultando que no, debe condenársele". "Y resultando que no debe condenársele"; una coma añadida o suprimida puede acarrear litigios y enmiendas.

En cuanto a los puntos suspensivos —con que el redactor novato o escritor incipiente suelen trasladar al lector el trabajo de completar la frase, ocultando las pausas, las dudas, la inseguridad de sus propios pensamientos—, decía Balzac: "Puntos prodigados por la literatura (¿y el periodismo?) moderna en los pasos peligrosos, a modo de tablas ofrecidas a la imaginación del lector para hacerlo franquear los abismos". ¿Y la coma antes de la *y*? *En el aeropuerto había lugareños, turistas y marineros. Llegaron, saludaron y se sentaron.* En cambio, digo: *El ministro acaba de llegar, y su comitiva llegará el martes. Pedro es inteligente y trabajador / Pedro es inteligente, y ayer no lo vio su padre.* No todos los gramáticos están de acuerdo con poner coma tras los complementos antepuestos al verbo: *En otras palabras, le manifesté mi opinión.* Si la suprimimos, no hay riesgo de confusión, dice Carnicer. Le replica Polo que, si fuéramos a prescindir de la puntuación por no haber riesgo de confusión, ya podríamos tirar por la borda todo el sistema puntuario.

Como se ve, "disputant doctores". Y la discusión seguramente se suscitará entre los lectores, que ya conocen a nuestros amigos los filólogos Ramón Carnicer y José Polo, citados con frecuencia en este Manual.

78 *Puntuación de Cervantes y de Azorín*

La puntuación no es arbitraria en absoluto. El problema no es sólo ortográfico, sino prosódico y, en última instancia, semántico. Un estilo recargado de comas, puntos y comas, incisos y aclaraciones resulta pesado. Tampoco se apoya la segmentación —"estilo salame" fue bautizado— mediante punto o punto y coma de lo que normalmente se enlaza con formas coordinantes o subordinantes.

De Cervantes a Azorín
Valgan como ejemplos textos del *Quijote* y del autor de "El escritor", sólo anunciados en el apartado 67. Del primero: "Y en diciendo esto, se acercó a la sima, vio no ser posible descolgarse ni hacer lugar a la entrada, si no era a fuerza de brazos o a cuchilladas, y así, poniendo mano a la espada, comenzó a derribar y a cortar de aquellas malezas que a la boca de la cueva estaban, por cuyo ruido y estruendo salieron por ella infinidad de grandísimos cuervos y grajos, tan espesos y con tanta prisa, que dieron con don Quijote en el suelo; y si él fuera tan agorero como católico cristiano, lo tuviera a mala señal y excusara de encerrarse en lugar semejante". Los componentes de la para algunos "parrafada" cervantina se enlazan con fluidez.

Azorín escribe: "Sin poder enterarme. O sin querer. Dos cosas distintas. Ocupémonos de lo primero: no poder. Ocurrió el trance con anterioridad a la lectura de 'La vida señera'. Tropecé en una hoja efímera con una crítica del libro. La leí sin esperanzas de quedar enterado. Raros son los críticos que desentrañan el libro. No es de ahora la dolencia. Huyo en estas páginas de la erudición". Más cercano al *estilo salame,* del que se habla en el apartado *67* (véase), con perdón del delicado estilista, autor de *La ruta de don Quijote.*

Recuérdese que Azorín —no obstante— sostiene que "la base de la puntuación es la psicología. El estilo es la psicología (...) Cosa curiosa es ver cómo puntuaban los antiguos y cómo puntuamos nosotros...".

Ni ahogar al lector antes de concederle el reposo de un punto, ni darle la impresión de tartamudear. La modalidad intermedia predomina en el discurso actual.

"Barbaridades prosódico-semánticas"

El ya mentado Ramón Carnicer trae esta muestra: "Resulta existir cierta afinidad —con efectos causales— entre el 'espíritu' —la sicología, dirían algunos— del capitalismo y la ética religiosa —la moral cotidiana— del protestantismo". Un ejemplo perfecto del abuso sistemático de la *raya,* agravado por la imbricación de incisos. "Barbaridades prosódico-semánticas" llama a estos abusos José Polo, que se pregunta si en diálogo directo alguien se atrevería incurrir en semejantes excesos, aunque no siempre el lenguaje oral puede servir como punto de referencia para el escrito.

79 La palabra texto

En su nueva edición 1992, la 21ª, el DRAE registra nuevas definiciones en el artículo "texto". Como esta palabra designa uno de los conceptos básicos de la ciencia de la comunicación, nos detenemos en las modificaciones introducidas en la nueva edición del tesauro académico. La primera acepción nueva dice: "Conjunto de palabras que componen un documento escrito". Esta definición genérica reemplaza a la muy obsoleta de las ediciones anteriores, y da sentido a la 5ª acepción, que dice: "Enunciado o conjunto de enunciados, orales o escritos, que el lingüista somete a estudio". Queda así aclarado el concepto técnico de "texto", que es una metáfora del sentido restringido referido a los textos escritos, con el que se usa en lenguaje corriente. Técnicamente, es posible hablar de "texto oral" (sin que se lo considere una contradicción) y de "texto escrito" (sin caer en redundancia). Diríamos más aún: es posible hablar, en un segundo nivel metafórico, de "texto gráfico", de "texto gestual", de "texto pictórico" y hasta de "texto electrónico". Más allá de las lucubraciones propias de especialistas, importa señalar que en la comunicación oral cualquier enunciado es un texto, del mismo modo que lo es en la comunicación escrita.

80 *Una polémica mayúscula*

"Si las normas dictadas por la Academia Española para el uso de la iniciales mayúsculas, en opinión de Ramón Carnicer, ni son siempre un prodigio de precisión ni resuelven todas las vacilaciones que suscita este aspecto de la ortografía, no es extraño que la falta de uniformidad persista y la controversia se multiplique. Reflejo de ello lo hallamos en el diccionario de la propia RAE, donde palabras sujetas a la misma aplicación o de función equivalente se imprimen unas veces con inicial mayúscula y otras con minúscula.

"Claro que la opción no siempre es fácil. No hay en castellano un criterio estrictamente gramatical como existe en la lengua alemana, por ejemplo. Si acudimos a la tradición, nos encontramos con la falta de continuidad, que tal sería la tradición. Sostener, como lo hace pragmática y dísticamente el que esto escribe, que la mayúscula no jerarquiza, sino que nombra y bautiza, puede hallar escollos. Las causas últimas del empleo de iniciales mayúsculas, dicen otros, aparte la individualizante de los nombres propios, son lo reverencial o jerárquico y la necesidad de distinción entre diversos valores de una misma palabra.

"Lo cierto es que en periodismo sorprende la multiplicidad de criterios. A veces cunde el caos. No obstante, 'hay que evitar la proliferación o utilización innecesaria de letras mayúsculas', requiere el madrileño *El País* en su 'Libro de estilo'.

"¿Y en LA NACION? En su más que centenaria vida, la mayúscula, con sus implicaciones —ortográficas y no ortográficas—, es un tema que justificaría un estudio, imposible de sintetizar en este esquicio.

"En cuanto a lo simplemente ortográfico, leemos en 'Vidas argentinas', de Octavio R. Amadeo (1934), cómo Mitre insistió tanto en que 'es necesario educar al pueblo para luchar con la ignorancia que puede vencernos por la masa, falseando así los fines de la democracia por el dominio de las mayorías mal preparadas para la vida civil', ya que él hallaba entre nosotros una democracia autóctona, que llamó 'genial e instintiva'. Esa democracia —añade Amadeo— era para él un ideal social constructivo, una misión de perfeccionamiento o manera generosa de concebir la vida. Mitre había sufrido la ausencia de esas cosas que sus coetáneos evocaban con unción: 'Libertad', 'Justicia', 'Democracia'. Así, con mayúsculas. Ha sido un progreso llegar a escribirlas con minúscula, remata Amadeo.

"Se refería, desde luego, a la grafía adoptada por nuestra hoja, grafía, que, por otra parte, en punto a mayúsculas y minúsculas nos puede deparar sorpresas. A veces una sonrisa, si leemos con espíritu algo más que curioso la evocación diaria de 'Cien años atrás en LA NACION'. Nada nuevo bajo el sol..." (De *Entre lengua y habla,* "Entre nosotros".)

81 *Todavía*

"Uno de los adverbios de más rica proyección de contenidos es *todavía.* Nació de la composición de *toda* y *vía;* de la primera significación, *siempre, constantemente* y de la idea de *todos los caminos o vías* se pasó a la de *en todo tiempo* así como de *antes y ahora* a la de *ahora todavía.*

"Sus significados de continuación y duración son tan frecuentes como su carácter de reforzativo de intensidad: 'Es todavía menos capaz que su colega', o su matiz adversativo en expresiones donde se contrapone a un antecedente para indicar algo que se considera injusto: 'He luchado toda mi vida y todavía no les parece suficiente'. En su libro *Viaje a Buenos Aires,* el periodista brasileño Brant, que participó en la misión de Rui Barbosa con motivo de las fiestas del Centenario del Congreso de Tucumán, señaló con el habitual humorismo que resplandece en su obra: '*Todavía* tiene en Buenos Aires un consumo inigualable. No se escuchan cinco palabras seguidas sin un *todavía* de por medio. *Todavía* significa todo cuanto se desee *et quaedam alia.* Durante veinte días le descubrí las siguientes acepciones: aun, mientras tanto, puede ser, ¿quién sabe?, ojalá, con el pretexto de, de ninguna manera, allí, abajo, tal vez, nunca, hoy, anteayer, sagazmente, siempre, sí, no, en total 319 significados. La persona que salga de casa con sólo cien *todavías* en la cartera a la hora del almuerzo tendrá que volver por una nueva provisión'.

"Ocurrencias aparte, es evidente la pluralidad de su uso. En Centroamérica, según apunta Kany, equivale a *aun no.* Como casi en todos los casos, corresponde a los poetas la intuición certera de su contenido. Pedro Miguel Obligado cierra uno de sus mejores sonetos:

"*Luego, cuando despierto cada día, / veo que sigo siendo un estudiante y / debo dar examen, todavía...*" (Angel Mazzei, para LA NACION, 6/12/80.)

82 *Presidente elegido / presidente electo*

Del Diccionario Académico: "ELECTO: El elegido o nombrado para una dignidad, empleo, etc., mientras no toma posesión".

De acuerdo con las precisiones hechas por la Academia en su Diccionario, *electo* —que es el participio irregular de *elegir*— debe usarse sólo con valor de adjetivo; nunca para formar tiempos compuestos, en los que corresponde utilizar el participio regular, o sea *elegido.*

Uso incorrecto de *electo* y de *elegido:*

Hipólito Yrigoyen fue electo presidente en 1916.
El presidente elegido concurrirá mañana, antes de prestar juramento, a casa de su madre, en Chascomús.
En los comicios del 11 de marzo fueron electos trece gobernadores.
Los intendentes elegidos, que asumirán el cargo el 31 de marzo, se reunirán con el doctor Armendáriz.
El obispo elegido de Mar del Plata viajará a Colombia antes de tomar posesión de su cargo en la nueva diócesis.

Uso correcto

Hipólito Yrigoyen fue elegido presidente en 1916.
El presidente electo concurrirá mañana, antes de prestar juramento, a casa de su madre, en Chascomús.
En los comicios del 11 de marzo fueron elegidos trece gobernadores.
Los intendentes electos se reunirán con el doctor Duhalde antes de jurar en sus distritos.
El obispo electo de Mar del Plata viajará a Colombia antes de tomar posesión de la nueva diócesis.

Otros verbos con dos participios pasivos
Aunque poco frecuentes, suelen leerse frases tales como:

Lo *han incluso* entre los postulantes al cargo. *Hemos inserto* su anuncio en nuestro periódico. [Por *han incluido, hemos insertado.*]

De la misma manera que todos sabemos que son correctas estas frases:

El reo, *convicto y confeso,* fue condenado a la pena capital.
Proseguirán las obras *inconclusas.*

Recordamos que hay cuatro participios pasivos irregulares que hacen excepción a la regla de la formación de tiempos compuestos (*frito, preso, provisto* y *roto*); *proveído* sólo se usa en lenguaje forense.

83 *Tú cantas / vos cantás*

La Academia Argentina de Letras, que trató el voseo en 1982 (Acuerdo publicado en el Nº 185-186, t. XLVII, julio-diciembre de 1982, del "Boletín de la Academia Argentina de Letras"), recuerda:
a) junto con el tratamiento de confianza, mediante el tuteo ("tú cantas")

o el voseo ("vos cantás"), existe como tratamiento de respeto —para la 2ª persona singular— la forma "usted" con verbo en 3ª persona singular. En cuanto al plural, el uso en la Península del tratamiento de confianza es "vosotros" con verbo en 2ª persona plural y el de respeto, "ustedes" con verbo en 3ª persona plural; b) hay que observar que para la 2ª persona del plural el español de América en casi toda su extensión y registros ha optado, para ambos tratamientos, por el pronombre "ustedes" y verbo en 3ª persona plural ("ustedes saben"), con exclusión de la forma hispánica de 2ª persona ("vosotros sabéis").

	SINGULAR		PLURAL	
	CONFIANZA	RESPETO	CONFIANZA	RESPETO
PENÍNSULA	"tú"	"usted"	"vosotros"	"ustedes"
AMÉRICA	"vos" "tú"	"usted"	"ustedes"	"ustedes"

84 Buen gusto y "boquitas sucias"

"El dial está atorado de palabrotas y de groserías, un festival de ordinariez, que pretende asociarse con una onda libre, desinhibida, como se me canta. Según Enrique Pinti, malas palabras son miseria, desocupación, violencia, corrupción...

"Totalmente de acuerdo; ya nadie pone el grito en el cielo ni se tapa los oídos. Pero el micrófono exige ciertos códigos de respeto: no es lo mismo que hablar en la cancha, en la calle o en el boliche, aunque más de uno adhiere a esta confusión y saca provecho de ella. Además, las palabrotas reiteradas se parecen a los chistes: si se cuentan seguido, pierden gracia.

"Afear el vocabulario, empobrecerlo aún más, ya se hizo costumbre. Es un tic, una muletilla para encubrir otras fallas (léase falta de ideas, de audacia creativa). Aunque ya cualquiera hace radio, boicoteando a quienes se matan por reivindicar el oficio; este medio de comunicación formidable, el más masivo de todos, no merece semejante bochorno cotidiano." ("Radio-grafías", por Dionisia Fontán, LA NACION, 2/4/69.) Véase apartado 58.

85 Expresiones latinas

1. Las voces y expresiones latinas incorporadas a nuestro idioma se adecuan a las normas regulares de acentuación: *currículum, deside-*

rátum, ínterin, ítem, lapsus cálami, plácet, quórum, réquiem, sui géneris, Tedéum.

2. El plural de muchos cultismos de procedencia griega o latina presenta ciertas dificultades para su formación. Para algunos sustantivos que originalmente fueron de género neutro, la RAE sugiere mantenerlos invariables e indicar el número mediante el artículo: el desiderátum, los desiderátum; *el ultimátum, los ultimátum,* o bien conservar el plural etimológico en *-a: currículum, currícula.*

3. Recuérdese que se escriben sin tilde "memorandum" y "referendum" y que no decimos *memorandum / memorándums-memorándumes.*

4. Otra dificultad que se nos presenta si queremos usar los plurales neutros en *-a* (CURRÍCULA, DESIDERATA) es optar entre el género femenino erróneamente atribuido a estas voces y el masculino plural, que es el correcto. Así, se debe escribir: LOS CURRÍCULA ANALIZADOS; LOS DESIDERATA SOCIALES, y no LA CURRÍCULA ANALIZADA. Esta última es la forma usada en el lenguaje burocrático corriente, que no repara en matices semánticos, no obstante su obligada responsabilidad docente.

5. Una solución propuesta es emplear, cuando los hay, los términos castellanizados: currículo, currículos. La otra, *adoptada en nuestro periódico,* escribirlos como se enuncian en 1. y en la sugerencia de la RAE: el ítem/los ítem; el déficit/los déficit; el plácet/los plácet; el currículum/los currículum; etc. Evítense plurales —como ítems, déficits...— que no responden a las características y genios de ninguno de los dos idiomas: ni del latino, de origen, ni del nuestro, el adoptante. Véanse apartado *62* y el apéndice *De la herencia del Lacio.*

86 *El condicional de suposición*

Se incurre en, por lo menos, dos incorrecciones con el empleo del potencial o condicional (HABLARÍA o HABRÍA HABLADO) con sentido de suposición, también llamado condicional de rumor.

Este barbarismo sintáctico atenta, en primer lugar, contra la credibilidad de la información. Ineludible es, por esto, la necesidad de evitarlo, especialmente en los títulos, donde, por su obligada brevedad, se omite la parte esencial de la condición, en el caso de que ésta exista. *En la marcha habrían participado más de cien mil docentes,* se anuncia en el título, cuyo contenido se completa en la crónica, que precisa: *"si los sindicatos se hubieran puesto de acuerdo".* Pero la falta de un contenido claro y cierto en el título ya predispone negativamente el ánimo del lector.

En segundo lugar, este solecismo es inadmisible, pues se trata de una mala traducción del condicional hipotético o de suposición que, en francés, sirve para señalar un hecho dudoso, eventual; en particular cuando este hecho se presenta como rumor, como aserción que no se puede garantizar y que en castellano se expresa así: SE DICE (SE CALCULA) QUE EN LA MARCHA HAN PARTICIPADO MÁS DE CIEN MIL DOCENTES, o con otros giros análogos.

Pero nunca con el condicional de suposición: "estaría dispuesto", "habrían muerto", "sería miembro de la mafia"; lo mismo que expresiones tales como "posible", "probable", "no se descarta", "al parecer", que trasuntan inseguridad informativa. No hace falta subrayar la ambigüedad de semejante mensaje al lector. Véanse _Aspectos legales vinculados con el ejercicio de la prensa: responsabilidad civil_ y apartado _63_.

87 Deber y deber de _con infinitivo_

El verbo DEBER más infinitivo significa obligación. Ejemplos:

Por sus funciones, Juan debe estar en la oficina hasta la noche.
Esta cuenta debe pagarse antes del sábado.

DEBER DE más infinitivo significa probabilidad. Ejemplos:

Juan debe de estar en la oficina. [Es probable que esté en la oficina.]
Debe de ser el nuevo empleado. [Es probable que sea el nuevo empleado.]

88 _Las palabras: "Chanta"_

"Seguramente los jueces de hoy examinarían con mayor benevolencia que veinte años atrás un caso por el cual se llevara a su conocimiento la conducta de alguien que profiriera contra otro la calificación de _chanta_.

"Pero, para una incursión en la jerga orillera igual a la que el ministro de Economía perpetró anteayer contra el director de _El Cronista,_ la Cámara Nacional en lo Criminal y Correccional impuso, el 2 de julio de 1971, al querellado seis meses de prisión condicional, 100 pesos de multa de cumplimiento efectivo y la obligación de publicar la sentencia en un diario.

"Con la flexibilidad acelerada de los hábitos sociales ha ido mermando en los últimos tiempos el rigor en el uso debido de la lengua. Hasta la violencia que implica tratar a otro de _chanta_ ha disminuido relativamente, inclusive con referencia a esa deformación _chanta_ de la voz genovesa *ciantapuffi:* si de alguien se afirma, pero con gesto complaciente, que es un *chanta,* se puede inferir que se ha hablado de una persona simpática, bromista, alegre, dicharachera.

"El ministro Cavallo, nacido en Córdoba y educado en Harvard, apeló al lunfardo en su intención de negarle a un periodista el ejercicio de la crítica.

"El hecho de que el calificativo lejos de ser castizo pertenezca a lo orillero no puede restarle ilicitud', decían severamente en 1971 los jueces Rébori, Amallo y Millán al ocuparse de tal engendro idiomático.

"*Chanta,* recordaban puntillosamente los magistrados de la Cámara del Crimen, es abreviatura de *chantapufi,* que quiere decir mentiroso, fanfarrón, insolvente, cuentero, charlatán, realizador de negocios de mala fe, pobre diablo, deudor irredimible, etcétera.

"Desde ese punto de vista, parece más precisa, con relación al más popular de sus usos, la interpretación que tan autorizadamente da José Gobello en su 'Diccionario lunfardo': '*chanta, chantapufi:,* fanfarrón que se jacta de lo que no es'.

"Cavallo se abstuvo del aumentativo *chantún,* que Gobello ubica en 'Cerrado por melancolía', una de las obras de Isidoro Blaisten ('...Este de los rasgos faciales es un *chantún*'). Sin embargo, esa renuncia objetivamente comprobable no mejora la situación del alto funcionario que con tanta facilidad pierde los estribos.

"En cambio, tal vez se pueda morigerar la gravedad del caso si se acepta que Cavallo, en un dominio imprevisible de los vericuetos lunfardos pero no menos eficaz que en el de las cuentas públicas, apeló a otras de las versiones posibles de *chanta.*

"'... y vive arrodillao frente a tus ojos / en una *chanta* por desaliento, derrota moral', señala el hermeneuta Gobello. O aquel otro: 'De contrapinta se me dio la peca / con una mina que me puso a *chanta*'.

"Está también el *tirarse a chanta:* para Alfonsín, los radicales que se abstengan de votar el 10 de abril en ese sentido se habrán tirado a chanta. Canta José Alonso Delgado en su Pechazo Mishio: 'Voy, eso sí, yirando a la marchanta / en medio de este caos que me rodea, / con ganas de tirarme un cacho a *chanta*'. ¿O en qué otra cosa piensan Casella y Storani?

"Estamos seguros, el ministro lo sabe: igualmente es posible acudir a la versión distinta que da el doctor Luis Alposta, geriatra de tantos favores, en el Soneto del Adiós a la Musa Finoli. Es cuando dice: '... Si escribís un poema / —me lo *chantó* de entrada— / hacelo bien difícil. Que no se entienda nada'. Es ésa, precisamente, una versión muy apropiada para el estilo del ministro: la de espetar un juicio directamente, sin vuelta alguna.

"Cuánto habría disfrutado el inolvidable José 'Pepe' Barcia, editorialista de LA NACION y presidente de la Academia Porteña del Lunfardo, con este zafarrancho idiomático que en las últimas veinticuatro horas estuvo en el centro de las conversaciones políticas.

"Cómo habría crepitado la mesa tradicional del bar Aguila, cenáculo que en Lavalle al 1500 congregaba a las primeras espadas del habla popular de Buenos Aires: Barcia, Jacobo de Diego, Luis Ricardo Furlan, Estanislao 'Villita' Villanueva, José L. Macaggi y tantos otros.

"Qué habrían dicho todos ellos, si en una esforzada sinonimia algún polemista se hubiera entreverado en la cuestión desempolvando los versos de Leopoldo Díaz Vélez: '... desembocó en un yeite bien debute; / tu cambio por un liso *farabute* / le restó brillo y luz a tu abandono'.

"¿*Farabute* por *chanta*? Buen tema para el viejo Aguila; no para mejorar la controvertida intervención radial del ministro, pero sí para enriquecer la lengua que abasteció a tanta letra tanguera.

"Los jueces de la sala I de la Cámara Criminal, en los autos 'Fontanarrosa, Carlos' establecieron en 1971 que el hecho de que se hubiera utilizado un vocablo lunfardo como *chanta* no restaba ilicitud a la cuestión. 'Muy fácil sería, si ello se aceptara, agraviar y difamar con grosería al prójimo. El uso en público y debatiéndose asuntos serios de voces de germanía puede representar chabacanería, pero no excusa a quien lo hace', concluyeron los jueces.

"Sí lo ha excusado el director de *El Cronista* al ministro y, si con palabras de Jorge Montes se pudo decir anteayer que se 'armó un maranfio como para que la cana sacase a pasear el Neptuno', el enfrentamiento debe darse ahora por superado con la hidalguía del colega. No habrá querella." (LA NACION, 17/2/94.)

APÉNDICES

CONTENIDO

ADJETIVOS NUMERALES

Cardinales	Ordinales	Partitivos o proporcionales	Múltiplos
uno	*primero, -a* (apóc. *primer*)		
dos	*segundo, -a*	*medio, -a*	*doble o duplo, -a*
tres	*tercero, -a* (apóc. *tercer*)	*tercio, -a*	*triple o triplo, -a*
cuatro	*cuarto, -a*	*cuarto, -a* *cuádruplo, -a*	*cuádruple -o*
cinco	*quinto, -a*	*quinto, -a*	*quíntuplo, -a*
seis	*sexto, -a*	*sexto, -a*	*séxtuplo, -a*
siete	*séptimo, -a*	*séptimo, -a*	*séptuplo, -a*
ocho	*octavo, -a*	*octavo, -a*	*óctuplo, -a*
nueve	*noveno, -a*	*noveno, -a*	*nónuplo, -a* [1]
diez	*décimo, -a*	*décimo, -a*	*décuplo, -a*
once	*undécimo, -a*	*onceavo, -a,* *onzavo, -a*	*undécuplo, -a*
doce	*duodécimo, -a*	*doceavo, -a,* *dozavo, -a*	*duodécuplo, -a*
trece	*decimotercero, -a*	*treceavo, -a,* *trezavo, -a*	*terciodécuplo, -a*
catorce	*decimocuarto, -a*	*catorceavo, -a,* *catorzavo, -a*	
quince	*decimoquinto, -a*	*quinceavo, -a,* *quinzavo, -a*	
dieciséis	*decimosexto, -a*	*dieciseisavo, -a*	*sigue atrás*

[1] *La Academia no lo registra; pero sí R. Barcia, V. Salvá, Toro y Gisbert y J. Casares, entre otros.*

diecisiete	decimoséptimo, -a	diecisieteavo, -a
dieciocho	decimoctavo, -a	dieciochoavo, -a, dieciochavo, -a
diecinueve	decimonoveno, -a, decimonono, -a	diecinueveavo, -a
veinte	vigésimo, -a	veinteavo, -a, veintavo, -a
veintiuno, -a (apóc. veintiún)	vigésimo, -a primero, -a	veintiunavo, -a
treinta	trigésimo, -a	treintavo, -a
treinta y uno, -a (apóc. treinta y un)	trigésimo, -a primero, -a	treintaiunavo, -a
cuarenta	cuadragésimo, -a	cuarentavo, -a
cincuenta	quincuagésimo, -a	cincuentavo, -a
sesenta	sexagésimo, -a	sesentavo, -a
setenta	septuagésimo, -a	setentavo, -a
ochenta	octogésimo, -a	ochentavo, -a
noventa	nonagésimo, -a	noventavo, -a
ciento (apóc. cien)	centésimo, -a	centésimo, -a, céntuplo, -a centavo

Más cardinales

ciento uno (apóc. ciento un)	ciento una
doscientos dos	doscientas dos
trescientos veinte	trescientas veinte
Así, hasta novecientos	novecientas
A partir de mil mil doscientos dos	mil doscientas dos
dos mil uno (apóc. ...un),	dos mil una

¿Cómo se escriben?

a) *uno, dos, tres,... nueve.* No, *1, 2, 3, ... 9.*

b) *10, 11,... 14,... 20,... 30,...,* etc. Y no, *diez, once, catorce, veinte, treinta...,* etc.

c) *un millón, dos millones.* No, *1.000.000, 2.000.000.* Sí, *30 millones, 300 millones, 600.000 millones.* También, *9,5 millones de dólares,* cuando se trata de cifras redondas.

d) *tres cuartos,... cinco quintos.* No, *3/4... 5/5.* A no ser que sean estadísticas, etc., sobre todo en Economía.

e) *1º de diciembre de 1997,... 4 de enero,... 25 de Mayo,... calle 9 de Julio.* No, *uno de diciembre,... cuatro de enero, Veinticinco de Mayo, calle Nueve de Julio.* Menos aún, *diciembre de 1997.*

f) *5 cascos blancos, 30 marinos y 80 aeronáuticos.* Para que así la serie se uniforme con números. No, *cinco cascos blancos, 30 marinos y 100 aeronáuticos.*

g) *son las 12.30.* No, *las 12,30 horas;* o *las 12.30 h;* las fracciones de hora, con punto (sistema sexagesimal); las palabra *horas* y la letra *h* sobran. Sí, *300 km/h.* (Véase apéndice *Signos de puntuación y signos auxiliares.*)

h) *a las 0.35 de hoy.* No, *a las 0.35 de la madrugada de hoy.* (Véanse *"a las 15 horas"; horarias, referencias* y apéndice *Tablas prácticas de conversión.*)

i) *la hora cero.* No, *la cero hora.* Por otra parte, recuérdese que los sintagmas temporales —*A las 10.40; mañana, a las 12.45, llegará*— van siempre entre comas.

j) *con un tiempo de 3h 35m 32.6s.*

k) *25%.* Que se lee *veinticinco por ciento,* y no *veinticinco por cien,* como se escribe *ciento por ciento* y no *cien por cien,* locución que sólo se usa figuradamente: *porteño cien por cien.*

l) *una temperatura de 33º.* Se lee *una temperatura de 33 grados:* el signo º volado y sin punto.

m) *pase el primero,... alumno de 7º grado,... el III Reich,...* etc. Hasta el ordinal *vigésimo primero,* con letras, número con letra voladita o números romanos, indistintamente y según el uso impuesto.

n) *21er. aniversario, 13er. curso, 25º congreso, 56ª asamblea.* No, *21º aniversario, 13º curso, 25º congreso, 56ª asamblea,* sin puntos, pues se trata de letras en voladita que concuerdan con el sustantivo al que se refieren. Tampoco, *el 21 aniversario.*

o) *de 15.000 a 20.000 pesos la unidad.* No, *de 15 a 20.000 pesos.* Sí, *una inversión de 250 a 300 millones de dólares.*

p) *estos son los porcentajes: 5, aplazados, y 95 los aprobados.* No redundar así: *...los porcentajes: 5%, aplazados.*

q) *ocho milímetros.* No, *0,8 centímetros.* Sí, *14,900 kilogramos. Pasó a 30 centímetros de distancia.* No, *...a 30 cm de distancia,* forma admitida en estadísticas, deportes, etc.

r) *billón/millardo.* Véanse *billón* y *millardo.*

s) *Los doses van en negrita.* Los cardinales son también sustantivos: *el cuatro, los cuatros; el seis, los seises (como los de Sevilla).*

t) *la Generación del 80.* Equivale a *del año 80.*

CORRELACIÓN DE MODOS Y TIEMPOS

Los verbos se unen entre sí según la índole de nuestra lengua. A veces siguen las construcciones clásicas —griegas y latinas (la *consecutio témporum* de los romanos)—; otras, responden a la semántica verbal.

Tal correlación *(consecutio)* se realiza:

a) Sin palabra intermedia: INTENTÓ VENIR; ¿QUIERES DIVERTIRTE? Se advierte aquí que el sujeto de ambos verbos es el mismo.

b) Por medio de preposiciones o conjunciones: INTENTÓ *QUE* VINIESES; QUEDÓ *EN* CONTESTARNOS; ESFUÉRZATE *POR* COMPLACERLO.

En este último caso es cuando surgen las dudas. Y se suele escribir, por contaminación del habla vulgar:

LO VI PARA QUE ME *PRESTE* UN LIBRO, en lugar de *QUE ME PRESTARA.*
LE HABLÉ CLARO PARA QUE ME *OIGA,* POR *QUE ME OYESE* U OYERA.
SI *TENDRIA* PLATA, IRÍA A VERANEAR; corríjase SI *TUVIERA* O *TUVIESE...*
SE LO DARÉ AL QUE *LEERÁ* MEJOR, en lugar de QUE *LEA* MEJOR.

Se puede decir: IRÉ AL TEATRO, PAGUE QUIEN *PAGARE* O PAGUE QUIEN *PAGUE.* Esta segunda construcción es un prenuncio de la decadencia del subjuntivo, pues su *futuro imperfecto (pagare)* se sustituye por el presente de indicativo (Si alguien *duda...*) o de subjuntivo (Cuando alguien *dude...*). Sólo en estilo solemne o burocrático, se dice *DUDARE,* o en ciertos modismos: *sea lo que FUERE, sea quien FUERE;* lo mismo pasa en el lenguaje forense.

En la burocracia, tan adicta a tales formas (dudare, fuere), van desapareciendo; hasta en el Boletín Oficial.

Para evitar errores en la correlación de modos y tiempos, basta tener presentes estas indicaciones:

1. Determinación del modo

a) Cuando el verbo principal es de *percepción* o *enunciación* (ver, decir, creer, juzgar, imaginar, advertir, preguntar, responder, etc.), el VERBO REGIDO irá en *indicativo* o *potencial:* VEO QUE *SALES;* DIJO QUE *VENDRIA;* RESPONDIÓ QUE *CONCURRIRA.*

b) Cuando el verbo es de los de *voluntad* (desear, esperar, exigir, mandar, aconsejar, temer, dudar, etc.), el REGIDO irá en subjuntivo: DESEO QUE *VENGAS;* TEMIERON QUE LOS *DESCUBRIESE;* ESPERABA QUE *HUBIESEN ACEPTADO.*

2. Determinación del tiempo

a) En *verbos de percepción,* que exigen indicativo o potencial:

SI EL VERBO PRINCIPAL ESTÁ EN:	EL SUBORDINADO O REGIDO IRÁ EN:
presente / pretérito perfecto / futuro / potencial simple	*cualquier tiempo de indicativo, menos pretérito anterior*
pretérito imperfecto / pretérito indefinido / pluscuamperfecto / potencial compuesto	*pretérito imperfecto / pluscuamperfecto o potencial*

b) En *los verbos de voluntad,* que piden subjuntivo:

SI EL VERBO PRINCIPAL ESTÁ EN:	EL SUBORDINADO, IRÁ EN:
presente / pretérito perfecto / futuro	*presente de subjuntivo y a veces pretérito perfecto de subjuntivo*
pretérito indefinido / pretérito imperfecto / pluscuamperfecto / potencial	*pretérito imperfecto o pluscuamperfecto de subjuntivo*

3. Recuérdese que en toda cláusula periódica condicional, después de la conjunción SI debe usarse la forma en -RA o la en -SE; nunca en -RÍA. En la segunda parte, la forma en -RA o la en -RÍA; nunca la en -SE: SI TÚ CALLARAS O CALLASES, HABLARÍAN LAS PIEDRAS; SI TÚ HUBIERAS O HUBIESES CALLADO, HABRIAN HABLADO LAS PIEDRAS.

Es obvio que es obligatoria la coma antes de la apódosis.

DE LA HERENCIA DEL LACIO

*Recopilación de expresiones latinas incorporadas al español
—por lo que van sin comillas—, con su significado y uso.*

Por el año de su presentación a los redactores de nuestro diario —1942—, esta recopilación debe de ser precursora de las sucesivas papeletas, bautizadas NORMAS DE ESTILO, con que maestros periodistas contribuyeron a mantener el prestigio lingüístico de LA NACION.

Análogo al empleo restrictivo de extranjerismos, barbarismos y neologismos innecesarios, se limitará el uso indiscriminado y exclusivamente erudito en textos noticiosos de palabras y locuciones latinas que no añadan información. Para cuando resulta indispensable consignarlas, especialmente en las colaboraciones, se han reunido en este breve trabajo las locuciones, adverbios y modos adverbiales latinos que figuran incorporados al acervo de nuestro idioma en sucesivas ediciones del Diccionario de la Academia (en algunos casos actualizados de acuerdo con la última edición y con algunos usos que no figuran aún en el DRAE).

Queda, pues, limitada la finalidad de este apéndice a la transcripción, con su correspondiente significado, de aquellas expresiones que por su forma netamente latina pudieran suscitar dudas acerca de si deben escribirse entre comillas o no. Así es como no figuran aquí palabras cuyo empleo diario nos ha familiarizado con su uso correcto, tales como déficit, lavabo, vademécum, etcétera.

Sin pretensiones de enseñar, pues nada nuevo encierran, van estas páginas al encuentro del lector, que sólo ha de ver en ellas un modesto auxiliar de su memoria, como todo el contenido de este Manual.

A fortiori (*Expr. adv.*): Con mayor razón.

A látere: *1.* (*Expr. loc.*): Legado a látere es el cardenal enviado extraordinariamente por el Sumo Pontífice, con amplísimas facultades para que lo represente cerca de un príncipe o gobierno cristiano o en concilio. *2.* (*En sentido figurado y familiar, comúnmente despectivo*): Persona que acompaña constantemente a otra, de la que parece inseparable. Se escribe *adlátere*, deformación antietimológica de *a látere*.

A nativitate: Equivale a "de nacimiento". Lo que sigue ha sido suprimido en la XXI edición del DRAE: esta expresión adverbial explica que un defecto de sentido o miembro se padece porque se nació con él y no por contingencia o enfermedad que sobreviniese.

A pari (*Expr.*): Argumento a pari. El fundado en razones de semejanza o igualdad entre el hecho propuesto y el que de él se concluye.

A posteriori (*Modo adv.*): *1.* Indica la demostración que consiste en ascender del efecto a la causa, o de las propiedades de una cosa a su esencia. *2.* Después de examinar el asunto de que se trata.

A priori: (*Modo adv.*): *1.* Indica la demostración que consiste en descender de la causa al efecto o de la esencia de una cosa a sus propiedades. De esta especie son todas las demostraciones directas en las matemáticas. *2.* Antes de examinar el asunto de que se trata.

A quo (*Expr. loc.*): Juez a quo es el juez de quien se apela para ante el superior.

A símili (*Expr. loc.*): Argumento a símili, lo mismo que el argumento a pari, es el que se funda en razones de semejanza o de igualdad entre el hecho propuesto y el que de él se concluye.

Ab aeterno (*Loc. adv.*): Desde la eternidad.

Ab initio (*Modo adv.*): Desde el principio.

Ab irato (*Loc. adv.*): A impulso de la ira.

Ab ovo (*Loc. adv.*): Tratándose de narraciones significa desde el origen o desde tiempo muy remoto.

Absit (*Tercera pers. del sing. del presente de subjuntivo del verbo latino abesse: estar fuera, lejos*): Esta palabra se usa familiarmente para manifestar el deseo de que una cosa vaya lejos de nosotros, o de que Dios nos libre de ella.

Ad calendas graecas (*Loc. adv.*): Se usa para designar un plazo que nunca ha de cumplirse.

Ad efesios (*Expr. adv.*) (*Fam.*): Disparatadamente, saliéndose del propósito del asunto.

Ad hoc (*Expr. adv.*): Se aplica a lo que se dice o hace sólo para un fin determinado.

Ad hóminem (*Expr. adv.*): Argumento ad hóminem es el que se funda en las opiniones o actos de la misma persona a quien se dirige, para combatirla o tratar de convencerla.

Ad líbitum (*Expr. adv.*): A gusto, a voluntad.

Ad lítem (*Expr. for.*): Curador ad lítem es la persona nombrada por el juez para seguir los pleitos y defender los derechos de un menor representándolo.

Ad pédem lítterae (*Expr. adv.*): Al pie de la letra.

Ad perpétuam o **ad perpétuam rei memóriam** (*Expr. for.*): La información ad perpétuam o ad perpétuam rei memóriam es la que se hace judicialmente y a prevención, para que conste en lo sucesivo una cosa.

Ad quem (*Expr. for.*): Juez ad quem es aquel ante quien se interpone la apelación de otro inferior.

Ad referéndum (*Expr. adv.*): Se interpreta como a condición de ser aprobado por el superior o el mandante. Dícese, por lo común, de convenios diplomáticos y de votaciones populares sobre proyectos de ley.

Ad valórem (*Expr. adv.*): Con arreglo al valor, como los derechos arancelarios que pagan ciertas mercancías.

Alter ego (*Expr. lat.*): Persona en quien otra tiene absoluta confianza o que puede hacer sus veces sin restricción alguna. Significa "otro yo".

Ante díem (*Expr. adv.*): Antedía. Empléase tratándose de avisos para reunir a los individuos de una junta o congregación. Ej.: se avisará ante díem. Cédula, citación ante díem.

Ante merídiem (*Expr.*): Antes del mediodía. Se abrevia "a.m.".

Apud (*Cerca*): Esta preposición latina se usa en las citas con el significado de: en la obra o en el libro de. Así, apud Gallardo se interpreta: en la obra de Gallardo.

Cálamo currente (*Expr. adv.*) (*Fig.*): Sin reflexión previa, con presteza y de improviso. Por lo común se usa hablando de escritos.

Castigat (castiga, córrige: *variantes que pasaron a la historia*) **ridendo mores** (*Corrige las costumbres riendo*)**:** Divisa de la comedia, formulada por el poeta francés Santeuil y entregada al arlequín Dominique para que la pusiera en el telón del teatro.

Casus belli (*Expr. lat.*)**:** Caso o motivo de guerra.

Circumcirca (*Adv.*)**:** En estilo familiar suele emplearse en español significando: "alrededor de", "sobre poco", "poco más o menos".

Córam pópulo (*Loc. lat.*)**:** En público.

De facto (*Adv.*)**:** De hecho, en oposición a *de iure*.

De iure (*Loc. adv.*)**:** De derecho.

De verbo ad vérbum (*Expr. adv.*)**:** Palabra por palabra, sin faltar una letra.

Delirium tremens (*S. m.*)**:** Delirio con gran agitación y temblor de miembros, ocasionado por el uso habitual y excesivo de bebidas alcohólicas.

De visu (*Expr. lat.*)**:** A vista de ojos.

De vita et móribus (*Expr. lat.*)**:** Información de vita et móribus es la que se hace de la vida y costumbres de aquel que ha de ser admitido en una comunidad o antes de obtener una dignidad o cargo.

Deo volente (*Expr. fam.*)**:** Dios mediante. También *Deo volente et adiuvante:* ...y con su ayuda.

Desiderátum (*S. m.*)**:** *1.* Objeto y fin de un vivo deseo. *2.* Lo más digno de ser apetecido en su línea.

Dextrórsum (*Adv.*)**:** Hacia la derecha.

Directe et indirecte (*Adv. de modo*)**:** Las palabras directe et indirecte se usan casi siempre juntas con el significado de: ni directa ni indirectamente.

Do ut des: *1.* (*Loc. fig. y fam.*)**:** Expresión que indica ser la esperanza de reciprocidad el móvil interesado de una acción. *2.* (*For.*)**:** Fórmula con que se designa la primera variedad de los contratos innominados.

Eccehomo (*S. m.*) (*Del latín* ecce: *he aquí, y* homo: *el hombre*)**:** *1.* Imagen de Jesucristo como lo presentó Pilatos al pueblo. *2.* (*Fig.*)**:** Persona lacerada, de lastimoso aspecto.

Ergo (*Conj. lat.*)**:** Por tanto, luego, pues. Usase en la argumentación silogística y también festivamente.

Ex abrupto: *1.* (*M. adv.*)**:** De repente, de improviso. Este modo adverbial explica la viveza y calor con que uno prorrumpe a hablar cuando no se esperaba o en forma insospechada. *2.* (*For.*)**:** Arrebatadamente, sin guardar el orden establecido. Decíase principalmente de las sentencias cuando no las habían precedido las solemnidades de estilo. *3.* (*S. m.*)**:** Salida de tono, dicho o ademán inconveniente e inesperado, manifestado con viveza. Se escribe en una palabra: el *exabrupto*.

Ex cáthedra (*M. adv.*)**:** *1.* Desde la cátedra de San Pedro. Dícese cuando el papa enseña a toda la Iglesia o define verdades atinentes a la fe o a las costumbres. *2.* (*Fig. y fam.*)**:** En tono magistral y decisivo (a veces irónico).

Ex libris (*Loc. lat.*)**:** Cédula que se pega en el reverso de la tapa de los libros en la cual consta el nombre del dueño o el de la biblioteca a que pertenece.

Ex profeso (*Modo adv.*)**:** De propósito o de caso pensado.

Ex testamento (*Modo adv.*) (*For.*)**:** Por el testamento.

Exequátur (*S. m.*)**:** *1.* Voz con que se designa el pase que da la autoridad civil de un Estado a las bulas y rescriptos pontificios para su observancia. 2. Autorización que otorga el jefe de un Estado a los agentes extranjeros para que en su territorio puedan ejercer las funciones propias de sus cargos.

Ferendae sententiae (*Expr. lat.*)**:** Se usa esta expresión latina precedida de los sustantivos censura o excomunión. *Censura ferendae sententiae* es el examen y aprobación que hace anticipadamente la autoridad gubernativa de ciertos escritos antes de darse a la imprenta. *Excomunión ferendae sententiae* es la que se impone por la autoridad eclesiástica aplicando a persona o personas determinadas la disposición de la Iglesia que tiene establecida condena de la falta cometida.

Fíat (*S. m.*)**:** Consentimiento o mandato para que una cosa tenga efecto.

Gaudeamus (*Su traducción literal es: alegrémonos.*) (*S. m.*)**:** En lenguaje familiar se usa con el significado de fiesta, regocijo, comida y bebida abundantes.

Hábeas corpus (*M.*) (*De la frase latina:* "*Habeas corpus ad subiiciendum...*", *etc., con que comienza el auto de comparecencia*)**:** Derecho de todo ciudadano detenido o preso a comparecer inmediata y públicamente ante un juez o tribunal para que, oyéndolo, resuelva si su arresto fue legal o no, y si debe alzarse o mantenerse.

Honoris causa (*Loc.*)**:** Significa por razón o causa de honor. Doctor honoris causa es el título honorífico que conceden las universidades a alguna persona eminente.

Ibídem (*Adv. lat.*)**:** En índices, notas o citas de impresos o manuscritos se usa con su propia significación de allí mismo o en el mismo lugar.

Idem (*Pron. lat.*)**:** Significa el mismo o lo mismo.

Idem per ídem (*Loc. lat.*)**:** Significa ello por ello o lo mismo es lo uno que lo otro.

Idus (*S. m. pl.*)**:** En el antiguo cómputo romano y en el eclesiástico, el día 15 de marzo, mayo, julio y octubre, y el 13 de los demás meses. Empléase también como equivalente la palabra *idos*.

Imprimátur (*Tercera pers. sing. del pres. de subjuntivo en voz pasiva del verbo imprimere: imprimir.*) (*S. m.*) (*Fig.*)**:** Licencia que da la autoridad eclesiástica para que se imprima un libro.

In ánima vili (*Loc. lat.*)**:** Significa en ánima vil. Se usa en medicina para indicar que los experimentos o ensayos deben hacerse en los seres irracionales antes que en el hombre.

In artículo mortis (*Expr. lat.*) (*For.*)**:** En el artículo de la muerte. Casamiento in artículo mortis tiene el mismo significado que matrimonio *in extremis* (véase).

Incontinenti (*De la locución latina in continente: inmediatamente*)**:** Empléase con ese mismo significado.

In extremis (*Loc. lat.*)**:** Significa en los últimos instantes. Matrimonio in extremis es el que se efectúa cuando uno de los contrayentes está en peligro de muerte o muy próximo a ella.

In fraganti (*M. adv.*)**:** En flagrante.

In illo témpore (*Loc.*)**:** En aquel tiempo. Se usa en el sentido de en otros tiempos o hace mucho tiempo.

In íntegrum (*Loc.*) (*For.*)**:** Restitución in íntegrum es la reintegración de un menor o de otra persona privilegiada en todas sus acciones y derechos.

In pártibus infidélium: *1. (Expr. lat.)*: Obispo in pártibus infidélium o simplemente in pártibus, es el que toma título de país o territorio ocupado por los infieles y en el cual no reside. *2. (Fam. y festivo)*: Aplícase a la persona condecorada con el título de un cargo que en realidad no ejerce. En este caso es lo más frecuente decir sólo in pártibus.

In péctore, o su equivalente italiano *in petto*: *1. (Expr. lat.)*: Cardenal in péctore o in petto es el eclesiástico elevado a cardenal, pero cuya proclamación e institución se reserva el papa hasta momento oportuno. *2. (Fig. y fam.)*: Expresión con que se da a entender haber tomado una resolución y tenerla aún reservada.

In perpétuum *(Loc. lat.)*: Perpetuamente, para siempre.

In promptu *(Expr. lat.)*: Aplícase a las cosas que están a la mano o se hacen de pronto.

In púribus *(Loc. fam.) (Es la corrupción de la frase técnica latina In puris naturalibus)*: Desnudo, en cueros.

In sólidum *(Modo adv.) (For.)*: Por entero, por el todo.

In statu quo *(Expr. lat.)*: Se emplea para denotar que las cosas están o deben estar en la misma situación que antes tenían.

Inter nos *(Loc. lat.)*: Entre nosotros. Se usa en lenguaje familiar.

Interpósita persona *(Loc. lat.)*: Es el que interviene en un acto jurídico por encargo y en provecho de otro, aparentando obrar por cuenta propia.

Invita Minerva *(Loc. lat.)*: Suele usarse en español con su propia significación de "contra la voluntad de Minerva o de las musas".

Ipso facto *(Loc. lat.)*: Inmediatamente, en el acto; por el mismo hecho.

Ipso jure *(Loc. lat.) (For.)*: Por ministerio de la ley.

Item: *1. (Del latín item: del mismo modo, también)*: Usase para hacer distinción de artículos o capítulos en una escritura u otro instrumento, y también por señal de adición. Dícese también ítem más. *2. (S. m.) (Fig.)*: Cada uno de dichos artículos o capítulos.

Lapsus cálami. Expresión latina que se usa en español con su propia significación de error cometido al correr de la pluma.

Lapsus linguae. Esta expresión latina se emplea en castellano con su significado de tropiezo o error de la lengua.

Latae sententiae *(Expr. lat.)*: Excomunión latae sententiae es aquella en que se incurre en el momento de cometer la falta previamente condenada por la Iglesia, sin necesidad de imposición personal expresa.

Laus Deo *(Loc. lat.)*: Significa gloria a Dios. Empléase al terminar una obra.

Lígnum crucis *(S. m.)*: Reliquia de la cruz de Jesucristo.

Loco citato *(Loc. lat.)*: En el lugar citado. Usase en citas, alegaciones de textos, referencias, etcétera.

Mare mágnum *(Su traducción literal es mar grande.)*: *1. (Expr. lat.)*: Tiene el significado de abundancia, grandeza o confusión. *2. (Fig. y fam.)*: Muchedumbre confusa de personas o cosas.

Máximum *(Del latín maximum: lo más grande.) (S. m.)*: Empléase para significar límite superior o extremo a que puede llegar una cosa.

Médium *(Del latín medium: medio.)*

(*S. m.*): Limítase su empleo al significado siguiente: persona que en el magnetismo animal o en el espiritismo presume tener condiciones a propósito para que en ella se manifiesten los fenómenos magnéticos o para comunicar con los espíritus.

Memorándum (*Del latín memorandum: cosa que debe tenerse en la memoria.*) (*S. m.*): *1.* Librito o cartera en que se apuntan las cosas de que uno tiene que acordarse. *2.* Comunicación diplomática, menos solemne que la memoria y la nota, por lo común no firmada, en que se recapitulan hechos y razones para que se tengan presentes en un asunto grave.

Mínimum (*Del latín minimum: la menor parte.*) (*S. m.*): Empléase pára significar límite inferior, o extremo a que puede reducirse una cosa.

Mixti fori (*También Misti fori.*) (*Loc. lat.*): *1.* Se aplica a los delitos de que pueden conocer el tribunal eclesiástico y el seglar. *2.* (*Fig.*): Dícese de las cosas o hechos cuya naturaleza no se puede dilucidar con suficiente claridad.

Mixtifori (*S. m.*) (*Fam.*): Significa, haciendo de las dos palabras una sola, embrollo o mezcla de cosas heterogéneas.

Modus vivendi (*Loc. lat.*): Modo de vivir, base o regla de conducta, arreglo, ajuste o transacción entre dos partes. Dícese especialmente de pactos internacionales o acuerdos diplomáticos de carácter interino.

Motu proprio: *1.* (*Adv. lat.*): Voluntariamente; de propia, libre y espontánea voluntad. *2.* (*S.m.*): Bula pontificia o cédula real expedida de este modo. (No, *de motu proprio.*)

Mutatis mutandis (*Loc. lat.*): Se emplea con su significado de cambiando lo que se debe cambiar.

Némine discrepante (*Expr. lat.*): Sin contradicción, discordancia ni oposición alguna.

Nequáquam (*Adv. neg. fam.*): En ninguna manera; de ningún modo.

Ne quid nimis. Expresión latina que significa nada con demasía y que se usa aconsejando sobriedad y moderación en todo.

Noli me tángere (*S. m.*): *1.* Ulcera maligna que no se puede tocar sin peligro. *2.* Cosa que se considera o se trata como exenta de contradicción o examen. Con frecuencia se usa en sentido irónico.

Non plus ultra. Expresión que se usa en español como sustantivo masculino para ponderar las cosas exagerándolas y levantándolas a lo más que pueden llegar.

Non sancta (*Adj. fam.*): Gente non sancta es la de mal vivir. (Nótese que suele emplearse incorrectamente cuando se pluraliza: "gentes non sanctas", ya que en rigor sería "gentes non sanctae". Es preferible decir: "gente no santa" / "gentes no santas", "lugar no santo" / "lugares no santos", como se escribe "persona no grata", "diplomáticos no gratos".)

Nota bene (*Loc. lat.*): Se emplea en castellano con su significación propia de nota, observa o repara bien, especialmente en manuscritos o impresos para llamar la atención hacia alguna particularidad. Se abrevia NB.

Nullius (*Adj.*) (*For.*): De nadie. Bienes nullius significa bienes sin dueño.

Pane lucrando. Precedida por la preposición "de", esta expresión latina se aplica a las obras artísticas o literarias que no se hacen con el esmero debido ni por amor al arte y a la gloria, sino descuidadamente y con el exclusivo fin de ganarse la vida.

Pássim (*Adv. lat.*)**:** Significa aquí y allí, en una y otra parte, en lugares diversos. Usase en las anotaciones de impresos y manuscritos castellanos.

Peccata minuta (*Expr. fam.*)**:** Error, falta o vicio leve.

Per ístam. Voces latinas con que comienza la frase *Per ístam sanctam unctionem.* En lenguaje familiar equivalen en castellano a en ayunas, a en blanco. Se usa con los verbos estar y quedarse. El que las dice suele hacerse al mismo tiempo la señal de la Cruz en la boca.

Per se (*Expr. lat.*)**:** Por sí o por sí mismo. Usase en lenguaje filosófico.

Petrus in cunctis (*Loc. lat.*)**:** Con esta locución se moteja al muy entrometido.

Plus minusve (*Loc. lat.*)**:** Más o menos.

Plus ultra (*Loc. lat.*)**:** Más allá.

Post scriptum (*Loc. lat.*)**:** Equivale a postdata o posdata. Se usa como sustantivo masculino.

Prae mánibus (*Modo adv.*)**:** A la mano o entre las manos.

Prima facie (*Expr. adv. lat.*)**:** A primera vista. Usase en estilo forense y familiar.

Pro domo sua (*Expr. lat.*)**:** Son estas tres palabras el título de una obra de Cicerón. Usanse para significar el modo egoísta con que obra alguno.

Pro indiviso (*Loc. lat.*) (*For.*)**:** Dícese de los caudales o de las cosas singulares que están en comunidad, sin dividir.

Própter nuptias (*Loc. lat.*) (*For.*)**:** Donación própter nuptias es la que hacen los padres a sus hijos por consideración al matrimonio que van a contraer.

Quid divinum (*Expr. lat.*)**:** Con ella se designa la inspiración propia del genio.

Quid pro quo: 1. (Expr. lat.)**:** Da a entender que una cosa se sustituye con otra equivalente. **2.** (*S.m.*)**:** Error que consiste en tomar una persona o cosa por otra.

Quid (*Del latín quid: qué cosa.*) (*S. m.*)**:** Esencia, razón, porqué de una cosa. Usase precedido por el artículo *el.*

Quídam (*Del latín quidam: uno, alguno.*) (*S. m.*)**: 1.** Familiar. Sujeto a quien se designa indeterminadamente. **2.** (*Fam.*)**:** Sujeto despreciable y de poco valer, cuyo nombre se ignora o se quiere omitir.

Quórum (*Genitivo plural del relativo latino qui: que.*) (*S. m.*)**:** Número de individuos necesarios para que un cuerpo deliberativo tome ciertos acuerdos.

Rara avis in terris o, más común, **rara avis.** Hemistiquio de un verso de Juvenal, que en estilo familiar suele aplicarse en castellano a persona o cosa, de ambos géneros, conceptuada como singular excepción de una regla cualquiera.

Récipe (*Imperativo del verbo latino recipere: recibir.*) (*S. m.*)**: 1.** Palabra que en abreviatura (Rp.) suele ponerse a la cabeza de las recetas. **2.** En lenguaje familiar desígnase con ese nombre a la receta. **3.** (*Fig. y fam.*)**:** Desazón, disgusto o reprimenda que se da a uno.

Relata réfero (*Expr. lat.*)**:** Significa refiero lo que he oído. Se usa para eludir responsabilidad en lo que se refiere.

Réquiem (*Acusativo del singular del latín requies: descanso*)**:** Misa de réquiem o de difuntos se dice de la señalada por la Iglesia para que se diga por ellos.

Requiéscat in pace (*Expr. lat.*): Significa: descanse en paz. *1.* Se aplica en la liturgia como despedida a los difuntos, en las inscripciones funerarias, esquelas mortuorias, etcétera. *2.* (*Fam.*): Dícese de las cosas que se dan por fenecidas para no volver a tratar de ellas.

Réspice (*Del latín respice, imperativo de respicere: mirar.*) (*S. m.*): *1.* Respuesta seca y desabrida. *2.* (*Fam.*): Reprensión corta pero fuerte.

Sancta (*Voz latina.*) (*S. m.*): Parte anterior del tabernáculo erigido por orden de Dios en el desierto, y del templo de Jerusalén, separada por un velo de la interior o sanctasanctórum.

Sanctasanctórum (*Del latín sancta sanctorum: parte o lugar más santo de los santos.*) (*S. m.*): *1.* Parte interior y más sagrada del tabernáculo erigido en el desierto, y del templo de Jerusalén, separada del sancta por un velo. *2.* (*Fig.*): Lo que para una persona es de singularísimo aprecio. *3.* (*Fig.*): Lo muy reservado y misterioso.

Sanguis (*Voz latina que significa: sangre.*) (*S. m.*): La sangre de Cristo bajo los accidentes del vino.

Sic (*Adv. lat.*): Se usa en impresos y manuscritos, generalmente entre paréntesis, para dar a entender que una palabra o frase empleada en ellos, y que pudiera parecer inexacta, es textual.

Sine qua non (*Expr. lat.*): Condición sine qua non es aquella sin la cual no se hará una cosa o no se tendrá por hecha.

Sinistrórsum (*Adv. lat.*): Hacia la izquierda. Dícese de las formas y movimientos helicoidales que se desarrollan hacia la izquierda.

Statu quo (*Loc. lat.*): Se usa como sustantivo, especialmente en la diplomacia, para designar el estado de cosas en determinado momento.

Sui géneris. Expresión que significa de su género o especie. Se usa para denotar que la cosa a que se aplica es de un género o especie muy singular y excepcional.

Súmmum (*Loc. lat.*) (*M.*): El colmo, lo sumo.

Sursumcorda (*Loc. lat.*): Sursum corda significa arriba los corazones. Empleado como una sola palabra es un sustantivo masculino, que en lenguaje figurado y familiar encarna un supuesto personaje anónimo de mucha importancia. Dícese así, por ejemplo: Esto no lo haré aunque lo mande el sursumcorda.

Tótum revolútum (*Expr. lat.*): Revoltillo. Conjunto o compuesto de muchas cosas sin orden ni método.

Tránseat (*Tercera pers. del singular del presente de subjuntivo del verbo latino transire: pasar.*): Se emplea esta palabra para consentir una afirmación que no importa conceder o negar.

Tuáutem. De la frase latina *Tu autem, Domine, miserere nobis.* (*Fam.*) *1.* En lenguaje familiar se aplica al sujeto que se tiene por principal y necesario. *2.* Cosa que se considera precisa o importante para algún fin.

Ultimátum (*Del bajo latín ultimatum y éste de ultimar, llegar al fin*): *1.* En el lenguaje diplomático tiene el significado de resolución terminante y definitiva, comunicada por escrito. *2.* Resolución definitiva.

Urbi et orbi (*Expr. lat.*) (*Fig.*): A los cuatro vientos, a todas partes. (No, urbi et orbe).

Ut retro (*Modo adv.*): Fecha ut retro es la misma expresada anteriormente en un escrito. Usase de esta fórmula para no repetir la fecha.

Ut supra (*Modo adv.*): Literalmente significa: como arriba. Se emplea en ciertos documentos para referirse a una fecha, cláusula, frase escrita más arriba, y evitar su repetición.

Vade retro. Expresión que se emplea para rechazar una persona o cosa.

Vale. Palabra cuyo significado en latín es: consérvate sano. Se emplea algunas veces en español para despedirse en estilo cortesano y familiar.

Velis nolis. Voces verbales latinas que se emplean en estilo familiar con la significación de quieras o no quieras; de grado o por fuerza.

Veni, vidi, vici (*Vine, vi, vencí*): No "veni, vidi, vinci". Dijo César ante el Senado para explicar su rápida victoria sobre Farnaces, rey del Ponto. Suele usarse para expresar la facilidad con que se ha hecho una cosa que parecía difícil.

Vera efigies (*Expr. lat.*): Imagen verdadera de una persona o cosa.

Verbi gratia (*Expr. elíptica lat.*): Verbigracia. Por ejemplo.

Vis (*Del latín vis: fuerza.*) (*S. f.*): Usase tan sólo en la locución: vis cómica.

Volavérunt (*Tercera pers. del plural pret. de indic. de volare, volar: volaron*): Voz latina que se usa festivamente para significar que una cosa faltó del todo, se perdió o desapareció.

EXPRESIONES NACIONALES Y EXTRANJERAS RELACIONADAS CON LA PRENSA

Ad (ing.): Abreviatura de *advertisement,* vale decir, aviso, anuncio.

Alcance (esp.): Lapso que se llega a cubrir teniendo en cuenta las horas de cierre de los periódicos.

Alibi (lat.): Expresión latina que significa "en otro lado". Un alibi es una coartada basada sobre la supuesta ausencia del lugar donde ocurrió el delito.

Aufsatz, der (al.): Artículo periodístico.

Avisos clasificados (esp.): Las ofertas y demandas de pequeñas transacciones que van divididas en rubros y caben en pocas líneas de texto publicitario.

Bandeau (fr.): Título grande que va encima del logotipo en la primera.

Bidonner (fr.): Escribir una crónica de un suceso que nunca ocurrió o que se suspendió.

Bildschirm, der (al.): Pantalla de TV.

Billet (fr.): Artículo breve, a veces recuadrado, que trata un tema de la actualidad en pocas líneas y con gran sentido periodístico y a veces literario. Va en primera.

Blanco (esp.): Espacio dedicado a textos informativos.

Bouillon (fr.): Los ejemplares no vendidos.

By-line (ing.): Firma que lleva un material publicado.

Camembert (fr.) Hoja que resulta impresa de un solo lado.

Canard (fr.): Hoja dedicada a la crónica truculenta.

Canillita (esp. del Río de la Plata): Chico que vende diarios en la calle.

El autor teatral Florencio Sánchez lo bautizó así.

Caricatura (ital.): Dibujo satírico en el que se acentúan los rasgos ridículos de los personajes. Se origina en el verbo italiano "caricare", cargar.

Caviarder (fr.): Tachar con negro —como el caviar de ese color— pasajes de un texto. Cuando se trata de tachar todo el artículo, se dice que ha sido "azucarado".

Chapeau (fr.): Texto corto que precede a una crónica. En él deben consignarse los datos esenciales. Equivale a nuestro copete.

Chûte (fr.): Cierre elegante o poético de una crónica.

Circulación (esp.): Venta neta de un diario o revista. En la Argentina existe un Instituto Verificador de Circulaciones, entidad neutral que evalúa lo que vende cada medio.

Comics (ing.): Tiras cómicas.

Contributor (ing.): Corresponde al castellano *colaborador.*

Copy (ing.): Corresponde al ejemplar de un periódico.

Coquille (fr.): Error gráfico, de impresión.

Coronista (esp.): En el español clásico se llamaba así a los cronistas de la corte.

Daily (ing.): Diario.

Deadline (ing.): Hora de cierre.

Devolución (esp.): Número de ejemplares no vendidos que recibe el diario de vuelta.

Diagrama (**esp.**): Es el esquema dibujado de un ejemplar o de una página.

Diseño (**esp.**): Es el arte de presentar gráficamente una página o un diario o revista.

Document (**fr.**): Es tradicional en Francia llamar así, documento, a la fotografía.

Drukerei, die (**al.**): Imprenta.

Embargo (**esp.**): Plazo convenido durante el cual, a pedido del emisor, no se puede dar una noticia. Suele decirse: "Esta noticia está embargada hasta las quince de mañana".

Empastelamiento (**esp.**): Mezcla de caracteres o pasajes que hacen ilegible un texto.

Empfang, der (**al.**): Recepción.

Empfänger, der (**al.**): Receptor.

Endorse (**ing.**): En los Estados Unidos los diarios, cuando llegan las elecciones, aconsejan a sus lectores por quién votar. Se supone que no pueden pasar el tiempo haciendo editoriales y callar cuando llega la oportunidad de orientar a sus favorecedores en una materia tan esencial para la democracia como una elección. *To endorse* es el verbo.

Espacio (**esp.**): Dimensión de un texto que debe ser exacta cuando se trabaja con computadoras.

Farbfernseher, der (**al.**): Televisor de color.

Feature (**ing.**): En algunos casos equivale a nota o serie de notas.

Fernsehapparat, der (**al.**): Receptor de TV.

Filibuster (**ing.**): En cables suele hallarse esta expresión que significa que un orador parlamentario habla durante horas para impedir que se trate un tema o que un adversario tome la palabra.

Fleet Street (**ing.**): Calle de Londres en la que estaban los principales diarios.

Folletín (**esp.**): Obra literaria que se publica por entregas diarias en la primera plana, en el pie de página.

Fotograf, der (**al.**): Fotógrafo.

Front page (**ing.**): Primera plana.

Gazzetta (**ital.**): Esta palabra que ha hecho fortuna en el periodismo mundial es el nombre de una moneda de ínfimo valor que había que pagar para enterarse de lo que pasaba en esa ciudad y en el mundo.

Hora de cierre (**esp.**): La hora en que el diario debe estar listo para ser impreso.

Hot news (**ing.**): Noticia caliente, que exige un tratamiento inmediato.

Illustrierte, die (**al.**): Revista ilustrada.

Kassette, die (**al.**): Cassette.

Lead (**ing.**): Expresión sintética con que inicia un texto. Resume el sentido de la información.

Leader (**ing.**): Artículo de fondo.

Leitartikel, der (**al.**): Editorial, artículo de fondo.

Leser, der (**al.**): Lector.

Libel (**ing.**): Un escrito de naturaleza e intención difamatoria.

Lichtbild, das (**al.**): Diapositiva.

Manchette (**fr.**): Título grande que encabeza la primera plana de un diario.

Marronnier (**fr.**): Equivale al castaño. Así se llaman los temas que vuelven a presentarse en fechas fijas (iniciación de clases, nevadas, incorporación de conscriptos, vacaciones, etc.): El castaño no tiene un tiempo para florecer.

Mastic (**fr.**): Empastelamiento (véase) de un párrafo o de una nota.

Meldung, die (al.): Noticia.

Meubler (fr.): En francés, significa amueblar. Es lo que se hace figuradamente en las entrevistas radiales o televisivas cuando o ha faltado el entrevistado o se ha trancado. El conductor habla de cualquier cosa para "amueblar el silencio", "meubler le silence".

Mikrophon, das (al.): Micrófono.

Mono (esp.): Es el borrador gráfico de una página o de una publicación.

Morgue (ing.): Se les llama así a los archivos de los diarios. Parecidos a las morgues judiciales.

Movilero (esp.): Periodista que, en móviles, van al lugar de los hechos ya ocurridos o por ocurrir.

Nagra (fr.): Es el magnetófono que se usa en las entrevistas.

Newsletter (ing.): Carta informativa sobre temas especializados. Es una de las primeras especies periodísticas. Los banqueros y mercaderes de la Edad Media tenían informados a sus clientes sobre cotizaciones y estados de las plazas por medio de *news letters*.

Newsprint (ing.): Papel para diarios.

Newsroom (ing.): Sala de redacción.

Newsvendor (ing.): Diariero.

Off the record (ing.): La información suministrada es para conocimiento del cronista y no para publicación.

Op-Ed (ing.): Página frontera a la de editoriales.

Ours (fr.): Es el recuadro o columna en que se consignan los nombres de los responsables de la publicación, las direcciones del medio, las oficinas que reciben publicidad, etc.

Papparazzo (ital.): *I Papparazzi* son los fotógrafos que siguen y persiguen a las estrellas, políticos y futbolistas famosos.

¡Paren las máquinas! (esp.): Orden de parar las rotativas para poder agregar una noticia de último momento.

Pasquín (ital.): Periódico de baja calidad. Proviene la palabra del nombre de Pasquino, estatua trunca que se levanta en Roma cerca del palacio Barberini. En él se pegaban textos injuriosos contra las autoridades, que lo eran de los Estados Pontificios, de los que Roma era capital. *Pasquinate* se llamaban esos textos. Sólo un día por año se permitía esa forma de comunicación.

Perfil de avisos (esp.): Diagrama de página que recibe la redacción y donde están marcados los avisos que van en ella.

Pige (fr.): Lo que se paga a un periodista que no es de la planta fija por línea o por tiempo.

Planque (fr.): Equivale a guardia periodística, en que los redactores o movileros aguardan en un lugar en el que se espera que pasen cosas importantes o interesantes.

Precio de tapa (esp.): El que llevan marcado en la primera plana los diarios. Sólo el 50 por ciento es para la empresa que los edita, el resto queda en manos de los distribuidores y vendedores.

Quiosco (esp., de origen turco y persa): Puesto callejero en el que se venden diarios y revistas.

Ratage (fr.): Perder una noticia importante.

Rating (ing.): Nivel de audiencia de los canales de TV y de las radios.

Reklame, die (al.): Aviso, anuncio.

Rez-de-chaussée (fr.): Pie de plana, su parte de abajo, donde solía ir el folletín.

Rouler (fr.): En Francia, el hecho de estar imprimiendo.

Saltos (esp.): La continuación en otras páginas de un texto que comienza, por lo común, en la primera plana.

Schlagzeile, die (al.): Titular.

Scoop (ing.): Primicia. Se recomienda leer la novela "Scoop" de Evelyn Waugh.

Sender, der (al.): Emisora de radio o de TV.

Sendung, die (al.): Emisión. También se dice *die Ubertragung.*

Signature (fr.): Firma de un redactor o colaborador no profesional.

Spalte, die (al.): Columna de un diario o revista.

Split page (ing.): Primera página de una sección.

Sprecher, der (al.): Locutor.

Spule, die (al.): Carrete, bobina.

Stringer (ing.): Corresponsal ocasional, que no forma parte del personal fijo del medio.

Suelto (esp.): Artículo editorial de segunda importancia.

Tabloid (ing.): Periódico cuyas dimensiones son más o menos la mitad de la de uno de tamaño *standard.*

Tagesschau, die (al.): Noticiario.

Tirada (esp.): Cantidad de ejemplares que un medio gráfico lanza al mercado.

Tonband, das (al.): Cinta magnetofónica.

Transpinte (esp.): Se produce cuando se ve lo que está impreso en el reverso de la hoja.

¡Ultimo momento! (esp.): Expresión que encabeza la noticia insertada a último momento, después del cierre normal.

Übersetzung, die (al.): Traducción.

Vergrösserung, die (al.): Ampliación.

Verlag, der (al.): La editorial.

Weekly (ing.): Semanario.

Welle, die (al.): Onda.

Werbung, die (al.): Publicidad.

Wetterbericht, der (al.): Boletín meteorológico.

Yellow press (ing.): Prensa amarilla. Hay dos hipótesis sobre el origen de esta expresión. Según algunos, se aplicó inicialmente a los diarios norteamericanos que hacían sensacionalismo con el "peligro amarillo", la amenaza de la infiltración de los Estados Unidos por orientales. La segunda atribuye su origen a que, en la guerra neoyorquina entre Hearst y Pulitzer por ganar circulación por medio de grandes títulos, supuestas curas milagrosas, etc., Hearst, en el *Morning Journal,* publicaba una historieta titulada "The Yellow Kid", "el chico o el muchacho amarillo", que participaba en la disputa con el *World,* de Pulitzer. Esto pasó a fines del siglo XIX.

Zeitschrift, die (al.): Revista, semanario, magazine.

Zeitung, die (al.): Diario.

Zeitungkiosk, der (al.): Quiosco de diarios.

Zeitungpapier, das (al.): Papel para diarios.

GENTILICIOS MÁS USADOS

*Los gentilicios que más se usan aparecen
con nombres geográficos nuevos y algunos ya conocidos.*

Abisinia: *abisinio.*

Abiyán (Costa de Marfil): *abiyí, abiyanés.*

Abu Dabi (uno de los siete Emiratos Arabes Unidos): *abudabita.*

Afganistán (Asia): *afgano, paropamisio.*

Alaska (EE.UU.): *alasqueño, alasquiano, alasquense, alascense.*

Albania: *albanés, albano.*

Albi (Francia): *albigense.*

Alcalá de Henares (Madrid): *alcalaíno, alcalaeño, complutense* (del nombre latino Complutum).

Alcántara: *alcantarino.*

Alejandría (Egipto): *alejandrino.*

Alto Volta (Burkina Faso - Africa): *voltense.*

Amberes (Bélgica): *amberino, amberiense, antuerpiense* (de su antiguo nombre Antuerpia).

Ammán (Jordania): *ammonita, ammami, rabbatita* (otros nombres que tuvo la capital de Jordania: Rabbah, Rabbat Ammón, Filadelfia).

Amsterdam (Holanda): *amsterdamés, amstelodamense, amstelodamés* (de Amsteladamum, su nombre histórico).

Angeles, Los (EE.UU.): *angeleno, angelopolitano, angelino.*

Angola: *angoleño.*

Angora o Ankara (Turquía): *angorino, angorense, ancirense* (de Ancyra).

Anjou (Francia): *andegavense, andegavo, angevino* (de Andegavum).

Ankara: Véase Angora.

Antigua Guatemala: *antigüeño.*

Antigua, isla (Antillas): *antiguano.*

Antioquia (Colombia): *antioqueño.*

Antioquía (Siria): *antioqueno, antioquense, antioqueño.*

Aquisgrán (Alemania): *aquisgranense,* y, del nombre alemán, Aachen, *aaquelenés, aachiano, aachense.*

Arabia Saudí: *saudí, saudita.*

Aranjuez (Madrid): *ribereño.*

Arezzo (Italia): *aretino.*

Argelia: *argelino.*

Arlés (Francia): *arelatense, arlesiano, arlesiense, sextano* (de Arelate y Sextanorum Colonia).

Asunción (Paraguay): *asunceño.*

Australia: *australiano.*

Australia (población indígena): *australiense.*

Avila: *avilés, abulense* (de Oliba, Abula, Avela).

Azerbaiyán: *azerbaiyano, azerbaiyaní, azerbaiyanés.*

Babilonia: *babilonicense, babilonio.*

Bagdad (Irak): *bagdadí.*

Bahamas o Lucayas: *bahamense, lucayo, bahameño.*

Bahrein (emirato, Arabia): *bahreiní.*

Balbek (Líbano): *heliopolita* (de Heliópolis; tb., Colonia Julia Augusta).

Bangladesh (Pakistán/Paquistán): *bengalí* (de Bengala).

Basilea (Suiza): *basilés, basilense, basileense.*

Bechuanalandia (Sudáfrica): *bechuano.*

Belén (Israel): *betlemita.*

Belgrado (Yugoslavia): *belogradense, belgradense, singidunense* (de Singidunum).

Belice: *beliceño.*

Beluchistán (Pakistán): *beluchi, gedrosio* (de la antigua Gedrosia).

Benín/"Dahomey": *beninés, aboense, dahomeyano.*
Berbería (Africa): *bereber, berebere.*
Bérgamo (Italia): *bergamasco.*
Bermudas: *de Bermudas.*
Berna (Suiza): *bernés.*
Betania (Palestina): *betanita.*
Bielorrusia: *bielorruso.*
Birmania: *birmano.*
Bogotá (Colombia): *bogotano.*
Bolivia: *boliviano.*
Bolonia (Italia): *boloñés.*
Borgoña (Francia): *borgoñón.*
Bosnia-Herzegovina: *bosnio.*
Botsuana: *botsuanés, botsuano.*
Braga (Portugal): *bracarense.*
Brasil: *brasileño.*
Bretaña (Francia): *bretón.*
Bruselas (Bélgica): bruselense.
Buenos Aires (Argentina): *bonaerense.*
Buenos Aires (Capital): *porteño.*
Bulgaria: *búlgaro.*
Burdeos (Francia): *bordelés.*
Burkina Faso: *de Burkina Faso.*
Burundi: *burundiano, burundés.*
Bután: *butanés.*

Cabo Verde: *caboverdiano.*
Camboya: *camboyano.*
Camerún: *camerunés.*
Canadá: *canadiense.*
Ceilán: *cingalés.*
Cerdeña (Italia): *sardo.*
Chad: *chadiano, chadí.*
Checa, República: *checo.*
Chechenia: *checheno.*
Chesnania: *checo.*
Chile: *chileno.*
China: *chino.*
Chipre: *chipriota.*
Coímbra (Portugal): *conimbricense.*
Colombia: *colombiano.*
Comoras: *comorano.*
Congo: *congoleño.*
Constantinopla (Turquía): *constantino-politano.*

Córcega (Francia): *corso.*
Corinto (Grecia): *corintio.*
Costa de Marfil: *marfilense, marfileño.*
Costa Rica: *costarricense.*
Croacia: *croata.*
Cuba: *cubano.*
Curaçao: *curazoleño.*

Damasco (Siria): *damasceno.*
Dinamarca: *danés.*
Dominica: *de Dominica.*

Ecuador: *ecuatoriano.*
Egipto: *egipcio.*
El Salvador: *salvadoreño.*
Emiratos Arabes Unidos: *de los Emiratos Arabes Unidos.*
Eslovaquia: *eslovaco.*
Eslovenia: *esloveno.*
España: *español.*
Estados Unidos: *norteamericano.*
Estonia: *estoniano.*
Etiopía: *etíope.*

Fiji: *fijiano.*
Filipinas: *filipino.*
Finlandia: *finés, finlandés.*
Florencia (Italia): *florentino.*
Florida (EE.UU.): *floridiano.*
Francia: *francés.*

Gabón: *gabonés.*
Gaeta (Italia): *gaetano.*
Gambia: *gambiano.*
Gante (Bélgica): *gantés.*
Georgia: *georgiano.*
Ghana: *ghanés.*
Ginebra (Suiza): *ginebrino.*
Granada (Estado de las Antillas): *granadense.*
Grecia: *griego.*
Groenlandia: *groenlandés.*
Guadalupe: *guadalupeño.*
Guatemala: *guatemalteco.*
Guayana Francesa: *de la Guayana Francesa.*

Guinea Ecuatorial: *guineano, ecuato-guineano*.
Guinea: *guineo*.
Guyana: *guyanés*.

Haití: *haitiano*.
Hamburgo (Alemania): *hamburgués*.
Holanda: *holandés* (Países Bajos, *neerlandés*).
Honduras: *hondureño*.
Hungría: *húngaro*.

India: *indio* (no hindú).
Indonesia: *indonesio*.
Irak: *iraquí*.
Irán: *iraní*.
Islandia: *islandés*.
Islas Caimán: *de las islas Caimán* (no Caimanes).
Islas Malvinas: *malvinense*.
Islas Vírgenes: *de las Islas Vírgenes*.
Israel: *israelí* (no israelita).
Italia: *italiano*.

Jamaica: *jamaiquino, jamaicano*.
Japón: *japonés, nipón*.
Jerusalén (Israel): *jerosolimitano*.
Jordania: *jordano*.

Kazajstán: *kazako*.
Kenya: *keniano*.
Kirguizia: *kirguizio*.
Kiribati: *kiribatiano*.
Kurdistán (Asia): *kurdo*.
Kuwait: *kuwaití*.

La Habana (Cuba): *habanero*.
La Paz (Bolivia): *paceño*.
Lesoto: *de Lesoto, basuto*.
Letonia: *letón*.
Líbano: *libanés*.
Liberia: *liberiano*.
Libia: *libio*.
Liechtenstein: *de Liechtenstein, liechtenstiano*.
Limoges (Francia): *lemosín*.

Lisboa (Portugal): *lisboeta*.
Lituania: *lituano*.
Londres (Gran Bretaña): *londinense*.
Lovaina (Bélgica): *lovaniense*.
Luxemburgo: *luxemburgués*.
Lyon (Francia): *lionés*.

Madagascar: *malgache*.
Maguncia (Alemania): *maguntino*.
Malasia: *malasio, malayo*.
Malawi: *malaviano, malaví*.
Maldivas: *maldivo*.
Malí: *maliense*.
Malta: *maltés, maltense*.
Mantua (Italia): *mantuano*.
Marruecos: *marroquí*.
Marsella (Francia): *marsellés*.
Martinica: *de Martinica* o *martiniqueño*.
Mauricio: *mauriciano*.
Mauritania: *mauritano*.
México: *mexicano*.
Moldavia: *moldavo*.
Mónaco: *monegasco*.
Mongolia: *mongol*.
Montevideo (Uruguay): *montevideano*.
Mozambique: *mozambiqueño*.

Nepal: *nepalés*.
Nicaragua: *nicaragüense*.
Níger: *nigerino*.
Nigeria: *nigeriano*.
Niza (Francia): *nizardo*.
Noruega: *noruego*.
Nueva Zelanda: *neozelandés*.

Omán: *omaní*.
Oxford (Inglaterra): *oxoniense*.

Pakistán: *paquistaní*.
Panamá: *panameño*.
Papúa Nueva Guinea: *papuano, papú*.
Paraguay: *paraguayo*.
París (Francia): *parisiense, parisino*.
Parma (Italia): *parmesano*.
Perú: *peruano*.
Polonia: *polaco*.

Portugal: *portugués.*
Puerto Rico: *puertorriqueño.*

Qatar: *de Qatar, qatarí.*
Quito (Ecuador): *quiteño.*

Reims (Francia): *remense.*
Reino Unido de Gran Bretaña e Irlanda del Norte: *británico.*
República Árabe del Yemen (Yemen): *yemení.*
República Centroafricana: *centroafricano.*
República de Corea: *surcoreano.*
República Dominicana: *dominicano.*
República Popular Democrática de Corea: *norcoreano.*
República Popular Democrática de Laos: *lao* (un lao, los lao).
Río de Janeiro (Brasil): *carioca, fluminense.*
Rodas (Grecia): *rodio.*
Rotterdam (Holanda): *roterodamense.*
Ruán (Francia): *roanés.*
Ruanda: *ruandés.*
Rumania: *rumano.*
Rusia: *ruso.*

Samoa: *samoano.*
San Marino: *sanmarinense.*
Santa Sede: *de la Santa Sede, vaticano.*
Santiago de Chile: *santiaguino.*
Santo Tomé y Príncipe: *santomense.*
Senegal: *senegalés.*
Serbia: *serbio.*
Seychelles: *de Seychelles.*
Sierra Leona: *sierraleonés.*
Singapur: *singapurense.*
Siria: *sirio.*
Somalia: *somalí.*

Sri Lanka: *srilanqués, cingalés.*
Suazilandia: *suazi.*
Sudáfrica: *sudafricano.*
Sudán: *sudanés.*
Suecia: *sueco.*
Suiza: *suizo.*
Surinam: *surinamés.*

Tadyikistán: *tadyko.*
Tailandia: *tailandés.*
Tanzania: *tanzano.*
Texas: *texano.*
Togo: *togolés.*
Tolón (Francia): *tolonés.*
Tours (Francia): *turonense.*
Trento (Italia): *tridentino.*
Trieste (Italia): *triestino.*
Trinidad y Tobago: *de Trinidad y Tobago, trinitario.*
Túnez: *tunecino.*
Turkmenistán: *turkmenio.*
Turquía: *turco.*

Ucrania: *ucranio, ucraniano.*
Uganda: *ugandés.*
Uruguay: *uruguayo.*
Uzbekistán: *uzbeko.*

Venezuela: *venezolano.*
Vietnam: *vietnamita.*

Westfalia (Alemania): *vestfaliano.*

Yibuti: *de Yibuti.*
Yucatán (México): *yucateco.*
Yugoslavia: *yugoslavo.*

Zaire: *zaireño, zairense.*
Zambia: *zambiano.*
Zimbabue: *zimbabuense, zimabuo.*

LÉXICO DE INFORMÁTICA

ASCII: *American Standard Code for Information Interchange.* Estándar que asigna un código numérico a cada carácter que procesa la máquina. Por ejemplo, a la letra A le corresponde el código ASCII 65.

Barra de estado: Una línea al pie de la pantalla de un programa que muestra datos sobre lo que está haciendo dicho programa a cada momento, así como información sobre el documento abierto actualmente.

BBS: Boletín electrónico. Servicio on line (ver) que provee mensajería electrónica, bases de datos y archivos. Eventualmente, también conexión a Internet.

Boletín electrónico: Véase *BBS.*

Byte, kilobyte, megabyte, gigabyte, terabyte: Magnitudes de los datos. Un byte equivale a un carácter (una letra, un símbolo, un espacio en blanco). Se aplican luego los prefijos correspondientes. Kilo (1000), mega (1.000.000), giga (1.000.000.000) y tera (1.000.000.000.000). Se deberían usar en minúscula, como *metros* o *segundos.* Se abrevian, respectivamente b, KB (o solamente K), MB (o M), GB y Tb. No debe confundirse con bits, kilobits, megabits, etc. Estos se abrevian b, Kb, Mb.

CD-ROM: Disco óptico análogo al compact disc musical. Aparece siempre en mayúsculas.

Centro de cómputos: Lugar donde están los mainframes o cualquier otra clase de computadora muy poderosa que provee servicios a las terminales de una empresa, organismo, etc. Ver *mainframe* y *terminal.*

Clic: La acción de apretar una vez el botón del mouse. Doble clic significa apretarlo dos veces seguidas. En inglés es Click, por lo que en la frase Click & Drag *(hacer clic y arrastrar),* una de las 4 técnicas del mouse, se debería usar con k. Se usa también *cliquear.*

Compatibles: Computadoras personales que siguen el diseño original de IBM, con algunas variantes, pero (teóricamente) sin perder *compatibilidad.* Es decir, un programa para PC IBM original debería poder correr en una compatible. Se usa también las siglas *PC/IBM* o la frase *PC tipo IBM.*

Computadora: Cualquier sistema informático. Un mainframe o una laptop son ambos computadoras. No usamos *computador,* en masculino, y muy ocasionalmente, para evitar redundancia, usamos *ordenador* o *máquina.* Tipos de computadora más comunes, ordenados de mayor a menor según su poder de cálculo: *mainframe, midrange computer, minicomputer, servidor (server), estación de trabajo, PC; laptop, notebook, palmtop.*

Computarizar: Procesar por medio de computadoras. La Academia no acepta este verbo y propone *computadorizar*. El uso, sobre todo en Buenos Aires, rechaza esta forma y prefiere *computarizar*. El principal problema de *computadorizar* parece ser que se basa en el sustantivo computador. Esto equivale a decir *cocinizar* (por usar la cocina) o *lavarropizar* (por usar el lavarropas). *Computarizar* tiene también sus problemas, porque es una deformación del *computerize*. Como fuere, no puede usarse *computar* en lugar de computarizar, puesto que no significa lo mismo. Una cosa es *computar los comicios* y otra muy distinta *computarizar los comicios*. La gente prefiere, en el uso, *computarizar*. Existen varias alternativas: *informatizar* y *digitalizar,* que son, si no sinónimos, palabras estrechamente relacionadas.

Correo electrónico (e-mail): Sistema de mensajería que utiliza redes de computadoras. Sólo se puede recibir o enviar correo electrónico mediante redes de computadoras, principalmente Internet. Para recibir *e-mail* hay que tener una dirección electrónica. Los mensajes llegan en segundos al destino, cualquiera que sea su ubicación en el mundo. Debido a su lentitud y por la rima, en la jerga llamamos *snail* (caracol) al correo convencional.

CRT: *Cathode Ray Tube,* el tubo de vacío que forma las imágenes en un monitor de PC (o de TV). La pantalla de vidrio es uno de los extremos del CRT.

Dirección electrónica: Las personas y las computadoras tienen en Internet una dirección que permite ubicarlas, acceder a ellas o dejarles mensajes. Así, una persona puede tener una dirección de correo electrónico, un site de World Wide Web (véase) tendrá una dirección de Web, etc.

Disco rígido: Unidad de almacenamiento interno de la PC. Este disco tiene uno o más platos de aluminio rígido, de allí su nombre. Se le dice también, y por el mismo motivo, *disco duro*. Como no puede extraerse de la PC (al revés que los diskettes), IBM usa el término *disco fijo*. Son sinónimos.

Diskette: Unidad de almacenamiento removible con platos de plástico mylar flexible. Se los llama también *floppies* (*floppy,* en singular).

Diskettera: Dispositivo que lee y escribe datos en los diskettes.

Display: Cualquier pantalla en cualquier sistema electrónico. Se llama *display* a la pantalla de un reloj de pulsera o de una computadora. Es sinónimo de pantalla, pero no de monitor (véase).

E-mail: *Electronic mail,* correo electrónico. Si se dice mail, se entiende que nos referimos a *e-mail,* pero sólo en los contextos adecuados.

Escanear: Convertir una diapositiva o una imagen impresa en información digital utilizando un escáner. La gente encuentra más frecuentemente (en manuales y publicaciones especializadas) la palabra inglesa *scanner*. Hasta donde sabemos, ninguna de las dos estaba castellanizada. Lo más correcto sería usar la palabra *scanner* (igual que *mouse* y no *ratón*) pero castellanizar el verbo, porque es preciso poder conjugarlo. En lugar de *escanear* se puede usar legítimamente *digitalizar una imagen*.

Estación de trabajo: Computadora de 10 a 100 veces más potente que una PC convencional, adaptada a una tarea específica. Las computadoras que se usaron para los efectos especiales de *Jurassic Park* o *Twister* son estaciones de trabajo gráficas. Sinónimo: *workstation*, pero sólo si se aclara su expresión local entre paréntesis.

FTP: Las siglas vienen de *File Transfer Protocol,* o Protocolo de Transferencia de Archivos. Se las usa para designar cualquier servicio de Internet donde el usuario puede encontrar archivos útiles (programas, imágenes, textos, etc.). Se dice, por ejemplo, "Tal archivo está en el FTP *winsite.com*". Winsite.com es la dirección del FTP.

Hardware: Todo lo que en un sistema informático puede tocarse. Los *fierros*. No hay traducción y la palabra está tan instalada que no conviene traducirla. Una forma de hacerlo, si hace falta, es hablar de la *electrónica* de una computadora, siempre y cuando no nos estemos refiriendo a una parte mecánica.

Hipertexto: Texto tridimensional de lectura no secuencial.

HTML: El lenguaje con el que se escriben las páginas de World Wide Web (véase).

Icono: Figura que en una interfaz gráfica representa un programa, un documento o un dispositivo.

Interfaz basada en caracteres: En las primeras computadoras y en las PC que usan DOS, la interfaz presenta solamente letras, números, símbolos, líneas y planos de color. Se afirma que esta clase de interfaces es más difícil de usar que la interfaz gráfica.

Interfaz gráfica: Interfaz que presenta dibujos (iconos, marcos, botones, controles deslizadores) como una metáfora de las funciones, archivos y dispositivos conectados a la PC. Windows es una interfaz gráfica del DOS.

Interfaz: Del inglés *interface,* junción. Medio de comunicación entre la computadora y el usuario o entre la computadora y otros equipos digitales. Es un error escribir *interfase*. Debe escribirse *interfaz*.

Internet: Red que conecta redes corporativas, universitarias, comerciales e institucionales usando los mismos protocolos de comunicación, llamado TCP&IP *(Transmision Control Protocol / Internet Protocol),* lo que garantiza que toda computadora conectada a Internet podrá acceder a datos (o a otras computadoras, según los casos) de la Red. Se puede decir la *Red,* con mayúscula, para referirse a Internet.

Lector de CD-ROM: Dispositivo que lee los datos grabados en un CD-ROM y que, en la mayoría de los casos, puede reproducir también discos compactos.

Mac: Apócope de Macintosh.

Macintosh: El sistema de software y hardware utilizado por la línea de computadoras de Apple. Una Macintosh es una Apple Macintosh. Como Apple quiere decir *manzana* y Macintosh es un tipo de manzana norteamericana (como las *deliciosas* aquí), la frase Apple Macintosh es al mismo tiempo un juego de palabras (como sería *Manzana Deliciosa*). Las Mac son utilizadas hoy casi exclusivamente para tareas de diseño gráfico, fotografía y edición.

Mainframe: Computadora muy poderosa que provee capacidad de cálculo, memoria, software y espacio de almacenamiento a una cantidad de terminales. Centraliza todo el trabajo informático. En general, el *mainframe* fue desplazado por las redes de PC.

Microprocesador: Circuito que realiza los cálculos y ejecuta las instrucciones contenidas en un programa de computadora. Se lo puede llamar también *chip,* pero sólo si el contexto aclara de qué chip estamos hablando (también puede haber chips de memoria, por ejemplo).

Módem: Apócope de modulador-demodulador. Si se respeta la ortografía, hay que escribirlo con tilde. El módem modula las señales digitales de la PC y las convierte en información que puede transmitirse por una línea telefónica. Cuando llega información por la línea, el módem la demodula y la convierte en datos digitales que la máquina puede entender. Hace falta un módem para conectarse a Internet o a servicios en línea.

Monitor: Dispositivo que presenta información visual en la computadora. Es idéntico en muchos aspectos a un televisor convencional, pero no contiene la electrónica necesaria para sintonizar canales.

Mouse: Ratón. En la Argentina decimos *mouse,* pero puede usarse *ratón* para evitar redundancia.

Multimedia: No confundir con *multimedio/multimedios.* Una computadora o un programa multimedia ofrece capacidad de audio y video, además de texto y dibujos estáticos. Típicamente, una *PC multimedia* tiene parlantes conectados a su tarjeta de sonido (o tarjeta de audio) y un lector de CD-ROM.

On line: En línea, es decir, conectado vía módem y línea telefónica a Internet o a cualquier otro servicio de comunicación por computadoras. Salvo en contextos técnicos, es preferible insistir con el uso de la frase en castellano. Puede traducirse sin perder significación.

Pantalla: Display de una computadora, zona del monitor donde aparecen los datos visuales. Puede usarse en lugar de *monitor* para evitar redundancia.

Pantalla sensible al tacto: Display que puede percibir el lugar donde el usuario apoya el dedo o un lápiz óptico. Se las usa en las computadoras que no requieren teclado ni mouse, caso de los bancos y/o shoppings.

PC: *Personal Computer.* Aceptadas universalmente como siglas de computadora personal, sin importar su tipo o marca. Sin embargo, se las usa sobre todo para referirse a las compatibles.

PC original: La primera computadora personal de IBM se llamó *PC.* Era una máquina con monitor monocromo (había una versión sin monitor), microprocesador 8088 de Intel y carecía de disco rígido. Salió a la venta en marzo de 1981. Le siguieron la PC/XT (con disco rígido de 10 MB), la PC/AT, etc.

Poder de cálculo: Capacidad de una computadora para ejecutar instrucciones y realizar cálculos aritméticos en un tiempo dado. Hay muchas formas de medir la capacidad de cálculo. Una de las más comunes es determinar cuántos MIPS *(Millions of Instructions per Second)* procesa la máquina.

Portátiles - laptop: Computadora portátil con todas las características de una PC de escritorio.

Portátiles - notebook: Computadora portátil que no tiene incorporada diskettera, aunque ésta puede anexársele mediante cable. Más liviana y pequeña que la laptop.

Portátiles - palmtop: Computadora portátil sin disco rígido ni diskettera, más parecida a una agenda electrónica que a una computadora, tiene en realidad un sistema operativo y aplicaciones y puede guardar documentos modestos en memoria.

Red/Redes: Una red está formada por dos o más computadoras interconectadas que comparten recursos.

Server (servidor): Computadora que provee ciertos recursos a otras computadoras en una red. Por ejemplo, un servidor puede proveer espacio de almacenamiento (discos de red) o programas.

Servicio de conexión full Internet: Servicio comercial que provee al usuario final o a la empresa un vínculo con Internet. Si el vínculo se establece por tiempo, se llama *dial up.* Si el vínculo es permanente, se llama *dedicado.*

Site: Sitio o lugar en la World Wide Web (véase). Un *site* es distinto de una página de Web, aunque frente a un caso de redundancia, puede usársele como sinónimo. Un *site* no es un lugar físico, sino virtual. Físicamente, no es más que el espacio de disco en una computadora conectada a Internet. Esta computadora se llama *host.*

Software: Todo lo que en una computadora no puede tocarse, no es físico, sino lógico. Característicamente, los programas. Aunque los programas se graban en discos y diskettes, son en realidad una secuencia de instrucciones y valores abstractos. (Véase *Hardware.*)

Tarjeta de sonido: Dispositivo que añade a la PC convencional (que, al revés que las Mac o las Amiga, no tiene un sistema de audio) la electrónica necesaria para reproducir sonidos con alta o muy alta fidelidad. Las tarjetas de sonido traen un sintetizador digital, un amplificador de audio, salidas para parlantes, entrada para micrófono y control de volumen, entre otras cosas.

Terminal: Cualquier interfaz electrónica entre un operador y una computadora. En la PC la terminal y la computadora son una misma unidad. En un mainframe o en un servidor puede haber varias terminales conectadas simultáneamente.

Terminal boba: Terminal típica de los mainframes, carece de capacidad de cálculo.

Ventana: Area de la pantalla ocupada por un programa. De allí, Windows.

Web: Sinónimo de World Wide Web.

World Wide Web: Servicio de hipertexto con imágenes (eventualmente audio y video) de Internet.

WWW: Siglas de World Wide Web.

LÉXICO JURÍDICO

Por ser de uso constante en todas las secciones, y no sólo en las de policía o tribunales, y dada la importancia de la materia, se da una lista de palabras y expresiones jurídicas, que no siempre se emplean en su verdadero sentido. Es frecuente confundir *rapto* con *secuestro, asesinato* con *homicidio, robo* con *hurto,* etc.

Ab intestato: Locución latina que significa "sin testamento". Murió ab intestato. No debe confundirse con

Abintestato: Sustantivo, en una sola palabra, que se refiere a un procedimiento judicial sobre herencia del que muere sin testar. En este caso, la ley sustituye el testamento y establece las normas por las que se rige la herencia. Estas normas, en general, señalan como herederos a los parientes más próximos hasta un determinado grado. Si no hay tales parientes, hereda el Estado.

Aborto: Destrucción del feto en el seno materno o expulsión de aquél. El aborto procurado es delito.

Abuso de autoridad: El que comete el superior que abusa de sus facultades, maltrata de obra o trata de modo degradante o inhumano al inferior.

Abusos deshonestos: Antiguo delito del Código Penal, que se suele denominar "agresiones sexuales".

Consiste en el abuso sexual de una persona, de cualquier sexo: realizar actos que ofendan, dañen, lesionen o quebranten derechos de otras personas referidos al ámbito sexual, pero que no importen acceso carnal, porque en este caso habría *violación.*

Acción: Derecho del sujeto a solicitar la tutela de los tribunales de Justicia. Se dice que alguien "ejerce una acción" ante un tribunal cuando reclama algún derecho que le corresponde.

Acción popular: La que puede ejercer cualquier ciudadano ante tribunales en defensa del interés público. Como la ejercen, por ejemplo, los partidos políticos, asociaciones, etc., en asuntos de corrupción, tráfico de influencias, etc., lo mismo que organizaciones de consumidores u otras asociaciones ciudadanas.

Albacea: Persona que se nombra en un testamento para encargarle que cumpla la voluntad del testador.

Alevosía: Obrar con alevosía es hacerlo a traición y sobre seguro. Como cuando se dispara por la espalda o contra persona desarmada, mientras duerme o está inconsciente, etc.

Alzada (recurso de): Recurso administrativo que la ley concede a los particulares frente a resoluciones administrativas del funcionario de rango inferior.

Allanamiento: Declaración de voluntad del demandado en un juicio, por la cual renuncia a oponerse a la demanda y acepta la pretensión del demandante. Una persona *se allana* en una demanda judicial cuando acepta las peticiones del que reclama. El allanamiento, en general, se produce tras una negociación y en especial en cuestiones económicas.

Allanamiento de morada: Entrada ilegal en domicilio privado, contra la voluntad de su morador. Constituye delito. El juez es la única autoridad facultada a disponer válidamente un allanamiento de domicilio.

Apología del delito: Alabanza o defensa de personas que han cometido delito, o del delito mismo.

Apremio: Procedimiento judicial para exigir coactivamente y de forma rápida el pago de cuotas o impuestos.

Apremios ilegales: Delito que se encuentra entre aquellos que atentan contra la libertad individual. Se tipifica cuando un funcionario público, con abuso de su ministerio o sin las formalidades de la ley, priva a alguien de su libertad personal o le aplica vejámenes o severidades.

Apropiación indebida: Delito que consiste en apropiarse o emplear indebidamente una cosa mueble recibida en depósito, comisión o administración o por cualquier otro título, con la obligación de devolverla; o en negar haberla recibido.

Armisticio: Suspensión temporal de las hostilidades.

Arresto: Pena de privación de libertad. Se aplica este concepto a una detención provisional del presunto reo para averiguar sus antecedentes. En particular, se llama así a la sanción privativa de libertad que se aplica en el ámbito militar. Arresto no es sinónimo de *detención* (véase).

Asesinato: Delito contra la vida humana que comete quien da muerte a una persona cuando concurre una de estas cinco circunstancias agravantes: alevosía; mediante precio, recompensa o promesa; por medio de veneno, inundación, incendio o explosivo; con premeditación; o con ensañamiento. (Véase *Homicidio.*) No es un término incorporado al Derecho Penal argentino, donde se utiliza la voz *homicidio* y la expresión *homicidio agravado*.

Atentado: Es un delito contra la seguridad del Estado, o contra una persona constituida en autoridad (juez, agente de la policía, por ej.); o contra jefes de Estado extranjero o personal internacional protegido (cascos azules), y contra medios o recursos de la defensa nacional. En el Derecho argentino se refiere al alzamiento en armas contra la Constitución o uno de los poderes públicos, para desestabilizarlo o arrancarle una medida.

Auditoría de cuentas: Revisión y verificación de documentos contables para la redacción de informes que pueden tener efecto frente a terceros.

Auto: Resolución judicial que decide cuestiones secundarias o incidentales que sobrevienen en el curso o desarrollo de un juicio, y no necesitan que se dicte sentencia, o sea, la resolución judicial principal.

Auto de conclusión del sumario: Resolución que decide que están terminadas las actuaciones sumariales y que se pasa, en donde lo hay, a la etapa de juicio oral.

Auto de procesamiento: Resolución judicial que declara a alguien procesado.

Autor: En Derecho Penal, es la persona que comete el delito: el que interviene directamente en la ejecución del hecho, el que fuerza o induce a otro a ejecutarlo. En otras áreas del Derecho, la voz se refiere a quien ejecuta una obra artística, científica o literaria.

Bandas armadas: Las que tengan por objeto la comisión de un delito mediante armas de fuego, de guerra o sustancias o aparatos explosivos o inflamables.

Base liquidable: Cantidad que resulta después de aplicar a la base imponible de un impuesto las reducciones que la ley permite o establece. La *base imponible* es el valor total que puede ser objeto de imposición. Una vez fijada la base imponible, se podrán realizar las reducciones mencionadas, de lo que resultará la base liquidable.

Bigamia: Delito en que incurre quien contrae nuevo matrimonio sin que se haya disuelto legalmente su matrimonio anterior.

Calumnia: Falsa imputación de un delito, como atribuir falsamente a alguien un homicidio.

Capitulaciones matrimoniales: Contrato, ante notario, celebrado por los cónyuges sobre el régimen de la sociedad conyugal. También denominadas *convenciones matrimoniales.*

Casación por infracción de la ley o doctrina legal: Recurso que puede interponerse cuando la resolución del tribunal inferior no está de acuerdo con la ley o la doctrina que la interpreta. Si prospera este recurso, la Corte dicta nueva sentencia, que es definitiva. Cabe, no obstante, contra ella el recurso de amparo si se considera que vulnera un derecho tutelado por la Constitución.

Casación (recurso de): Se interpone ante el tribunal competente para que *case* (del lat. *cassus,* vano, nulo) o anule las sentencias o determinadas resoluciones de tribunales inferiores o uniforme la jurisprudencia.

Caso fortuito: Hecho no susceptible de ser previsto, no punible, en el que no intervienen dolo ni culpa del sujeto.

Competencia desleal: De acuerdo con el Convenio de París, es todo acto de competencia contrario a los usos honestos en materia industrial o comercial.

Condominio: Situación jurídica que se produce cuando la propiedad de una cosa pertenece conjuntamente o pro indiviso (en comunidad, sin dividir) a varias personas. Edificio poseído en régimen de propiedad horizontal (condómino, condueño).

Consorcio: Organismo autónomo que gestiona las contribuciones urbana, rústica y pecuaria, en colaboración con el Estado y las corporaciones locales. En general, se refiere a la unión de personas físicas o jurídicas que destinan parte de su patrimonio a constituir un fondo común que sirva para la atención de los problemas comunes o la defensa de intereses compartidos.

Corporaciones de derecho público: Asociaciones con personalidad jurídica, creadas por una ley que fija sus fines, estructura y funcionamiento. Cuando se trata de una *corporación de derecho público no estatal,* son los miembros de ese ente, y no el Estado, quienes eligen sus autoridades, que gestionan atribuciones delegadas por aquél en la corporación, para permitir la autogestión de determinados asuntos. Por ejemplo, el Colegio Público de Abogados de la Capital Federal, cuya tarea, delegada por el Estado, es la de controlar la matrícula profesional. Están sujetas al derecho privado.

Culpa: En Derecho Penal, el delito culposo (por oposición al doloso) supone, entre otras cosas, que su autor omite el deber de cuidado exigido en una situación concreta, de acuerdo con los conocimientos propios de cada arte, oficio o profesión. El delito doloso, en cambio, supone en el actor conciencia y voluntad de obtener un resultado injusto. (Véase *Dolo.*)

Cuota tributaria: La que resulta de aplicar la base liquidable del tributo a la escala de gravamen. (Véase *Base liquidable.*)

Decomiso: Pena de pérdida de la cosa, que se impone en los delitos de contrabando.

Decreto-Ley: Norma con contenido de ley, dictada por el gobierno en casos de extraordinaria y urgente necesidad, que debe someterse al Congreso para su convalidación o derogación. También se lo denomina *decreto de necesidad y urgencia.*

Delito fiscal: Figura delictiva que consiste en defraudar a la hacienda pública en una determinada suma; en obtener ilícitamente subvenciones, o desgravaciones o en no cumplir ciertas obligaciones contables.

Demanda: Forma en que los ciudadanos se dirigen a los tribunales para solicitar la reposición de un derecho lesionado. En ningún caso el término *demanda* puede ser empleado en el campo penal.

Denuncia: Puesta en conocimiento del juez, fiscal o funcionario de policía, por escrito o de palabra, de algún hecho que pudiera ser delictivo. El denunciante no está obligado a probar los hechos denunciados ni a formalizar querella.

Desacato: Delito que consiste en dirigir insultos, amenazas, falsas acusaciones, calumnias u ofensas graves de palabra o de obra contra autoridades que se encuentran en el ejercicio de sus funciones.

Desistimiento: Una persona *desiste* de su demanda cuando la abandona y no continúa el juicio o procedimiento.

Desviación de poder: Vicio del acto administrativo, que se produce cuando la administración usa de sus facultades para un fin distinto del que prevé el ordenamiento jurídico.

Detención: Privación temporal de libertad por la autoridad competente, bajo determinadas garantías, y para un período no mayor de determinado número de horas, pasadas las cuales el detenido habrá de ser puesto en libertad o a disposición del juez.

Diligencias: Actuaciones judiciales relativas a la investigación de delitos.

Directiva: Norma comunitaria que obliga a los Estados miembros en cuanto al resultado, y deja a su elección la forma y los medios de conseguirlo. Las directivas se deben convertir en leyes en los países comunitarios.

Dolo: Es la conciencia y voluntad de conseguir un resultado injusto a sabiendas de que está prohibido por la ley. Es equivalente a *acto con malicia,* frente a la *culpa,* en que no existe voluntad, sino negligencia. Comete un delito doloso aquel que sabe que lo que está realizando está mal hecho y es contrario a la ley, y, a pesar de ello, quiere hacerlo y obtener el resultado deseado.

En cambio, en la *culpa* sólo se aprecia la conciencia de lo ilegal, pero no existe voluntad de causar daño, sino que éste se produce por imprudencia o negligencia. Típicos delitos culposos suelen ser los de tránsito.

Estado de alarma: Situación anómala, motivada por catástrofes, crisis sanitarias, paralización de servicios públicos o desabastecimiento de primera necesidad; su declaración compete al Gobierno, que podrá decretar ciertas limitaciones a la circulación, requisas temporales, ocupaciones transitorias y racionamientos.

Estado de sitio: Situación anómala causada por la insurrección o acto de fuerza contra la soberanía o independencia del Estado, su integridad territorial o el ordenamiento constitucional. En caso de conmoción interior, su declaración corresponde al Congreso, excepto durante el receso parlamentario, caso en que puede ser declarado por el Poder Ejecutivo, con acuerdo del Senado. En ambos casos, debe fijarse el ámbito territorial, la duración y las condiciones de su declaración, que pueden importar la suspensión

de algunos derechos individuales. Pero el Poder Ejecutivo sólo podrá arrestar a las personas o trasladarlas de un punto a otro, si éstas no prefieren salir del país.

Estafa: Delito contra la propiedad. El estafador se apodera, con engaño, de algo que es propiedad de otra persona. Equivale a lo que vulgarmente se denomina *timo,* como el del *tocomocho,* por ej., que consiste en la venta de un décimo falso de lotería *premiado.*

Eutanasia: El hecho de causar voluntariamente la muerte del enfermo incurable con el fin de evitarle graves dolores es un delito contra la persona, aunque mediaran petición y consentimiento del enfermo.

Extrañamiento: Es la opción que puede ejercer el sujeto arrestado durante el estado de sitio para salir del país en lugar de permanecer detenido.

Fallo: Parte final de la sentencia en la que se concreta el pronunciamiento del juez o tribunal sobre la cuestión de fondo del proceso. (Véanse *Sentencia, Veredicto.*)

Falta: Es el *delito leve;* la acción u omisión, dolosa o culposa, castigada por la ley con pena leve. El juicio de faltas es mucho más sencillo que el juicio ordinario por delitos.

Fideicomiso: Sistema de administración de un territorio por un Estado soberano, en virtud de un acuerdo especial, bajo la autoridad de las Naciones Unidas. En Derecho Civil, fideicomiso es una disposición testamentaria por la cual el testador deja o cede parte de su herencia a un sujeto, para que éste, a su vez, la transmita a otro sujeto o la invierta del modo señalado en el propio testamento, en beneficio del último.

Fiscal: Funcionario que interviene en los procesos judiciales y que tiene por misión promover la acción de la Justicia en defensa de la legalidad y del interés público. Se lo denomina también *ministerio fiscal, ministerio público y acusador público.*

Fraude a la ley: Vulneración de una norma jurídica por actos que, aunque aparentemente amparados por ella, persiguen un resultado prohibido por la ley o contrario a ella. La expresión se utiliza para referirse a quienes, para eludir el cumplimiento de las leyes del lugar en que debería celebrarse el acto, según los principios del Derecho Internacional privado, varían el lugar de celebración para someterse a otro ordenamiento legal más conveniente.

Hábeas corpus: Acción que tienen los detenidos o cualquier persona que obre en favor de aquéllos cuando el derecho amenazado o restringido sea su libertad física, o se agraven ilegítimamente las condiciones de la detención legalmente dispuesta, o en caso de desaparición de personas.

Hábeas data: Garantía destinada a preservar la intangibilidad de los derechos a la intimidad contra las lesiones que pudieran generar el acopio de la difusión de informaciones referidas a una persona contenidas en bancos de datos del Estado o privados. La norma no se aplica a registros o bancos de datos de personas físicas o jurídicas dedicadas al periodismo. No afecta el secreto de las fuentes de in-

formación. Está prescripta en el artículo 43 de la Constitución nacional.

Homicidio: Delito contra la vida, que consiste en matar a una persona. Existen formas cualificadas y específicas de homicidio. (Véase *Asesinato.*)

Honor: Se define en un doble sentido: como la conformidad de los actos con la norma moral, y como el concepto que tienen los demás de nuestras virtudes. Delitos contra el honor son la calumnia y la injuria.

En el ámbito civil, el honor (junto con la intimidad personal y familiar y la propia imagen) está protegido por la Constitución y por una ley. Contiene esta última una serie de prohibiciones: 1) instalar aparatos de escucha, de filmación, etc., para grabar o reproducir la vida íntima de otros; 2) divulgar hechos de la vida privada que afecten la reputación o buen nombre de una persona; 3) revelar datos privados conocidos por la actividad profesional; 4) usar el nombre, la voz o la imagen de una persona sin su permiso para hacer publicidad...

Esta ley orgánica excluye de la prohibición la toma de imágenes de personas y cargos de la vida pública en actos públicos o lugares abiertos; o su caricatura, ajustada a los usos sociales.

Hurto: Delito contra la propiedad, que consiste en apoderarse de las cosas ajenas, sin violencia. Es decir, *sin fuerza en las cosas* y sin intimidar a las personas; pues, si media violencia, es *robo.* (Véase *Robo.*)

Impuesto: Tributo exigido sin contraprestación, cuyo hecho imponible está constituido por negocios, actos o hechos de naturaleza jurídica o económica, que ponen de manifiesto la capacidad contributiva del sujeto pasivo, como consecuencia de la posesión de un patrimonio, la circulación de bienes o la adquisición o gasto de la renta.

Incesto: Es un delito contra la libertad sexual, que consiste en la relación carnal entre parientes que no pueden casarse entre sí, cuando media engaño o abuso de superioridad o autoridad.

Indulto: Medida de gracia, cuya concesión corresponde al presidente de la República, y en virtud de la cual se perdona total o parcialmente la pena impuesta por una sentencia firme. Tiene un sentido distinto de la *amnistía,* ya que ésta lleva consigo el perdón o el olvido de un delito, al que se considera como no cometido.

Infanticidio: Es el delito contra la vida del recién nacido cometido por sus padres, o por el esposo o hijos de la madre, con el fin de ocultar la deshonra de ésta.

Infracción tributaria: Es la acción u omisión tipificada y sancionada en la ley, inclusive a título de negligencia.

Inhabilitación: Es una pena que lleva consigo la prohibición de ejercer u obtener cargos públicos o de ejercitar derechos civiles o políticos.

Injuria: Es toda expresión o acción ejercitada en deshonra, descrédito o menosprecio de una persona. Se puede traducir al lenguaje vulgar como insulto. Requisito fundamental es el *animus iniuriandi,* es decir, la voluntad de injuriar. Queda excluido el delito cuando existe el *animus informandi* (el periodis-

ta pretende principalmente informar); o el *animus iocandi,* que es la intención de bromear o hacer chistes. La *injuria grave,* hecha por escrito y con publicidad —es decir, la injuria (o calumnia) difundida mediante impresos, o carteles fijados en sitios públicos, o proferida en reunión pública, o por la radio o la televisión— puede ser castigada con arresto mayor o con multas.

Instrucción: Investigación del delito durante la primera etapa de un proceso penal.

Inviolabilidad parlamentaria: Privilegio de la legislatura. Supone que el legislador no podrá ser perseguido ante los tribunales por las opiniones expresadas en el ejercicio de sus funciones.

Magistrado: Miembro de la carrera judicial en la categoría inmediatamente superior a la de juez.

Obsceno: Todo material que causa un interés morboso en lo sexual y, en conjunto, carece de valor literario, artístico, político o científico. (Definición de Warren Burger, quien fue presidente de la Suprema Corte de los Estados Unidos.)

Per sáltum: Mecanismo que permite que un tribunal se arrogue el estudio y resolución de un proceso en trámite ante un cuerpo inferior —sin que medie recurso— cuando hay riesgo grave para la seguridad institucional, o cuando están presentes todas las condiciones legales para que el recurso interpuesto sea considerado procedente. (Véase en la *Guía...,* avocamiento / abocamiento.)

"Probation": suspensión del juicio a prueba: Autoriza a los jueces a dejar en suspenso, en determinados casos, la realización del proceso penal, a cambio de una serie de medidas de control y prevención tendientes a vigilar, durante un tiempo determinado, el comportamiento del imputado. Si transcurrido el plazo previsto el acusado no vuelve a delinquir y cumple con las reglas de conducta establecidas, se declara extinguida la acción penal. Es un régimen de reciente inclusión en el Código Penal.

Procedimiento abreviado: Proceso penal destinado exclusivamente a la persecución de delitos castigados con seis o menos de seis meses de cárcel.

Providencia: Resolución de un juez o tribunal que tiene por objeto la ordenación del proceso.

Querella: Escrito presentado por el fiscal o por cualquier ciudadano, haya sido o no ofendido por el delito, que pone en conocimiento del juez la comisión de un hecho delictivo atribuido a persona o personas concretas. Requiere la formalización por medio de procurador y suscrita por un abogado.

Rapto: Delito que consiste en llevarse de su domicilio, con miras deshonestas, a una mujer por fuerza o por medio de ruegos y promesas engañosas, o tratándose de una niña menor de doce años.

Recusación: Recusar es poner tacha legítima al juez, al oficial, al perito que con carácter público interviene en un procedimiento o juicio, para que no continúe su actuación en él.

Robo: Delito que se comete apoderándose con ánimo de lucro de cosa mueble, ajena, empleándose violencia o intimidación sobre las personas, o fuerza en las cosas. (Véase *Hurto.*)

Sentencia: Resolución de un juez o tribunal que decide definitivamente el pleito o causa en cualquier instancia. En ella deben constar la relación de los hechos probados y los fundamentos de Derecho que justifican el fallo.

Sentencia firme: Aquella contra la que no cabe recurso alguno, y que, por lo tanto, es inmodificable en el futuro.

Tribunal: Organo de Justicia formado por un número impar de magistrados, tres o superior a tres. Como sinónimo puede utilizarse *Sala.* A veces están divididos en varias Salas.

Veredicto: Fundamentalmente, es la definición de un pleito o juicio dictada por un *jurado.* Puede pronunciarse sin fundamentación. En este caso ésta debe darse mediante una providencia judicial posterior, que inexorablemente debe dictarse. En cambio, *fallo o sentencia* (véanse) es privativo del juez que recibe el *veredicto* del jurado.

PALABRAS QUE SE CONSTRUYEN CON PREPOSICIÓN

Tal como se reitera en este *Manual* (véanse apartados *2, 17, 25, 26, 42* y *48,* además de las locuciones incluidas en la *Guía de vocablos y expresiones*), la dificultad que ofrece el uso correcto de las preposiciones fuerza a incluir esta lista alfabética de palabras con regímenes especiales de uso más frecuente, que facilite la consulta.

abalanzarse 'a', 'hacia' los peligros.

abandonado 'de', 'por' todos, 'en' el vestir.

abandonarse 'a' la suerte; 'en' manos de la suerte.

abatirse 'al' suelo; 'con' dificultad; 'de' espíritu; 'en', 'por' los reveses.

abocarse 'con' alguno; 'al' estudio de algo. (No confundir con 'avocar' — véase.)

abochornarse 'de' algo; 'por' alguno.

abogar 'por' alguno.

abordar (una nave) 'a', 'con' otra.

aborrecer 'de' muerte.

aborrecible 'a' las gentes; 'de' por sí.

aborrecido 'del', 'por' el pueblo.

abrasarse 'de' amor; 'en' deseos.

abrigado 'de', 'contra' el viento.

abrigarse 'bajo' techo; 'con' ropa; 'del' aguacero; 'en' el vestíbulo.

abrir 'de' arriba abajo; 'a' mazazos; 'en' canal.

abrirse 'a', 'con' los amigos.

absolver 'del' cargo.

abstenerse 'de' lo prohibido.

abultado 'de' facciones.

abundar 'de', 'en' riqueza; 'en' gestos.

aburrir 'con' dilaciones.

aburrirse 'con', 'de', 'por' todo; 'en' casa.

abusar 'de' la amistad.

acabar 'con' su herencia; 'de' llegar; 'en' bien; 'por' desanimarse.

acaecer (algo) 'a' alguno; 'en' tal año.

acalorarse 'con', 'en', 'por' la controversia.

acarrear 'a' lomo; 'en' carretilla; 'por' agua.

acceder 'a' la demanda.

accesible 'a' todos; 'con', 'sin' tarjeta.

acendrarse (la virtud) 'con', 'en' las pruebas.

acepto 'a' nobleza y plebe.

acerca 'de' lo dicho.

acercarse 'a' la ciudad.

acertar 'a', 'con' la casa; 'en' el pronóstico.

acoger 'en' el seno de la familia.

acogerse 'a', 'bajo' sagrado.

acometido 'por' la espalda.

acomodarse 'a', 'con' el fallo; 'de' mozo; 'en' el sillón.

acompañar 'con', 'de' argumentos.

acompañarse 'con', 'de' estudiosos; 'con' la guitarra.

aconsejarse 'con', 'de' expertos.

acordaron (ambos) suspender la reunión. (Sin preposición.)

acordarse 'de' lo sucedido.

acosado 'por' los acreedores; 'a', 'de', 'por' preguntas.

acre 'de' condición; 'al' gusto, 'al' olfato.

acreditado 'en', 'para' su oficio.

acreditarse 'para con', 'con' alguno; 'de' experto.

acreedor 'a' la confianza; 'de' tal empresa.

acudir 'con' el remedio.

acusar 'ante' el juez; 'de' un delito.

adaptar/adaptarse 'al' uso, 'a' las costumbres.

adecuado 'al' asunto.

adelantar 'en' los estudios.

adelantarse 'a' todos; 'en' declarar la verdad.

adepto 'a' la secta.

adherir el sello 'al' sobre.

adherirse 'a' un dictamen.

admirarse 'de' un suceso.

admitir 'en' cuenta.

adolecer 'de' una enfermedad.

adoptar 'por' hijo.

adorar 'a' Dios; 'en' sus hijos.

adornar 'con', 'de' flores.

advertir 'que'.

adyacente 'a' la orilla.

afable 'con', 'para con' todos; 'en' el trato.

afanarse 'en' el estudio; 'por' el poder.

afecto (adj., 'adscrito') 'al' consulado; (sust., 'amor') muestra afecto 'a', 'hacia' o 'por' los necesitados.

aferrarse 'a' una idea.

afianzar 'con' su autoridad.

afianzarse 'en' su posición; 'sobre' los estribos.

aficionarse 'a' la pintura; 'de' una persona.

afirmarse 'en' los argumentos.

afligido 'de', 'con', 'por' las guerras.

afrentar 'con' injurias.

afrentarse (avergonzarse) 'de' sus defectos.

agarrar 'de', 'por' el saco.

agarrarse 'a', 'de' una soga.

ágil 'de' piernas, 'de' cintura.

agobiarse 'con', 'de', 'por' las penas.

agraciar 'con' virtudes.

agradable 'al', 'para' el oído; 'con' todos; 'por', 'en' su trato.

agradecido 'a' los beneficios; 'por' los premios.

agraviarse 'por' una chanza.

agregado 'de' desperdicios; 'a' la cátedra.

agregarse 'a' los amotinados.

agrio 'al', 'de' gusto.

aguardar 'a' otro día.

agudo 'de' ingenio; 'en' sus ocurrencias.

airarse 'con', 'contra' el adversario 'por' sus argumentos.

ajeno 'a' su voluntad; 'de' culpa.

ajustarse 'a' la razón.

alabar 'de' honrado; 'en' otro.

alabarse 'de' discreto.

alegar 'de' bien probado el argumento; 'en' defensa del imputado.

alegrarse 'de', 'con', 'por' la amnistía.

alegre 'de' cascos.

alentar 'con' la esperanza.

aliciente 'a', 'de', 'para' las grandes acciones.

alimentarse 'con', 'de' carne.

alindar (una finca) 'con' otra.

allanar 'hasta' el suelo.

allanarse 'a' lo convenido.

alzarse 'con' el botín; 'en' rebelión.

amable (véase *agradable*).

a más 'de' lo mandado.

ambos 'a' dos.

amén 'de' lo mandado.

amparar 'de' la maledicencia; 'en' la posesión.

ampararse 'con', 'de' un capote 'contra' el frío.

ancho 'de' espaldas.

andar 'a' gatas; 'con' el tiempo; 'de' frac; 'en' pleitos; 'entre' ladrones; 'por' recibirse de abogado; 'sobre' un tembladeral, 'tras' ese negocio.

andrajoso 'en' el traje.

anegar 'en' sangre.

anhelar 'a' más; 'por' mayor fortuna.

ansioso 'de' triunfo; 'por' llegar.

antipático 'a' la causa; 'de' nacimiento; 'por' naturaleza.

apacentarse 'con' heno; 'con' lecturas espirituales; 'de' memorias.

apasionarse 'de', 'por' alguno.

apearse 'a', 'para' merendar; 'de' la mula; 'por' las orejas.

apechugar 'con' las dificultades.

apelar 'a' otro medio; 'de' la sentencia 'ante' el tribunal.

apercibirse 'a', 'para' la acción; 'contra' el enemigo; 'de' armas.

apesadumbrarse 'con', 'de' la noticia; 'por' pequeñeces.

a pesar 'de' lo que dicen.

aplicarse 'a' los estudios.

apostatar 'de' la fe.

apresurarse 'a' venir; 'en' la réplica; 'por' llegar.

apretar 'a' correr; 'con' las manos; 'entre' los brazos.

aprobado 'de' médico; 'en' cirugía; 'por' todo el jurado.

arder/arderse 'de' cólera; 'en' deseos.

argüir 'de' falso.

armar 'con' lanza; 'de' carabina; 'en' corso.

arrancar (la broza) 'al', 'del' suelo; 'al', 'del' escrito; 'de' raíz.

arrasarse (los ojos) 'de' lágrimas.

arrebatarse 'de' ira.

arrebozarse 'con', 'en' las frazadas.

arreglado 'a' las normas de estilo; 'en' la conducta.

arreglarse 'a' la razón; 'con' el acreedor.

arremeter 'al', 'con', 'contra', 'para' el enemigo.

arriesgarse 'a' nadar; 'en' la empresa.

arrojado 'de' carácter.

arrostrar 'con', 'por' los peligros. También 'arrostrar los peligros'.

asar 'a' la lumbre; 'en' la plancha.

asarse 'de' calor.

asegurar contra el granizo; 'de' incendios.

asentir 'a' un dictamen.

asesorarse 'con', 'de' expertos.

asiduo 'en' consulta.

asir 'de' la ropa; 'por' los cabellos.

asirse 'de' las ramas; 'con' el rival.

asociarse 'a', 'con' otro.

asombrarse 'con' el suceso, 'del' suceso.

aspirar 'a' un cargo/aspiración 'a' ocupar la banca.

asqueroso 'a' la vista; 'de' aspecto; 'en' su aspecto.

atender 'a' la conversación.

atentar 'a' la vida; 'contra' la propiedad.

atestiguar 'con' otro; 'de' oídas.

atónito 'con', 'de', 'por' la catástrofe.

atreverse 'a' grandezas; 'con' cuantos se le oponen.

autorizar 'con' su firma; 'para' algún acto.

avanzado 'de', 'en' edad.

avenirse 'a' todo; 'con' cualquiera.

aventajarse 'a' otros; 'en' una investigación.

avisar 'de' algo; 'que' sucedió algo.

avocar 'a' sí. (Un tribunal superior avoca 'a' sí una causa de un tribunal inferior; procedimiento considerado ilegal en la actual jurisprudencia: es el avocamiento.)

ayudar 'a' vencer; 'en' un apuro.

bailar 'a' compás; 'con' Yamila; 'por' todo lo alto.

bajo 'de' cuerpo; 'en' su estilo.

balancearse 'en' la duda.

bañar (un pañuelo) 'con', 'de', 'en' lágrimas.

barajar 'con' el amigo los nombres de varios candidatos. (No se puede barajar el nombre de un solo candidato a presidente.)

basta 'con' eso; 'de' bulla; 'para' chanza.

bastar 'a', 'para' enriquecerse.

bastardear 'de' su naturaleza; 'en' sus acciones.

batallar 'con' los adversarios.

beneficioso 'a', 'para' los niños.

benemérito 'de' la patria.

blanco 'de' tez.

blando 'al' tacto; 'de' carácter.

blasfemar 'contra' Dios; 'de' la virtud.

blasonar 'de' valiente.

breve 'de' contar; 'en' los argumentos.

bueno 'de', 'para' comer; 'de' por sí; 'en' sí.

cabalgar 'a' mujeriegas; 'en' mula.

caber 'de' pie; 'en' la mano.

calificar 'de' inocente.

cambiar algo 'con', 'por' otra cosa.

cambiarse la risa 'en' llanto.

cantar 'a' libro abierto; 'de' plano; 'en' la capilla.

capaz 'de' mentir; 'para' el ministerio.

capitular 'con' el enemigo.

cargado 'de' espaldas.

cargar 'a' flete; 'a', 'en' hombros; 'con' todo; 'de' trigo; 'sobre' él.

cargarse 'de' razón.

casar una cosa 'con' otra; 'en' segundas nupcias.

casarse 'con' su prima; 'por' poderes.

cebarse 'en' la matanza.

ceder 'a' los impulsos; 'de' su derecho; 'en' honra de alguien.

cegarse 'de' cólera.

censurar una actitud 'a', 'en' alguien.

ceñir 'con', 'en' flores; 'con' laureles, 'en' lauro; 'de' crespones.

cerrado 'de' entendederas.

cerrar 'a' piedra y lodo.

cesar 'en' el cargo; 'de' llover.

chancearse 'con' uno.

chochear 'con', 'por' la vejez; 'de' viejo.

ciego 'con' los celos; 'de' ira.

circunscribirse 'a' una cosa.

codicioso 'de' dinero.

coetáneo 'de' Homero.

coexistir 'con' Napoleón.

colegir 'de', 'por' las consecuencias.

comedirse 'en' las alabanzas.

comerse 'de' envidia.

compadecerse 'del' enfermo; una cosa 'con' otra.

comparación 'entre' una cosa y otra; 'de' una cosa 'con' otra.

comparar un objeto 'a', 'con' otro.

compatible 'con' la justicia.

complacerse 'con' el regalo; 'de', 'en' los resultados.

comprensible 'al' entendimiento; 'para' todos.

común 'a' todos; 'de' dos.

conceptuado 'de' inteligente.

concertar 'en' género y número; uno 'con' otro; las paces 'entre' adversarios.

concurrir 'a' una asamblea, 'con' legisladores; 'en' una misma opinión.

condenar 'a' galeras; 'con', 'en' costas.

condescender 'a' los ruegos; 'con' la instancia; 'en' el bis.

confiar 'de', 'en' alguien.

confinar un país 'con' otro; 'al' exilio; 'en' Bolivia.

confirmarse 'en' su dictamen.

conforme 'con' la paga; 'a' lo acordado.

confrontar (carear) una persona 'con' otra; (cotejar) un texto 'con' otro. No debe usarse en el sentido de 'enfrentar, enfrentamiento'.

conmutar una cosa 'con', 'por' otra; una pena 'en' otra.

consolar a uno 'de' un sufrimiento; 'en' su desgracia.

consumado 'en' su oficio.

consumirse 'a' fuego lento; 'con' la fiebre; 'de' fastidio; 'en' aprestos.

contemplar 'en' Dios.

contiguo 'a' la basílica.

contravenir 'a' las normas de estilo.

contribuir 'con' aportes; 'a', 'para' la colecta.

convalecer 'de' la gripe.

convencer 'de' que es inútil resistirse.

convencerse 'con' los argumentos ajenos; 'de' la inutilidad de la resistencia.

convenir la concentración 'al' escritor; 'con' los redactores 'en' respetar las normas de estilo.

convocar 'a' asamblea.

cooperar 'a' la colecta 'con' los infografistas.

corto 'de' genio.

coser 'a' puñaladas.

cotejar (confrontar) la copia 'con' el original.

crecer 'en' edad y santidad.

criar 'a' los pechos; 'con' solicitud; 'en' el santo temor 'de' Dios.

cruzarse 'de' caballero; 'de' brazos.

¡cuente 'con' lo que afirma!

¡cuidado 'con' el perro!

culpar 'a' uno 'de' inconsciente; 'por' su conducta; 'en' uno lo que se perdona 'en' otro.

cumplir 'a' la Virgen la promesa; 'con' los deberes religiosos. Pero, cumplir las normas de estilo.

curioso 'de' noticias; 'por' entender los regímenes de ciertos verbos.

curtirse 'al', 'con' el sol; 'del' aire; 'en' los trabajos.

dar 'con' el cántaro en el suelo; 'con' la persona buscada; 'contra' un poste; 'de' palos; 'de' baja; 'de' sí; 'por' visto; 'a' la calle.

darse 'a' la crítica de cine; 'a' entender; 'contra' la pared; 'de' cachetes; 'por' vencido.

debajo 'de' la mesa.

decaer 'de' su prosperidad; 'en' fuerzas.

declinar 'a', 'hacia' un lado; 'en' bajeza.

deducir 'de', 'por' los argumentos expuestos.

defraudar dinero 'al', 'del' depósito; 'en' las expectativas.

degenerar 'de' sus ancestros; 'en' monstruo.

deleitarse 'con' la vista; 'de', 'en' oír.

demandar 'ante' el tribunal; 'de' calumnia; 'en' juicio.

dentro 'de' casa.

deponer 'contra' el acusado; 'al' magistrado 'de' su cargo; 'en' juicio.

derivar (encaminar) una cosa 'de' una parte 'a' otra; (traer su origen) una cosa 'de' otra.

derramar/derramarse 'al', 'en', 'por' el suelo.

desacreditar/desacreditarse 'en' su profesión; 'ante', 'entre' los colegas.

desagradable 'al' gusto; 'con', 'para' los compañeros.

desagradecido 'al' beneficio; 'con' quien lo ayudó.

desahogarse 'de' su pena; 'en' denuestos.

desdecir/desdecirse 'de' su ministerio; 'de' lo que sostiene.

¡desdichado 'de' mí, 'del' que no es solidario 'con' el prójimo!

desertar 'al' campo contrario; 'de' su equipo.

desleal 'a' su causa; 'con' sus correligionarios.

desternillarse 'de' risa.

diestro 'en' razonar; 'en' la esgrima.

diferir algo 'a', 'para' mañana; 'de' hoy 'a' mañana; 'de' Juan; 'en' opinión.

dignarse contestar. No 'de contestar' o 'a contestar'.

diputado 'al', 'en' el Congreso; 'por' Catamarca.

discernir una cosa 'de' otra.

discrepar 'de' una opinión; 'de' alguien 'en' tal argumento.

disculparse 'con' alguien; 'de' una distracción.

disentir 'de' los correligionarios; 'en' política social.

disfrutar 'de' buena renta; 'con' la televisión.

disgustarse 'de' algo; 'por' cualquier cosa.

disparar 'a', 'contra' algo o alguien.

distinguir una cosa 'de' otra.

distinto 'de' todo lo conocido.

diverso 'de' los demás; 'en' carácter.

dividir una torta 'con', 'entre' muchos; 'en' partes, 'por' la mitad.

doblar 'a' palos; 'de' un golpe; (la campana) 'por' los muertos.

echar 'por', 'en' o 'a' tierra; 'de' casa; 'de' ver; 'a' correr; 'de' menos; echárselas 'de' erudito.

echar mano 'a', 'de' un ayudante, 'de' una anécdota.

elevarse 'de' la tierra 'al', 'hasta', 'hacia' el cielo, 'por' los aires; 'en' éxtasis; 'sobre' la materia.

embeberse 'del' espíritu de Platón; 'en' la poesía clásica.

emborracharse 'con', 'de' tequila.

embutir 'de' algodón.

empedrar 'con' adoquines; el infierno 'de' buenas intenciones.

empeñarse 'en' ir; 'en' una empresa; 'en' varios millones.

encenderse 'en' ira.

encharcarse 'en' vicios.

endurecerse 'al' trabajo; 'con', 'en', 'por' el ejercicio.

enemistar 'a' uno 'con' otro.

enfrentarse 'con' el adversario.

enfrente 'de' la municipalidad; 'de' su padre. No, 'enfrente suyo'.

engañarse 'con', 'por' las apariencias; 'en' la cuenta.

engastar 'con' perlas; 'en' oro.

enojarse 'con' sus compañeros; 'de' lo que dicen de ellos.

ensayarse 'a' cantar; 'para' hablar en público.

enseñar 'a' leer; 'por' buen autor.

entender 'de' física; 'en' sus negocios.

entenderse 'con' alguien; 'por' señas.

entrambos 'a' dos.

entrar 'a' saco; 'con' todo; 'de' conscripto; 'en' la academia; 'por' la puerta grande; 'hasta' el Ministerio de Marina.

envanecerse 'con', 'de', 'en', 'por' el golazo.

envejecer 'con', 'de', 'por' los disgustos; 'en' el oficio.

enviar 'al' gobernador 'al' Congreso; 'con' un proyecto; 'del' apoderado; 'por' aumento de la participación federal.

equipar 'al' cronista gráfico 'con', 'de' las cámaras más modernas.

erizado 'de' espinas.

erudito 'en' lenguas clásicas.

escuchar 'con', 'en' silencio.

escudarse 'con', 'de' la fe; 'contra' el fundamentalismo.

esculpir 'a' cincel; 'de' relieve; 'en' mármol.

esperanza 'de' que estos regímenes resulten útiles.

esperar 'a' que venga; 'de', 'en' Dios. Espero que venga 'a' tiempo.

estar 'a', 'bajo' las órdenes del jefe; 'al' caer; 'con' ánimo de redactar la crónica; 'de' vuelta de tantas promesas; 'por' suceder; 'para' chanzas; 'de' diputado 'por' Entre Ríos; 'a' dos grados bajo cero; 'a' cuatro de enero; 'sin' sosiego.

estéril 'en', 'de' resultados.

estimular 'al' estudio de las lenguas clásicas, 'con' viajes a Grecia y a Roma.

estribar su crónica 'en' la entrevista con el Papa.

estudiar 'en' Borges; 'para' periodista; 'por' Ragucci; 'sin' maestro; 'con' los salesianos.

examinar/examinarse 'de' semántica.

exceder 'en' cien millones; 'de' las medidas solicitadas.

excederse 'en' sus facultades.

excusarse 'con' el secretario general 'de' cubrir el acto gremial.

eximir/eximirse 'de' entregar la crónica esta noche.

exonerar 'del' cargo al jefe de sección.

expeler 'por' la boca.

extenderse 'en' digresiones. (No, disgresiones.)

fácil 'a' los halagos; 'para' un experto; 'de' comprender. Ojo: 'es fácil *que* sea así; no, 'de que sea así'. (Véase 'dequeísmo'.)

favorable 'para' el cambio.

favorecerse 'de' alguien.

favorecido 'del' Loto, 'por' el extracto de la fecha.

fecundo 'en' recursos periodísticos; 'de' palabras convincentes.

fértil 'de' imaginación; 'en' trigo pan.

firmar 'con' sello; 'de' propia mano; 'en' blanco; 'por' su jefe editor.

flanqueado 'de' eucaliptos y tipas; 'de' torres almenadas.

flaquear 'en' la deontología periodística; 'por' las bases éticas.

formar 'en' columna, 'por' compañías.

ganar 'al' ajedrez; 'con' el tiempo; 'en' categoría; 'para' vivir; la cátedra 'por' oposición.

girar 'en' torno 'a', 'de' los visitantes; 'en' torno 'al' (acerca del) dequeísmo; una orden de pago 'sobre' la empresa.

gordo 'de' talle.

gozar/gozarse 'con', 'en' el bien común; 'de' buena salud.

graduarse 'de' licenciado; 'en' Filosofía.

granjearse la benevolencia 'de' alguien 'para' sí.

grato 'al', 'para' el oído; 'de' recordar.

guarecerse 'del' chubasco; 'en' el chalet; 'bajo' el pórtico.

guiado 'de', 'por' un experto.

gustar 'de' bromas; (saborear) las mieles del triunfo; les gusta (agrada) su presencia.

gusto 'para' decorar; 'por' los perfumes; 'de' pintar.

gustoso 'al' paladar.

hábil 'en', 'para' los negocios.

habituarse 'al' calor.

hablar 'con' alguien 'de', 'sobre', 'acerca de' la ecología; 'entre' dientes; 'por' sí o 'por' otro; 'sin' ton ni son.

hacer 'de' galán; 'para' sí; 'por' los lectores; bien 'en' casarse.

hacerse 'con', 'de' la Ilíada; 'a' las costumbres.

herrar 'a' fuego; 'en' frío.

honrarse 'con' la amistad del ministro; 'de' servir al prójimo.

idóneo 'para' las entrevistas; 'para' contentarlo.

igual 'a', 'con' los accidentados; 'en' estilo indirecto.

igualar/igualarse 'a', 'con' los entrevistados 'en' generosidad.

impaciente 'por' escribir la crónica.

impedido 'de' la vista; 'para' leer.

impelido 'a' arriesgarse; 'por' el ejemplo de los colegas.

impetrar 'del' tribunal superior.

implacable 'en' su venganza.

implicar/implicarse 'en' el crimen; 'con' los asaltantes.

imponer 'sobre' la venta inmobiliaria.

imponerse 'a' los amotinados.

importunar 'con' pedidos exagerados.

impropio 'de', 'para' su edad.

incapaz 'de' matar una mosca; 'para' asumir responsabilidades.

incompatible 'con' otra persona o cosa.

inconsecuente 'con', 'para', 'para con' sus bienhechores; 'en' sus principios.

inconstante 'en' los estudios.

increíble 'a', 'para' un periodista veterano.

indeciso 'en' elegir título.

indemnizar 'del', 'por' el daño.

independiente 'de' todos; 'en' sus principios.

inducir 'a' comer; 'en' error.

infatuarse 'con' los aplausos.

inficionado 'de' peste.

inflamar/inflamarse 'de', 'en' ira.

inflexible 'a' los ruegos; 'en' su dictamen.

influir 'con' el gobierno 'para' tratar la ley; 'en', 'sobre' su carácter.

infundir ánimo 'a', 'en' alguien.

ingerir alimentos 'en' el estómago es *ingestión*. No es 'injerirse en asuntos ajenos: entremeterse, inmiscuirse'. Esto es *injerencia*. (Véase *Guía*.)

ingresar 'en' la universidad.

inhibirse (el juez) 'de', 'en' el conocimiento de una causa.

inmediato 'a' la Plaza de Mayo.

inmune 'a' las prebendas.

inocente 'del' crimen; 'en' su conducta.

inquietarse 'con', 'por' los atentados al ecosistema.

integrarse 'en' la empresa editora del diario.

intervenir 'en' el PAMI; interventor 'en' el PAMI. (No 'del' PAMI.)

inundar 'de', 'en' sangre el Zaire.

inversa (cosa) 'de' otra.

invitar 'a' entrar 'en' la pulpería 'a' un trago; 'a' la asamblea.

jubilar/jubilarse 'de' periodista.

jurar 'en' falso; 'por' Dios; 'sobre' los Evangelios.

juzgar un delito; 'a' alguien 'por' un delito; 'en' materia periodística 'por', 'sobre' la opinión de los lectores.

lanzar 'desde' el crucero el salvavidas 'al', 'en' el mar.

lanzarse 'sobre' los serbios de Bosnia; 'a' la batalla definitiva.

lavar 'con' detergente; la ofensa 'con', 'en' sangre.

levantar 'del' suelo 'al' cielo; 'en' alto y 'por' las nubes; 'sobre' la multitud que lo miraba.

libre 'de' sujeción 'en' sus crónicas.

ligar bronce 'con' oro; 'con' cuerdas; 'a' cumplir las tareas 'mediante' dádivas.

ligero 'de' pies; 'para' correr; 'en' afirmar.

limitado 'de' talento; 'en' ortografía.

lisonjearse 'con', 'de' esperanzas.

llamar 'a' la puerta; 'a' voces; 'a' titular la nota; 'con' la mano; 'por' señas; 'de' tú.

llamarse 'a' engaño.

llenar 'de' improperios; 'con' piedras; 'de' trigo una bolsa.

llevarse 'de' la ira.

maldecir 'a' otro; 'de' todo.

malquistarse 'con' los correligionarios.

mamar un vicio 'con', 'en' la leche.

manar 'de' una fuente; la tierra 'en' leche y miel.

manco 'de' la derecha; no ser manco 'para' encestar.

mantenerse 'con', 'de' hierbas; 'en' paz.

maquinar 'contra' el gobierno.

maravillarse 'de' tanto descaro; 'con', 'de' un resultado.

marcar 'a' fuego; 'con' navaja; 'por' suyo.

matarse 'a' disgustos; 'con' un contrincante 'a' golpes 'por' fruslerías.

mediar 'en' un pleito 'entre' sindicatos y ministerio 'por' una solución.

medirse 'con' el titular de los pesados.

medrar 'en' hacienda.

menester 'de' tu ayuda. Es incorrecto decir: he menester 'de' su ayuda, 'de' tu ayuda. Hay que suprimir la preposición. Lo mismo que en 'es menester vuestra ayuda/ son menester muchas ayudas'. 'Menester' es de uso literario más que periodístico.

mezclarse 'con' los fanáticos del rock; 'en' rapiñas y desmanes.

mirar (la ciudad) 'a' Oriente; 'por' el bienestar general.

mirarse 'al' espejo; 'en' el agua.

moderarse 'en' las expresiones; 'en' el beber.

montar 'a' mujeriegas; 'a' caballo; 'en' motocicleta; 'en' cólera.

morar 'en' despoblado; 'entre' indígenas.

motejar 'de' ignorante.

mover/moverse 'a' piedad; 'de' una parte 'a' otra; 'con' los trascendidos.

mudar 'a' otra oficina; el agua 'en' vino; 'de' intento.

nacer 'de' buena familia, 'en' Chascomús.

necesitado 'de' ayuda.

necesitar 'de' ayuda. (También, necesitar ayuda, sin preposición.)

negarse 'a' obedecer.

negativa 'a' obedecer.

nivelarse 'a' lo indispensable; 'con' los humildes.

noble 'de' cuna; 'en' sus obras; 'por' su origen.

notar 'con' cuidado; 'de' fabulador; méritos 'en' manuales de otros medios.

nutrir 'con' vegetales y frutas; 'de' sabiduría.

obligar 'a' restituir lo robado; 'con' firmeza.

obsequiar a una dama 'con' flores.

obsequioso 'con', 'para', 'para con' sus huéspedes.

obstar una construcción 'a', 'para' la visión del río.

obstinarse 'en' investigar la coima; 'contra' los contrabandistas.

ocultar la verdad 'a' los lectores; el cuerpo del delito 'a' o 'de' la vista de los testigos.

odioso 'a' los ciudadanos.

oler 'a' rosas.

olor 'a' comida; 'a' quemado; murió 'en' olor 'de' santidad.

ordenado 'a', 'para' la comprensión del texto; 'en' series; 'de' diácono.

ordenar/ordenarse 'en' filas; 'por' materias; 'de' sacerdote. (También, ordenar sacerdotes a once diáconos; sin preposición.)

pactar una tregua 'con' el adversario; 'entre' sí.

padecer 'con' las impertinencias; 'de' los nervios; 'en' la honra.

palabra (dar) 'de' que no ocurrirá.

paliar la recesión 'con' subsidios.

participar 'de', 'en' un billete de lotería; 'de' una asamblea.

pasante 'de' periodista; 'en' periodismo.

pasmarse 'de' ciertos espectáculos televisivos.

pecar 'de' palabra; 'con' la intención; 'contra' la caridad; 'de' ignorante; 'por' exceso, 'por' defecto.

penar 'de' amores.

penetrado 'de' dolor.

penetrarse 'de' la idea.

perder 'en' el juego, 'al' juego; 'de' vista.

permiso 'para' realizar el recital.

pernicioso 'a' las costumbres; 'en' el trato; 'para' los jóvenes; 'por' sus doctrinas.

persuadir 'de que' era verdad; 'con' justas razones; 'a' dejar de fumar.

pleitear 'con', 'contra' alguien.

poblarse 'de' gente.

pobre 'de' espíritu.

presentar 'a' un correligionario 'para' el cargo electivo.

presentarse 'de', 'como' candidato; 'a' la asamblea partidaria.

presto 'a', 'para'.empezar la campaña; 'en' responder.

prevalecer 'entre' los pares; la verdad 'sobre' la mentira.

prevenirse 'contra' el peligro; 'de' lo necesario; 'para' el viaje.

proceder 'a' los comicios; 'contra' los morosos; 'con', 'sin' acuerdo; 'en' justicia.

prometerse éxito 'de' una campaña.

promover 'a' un cargo.

pronto 'a' enfadarse; 'de' genio; 'en' las respuestas; 'para' actuar.

propasarse 'en' la confianza.

propender 'a' la benevolencia.

propenso 'a' la broma.

propicio 'para' descansar; 'al' ruego.

prorrumpir 'en' lágrimas.

proseguir 'con' la investigación.

prosternarse 'en' tierra; 'a', 'para' suplicar; 'ante' Dios.

proveer 'a' la necesidad pública; 'de' alimentos; 'en' justicia; 'con' ayudas.

provocar 'a' ira; 'con' insultos.

pugnar 'con', 'contra' los periodistas frívolos; 'en' defensa de la propia objetividad; 'por', 'para' huir de la contaminación.

pujar 'en', 'sobre' los precios.

quebrantarse 'con', 'por' el esfuerzo; 'de' angustia.

quebrar el corazón 'a' alguien; 'con' un amigo; 'en' mil millones de dólares; 'por' lo más delgado.

quebrarse 'con', 'por' las desgracias.

quedar 'en' repetir el cuento; 'para' contarlo; 'de' guardia en la redacción.

quedarse 'a' dictar la nota; 'con' lo ajeno.

quién 'de' los cronistas se decidirá ir; 'entre' tantos.

quitar lugares comunes 'a' lo escrito; 'del' medio.

quitarse 'de' enredos.

rabiar 'contra' alguien; 'de' envidia; 'por' lucirse.

radicar 'en' el Sur.

rayar 'en' lo sublime.

razonar 'con' los colegas; 'sobre' la industria del cine.

rebasar 'de' la presa. (También, 'rebasar la frontera'.)

rebosar 'de' agua. (También, transitivo: 'rebosar salud'.)

recabar respuestas 'del' periodismo.

recibir 'a' cuenta; 'de' pasante al estudiante de periodismo; 'por' esposa.

recio 'de' miembros.

reconocer 'por' amigo; méritos 'en' manuales de estilo de otros medios.

recrearse 'con' la televisión infantil; 'en' leer obras clásicas.

reducir la crónica 'a' la mitad; 'a' polvo la papelera.

reducirse 'a' lo más preciso de la información; 'en' los gastos.

regalarse 'con' buenos vinos; 'en' dulces memorias.

regar 'con', 'de' llanto.

reglarse 'a' lo necesario; 'por' la experiencia ajena.

regodearse 'con', 'en' los éxitos de las primicias.

reintegrar al cronista 'en' su puesto; reintegrarse 'al' trabajo.

remontarse 'hasta' el cielo; 'por' los aires; 'sobre' los techos.

renacer 'a' la vida; 'con', 'por' la gracia divina; 'en' Jesucristo.

reo 'contra' la sociedad; 'de' muerte.

reputar a uno 'de', 'como', 'por' honrado.

requerir 'de' amores; 'para' que redacte el documento.

resguardarse 'con' el muro; 'de' los tiros.

resignarse 'a' los trabajos; 'con' su suerte; 'en' adversidad.

resolverse 'a' hacer algo; 'a' favor de; 'por' una vocación.

responsabilizar 'de' los atentados 'a' los manifestantes.

revestir/revestirse 'con', 'de' facultades extraordinarias.

ridículo 'en' su porte; 'por' su traza.

rodar 'de' lo alto 'por' tierra (el jockey).

rodear la Casa de Gobierno 'con', 'de' vallas.

romper 'con' los republicanos; 'en' llanto; 'por' medio.

saber 'a' pescado; 'de' trajines periodísticos.

sabio 'en' su oficio.

sacar 'en' hombros; 'en' limpio; 'de entre' los escombros; 'con' vida.

saciar 'de' carne.

saciarse 'con' poco; 'de' venganza.

salir un grano 'en' la cara; 'de' pobre.

secarse 'de' sed.

sentarse 'a' la mesa; 'en' la silla; 'de' cabecera de mesa.

sentenciar 'a' destierro; 'en' justicia; 'por' estafa; 'según' ley.

ser 'a' gusto de todos; 'de' temer; 'de' creer (= debe temerse, debe creerse); pl., 'son de temer nuevos ataques del SIDA'; es 'conmigo' con quien se mete.

severo 'con', 'para' los cronistas; 'de' semblante; 'en' sus juicios.

sincerarse 'ante' la comunidad; 'con' los colegas; 'de' su falta de compañerismo.

sin embargo 'de' ser domingo. Equivale a 'a pesar de', loc. prepositiva que va sin coma.

singularizarse 'en' todo; 'por' la dicción clara; 'entre' los predicadores.

sisar 'del' ovillo; 'en' las compras.

soberbio (véase severo).

sobre el arquero se cometió una falta. Incorrecto; debe decirse 'contra' el arquero.

sobre setenta estudiantes, cuarenta fueron suspendidos. Incorrecto, escríbase 'de' setenta estudiantes.

sobresalir 'en' semántica; 'entre' los redactores; 'por' sus conocimientos de latín.

sobresaltarse 'con' la noticia; 'por' la explosión.

sobreseer 'en' la causa.

solicitar algo 'a' alguien; 'de' la autoridad.

sonar 'a' hueco el tronco centenario; 'a' vacío de argumentos el editorial.

sorprenderse 'con', 'de' la desfachatez.

sorprendido 'con' la mano en la masa; 'con', 'de' la noticia.

sospechar 'de' alguien; infidelidad 'de' alguien. Es incorrecto escribir: sospechar 'a' alguien 'de' infidelidad.

sospechoso 'de' traición; 'por' sus afirmaciones; 'en' la fe; 'de' herejía.

sostener 'con' argumentos; 'en' la entrevista radial.

subdividir 'en' partes.

subir 'sobre' la mesa; 'en' ascensor; 'por' la escalera; 'de' la bodega; 'al' tren.

subordinado 'al' editor de política.

subsistir 'con', 'de' la ayuda de la UN.

suceder 'a' alguien; 'en' el cargo.

suelto 'de' lengua; 'en' la controversia.

sufrir 'con' paciencia; 'por' amor 'de' Dios.

sujetar 'con' fuerza; 'por' las piernas; 'desde' la cornisa.

sujetarse 'a' una disciplina.

sumirse 'en' el lodo, 'en' cavilaciones.

supeditado 'a' las conclusiones; 'por' razones de peso.

superior 'a' los otros medios; 'en' precisión; 'por' la objetividad informativa.

sustraerse 'a' la obediencia.

tachar 'a' uno 'de' frívolo; tacharlo 'de' la lista; 'de' ineficaz. (No, 'de eficaz'; tachar no es calificar, sino señalar *con una nota desfavorable*.)

tardo 'de' oído; 'a' sentir; 'en' comprender.

temblar 'de' frío; 'por' su vida.

temer 'de' alguien; 'por' los campesinos.

temor 'al' peligro; 'de' Dios.

tener 'de' secretario; 'como' ayudante; 'por' tonto; 'en' menos a colegas; 'a' menos escribir una crónica policial.

teñir 'de', 'en' negro.

terciar 'en' una disputa.

tirar 'de' la manga; 'a' azul; 'a', 'hacia', 'por' el Oriente.

tomar 'a' pecho; 'a' mal; 'con', 'en', 'entre' las manos; 'de' un periodista un dato desconocido; 'por' médico 'a' un manosanta; 'por' ofensa; 'en' mala parte.

trabajar 'de' infografista; 'para' el sustento; 'por' distinguirse; 'a' destajo.

trabarse 'de' palabras: decirse dos o más personas palabras desagradables.

traducir 'al', 'en' inglés; 'del' latín.

traficar 'en' drogas; 'con' su cuerpo.

transfigurarse 'en' ángel.

trasladar 'al', 'en' castellano; 'del' griego; 'al' herido a la base Marambio.

trasplantar (no transplantar) 'de' recién fallecido 'a' enfermo.

trastrocar un nombre 'con', 'en', 'por' otro; 'de' papeles (cambiar o confundir unas cosas con otras. 'Trastocar' es desordenar las cosas).

tratar 'a' alguien o tratarse 'con' alguien (tener trato con él); tratar 'con' alguien (tener tratos o conversaciones con aquél); 'a' alguien 'de' tú; 'de' cobarde; 'de', 'sobre' una cuestión; 'de' hacerlo.

triunfar 'de' sus adversarios; 'en' las elecciones.

ufanarse 'con', 'de' sus hechos.

ultrajar 'con' calumnias; 'de' palabra; 'en' la honra.

uncir 'al' carro, 'al' yugo, bueyes, mulas, etcétera.

único 'en' su línea; 'entre' mil; 'para' definir situaciones graves.

uniformar el estilo 'al', 'con' el del medio, sin perder la propia personalidad.

unirse 'a' los manifestantes; 'con' los compañeros; 'en' comunidad; 'entre' periodistas.

uno 'a' uno; 'con' otro; 'de' tantos; 'entre' muchos; 'para' cada cosa; 'por' otro; 'tras' otro; 'sobre' los demás.

untar 'con', 'de' aceite; 'para' cruzar el canal.

usar 'de' enredos; 'de' malas artes. (También, 'usar malas artes'.)

utilizarse 'con', 'de', 'en' alguna cosa.

vacar 'al' estudio (cesar temporalmente 'en' los estudios); 'de' misterio (estar falto, carecer).

vaciar 'en' plomo; vaciarse 'de' sí.

vaciarse 'de' significado; 'por' la boca.

vacilar 'en' la elección; 'en' declarar; 'entre' la esperanza y el temor.

vanagloriarse 'de', 'por' sus logros.

variar 'de' opinión; 'en' sus convicciones.

vecino 'al', 'del' Congreso.

velar 'a' los muertos; 'en' defensa de la Constitución; 'por' el bien público; 'sobre' la atención al público.

vencer 'a', 'por' traición; 'en' el concurso; 'con' buenas armas.

vencido el obenque 'a', 'hacia' estribor; 'por' el adversario.

vender 'a' tanto el kilogramo; 'en' tanto; gato 'por' liebre.

vengarse 'de' una ofensa; 'en' el victimario.

versado 'en' semiología.

verter 'al' suelo; 'al', 'en' español; 'del' cántaro; 'en' el jarro.

vigilar 'en' defensa de la ciudad; 'por' el bien público; 'sobre' los súbditos.

virar 'a', 'hacia' la costa; 'en' redondo.

visible 'a', 'entre', 'para' todos.

vivir 'a' gusto en Buenos Aires; 'con' la suegra; 'de' limosna; 'en' paz; 'para' ver las Olimpíadas del 2004; 'por' milagro; 'sobre' todas las ciudades candidatas.

volar 'al' cielo; 'de' rama en rama; 'por' muy alto.

votar 'con', 'por' los correligionarios; 'en' el referéndum.

zafarse (el barco) 'de' la encalladura; 'de' alguna persona; 'del' compromiso. (Zafar, tr., es de poco uso: sólo puede un remolcador 'zafar' al barco. Siempre es pronominal: Yo 'me' zafo; no, 'Yo zafo'.)

zambullir/zambullirse 'en' el agua.

zozobrar 'en' la tormenta.

SIGLAS Y ACRÓNIMOS

En LA NACION las siglas y acrónimos de más de cuatro letras se escriben con la inicial en mayúscula y el resto en minúsculas

Aacrea: Asociación Argentina de Consorcios Regionales de Experimentación Agrícola.

ACA: Automóvil Club Argentino.

Acara: Asociación de Concesionarios de Automotores de la República Argentina.

Acnur: Alto Comisionado de las Naciones Unidas para los Refugiados (creado en 1950) para dar protección legal y política a los refugiados hasta que puedan adquirir la nacionalidad de sus nuevos países de residencia. La oficina central está en Ginebra (Suiza).

ACP: Grupo de 66 países africanos, caribeños y del Pacífico.

Adefa: Asociación de Fabricantes de Automotores.

Adepa: Asociaciones de Entidades Periodísticas Argentinas.

Adimra: Asociación de Industriales Metalúrgicos de la República Argentina.

Aedba: Asociación de Editores de Diarios de Buenos Aires.

AFL-CIO: Siglas en inglés, mantenidas en español, correspondientes a la Federación Estadounidense del Trabajo - Congreso de Organizaciones Industriales, la central sindical de los EE.UU., formada en 1955 al fusionarse la AFL y el CIO.

AFP: Agence France Presse (agencia noticiosa francesa).

AISS: Asociación Internacional de Seguridad Social.

Alalc: Asociación Latinoamericana de Libre Comercio.

ALI: Asociación Latinoamericana de Integración (creada en 1980. Países miembros: Argentina, Bolivia, Brasil, Colombia, Chile, Ecuador, México, Paraguay, Perú, Uruguay, Venezuela).

Amnistía Internacional: Organización privada con sede en Londres que vela por el respeto de los derechos humanos en todo el mundo.

ANSA: Agenzia Nazionale Stampa Associata (agencia noticiosa italiana).

AP: The Associated Press.

APRA: Alianza Popular Revolucionaria Americana (partido del Perú fundado por Víctor Raúl Haya de la Torre).

Argentores: Sociedad General de Autores de la Argentina.

ARPA: Asociación de Radiodifusoras Privadas Argentinas.

Arpel: Asistencia Recíproca Petrolera Estatal Latinoamericana (creada en Río de Janeiro en 1965).

Asean: Siglas en inglés, Asociación de Naciones del Sudeste Asiático, no comunista.

Asesca: Asociación de Escritores y Publicistas Católicos.

AUSA: Autopistas Urbanas Sociedad Anónima.

BID: Banco Interamericano de Desarrollo.

BIRD: Banco Internacional para la Reconstrucción y el Desarrollo. Es el Banco Mundial o Banco Internacional para la Reconstrucción y el Fomento (BIRF), así denominado en América latina.

BIRF: Véase BIRD.

BIS: Bank for International Settlements (en español, Banco de Ajustes Internacionales).

BUIT: Bloque Universitario Independiente para la Transformación.

Cadevi: Comisión para la Defensa de la Vivienda (Comisión de Defensa...).

Cadhu: Comisión Argentina de Derechos Humanos.

Cadia: Centro Argentino de Ingenieros Agrónomos.

CAI: Centro Argentino de Ingenieros.

CAL: Comisión de Asesoramiento Legislativo.

Carbap: Confederación de Asociaciones Rurales de Buenos Aires y La Pampa.

CARI: Consejo Argentino para las Relaciones Internacionales.

Carpa: Cámara Riojana de Productores Agrícolas.

Cartez: Confederación de Asociaciones Rurales de la Tercera Zona.

Casar: Comité de Acción sobre la Seguridad Alimentaria Regional.

CAYC: Centro de Arte y Comunicación.

CE: Comunidad Europea.

CEAP: Cámara Empresarial del Autotransporte de Pasajeros.

CEDA: Centro de Estudios de Arquitectura.

CEE: Comunidad Económica Europea.

Cehus: Centro de Estudios Humanísticos y Sociales.

Celam: Consejo Episcopal Latinoamericano.

CELS: Centro de Estudios Legales y Sociales.

Cemci: Comisión Empresaria de Medios de Comunicación Independiente.

Cemic: Centro de Educación Médica e Investigaciones Clínicas Norberto Quirno.

Cenard: Centro Nacional de Alto Rendimiento Deportivo.

Cenareso: Centro Nacional de Reeducación Social.

Cepal: Comisión Económica para América Latina.

CFA: Consejo Federal Agropecuario.

CGT: Confederación General del Trabajo.

CIA: Agencia Central de Inteligencia.

CIHD: Comisión Interamericana de los Derechos Humanos.

Ciosl: Confederación de Organizaciones Sindicales Libres.

Cipec: Centro de Intercomunicaciones Permanentes para Emergencias y Catástrofes.

CIU: Convergència i Unió (Partido catalán).

CNA: Congreso Nacional Africano.

CNEA: Comisión Nacional de Energía Atómica.

CNI: Centro Nacional de Informaciones (es chilena).

COAS: Cooperadora de Acción Social.

COI: Comité Olímpico Internacional (IOC, en inglés).

Comavi: Comité Mixto de Accidentología Vial.

Comfer: Comité Federal de Radiodifusión.

Conadep: Comisión Nacional sobre la Desaparición de Personas.

Conarepa: Comisión Nacional de Responsabilidad Patrimonial.

Conaton: Comisión Nacional de Toxicomanías y Narcóticos.

Coninagro: Confederación Intercooperativa Agropecuaria.

Copal: Coordinadora de las Industrias de Productos Alimenticios.

Cosofam: Comisión de Solidaridad con Familiares de Presos, Muertos y Desaparecidos en la Argentina (es española).

CRA: Confederaciones Rurales Argentinas.

Ctera: Confederación de Trabajadores de la Educación de la República Argentina.

Dafacc: Dirección Argentina Filantrópico-Asistencial de Citología del Cáncer.

DDT: Diclorodifeniltricloroetano. Insecticida reconocido por las siglas.

DEA: Drug Enforcement Administration. Departamento Estadounidense Antidroga.

DNI: Documento Nacional de Identidad.

EBY: Entidad Binacional Yacyretá.

ECU/ECUS: European Currency Unit. La unidad de cuenta europea, que se cambiará en adelante por la denominación euro/euros.

EFTA: Asociación Europea de Libre Comercio (European Free Trade Association).

ELMA: Empresa Líneas Marítimas Argentinas.

EMER: Expansión y Mejoramiento Rural (es un proyecto).

Enargas: Ente Nacional Regulador del Gas.

ENRE: Encuentro Nacional Republicano.

ETD: Estimated Time of Departure. La hora estimada de partida en los transportes internacionales.

ETR: Estimated Times of Return. La hora estimada de regreso.

Eudeba: Editorial Universitaria de Buenos Aires.

Euratom: Acrónimo de Comisión Europea para la Energía Atómica.

FAA: Federación Agraria Argentina.

FAA: Federación Agropecuaria Argentina.

FABA: Federación de Arquitectos de la provincia de Buenos Aires.

Fadeeac: Federación Argentina de Entidades Empresarias de Autotransporte de Cargas.

FAO: Organización de las Naciones Unidas para la Agricultura y la Alimentación.

Fapes: Fundación Argentina para la Promoción del Desarrollo Económico y Social.

Fatap: Federación Argentina de Transportistas por Automotor de Pasajeros.

FBI: Siglas en inglés, también usadas en español, de la Oficina Federal de Investigaciones.

FIBA: Federación Internacional de Basquetbol.

FIDA: Federación Internacional de Ajedrez.

FIFA: Federación Internacional del Fútbol Asociado.

FITA: Federación de Industrias Textiles Argentinas.

FLAM: Federación Latinoamericana de Magistrados.

FMI: Fondo Monetario Internacional.

FMLN: Frente Farabundo Martí para la Liberación Nacional.

FNA: Fondo Nacional de las Artes.

FOT: Factor de Ocupación Total (en construcciones).

Fpdlp: Frente Popular Democrático para la Liberación de Palestina.

GAL: Grupos Antiterroristas de Liberación.

GATT: Acuerdo General de Aranceles y Comercio.

GMT: Hora del Meridiano de Greenwich.

Grapo: Grupo Armado Primero de Octubre o Grupo de Resistencia Antifascista 1° de Octubre.

Gulag: Acrónimo, en ruso, de la Administración de los Campamentos.

IATA: Asociación Internacional del Transporte Aéreo.

IDEA: Instituto para el Desarrollo de Empresarios en la Argentina.

Ifona: Instituto Forestal Nacional.

IILA: Instituto Italo Latinoamericano.

Inidep: Instituto Nacional de Investigación y Desarrollo Pesquero.

INTA: Instituto Nacional de Tecnología Agropecuaria.

Interpol: Referencia aceptada para la Organización Internacional de Policía Criminal.

INTI: Instituto Nacional de Tecnología Industrial.

IOR: Instituto para las Obras de la Religión (organismo de la Santa Sede análogo a un banco).

IRA: Ejército Republicano Irlandés.

IRAM: Instituto Argentino de Racionalización de Materiales.

Issara: Instituto de Servicios Sociales para las Actividades Rurales y Afines.

KGB (la): Servicio Soviético de Inteligencia. Siglas en ruso, que se mantienen en español, correspondientes a Comisión de Seguridad Estatal.

KKK: Ku Klux Klan.

Komintern: Acrónimo de la Tercera Internacional Comunista.

Komsomol: Acrónimo de la Unión de las Juventudes Comunistas Soviéticas.

Lalce: Liga Argentina de Lucha Contra la Epilepsia.

Lalcec: Liga Argentina de Lucha Contra el Cáncer.

Laser: Siglas del inglés que se traducen: Luz artificial por la emisión estimulada de radiación.

LSD: Dietilamida del ácido lisérgico. Es redundante decir 'ácido LSD'.

MAS: Movimiento al Socialismo.

Meosp: Ministerio de Economía y Obras y Servicios Públicos.

MID: Movimiento de Integración y Desarrollo.

Modecom: Movimiento de Defensa de Compradores de Automotor en Cuotas.

MPLA: Movimiento Popular de Liberación de Angola.

NADI: Nomenclador Arancelario de Derechos de Importación.

Nafta: Acuerdo de libre comercio de América del Norte con Canadá y México, llamado Zona de Libre Comercio del Atlántico Norte.

NASA: Administración Nacional de Aeronáutica y del Espacio (de los Estados Unidos).

NATO: Organización del Tratado del Atlántico Norte.

OACI: Organización de la Aviación Civil Internacional.

OCDE: Organización para la Cooperación y Desarrollo Económico (París).

OEA: Organización de los Estados Americanos.

OIEA: Organismo Internacional para la Energía Atómica (Viena).

OIRT: Organización Internacional de Radio y Televisión.

OIT: Organización Internacional del Trabajo.

OLP: Organización para la Liberación de Palestina.

ONU: Organización de las Naciones Unidas (fundada el 24 de diciembre de 1945. Sede en Nueva York.

Los principales órganos de la ONU son la Asamblea General y el Consejo de Seguridad. La Asamblea General es el único cuerpo de la organización en el cual todos los miembros de la ONU están representados. Cada país puede enviar hasta cinco representantes, pero tiene un solo voto. El Consejo de Seguridad es el responsable de mantener la paz y seguridad internacionales. El cuerpo está compuesto por cinco miembros permanentes (Estados Unidos, Rusia, China, Gran Bretaña y Francia) y diez miembros no permanentes elegidos por la Asamblea General por el término de dos años. Los miembros no permanentes son elegidos así: cinco de países asiáticos y africanos, uno del Este europeo, dos de América Latina y dos de Europa occidental y otras regiones).

OPEP: Organización de Países Exportadores de Petróleo.

OUA: Organización de Unidad Africana.

PAP: Agencia Oficial Polaca.

Pasok: Acrónimo del Partido Socialista Panhelénico de Grecia.

PAYS: Asociación Patrimonio y Soberanía (entidad política).

PDS: Partido Democrático Social (Brasil).

PDT: Partido Democratico Trabalhista.

PIDC: Programa Internacional para el Desarrollo de la Comunicación.

PMDB: Partido del Movimiento Democrático Brasileño.

POUP: Partido Obrero Unificado de Polonia.

PRI: Partido Republicano Islámico.

PRI: Partido Revolucionario Institucional (México).

PSE: Partido Socialista Español.

PSOE: Partido Socialista Obrero Español.

PSU: Partido Socialista Unificado.

SAC: Servicio de Acción Cívica.

SADE: Sociedad Argentina de Escritores.

SCA: Sociedad Central de Arquitectos.

SELA: Sistema Económico Latinoamericano.

Senasa: Servicio Nacional de Sanidad Animal.

SIP: Sociedad Interamericana de Prensa.

SJ: Societatis Jesus (de la Compañía de Jesús; jesuitas).

Smata: Sindicato de Mecánicos y Afines del Transporte Automotor.

SNEP: Superintendencia Nacional de Enseñanza Privada.

Somisa: Sociedad Mixta Siderurgia Argentina.

SRA: Sociedad Rural Argentina.

Telam: Acrónimo de Telenoticias Americanas, de la Argentina.

TNT: Trinitrotolueno, explosivo.

TWA: Trans World Airlines, líneas aéreas norteamericanas.

UDA: Unión de Docentes Argentinos.

UDF: Unión por la Democracia Francesa, liderada por Valéry Giscard d'Estaing.

UGT: Unión General de Tamberos.

UIA: Unión Industrial Argentina.

UIT: Unión Internacional para las Telecomunicaciones (Ginebra).

UN: Naciones Unidas.

Unesco: Organización Educativa, Científica y Cultural de las Naciones Unidas (*United Nations Educational, Scientific and Cultural Organization*).

Unicef: Fondo Internacional de las Naciones Unidas para la Ayuda a la Infancia (*United Nations International Children's Emergency Fund*).

Unifil: Fuerza Interina de las Naciones Unidas en el Líbano.

Unita: (la) Unión Nacional para la Independencia Total de Angola.

UPF: Unión por Francia, alianza de centroderecha liderada por Jacques Chirac.

UPI: United Press International.

UTA: Unión Tranviarios Automotor.

VIP: Very Important Persons. Restrínjase su uso a lo imprescindible.

VTR: Explíquese su significado: grabación en cinta de video.

SIGNOS DE CORRECCIÓN

⬚	cuadratín
⌐	párrafo aparte
⌐	línea al margen
⊙	punto
℘	sacar, quitar
#	separar
=	juntar, unir
bl.	poner en blanca
bast.	poner en bastardilla
negr.	poner en negra
red.	poner en redonda
versal.	poner en versalita
℮	quitar acento
⟵	punto seguido
⌐⌐⌐	palabras traspuestas
C=	mayúscula
=C	minúscula
2	letra o número volado

poner cuadratín

punto seguido

quitar acento

separar

párrafo aparte

poner en bastardilla

juntar

línea al margen

poner en redonda

quitar la coma

poner en blanca

palabras traspuestas

poner en versalita

línea al margen

Designado entonces Mitre candidato a la primera magistratura del país por el Partido Liberal Nacionalista, el predominio oficial, ejercido especialmente mediante una precursora Liga de Gobernadores, frustró en los comicios de abril de 1874 la auténtica emisión de la voluntad del pueblo. Omitiremos los pormenores de una contienda electoral cuyo fallo **decisivo** no procedió directamente de las urnas sino del escrutinio de un Congreso en cuya composición había intervenido poderosamente el falseamiento del derecho de sufragio. Cuando esa asamblea proclamó presidente de la República a Nicolás Avellaneda por 146 votos en contraste con los 79 reconocidos a Mitre el descontento ardió en rebeldía. Fue en vano que el candidato injustamente vencido tratara de aplacar el ánimo de sus partidarios: la revolución estaba en todos los labios, alertaba pues a innumerables almas. Sin consulta previa al militar-ciudadano al cual erigiría en jefe estalló en la campaña porteña, encabezada en el Sur por el general Ignacio Rivas y en el Oeste por el general José Miguel Arredondo. Frente al hecho consumado, Mitre asumió sus responsabilidades y tomó el mando de la revolución. En uno de los ejemplares primeros de La Nación, en el artículo **Inventario de los partidos,** había escrito: "El calor del ataque o la defensa, la pasión misma, hacen que sea muy difícil no pasar alguna vez la línea de los principios, encontrándose con las manos atadas cuando hay que apelar a ellos fuera del gobierno...". Poder desligarlos de sus trabas, ejecutarlos, es una *imposición* de la democracia, y si en ello finca su peligro, también en eso reside su grandeza.

Designado entonces Mitre candidato a la primera magistratura del país por el Partido Liberal Nacionalista, el predominio oficial, ejercido especialmente mediante una precursora Liga de Gobernadores, frustró en los comicios de abril de 1874 la **auténtica** emisión de la voluntad del pueblo. Omitiremos los pormenores de una contienda electoral cuyo fallo decisivo no procedió directamente de las urnas, sino del escrutinio de un Congreso en cuya composición había intervenido poderosamente el falseamiento del derecho de sufragio. Cuando esa asamblea proclamó presidente de la República a Nicolás Avellaneda, por 146 votos, en contraste con los 79 reconocidos a Mitre, el descontento ardió en rebeldía. Fue en vano que el candidato injustamente vencido tratara de aplacar el ánimo de sus partidarios; la revolución estaba en todos los labios, pues alertaba a innumerables almas. Sin consulta previa al militar-ciudadano, al cual erigiría en jefe, estalló en la campaña porteña, encabezada en el Sur por el general Ignacio Rivas y en el Oeste por el general José Miguel Arredondo. Frente al hecho consumado, Mitre asumió sus responsabilidades y tomó el mando de la revolución.

En uno de los ejemplares primeros de LA NACIÓN, en el artículo *Inventario de los partidos*, había escrito: "El valor del ataque o la defensa, la pasión misma, hacen que sea muy difícil no pasar alguna vez la línea de los principios, encontrándose con las manos atadas cuando hay que apelar a ellos fuera del gobierno...". Poder desligarlos de sus trabas, ejecutarlos, es una imposición de la democracia, y si en ello finca su peligro, también en eso reside su grandeza.

SIGNOS DE PUNTUACIÓN
Y SIGNOS AUXILIARES

Como son necesarios, porque facilitan el *sentido* de lo que se escribe y señalan las *pausas* y *entonación* que exige su lectura, podemos llamarlos *signos de interpretación,* tal como se sostiene en la *Guía de vocablos y expresiones,* y en las *Nociones generales* de este MANUAL (véase), donde se detalla su uso.

Aquí se consignan algunas observaciones en la colocación de tales signos —de puntuación y auxiliares— y los errores más comunes en su representación escrita o tipográfica.

Se reitera que su omisión o mala colocación puede originar oscuridad, cuando no una falsa interpretación, del texto periodístico, en detrimento de la objetividad, además de ocasionar inconvenientes y perjuicios de importancia.

Interrogación y exclamación

Son dobles: el primero se coloca donde comienzan la pregunta o frase exclamativa, y el segundo, donde éstas terminan, aunque las precedan o sigan otras palabras: DE ESTE MODO, ¿CUÁNDO SALDRÉ? Es incorrecto escribir: "¿DE ESTE MODO, CUÁNDO SALDRÉ?".

¿CUÁNDO VINO?, ¿DE DÓNDE?, ¿CON QUIÉN HABLÓ? Es el caso de varias preguntas breves y seguidas, separadas por comas.

¡SIEMPRE ADELANTE!, GRITÓ EL CAUDILLO.

¡QUE NO SEPAS QUIÉN TE DIRIGIÓ ESA PREGUNTA? Exclamativa al principio e interrogativa al fin de la frase.

GANAR LAS ELECCIONES ERA PARA DOLE UN LUGAR COMÚN (?). Duda, incredulidad, ironía.

MOON SE CONSIDERA JESUCRISTO EN SU SEGUNDA VENIDA (!). Estupefacción, espanto.

¿¿QUÉ DIJO UD.?? ¡¡NO LE CONTESTARÉ A SU PREGUNTA!! No se admite esta duplicación, menos la triplicación, en texto periodístico.

¡EL DIPUTADO NO SUPO QUÉ RESPONDERLE!... Puntos suspensivos intencionales de la crónica parlamentaria, que pueden ir antes del cierre del signo, como en: ¿NO TIENE OTRA ACUSACIÓN PARA HACERME...?

De más está recordar que, por la subjetividad que expresan, algunas de estas formas son de uso limitado en texto informativo.

- Es común colocar punto después del cierre de estos signos: ?./!., cuando por sí mismos son puntos finales. Evítese tal desperdicio.

Comillas

Ante todo, se debe evitar el abuso de estos signos, sean simples (' '), dobles (" "), españolas (« »), éstas cuando hay comillas dentro de un texto encomillado; de uso también limitado, sólo para ayudar al lector.

- *Cita textual*
  Bien encomillada:

"La historia es una ciencia moral —dijo Juan B. Terán— cuyo personaje central es el espíritu."

Mal encomillada:

"La historia es una ciencia moral" —dijo Juan B. Terán—, "cuyo personaje central es el espíritu".

Sobran las comillas interiores, calcadas de la obsesión inglesa por la fidelidad textual.

- *¿Comillas punto o punto y comillas?*
  "El senador no podrá asumir su mandato —dijo el presidente de la Cámara alta—, hasta que concluya el juicio al que fue sometido."

Las comillas se abren al comenzar el párrafo; luego, punto antes de las comillas.

El senador no podrá asumir su mandato, dijo el presidente de la Cámara alta, "hasta que concluya el juicio al que fue sometido".
El presidente de la Cámara alta afirmó: "El senador no podrá asumir su mandato, hasta que concluya el juicio al que fue sometido".

En ambos casos, las comillas se abren después de comenzado el texto o párrafo. Luego, punto después de las comillas. (Véanse *comillas* y apartados 3 y 76.)

Paréntesis

- Se emplean las comas, las rayas o guiones largos y los paréntesis, en este orden, según el mayor, mediano o menor grado de relación que tenga lo incidental con el contenido de la frase principal. Véanse *incisos, queísmo* y apartado 53.
- Nunca los paréntesis se pondrán en lugar de las comas.
- En nuestros párrafos —que generalmente no pasan de las 15 a las 20 líneas—, no pueden subsistir dos oraciones parentéticas.

Raya o guión largo o mayor

- De la misma manera que con los paréntesis, nunca un párrafo admitirá más de una frase aclaratoria, o inciso, entre rayas.
- Un párrafo o una frase no pueden terminar en raya y punto, al estilo inglés. El inciso aclaratorio debe incluirse dentro del texto que aclara y no al final.
- Nunca se colocará coma antes de abrir la raya (, —dijo el diputado—), ni antes de abrir paréntesis.

Guión o guión menor

- Para unir elementos de vocablos compuestos ocasionales, sobre todo cuando se expresa oposición: *guerra franco-prusiana*. Lo que no sucede si se trata de compuestos de gentilicios aplicados a entidades en las cuales se han fundido los caracteres de los dos pueblos expresados por aquéllos: *hispanoamericano, indoeuropeo, angloamericano.*

Barra (/)

- 8/1/97: separan día, mes y año.
- 100 km/h: equivale a *por.*

Llaves o corchetes ([])

- Además de abrazar partidas de una cuenta, varios miembros en un cuadro sinóptico, cumplen las mismas funciones del paréntesis, inclusive en incisos aclaratorios dentro de aquél. Las limitaciones en la utilización periodística son obvias; las mismas que rigen para los paréntesis y rayas. Pues los *incisos* (véase) suelen ser una tortura para el lector.

Dos rayas (||) (//)

* Las *horizontales o diagonales* (= //) indican en las copias que en el original se pasa a párrafo distinto.
* Las verticales (||) separan, en los diccionarios, las varias acepciones de una palabra.

Llamada a nota

* Los asteriscos o las cifras junto a ciertas palabras del texto llevan la atención del lector al final del artículo periodístico, colaboración, etc. —tal como al pie de página de un libro—, para conocer quién es el autor o recibir explicaciones de aquellas palabras, etc. Los signos que se emplean son asteriscos (*, ***..., ****...) o números entre paréntesis (1),... (5),... (8),..., o volados [1]..., [2]..., [4]...

Apóstrofo (')

* La omisión de una vocal, como en el lenguaje antiguo y el gauchesco, se señalaba con el apóstrofo: *d'aquel, m'hijo*. En idiomas extranjeros, abundan tales elisiones, reemplazadas por este signo.

Manecilla (☞) (⇨)

* De poco uso, las manecillas son reemplazadas en la tipografía moderna por flechas, u otros dibujos tipográficos, para indicar que lo señalado ofrece utilidad e interés especiales, o la continuidad de un texto en otras páginas.

SISTEMA MÉTRICO DECIMAL

Tanto en el nivel técnico-científico como en el escolar se ha adoptado una nomenclatura simbólica —diferente de la antigua, que se expresaba por abreviaturas—, para representar a los múltiplos y submúltiplos del sistema métrico decimal.

El diario utiliza esta nomenclatura simbólica: las unidades, los múltiplos y los submúltiplos se expresan con letras minúsculas, sin el punto final propio de las abreviaturas.

Ejemplos de los casos usuales en la Redacción:

Unidades	*Múltiplos*	*Submúltiplos*
metro = m	kilómetro = km	centímetro = cm
	decámetro = dam	milímetro = mm
gramo = g	kilogramo = kg	centigramo = cg
	quintal = q	miligramo = mg
	tonelada = t	decímetro = dm
litro = l	hectolitro = hl	centilitro = cl
	kilolitro = kl	mililitro = ml
metro cuadrado=m^2	kilómetro cuadrado = km^2	centímetro cuadrado = cm^2
área = a	hectárea = ha	centiárea = ca
metro cúbico = m^3		centímetro cúbico = cm^3

LOS PLURALES SE EXPRESAN EN IGUAL FORMA:

metros = m	gramos = g	litros = l
toneladas = t	hectáreas = ha	metros cúbicos = m^3

Tablas prácticas de conversión

En ocasiones se presentan dificultades para convertir al sistema métrico decimal los pesos y medidas consignados según las costumbres sajonas. Para facilitar esa tarea, damos seguidamente una tabla práctica de conversión.

Para convertir	Multiplicar por	Para convertir	Multiplicar por
Pulgada a cm	2,54	cm a pulgada	0,3937
Pie a m	0,3048	m a pie	3,2808
Yarda a m	0,9144	m a yarda	1,094
Milla a km	1,6093	km a milla	0,6214
Pulgada cuad. a cm²	6,452	cm² a pulg. cuad.	0,155
Pie cuad. a m²	0,0929	m² a pie cuad.	10,7639
Yarda cuad. a m²	0,8361	m² a yarda cuad.	1,19599
Milla cuad. a km²	2,58999	km² a milla cuad.	0,3861
Acre a ha	0,4047	ha a acre	2,471
Onza a g	28,35	g a onza	0,03527
Libra a kg	0,45359	kg a libra	2,2046
Cuarto a l	0,9463	l a cuarto	1,056688
Galón a l	3,7854	l a galón	0,26417
Pulgada cúb. a cm³	16,3870	cm³ a pulgada cúb.	0,061
Yarda cúb. a m³	0,76455	m³ a yarda cúb.	1,3079
Pie cúb. a m³	0,0283	m³ a pie cúbico	35,314
Bushel a hl	0,35239	hl a bushel	2,8377

Temperaturas

Para convertir en centígrados las temperaturas dadas en grados Fahrenheit, restar 32 grados, multiplicar por 5 y dividir por 9.

En caso contrario, para hallar la temperatura en Fahrenheit, invertir el proceso; es decir, multiplicar por 9, dividir por 5 y sumarle 32.

Hora argentina y hora mundial

Una manera práctica para consignar la hora de los hechos ocurridos en el extranjero, con respecto a la hora local, es recurrir a un mapa de los husos horarios, más que a la referencia al meridiano de Greenwich (GMT), de difícil interpretación para el lector. Sobre todo cuando en las conversiones horarias el adelanto y el atraso de horas modifican el hoy o el ayer de la noticia, determinaciones harto confusas en los despachos. En nuestro matutino, precisamente por serlo, suele haber un desajuste entre la fecha de la data y la del periódico, que obliga al lector a distraer su atención cuando se encuentra con 'mañanas' y 'ayeres', que se pueden precisar con sólo aclarar, entre paréntesis, si se trata de (lunes), (sábado), etc.

Terremotos: escalas de Richter
y de Mercalli

Medidas en grados, las magnitudes y las intensidades de los sismos forman sendas escalas: la de Richter y la de Mercalli. La más usada es la de Richter, que mide la magnitud del terremoto en función de la energía liberada en el foco, por lo que cada sismo tiene un único valor, hasta hoy de 9 grados el máximo —el de Lisboa, en 1755—, equivalente a la explosión de 250 megatones, o sea 13 bombas de hidrógeno.

Cada incremento de un grado, de la magnitud 1 a la posible 10 —*aunque esta escala teóricamente no tiene límite*—, indica que la fuerza del sismo es diez veces mayor que la del anterior.

La escala Mercalli, hoy Mercalli Modificada, de 12 grados, mide la intensidad en un punto específico y los daños producidos por el temblor en el área afectada, por lo que los valores variarán según la distancia de cada zona con respecto al epicentro. Un temblor de entre 6 y 8 grados es considerado fuerte y sentido por la población, que abandona las casas; causa daños en estructuras débiles y afecta levemente los edificios bien cimentados. El terremoto de intensidad 12 causa destrucción total, movimiento visible del terreno y pánico incontrolable de la población.

En cuanto al léxico, hay despachos, especialmente de la península, que hablan de *seísmo*. En estas latitudes, se prefiere *sismo,* inclusive por la conformidad con los derivados: sísmico, sismógrafo, sismología, sismológico, sismómetro.

BIBLIOGRAFÍA GENERAL

ABC, *Libro de estilo de ABC*, Barcelona, 1993.

Academia Argentina de Letras (AAL), *Dudas idiomáticas frecuentes*, Buenos Aires, 1992.

— *Registro del habla de los argentinos*, Buenos Aires, 1994.

— *Dudas idiomáticas frecuentes - Verbos*, Buenos Aires, 1994.

Agencia EFE, *Manual de español urgente*, Madrid, 1992.

Albalat, A., *L'art d'écrire*, Librairie Cobin, París.

Albornoz, Raquel Diez Rodríguez de, *El perfil de la lengua periodística*, Universidad Nacional del Litoral, 1989.

Bioy Casares, Adolfo, *Diccionario del argentino exquisito*, Buenos Aires, 1975.

Bello, Andrés, Cuervo, Rufino J., *Gramática de la lengua española*, Buenos Aires, 1954.

Borges, Jorge Luis, *Discusión*, Buenos Aires, 1964.

Camilli, Ernesto, *Los nombres de las cosas*, Buenos Aires, 1962.

Canossa, Luis, *Secretos y sorpresas del idioma*, Buenos Aires, 1961.

Carnicer, Ramón, *Desidia y otras lacras en el lenguaje de hoy*, Barcelona, 1983.

Castelli, Eugenio, *Lengua y redacción periodística*, Santa Fe, 1983.

Corominas, Joan, *Breve diccionario etimológico de la lengua española*, Madrid, 1983.

El País, *Libro de estilo*, Madrid, 1991.

Entre Nosotros, periódico interno del personal de LA NACION, varios números, Buenos Aires, 1956-1997.

Gili Gaya, Samuel, *Curso superior de sintaxis española*, Barcelona, 1969.

Girbal, Teresa, *La palabra escrita*, Buenos Aires, 1977.

Gobello, José, *Cuadernos de tango y lunfardo*, Buenos Aires, 1980.

Grates, *Diccionario de sinónimos castellanos*, Buenos Aires, 1979.

LA NACION, *Número especial del Centenario*, Buenos Aires, 1970.

Larousse-Corripio, Fernando, *Diccionario de dudas e incorrecciones del idioma*, México, 1988.

Macchi, Luis, S.S., *Diccionario de la lengua latina*, Buenos Aires, 1966.

Mendieta, Salvador, *Manual de estilo de TVE*, Barcelona, 1993.

Moliner, María, *Diccionario de uso del español*, Madrid, 1992.

Normas de estilo de LA NACION, Buenos Aires, 1962.

Parbón S. de Urbina, José M., *Diccionario manual griego-español*, Barcelona, 1993.

Polo, José, *Ortografía y ciencia del lenguaje*, Madrid, 1974.

Ragucci, Rodolfo M., *El habla de mi tierra,* Buenos Aires, 1983.

Ragucci, Rodolfo M., S.S., *Palabras enfermas y bárbaras, Cartas a Eulogio, Más cartas a Eulogio,* Buenos Aires, de 1945 a 1968, varias ediciones.

Ramos Martínez, R., *Manual para hablar bien y escribir mejor,* México, 1975.

Real Academia Española. Además de la obvia —e indispensable— consulta de sus *Diccionario de la lengua española,* Madrid, 1992, *Diccionario manual e ilustrado de la lengua española,* Madrid, segunda edición, y *Esbozo de una nueva gramática de la lengua española,* Madrid, 1973, se tuvieron en cuenta aportes de lexicones de fundada utilidad, cuya mención figura en esta Bibliografía.

Rodríguez, Tino, *Aprenda lunfa básico,* Buenos Aires, 1979.

Roldán Moreno, Juan León, *Periodismo escolar,* Buenos Aires, 1987.

Saad, Antonio Miguel, *Manual del redactor,* México, 1990.

Salvat, para LA NACION, *Gran Diccionario Salvat,* Barcelona, 1969.

Santillana, S.A., Ediciones, *Diccionario esencial Santillana de la lengua española,* Buenos Aires, 1992.

Scanella, P. M., *El lid, fórmula inicial de la noticia,* Barcelona, 1980.

Seco, Manuel, *Diccionario de dudas y dificultades de la lengua española,* Buenos Aires, 1993.

Sopena, Editorial, *Diccionario Karten ilustrado,* Buenos Aires, 1974.

Ulanovsky, Carlos, *Los argentinos por la boca mueren,* Buenos Aires, 1993.

Vivaldi, G. Martín, *Curso de redacción,* Madrid, 1994.

Weinberg, María Beatriz Fontanella de, *La lengua española fuera de España,* 1976.

AGRADECIMIENTOS

La publicación de este MANUAL ha sido posible gracias a la iniciativa y apoyo de las autoridades de LA NACION, que convirtieron el proyecto de un epítome de uso interno —como los que lo precedieron, desde 1962— en un libro que aspira a ser útil a cuantos les interesa hablar bien y escribir mejor.

A tal empresa se adhirió el prestigio del Grupo Editorial Planeta, cuyos directivos Guillermo Schavelzon y Leandro de Sagastizábal, con sus eficientes y pacientes colaboradores Alejandro Ulloa, en edición y diseño de interiores, y Florencia Verlatsky en el cuidado de la edición, tomaron este proyecto como propio y le agregaron la indispensable calidad editorial para facilitar la lectura de una obra un tanto árida y compleja.

No obstante consignarse en la Bibliografía cuantos libros constituyeron las bases imprescindibles y fundamentales de un emprendimiento destinado a prestar un seguro, aunque modesto, servicio, no se puede dejar de reconocer como ilustres predecesores a obras similares, con nombres de colegas que hablan de la defensa de nuestra lengua, tanto en España como en Hispanoamérica.

Entre ellas, las de la Agencia EFE, de El País de Madrid, de ABC de Madrid, de TVE, de El Tiempo de Bogotá, prestigiosos medios cuyos usos, dudas y opciones se reflejan en este MANUAL, con las diferencias enriquecedoras de personalidad estilística propias de los hispanohablantes, en especial los rioplatenses, y de LA NACION.

Este agradecimiento se hace extensivo a prácticamente todos los integrantes de LA NACION, que aportaron desde la sugerencia oportuna, hasta las colaboraciones con artículos e informaciones.

Tales las de los miembros de la Academia Argentina de Letras Angel Mazzei y Horacio Armani, y de los especialistas Ariel Torres, en Informática; Adrián Ventura, en Derecho; Don Rypka, en Fotografía, y Tomás Ondarra, en Infografía.

Mención especial merece el personal de la Sección Correctores de LA NACION, con la dirección de Osvaldo Müller, que dedicó horas a esta empresa, no obstante su intensa y perentoria labor diaria.

El reconocimiento alcanza, asimismo, a los autores de ejemplos escogidos, por representativos, en las ediciones diarias, y a los aportes, no menos valiosos, de autores espontáneos, cuyos nombres figuran en cada colaboración.

Limitados en espacio y no exentos de dudas inherentes a una materia que plantea constantes dilemas, se agradecerán también cuantas observaciones y sugerencias nos haga llegar el atento lector, convencidos de que sólo aspiramos a ser útiles en la diaria tarea de perfeccionar el uso de nuestra herramienta: la palabra.

INDICE GENERAL

APÉNDICES

Esta edición
se terminó de imprimir en
Cosmos Offset S.R.L.
Coronel García 444, Avellaneda,
en el mes de mayo de 1997.